Inhalt

Einleitung

Der vorliegende Band ist thematisch angelegt. Er behandelt die Geschichte des 19. Jahrhunderts nicht in ihrer ganzen Breite und Vielfalt, sondern nur in jenem Ausschnitt, der mit dem Verfassungs- und Nationalstaat (samt ihren Widersachern) zu tun hat. Andere Aspekte, die für das 19. Jahrhundert wichtig waren – die Industrialisierung, die soziale Frage und der Sozialismus, der Kolonialismus und Imperialismus, aber auch die Geschichte des Alltags, der Mentalitäten oder der Ideen –, bleiben weitgehend ausgeblendet. Sie werden in anderen Bänden dieser Reihe behandelt. Dennoch war der Verfasser bemüht, die vielen Verflechtungen zwischen seinem Thema und den anderen geschichtlichen Vorgängen nicht aus den Augen zu verlieren und eine „monistische" (einseitige) Betrachtungsweise zu vermeiden. Wenn auch der Gegenstand dieses Buches hauptsächlich der politischen Geschichte zuzurechnen ist, durfte und wollte er die anderen historischen Dimensionen – Wirtschaft, Gesellschaft, Kultur – nicht einfach ausklammern.
Sehr bedacht war er auch darauf, die in unseren Schulgeschichtsbüchern so häufig anzutreffende deutschlandzentrierte Blickrichtung zu unterlassen und statt dessen eine wirklich „transnationale" europäische, in einem Kapitel auch die USA einbeziehende Perspektive zu wählen. Dabei sollten neben den großen Mächten – USA, Großbritannien, Frankreich, Italien, Österreich-Ungarn, Preußen/Deutschland, Rußland – auch kleinere Völker und Staaten – wie Griechenland, Polen, Belgien, Dänemark – Erwähnung finden. Daß die deutsche Geschichte dennoch den größten Raum einnimmt, ist in einem deutschen Schulbuch legitim und bedarf keiner ausdrücklichen Begründung. Aber es ist das Anliegen dieses Buches, die deutsche Geschichte – deren innere Vielfalt gebührend betont wird – in ihrer Wechselwirkung mit der ihrer europäischen Nachbarn zu sehen und, wo immer es sich anbietet, vergleichend zu verfahren.
Die Vorkämpfer und Träger des Verfassungs- und Nationalstaates des 19. Jahrhunderts (das mit dem Wiener Kongreß 1814/15 begann und mit dem Ersten Weltkrieg 1914/18 endete) strebten drei Ziele an: nationale Unabhängigkeit und Einheit; staatsbürgerliche Freiheit, Gleichheit und Partizipation (Mitwirkung) im Rahmen einer verfassungsmäßigen Ordnung; wirtschaftliche Sicherheit und soziale Gerechtigkeit. Schon in der Revolution von 1848/49 zeigte sich allerdings, daß diese Ziele nicht immer und überall miteinander zu vereinbaren waren. Während die Mächte der alten Ordnung sich in der Abwehr der Freiheits- und Emanzipationsbestrebungen weithin einig waren, zeigten sich die Vorkämpfer des Neuen vielfach zerstritten.
Dennoch gingen zwischen 1815 und 1914 die Macht und die Autorität des monarchischen Obrigkeitsstaates zurück, und die Teilhabe des „Volkes" an der politischen und staatlichen Macht nahm stetig zu. Gleichwohl gab es am Vorabend des Ersten Weltkrieges im europäisch-nordatlantischen Raum gerade drei Republiken – USA, Frankreich, Schweiz – und sonst nur Monarchien, unter denen die „Ostmächte" Rußland, Österreich-Ungarn, Deutschland noch halb-absolutistische Regierungsformen aufwiesen. In den meisten europäischen Ländern – nicht in Rußland – galt zwar das allgemeine (Männer-)Wahlrecht; aber in Preußen (und anderswo) wählte man noch getrennt nach Einkommensklassen, und Frauen waren nirgendwo, nicht einmal in Großbritannien oder den Vereinigten Staaten, wahlberechtigt.
Auch die nationale Bewegung hatte ihre Ziele keineswegs überall und vollständig erreicht. Die Finnen, Balten, Polen, Ungarn, Tschechen und Slowaken, Kroaten und Slowenen, Iren lebten noch unter fremder Herrschaft. Auf der anderen Seite standen die erfolgreichen, Herrschaft ausübenden Nationen – Amerikaner, Briten, Franzosen, Italiener, Deutsche, Russen –, die von ihrer nationalen Vortrefflichkeit durchdrungen waren und einem, oft militant-chauvinistischen, Großmacht-Nationalismus anhingen. Bedenken gegenüber solchem Nationalismus empfanden und äußerten nur die Sozialisten und Pazifisten – aber auf sie hörten die Machthaber nicht.

Auf dem Wege zu mehr Selbstbestimmung, Rechts- und Chancengleichheit kamen die Europäer und Nordamerikaner im 19. Jahrhundert ein gehöriges Stück voran. Seit der russischen Bauernbefreiung von 1861 und der amerikanischen Sklavenemanzipation von 1865 gab es keine persönlich unfreien Menschen mehr. Die katastrophalen Seuchen und Hungersnöte, die totale Verarmung oder wirtschaftliche Existenzvernichtung, die die Menschen in der ersten Jahrhunderthälfte heimgesucht hatten, kehrten später nicht wieder. Mochten Mangel und Sorge das Leben der Unterschichten nach wie vor überschatten – die allgemeine Lebenssicherheit nahm zu, die Produktion der lebensnotwendigen Güter stieg steil an, Technik und Kultur, Bildung und Wissenschaften machten rasante Fortschritte. Ein allgemeiner Zukunftsoptimismus erfüllte viele Menschen. Auch wenn der Adel noch einen beträchtlichen Teil der alten wirtschaftlichen, gesellschaftlichen und politischen Machtpositionen in Händen hielt: bürgerliche Lebensweise und bürgerliches Denken gaben den Ton an und machten das späte 19. und frühe 20. Jahrhundert zu einem „bürgerlichen Zeitalter". Mit dem Ersten Weltkrieg wurde dieses Zeitalter zur „Welt von gestern" (Stefan Zweig). Seine beherrschenden Kräfte – Monarchie und Adel, Bürgertum und Liberalismus, Honoratioren- und Klassengesellschaft, Laissez-faire-Kapitalismus und Fortschrittsgläubigkeit, elitäre Bildung und Kultur, Kirchenglaube und traditionelle Moral, nationaler Patriotismus und Autoritätsfixierung – verschwanden zwar nicht über Nacht, bekamen aber Widersacher und Gegenspieler, die den Lauf der Geschichte gründlich veränderten.

I. Die Herausforderung der Französischen Revolution

Das revolutionäre wie das napoleonische Frankreich hatten sich dem alten Europa fast in jeder Hinsicht überlegen gezeigt. Wollten die europäischen Mächte politisch überleben, mußten sie den Vorsprung Frankreichs wettzumachen suchen. Einige Länder – England, Rußland, Österreich – beließen zunächst alles beim alten und setzten auf die bewährten Stützen ihrer staatlichen Macht. Andere – vor allem Preußen und die süddeutschen Staaten – wollten durch von den Regierungen gelenkte Reformen erreichen, was in Frankreich die Revolution ‚von unten' bewirkt hatte.
Die Reformer strebten nach Modernisierung und Mobilisierung: Modernisierung der staatlichen Einrichtungen und des Wirtschaftslebens; Mobilisierung als Beseitigung ständischer Schranken und Erzeugung patriotisch-nationalen Bewußtseins. Aus Abhängigen sollten freie Menschen, aus Untertanen Staatsbürger werden. Doch waren die Regierungen stets darauf bedacht, die Zügel nicht aus der Hand zu geben. Eine politische Mitwirkung größerer Bevölkerungskreise oder gar die Anerkennung des Prinzips der Volkssouveränität kam für sie niemals in Frage. Die Modernisierung, die man betrieb, blieb gebremst, ‚defensiv'.

1803	Die größeren deutschen Staaten einigen sich im ‚Reichsdeputationshauptschluß' auf die ‚Säkularisierung' der geistlichen und die ‚Mediatisierung' der kleinen Reichsstände und Herrschaften.
1806	16 süddeutsche Staaten schließen mit Napoleon I. als ‚Protektor' den ‚Rheinbund' und sagen sich vom Reich los. Franz II. legt die Kaiserkrone nieder und besiegelt damit das Ende des Heiligen Römischen Reiches Deutscher Nation.
1807/08	Das Ministerium des Freiherrn vom Stein leitet mit zwei Gesetzen die preußischen Reformen ein: das ‚Oktoberedikt' von 1807 gewährt allen Bauern die persönliche Freiheit und beseitigt die ständischen Beschränkungen des Grundeigentums; die ‚Städteordnung' von 1808 führt eine begrenzte Selbstverwaltung der Stadtgemeinden ein.
1808	Mit dem Erlaß einer ‚Konstitution' beginnt das Ministerium Montgelas seine Reformen in Bayern.
1810–1822	Unter der Staatskanzlerschaft des Fürsten Hardenberg nehmen die preußischen Reformen ihren Fortgang (Agrar-, Gewerbe-, Steuer-, Heeres-, Bildungsreform, Judenemanzipation).

1. Territoriale Neugestaltung, Stillstand und Reform in Deutschland

Reichsdeputationshauptschluß

Im Frieden von Lunéville (1801), der die Abtretung des linksrheinischen Deutschland an Frankreich festlegte, war eine Entschädigung der davon betroffenen größeren deutschen Staaten vereinbart worden. Auf Drängen des französischen Kaisers, der eine Stärkung der deutschen Mittelstaaten wünschte, erhielt eine Reihe von ihnen, vor allem Bayern, Württemberg, Baden, weitaus mehr Territorium, als sie im Westen eingebüßt hatten. Diese Machtverschiebung, die ein Gesandtenkongreß (Reichsdeputation) der 8 größten deutschen Staaten aushandelte, erfolgte, ohne Rücksicht auf das geltende Reichsrecht, auf Kosten der vielen kleinen und winzigen Herrschaftsgebilde, die es im Deutschen Reich gab, insbesondere aller geistlichen und ritterlichen und der meisten reichsstädtischen Gebiete.
Sie alle wurden den größeren Staaten einverleibt und verloren ihre ‚Reichsunmittel-

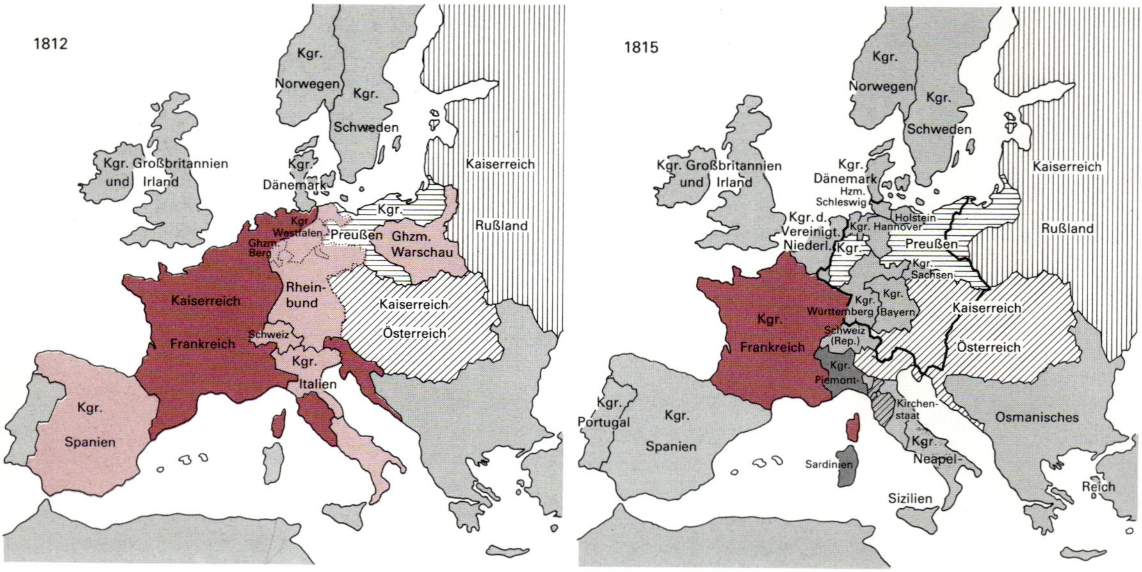

1 Europa 1812 und 1815

Mediatisierung und Säkularisierung

barkeit', wurden ‚mediatisiert' (‚mittelbar' gemacht). Die ‚mediatisierten Fürsten und Ritter behielten als ‚Standesherren' ihre Einkünfte und Herrschaftsrechte über ihren oft staatlichen Grundbesitz und hatten Sitz und Stimme in den ständischen Vertretungskörperschaften. Für die katholische Kirche bedeutete die ‚Säkularisation' (Verweltlichung) nicht nur den Verlust ihrer politischen Herrschaftsrechte, sondern auch die Einbeziehung des Kirchengutes zugunsten der ‚öffentlichen Hand'.

Ende des Alten Reiches

Den Todesstoß erhielt das Reich, als sich 16 deutsche Reichsfürsten 1806 im ‚Rheinbund' zusammenschlossen und dem Protektorat des französischen Kaisers unterstellten. Sie verpflichteten sich zur Unterstützung Frankreichs und sagten sich vom Deutschen Reich los. Dessen Zwangsauflösung durch den allmächtigen Bonaparte kam Kaiser Franz II. zuvor, indem er die Kaiserkrone niederlegte und das Ende des Heiligen Römischen Reiches verkündete.

Reaktion in Österreich

Österreich, seit 1804 ‚Kaisertum' führte zwischen 1792 und 1809 vier Kriege gegen Frankreich und wurde viermal besiegt. Klemens Lothar Graf von Metternich (1773–1859), aus reichsunmittelbarer, rheinischer Adelsfamilie und seit 1809 österreichischer Außenminister (1821–1848 Staatskanzler), betrieb seitdem eine Politik geschmeidiger Anpassung nach außen und konservativer Bewahrung des absolutistischen Systems nach innen. Nachdem Österreich unter Josef II. (1780–1790) ein Vorreiter aufgeklärter Reformen gewesen war (Aufhebung der Leibeigenschaft, Auflösung der Klöster, Emanzipation der Juden), wurde es nun zum Hort der Reaktion. Die feudale Agrarordnung mit adliger Grundherrschaft und bäuerlicher Erbuntertänigkeit sowie die Zunftgebundenheit der städtischen Gewerbe blieben unangetastet. Ein veraltetes Steuersystem, das hauptsächlich Verbrauchssteuern erhob, belastete vor allem die ärmere Bevölkerung und verewigte die Finanznot des Staates. Außer dem Adel besaß niemand politische Mitwirkungsrechte. Metternich fürchtete nichts so sehr wie den ‚Geist der Revolution' und bekämpfte ihn mit allen obrigkeits- und polizeistaatlichen Mitteln; nirgendwo war die Geheimpolizei so wirkungsvoll und so gefürchtet wie in Österreich.

Stillstand in Norddeutschland

In den außerpreußischen Fürstenstaaten nördlich des Mains (wie Sachsen, Hannover, Mecklenburg) führten die Erfolge Frankreichs nicht zu einer Auflockerung, sondern zur Verfestigung der bestehenden Gesellschafts- und Herrschaftsordnung. Die spätabsolutistischen Regime hielten es für zu gefährlich, ihren Untertanen mehr Freiheit und Selbstbestimmung zu gewähren, und zogen lieber die Zügel der bürokratischen Reglementierung und lokalen Adelsherrschaft fester. Kurzfristig überstanden sie auf diese Weise die französische Hegemonie kaum schlechter als die reformwilligen Nachbarstaaten; auf längere Sicht aber gerieten sie in einen bedenklichen Modernitätsrückstand.

Reformen im französisch beherrschten Deutschland

Wo Frankreich direkt oder indirekt tonangebend war – im annektierten linksrheinischen Deutschland, im Königreich Westphalen oder im Großherzogtum Berg –, wurden die von Napoleon gebilligten Errungenschaften der Französischen Revolution übernommen. Die Hauptnutznießer dieser Reformen waren die Bauern, die das von ihnen bewirtschaftete Land entschädigungslos zu vollem Eigentum erhielten, und das Wirtschaftsbürgertum, dem die uneingeschränkte Eigentums- und Wettbewerbsfreiheit zuteil wurde. Der Garant der neuen Ordnung war der ‚Code civil', das unter Napoleon eingeführte französische Gesetzbuch, das die Freiheits- und Gleichheitsrechte der bürgerlichen Revolution von 1789/91 festschrieb. Die politischen Mitwirkungsrechte blieben dagegen äußerst dürftig bemessen.

Reformen in Süddeutschland

Auch die süddeutschen Staaten konnten sich den Reformwünschen Napoleons, von dessen Gunst sie abhingen, nicht verschließen. Sie hatten daran aber auch ein eigenes Interesse: Sollten die 1803 zusammengefügten Landesteile zu einem lebendigen Ganzen zusammenwachsen, mußte jede Regierung bemüht sein, dem Staat Geschlossenheit und Anziehungskraft zu verschaffen. Die süddeutschen Reformer, unter denen sich vor allem Graf von Montgelas (leitender Minister 1799–1817) in Bayern und Freiherr von Reitzenstein (seit 1809 wiederholt Staatsminister) in Baden hervortaten, setzten dabei in erster Linie auf eine straff organisierte Verwaltung und eine Staatsbürgergesellschaft, in der die Feudalprivilegien des Adels weitgehend abgeschafft waren. So entstand ein Berufsbeamtentum, das – eher und ausgeprägter noch als in Preußen – eine gesellschaftliche Vorzugsstellung erhielt, aber auch in besonderer Weise in die Pflicht genommen wurde. Der Staat als der ‚Dienstherr' sorgte für eine ‚standesgemäße' Versorgung auf Lebenszeit, auch für die Hinterbliebenen, behielt sich dafür aber das Recht strenger Auslese und fortwährender Kontrolle und ‚Disziplinargewalt' vor.

Bürokratie und ‚Etatismus'

Die Bürokratie trat als neuer politischer Herrschaftsstand an die Stelle des Adels. Dieser verlor einen Großteil seiner bisherigen Vorrechte bei den Steuern und Abgaben, dem Zugang zu den öffentlichen Ämtern und den Offiziersstellen, außer in Bayern auch bei der Ausübung lokaler Verwaltungs-, Polizei- und Gerichtsbefugnisse. Der staatliche Verwaltungsapparat erhielt eine strikt zentralistische und hierarchische Ordnung; die Gemeinden büßten die Reste ihrer Selbstverwaltung ein, alles wurde von oben gesteuert und kontrolliert. Es entsprach dieser Politik staatlicher Gängelung, diesem ‚Etatismus', daß die Zünfte bestehen blieben, der Übergang zur freien Konkurrenzwirtschaft nicht gewagt wurde. Auch die Auflösung der ländlichen Grundherrschaft kam nur langsam voran. Zwar erhielten viele Bauern das Recht, die Ablösung ihrer Feudalverpflichtungen zu beantragen, aber der Staat tat so gut wie nichts, um ihnen dabei zu helfen. So eifrig die Reformbürokratie die rechtliche und staatsbürgerliche Gleichheit förderte – Bayern war der erste deutsche Staat, der eine ‚Konstitution' erhielt (1808) –, so sehr scheute sie sich, den Weg zu einer den Gesetzen des Marktes und des freien Wettbewerbs gehorchenden Wirtschaftsgesellschaft freizugeben.

Etatismus. „Etatistisch" (frz. état = Staat) heißen alle Formen politischer Machtausübung, in denen staatliche Institutionen tonangebend sind – im Unterschied zu solchen Systemen, in denen politische Entscheidungen auch von anderen Instanzen (Religionsgemeinschaften, Gemeinden, Parteien, Verbänden, Gebietskörperschaften) (mit)getroffen werden. Etatismus setzt einen ‚starken Staat' mit einer entwickelten Bürokratie voraus. Gängelung, Kontrolle, Zentralisierung, Hierarchisierung sind seine typischen Ausdrucksformen. Historische Beispiele sind im 19. Jahrhundert Rußland, Preußen, Frankreich, in unserer Zeit die sozialistischen Länder.

2 Das Ende des Alten Reiches. Aus der Austrittserklärung der Rheinbundstaaten (1806):

Die Begebenheiten der drei letzten Kriege, welche Deutschland beinahe ohnunterbrochen beunruhigt haben, und die politischen Veränderungen, welche daraus entsprungen sind, haben die traurige Wahrheit in das hellste Licht gesetzt, daß das Band, welches bisher die verschiedenen Glieder des deutschen Staatskörpers mit einander vereinigen sollte, für diesen Zweck nicht mehr hinreiche, oder vielmehr, daß es in der That schon aufgelöst sey; das Gefühl dieser Wahrheit ist schon seit langer Zeit in dem Herzen jedes Deutschen, und so drückend auch die Erfahrung der letzten Jahre war, so hat sie doch im Grunde nur die Hinfälligkeit einer in ihrem Ursprunge ehrwürdigen, aber durch den allen menschlichen Anordnungen anklebenden Unbestand fehlerhaft gewordenen Verfassung bestätiget. Nur diesem Umstande muß man ohne Zweifel die im Jahre 1795 im Reiche selbst sich hervorgethane Trennung zuschreiben, die eine Absonderung des nördlichen und südlichen Deutschlands zur Folge hatte[1]. Von diesem Augenblick an mußten nothwendig alle Begriffe von gemeinschaftlichem Vaterlande und Interesse verschwinden; die Ausdrücke: Reichskrieg und Reichsfrieden wurden Worte ohne Schall; vergeblich suchte man Deutschland mitten im deutschen Reichskörper [...] Der Friede von Lunéville und mehr noch der Reichsschluß von 1803 hätten allerdings hinlänglich scheinen sollen, um der deutschen Reichsverfassung neues Leben zu geben, indem sie die schwachen Teile des Systems hinwegräumten und die Hauptgrundpfeiler desselben befestigten. Allein die in den letztverflossenen zehn Monaten unter den Augen des ganzen Reiches sich zugetragenen Ereignisse haben auch diese letzte Hoffnung vernichtet und die gänzliche Unzulänglichkeit der bisherigen Verfassung auf's Neue außer allem Zweifel gesetzt. Bei dem Drange dieser wichtigen Betrachtungen haben die Souverains und Fürsten des mittäglichen und westlichen Deutschlands sich bewogen gefunden, einen neuen und den Zeitumständen angemessenen Bund zu schließen. Indem sie durch gegenwärtige Erklärung sich von ihrer bisherigen Verbindung mit dem deutschen Reichskörper lossagen, befolgen sie bloß das durch frühere Vorgänge und selbst durch Erklärungen der mächtigeren Reichsstände aufgestellte System.

E. R. Huber (Hg): Dokumente zur deutschen Verfassungsgeschichte. Bd. I. Stuttgart 1961. S. 32 f.

1. Anspielung auf den Sonderfrieden von Basel zwischen Preußen und Frankreich

a) Welche Rolle spielt in dieser Erklärung das gemeinsame Deutschland?
b) Nehmen Sie Stellung zu der Rechtfertigung, die die Fürsten ihrem Austritt aus dem Reichsverband geben.

3 „Der Mensch ist nicht zu denken außerhalb des Staates". Adam Müller (1779–1829), Staats- und Gesellschaftstheoretiker, seit 1813 politischer Berater Metternichs, in seinen ‚Elementen der Staatskunst' (1809):

Endlich drittens ist der Staat nicht eine bloß künstliche Veranstaltung, nicht eine von den tausend Erfindungen zum Nutzen und Vergnügen des bürgerlichen Lebens, sondern er ist das Ganze dieses bürgerlichen Lebens selbst, notwendig, sobald es nur Menschen gibt, unvermeidlich, – in der Natur des Menschen begründet, würde ich sagen, wenn nicht, aus allen richtigen Gesichtspunkten betrachtet, menschliche Existenz und bürgerliche ein und dasselbe wären [...] Lassen Sie uns diese drei Wahrheiten noch inniger und kräftiger zusammenfassen in eine einzige und diese so ausdrücken: der Mensch ist nicht zu denken außerhalb des Staates. [Es folgen eine Reihe von möglichen Einwänden gegen diese These.]

Alle diese Einwürfe sind sehr gegründet und aus täglichen Erfahrungen, aus einer fast allgemein verbreiteten Denkungsart hergenommen; aber – welche tiefe Korruption aller Ansichten vom Staate leuchtet daraus hervor! – Der Staat ist demnach weiter nichts als ein einzelnes Departement der menschlichen Angelegenheiten; der Mensch braucht Haus, Hof, Knecht, Magd, Vieh und mancherlei Gerät, und unter diesem Geräte nun auch Staaten, d. h. große organisierte Polizeianstalten, erweiterte Marechausseen (Polizeiwachen), damit er alles des groben Gepäcks, welches er auf die Lebensreise mitnehmen muß, sicher sei. Oder: die Wissenschaften, die schönen Künst, Freundschaft, Liebe, häusliches Glück – die sind das Wesentliche im Leben des gebildeten

Mannes; um derentwillen ist er da. Der Staat? – je nun, der ist ein notwendiges Übel; ein trauriger Notbehelf in einer Welt, worin es wenige Gebildete und sehr vielen nichtsnutzigen und begierigen Pöbel gibt, der abgewehrt werden muß. – Solcherlei Vorstellungen vom Staat waren in Deutschland die verbreitetsten, bis die allgemeine Not daran erinnert hat, daß die Götter ihren Sitz anderswo haben, als in den kleinen Nichtswürdigkeiten des eleganten und häuslichen Lebens; bis unter den ungeheuren Bewegungen der Zeit selbst in die feigsten und schlaffsten Seelen eine Ahnung gekommen ist, daß dem Menschen alles fehle, wenn er die gesellschaftlichen Bande oder den Staat nicht mehr empfindet. – Aber klar ist die Vorstellung noch nicht, daß der Staat das Bedürfnis aller Bedürfnisse des Herzens, des Geistes und des Leibes sei; daß der Mensch nicht etwa bloß seit den letzten zivilisierten Jahrtausenden, nicht bloß in Europa, sondern überall und zu allen Zeiten ohne den Staat nicht hören, nicht sehen, nicht denken, nicht empfinden, nicht lieben kann; kurz, daß er nicht anders zu denken ist als im Staat.

A. Müller: Die Elemente der Staatskunst. Neudruck der Originalausgabe 1808/09. Berlin 1936. S. 22 ff.

a) Charakterisieren Sie die Staatsauffassungen, von denen sich Müller distanziert.
b) Wo sehen Sie Verbindungen, wo Widersprüche zu den Konzeptionen Metternichs oder der rheinbündischen Reformer?

4 „Die Freiheitsliebe ist bei den Deutschen nicht entwickelt". Madame de Staël (1766–1817), französische Schriftstellerin, über ‚Sitten und Charakter der Deutschen' (1814):

[...] Die Nation ist von Natur literarisch und philosophisch; nur daß der Unterschied der Klassen, welcher in Deutschland hervorstechender als irgendwo ist, weil die Gesellschaft hierin die Schattierungen nicht mildert, in mancher Hinsicht dem, was man eigentlich unter Geist (Esprit) versteht, in den Weg tritt. Der Adel hat zu wenig Ideen, die Gelehrten haben zu wenig Kenntnis der Geschäfte. Der Geist ist ein Gemisch aus der Kenntnis der Dinge und der Menschen. [...] Was die Deutschen charakterisiert, ist mehr die Einbildungskraft als der Geist. Jean Paul Richter, einer ihrer ausgezeichnetsten Schriftsteller, sagt irgendwo: „Das Gebiet des Meeres gehört den Engländern; das Gebiet der Erde den Franzosen; das Gebiet der Luft den Deutschen." [...]

Die Freiheitsliebe ist bei den Deutschen nicht entwickelt; sie haben weder durch den Genuß noch durch Entbehrung den Wert kennengelernt, den man in diesem höchsten Gute finden kann. [...] Die Unabhängigkeit selbst, die man beinahe in jeder Hinsicht in Deutschland genoß, machte die Deutschen gleichgültig gegen die Freiheit; die Unabhängigkeit ist ein Gut, die Freiheit eine Bürgschaft; und eben weil niemand in Deutschland weder in seinen Rechten noch in seinen Genüssen gekränkt wurde, fühlte man nicht das Bedürfnis einer Ordnung der Dinge, durch die dieses Gut behauptet würde. [...] Man glaubte, keines konstitutionellen Bollwerkes zu bedürfen, weil man keinen Eingriff vor sich sah. Es muß wundernehmen, daß das Feudalrecht beinahe ohne alle Abänderung unter so aufgeklärten Menschen fortgedauert hat; da aber in der Ausübung dieser an sich mangelhaften Gesetze nie Ungerechtigkeiten vorfielen, so tröstete die Gleichheit in der Anwendung über die Ungleichheit in dem Grundsatz. [...]

Politische Institutionen können allein den Charakter einer Nation begründen. Nun stand die Natur der Regierung in Deutschland zur philosophischen Aufklärung der Deutschen beinahe im Gegensatz; daher kommt es, daß sie die größte Kühnheit im Denken mit dem folgsamsten Charakter verbinden. Der Vorzug, den der Soldatenstand hat, und die Verschiedenheit der Stände überhaupt haben sie in allen Verhältnissen des geselligen Lebens an die genaueste Unterwürfigkeit gewöhnt; der Gehorsam ist bei ihnen nicht Knechtschaft, er ist Regelmäßigkeit; sie sind in Erfüllung der an sie ergehenden Befehle ebenso pünktlich, als ob jeder Befehl eine Pflicht wäre.

Anne Germaine de Staël: Über Deutschland. Fassung der deutschen Erstausgabe von 1814. Frankfurt 1985. S. 28 ff.

a) Welche Mängel der politischen Kultur sagt die Verfasserin den Deutschen nach, und worauf führt sie sie zurück?
b) Äußern Sie sich zu ihrer Unterscheidung zwischen Freiheit und Unabhängigkeit.

2. Reformen in Preußen

Preußen am Boden

Durch seine verheerende Niederlage im Krieg mit Frankreich 1806/07 geriet der Staat Friedrichs des Großen an den Rand des Abgrunds. Der Friede von Tilsit (1807) ließ das Staatsgebiet und die Bevölkerung auf die Hälfte zusammenschrumpfen und erlegte dem wehrlosen Land eine riesige Kriegsentschädigung und hohe Besatzungskosten auf. Diese schlimme Situation zwang zu einer Mobilisierung aller Reserven. Es war ein bedeutendes Verdienst der jetzt in die Regierungsämter gelangenden Reformer, daß sie, den drohenden Ruin vor Augen, nicht bloß daran dachten, die augenblickliche Not zu meistern, sondern gewillt waren, Staat und Gesellschaft auf Dauer auf neue, bessere Grundlagen zu stellen.

Ziele der Reformer

Die Reformer ließen sich von Grundsätzen leiten, die über den Tag hinaus ihren Wert in sich trugen: der Überzeugung von der Fähigkeit des Menschen zu Mündigkeit und Selbstbestimmung; dem von der Lehre des britischen Nationalökonomen Adam Smith (1723–1790) beflügelten Vertrauen auf die segensreichen Auswirkungen der Wirschaftsfreiheit; einem Gefühl der Verantwortung für die Wohlfahrt und ‚Glückseligkeit' aller Staatsbürger; dem patriotischen Wunsch nach einer inneren Erneuerung des Staates auf der Grundlage einer nicht befohlenen, sondern aus dem Herzen kommenden Zuwendung und Treue seiner Bürger.

Reformen von oben

Die Reformer waren eine nicht allzu große Gruppe von Politikern, Offizieren, Beamten – bemerkenswert viele von ihnen stammten nicht aus Preußen –, die den Willen und die Ausdauer aufbrachten, ihre Reformvorstellungen gegen mannigfache Schwierigkeiten und Widerstände, wenn auch oft nur auf dem Wege des Kompromisses und in abgeschwächter Form, zwar nicht gänzlich, aber in wesentlichen Teilen durchzusetzen. Ihr zähester Widersacher war der Adel, der sich fast allen Reformvorhaben widersetzte. Die Masse der Bevölkerung stand abseits und ließ die Veränderungen entweder murrend-mißtrauisch (wie die zünftigen Handwerker) oder skeptisch-abwartend (wie viele Bauern) über sich ergehen. Die Initiative ging fast ausschließlich ‚von oben' aus.

Stein und Hardenberg

Nach einer weit verbreiteten Auffassung war der Freiherr vom Stein (1757–1831), der einem naussauischen Reichsrittergeschlecht entstammte, seit 1780 im preußischen Staatsdienst stand und 1807 bis 1808 als verantwortlicher Minister die preußische Politik leitete, der führende Kopf unter den Reformern und sein Nachfolger Karl August von Hardenberg (1750–1822), Sohn eines hannoverschen Feldmarschalls und von 1810 bis 1822 preußischer Staatskanzler, mehr der gewiegte Praktiker, der den von Stein gewiesenen Weg fortsetzte. In Wirklichkeit aber war Hardenberg seinem Vorgänger, der nur gut ein Jahr im Amt war und zeit seines Lebens eher konservativ-altständischen Vorstellungen verhaftet blieb, an politischem Weitblick, Sinn für das Mögliche, liberaler Entschiedenheit und vor allem in der Bilanz des Geleisteten deutlich überlegen und muß daher als der Hauptreformer gelten.

Agrarreform

Das Oktoberedikt von 1807, das erste und wohl berühmteste aller Reformgesetze, schenkte allen Bauern bis spätestens 1810 die persönliche Freiheit. Er begründete den freien Güterverkehr und hob alle ständischen Beschränkungen der Berufswahl auf. Die Befreiung der Bauern aus der Erbuntertänigkeit betraf nur ihre „persönlichen Verhältnisse", nicht die auf ihren Höfen lastenden dinglichen Pflichten. Da man die feudalen Herrschaftsrechte nunmehr als private Eigentumsrechte auslegte, kam eine unentgeltliche Enteignung, wie im jakobinischen Frankreich 1793 und später im französisch besetzten Rheinland, nicht in Betracht.

Das Regulierungsedikt von 1811 legte fest, daß die ablösungsberechtigten Bauern, je nach Besitzrecht, zwischen einem Drittel und der Hälfte des von ihnen bewirtschafteten Landes abzutreten oder dessen Geldeswert an die Grundherren zu entrichten hatten. Da kaum ein Bauer in der Lage war, die erforderlichen Geldbeträge aufzubringen, ging ein erheblicher Teil des bisherigen Bauernlandes an die, zumeist adligen, Großgrundbesitzer über. 1816 stellte eine ‚Deklaration' klar, daß nur die größeren,

5 Scharnhorst, Hardenberg und Stein (von links nach rechts). Holzstich nach einer Zeichnung aus dem 19. Jahrhundert.
Beschreiben Sie die vom Künstler gewählten Posen der drei Reformer.

„spannfähigen" Höfe „regulierungsfähig" seien; den kleineren Bauern blieb die Regulierung verwehrt, und sie mußten ihre Pachtzinsen und Abgaben wie bisher entrichten. Die größeren Bauern konnten ihre Dienst- und Abgabeverpflichtungen „ablösen", indem sie deren 25fachen Jahreswert an die Grundherren bezahlten. Eine Verordnung von 1821 regelte die Aufteilung des Gemeindelandes („Allmende", „Gemeinheit"). Den Löwenanteil in Höhe von 86% erhielten die Großgrundbesitzer, den Rest die Bauern mit Landbesitz. Die landlose Dorfbevölkerung, die ihren Lebensunterhalt bislang zu einem nicht geringen Teil aus diesem Gemeinbesitz bestritten hatte, ging leer aus.

Folgen der Agrarreform

Die Agrarreformen waren weit mehr als eine ‚Bauernbefreiung'. Sie verwandelten die Landwirtschaft in einen nach dem kapitalistischen Gewinnprinzip betriebenen Erwerbsbereich. Am günstigsten stand der Großgrundbesitz da, der seine Wirtschaftskraft dank dem enorem Zustrom von Land und Kapital erheblich zu steigern vermochte. Den meisten großen und mittleren Bauern gelang es, ihre Regulierungs- und Ablösungsverluste im Laufe der Zeit wettzumachen, vor allem durch die Kultivierung von Ödland und die Steigerung der Bodenproduktivität mittels besserer Anbau- und Düngemethoden. Die Hauptleidtragenden waren die kleinen Bauern, die nicht regulierungs- und ablösungsberechtigt waren; viele von ihnen mußten sich der Konkurrenz beugen und ihre Höfe verkaufen. Aus ihnen und der landlosen Dorfbevölkerung stammte die ‚Dorfarmut', die als ländliche Tagelöhnerschaft eine kärgliche Existenz fristete und von der ein großer Teil später als Industriearbeiter in die Städte abwanderte.

Die Modernisierung der Landwirtschaft verursachte erhebliche ‚soziale Kosten'. Daß dafür vor allem die Armen aufkommen mußten, war zum einen die Folge des erbarmungslosen kapitalistischen Verdrängungswettbewerbs, zum anderen ein Erfolg der Adelsreaktion, die es verstand, ihre angestammten Privilegien auf Kosten der sozial Schwächeren in wirtschaftliche Macht umzumünzen.

Gewerbefreiheit

Das Gewerbesteuer-Edikt von 1810 beseitigte den Zunftzwang. Fortan konnte jeder, der sich dies zutraute, ein Gewerbe ausüben, und keine Vorschriften nötigten ihn wie zuvor, auf seine Konkurrenten Rücksicht zu nehmen. Die Zünfte liefen gegen diese Gesetzgebung Sturm und prophezeiten wirtschaftliches Chaos und Elend. In der Tat führte die jetzt einsetzende gewaltige Vermehrung der Handwerksbetriebe zu einer völligen Überfüllung vieler Branchen und zu mitunter ärgster wirtschaftlicher Not. Die Reformbürokratie hielt jedoch unbeirrt an ihrer Linie fest. In strikter Befolgung der wirtschaftsliberalen Grundsätze Adam Smith' vertraute sie auf die Selbstregulierungskräfte des Marktes und erwartete, daß die Tüchtigsten sich durchsetzten und einen wirtschaftlichen Fortschritt in Gang brächten, der letzlich allen zugute käme. Auf lange Sicht ging diese Rechnung auf. Preußen wurde zum Vorreiter der Industrialisierung in Deutschland und überflügelte alle anderen Staaten, weil es die Fesseln des ‚alten Handwerks' rechtzeitig beseitigt hatte. Der dafür zu entrichtende soziale Preis war der wirtschaftliche Ruin vieler Handwerksmeister. Er wurde vielfach dadurch wettgemacht, daß die Industrie viele neue und gute Verdienstmöglichkeiten eröffnete.

Zolleinigung

Der preußische Staat stützte seine liberale Wirtschaftspolitik ab, indem er 1818 alle bis dahin erhobenen Binnenzölle, die ihm erkleckliche Einnahmen beschert hatten, abschaffte und Zollabgaben nur noch an den Außengrenzen und für den Durchgangsverkehr ausländischer Waren verlangte. Dies war ein Druckmittel, um die deutschen Staaten für die Schaffung eines einheitlichen deutschen Binnenmarktes zu gewinnen. Mit der Gründung des Deutschen Zollvereins 1834, der die meisten deutschen Länder außer Österreich zu einem einheitlichen Zollgebiet ohne Binnengrenzen vereinte, gelangte die preußische Politik an ihr Ziel.

Steuersystem

Auch die Steuerpolitik paßte sich den Erfordernissen der neuen Wirtschaftsordnung an, wobei auch hier die soziale Gerechtigkeit kaum eine Rolle spielte. Der Adel verstand es, die Steuerfreiheit der Rittergüter noch bis 1861 zu behaupten, und auch die mancherlei sonstigen Steuerbefreiungen, insbesondere für Staatsbeamte und Lehrer, blieben erhalten. Die (relative) Hauptsteuerlast hatten wie bisher die ärmeren Schichten zu tragen: in Gestalt der ‚Klassensteuer' auf dem Lande, der Mehl- und Schlachtsteuer in den Städten – Steuerarten, die alle Steuerzahler in gleicher Höhe zu entrichten hatten. Die Einführung einer Einkommensteuer erwogen die Regierenden nicht.

Heeresreform

Die Reform des Militärwesens – verknüpft mit Namen wie Scharnhorst (1755–1813), 1807–10 Direktor des Kriegsdepartements, 1810–13 Chef des Generalstabs, Gneisenau (1760–1831), 1813/14 Generalstabschef, Boyen (1771–1848), 1814–19 Kriegsminister – erfolgte ebenfalls im Geist der neuen staatbürgerlichen Leistungsgesellschaft. Das Offiziersmonopol des Adels verschwand. Offizier sollte fortan werden, wer im Frieden „Kenntnisse und Bildung", im Krieg „Tapferkeit und Überblick" bewies. Dennoch blieb der Offiziersdienst auch weiterhin eine Domäne des Adels. Auch die Landwehr, die als eine Art Miliz während der Befreiungskriege 1813/14 entstand und die später die älteren Jahrgänge der ‚Reserve' umfaßte, konnte die ihr von den Reformern zugedachte Rolle eines Gegengewichts zur ‚Linie', die von Berufsoffizieren kommandiert wurde, nicht ausfüllen. Sie geriet, entgegen den ursprünglichen Plänen, immer mehr in eine Unterordnung unter die aktive Truppe, und ein starker ‚staatsbürgerlicher' Geist vermochte sich nicht zu entfalten. Aus Sparsamkeitsgründen wurden lange Zeit nicht alle Wehrpflichtigen eingezogen; über die Auswahl entschied das Los, und keiner konnte sich, wie in Frankreich oder Süddeutschland, vom Wehrdienst freikaufen. Eine Vorzugsbehandlung erfuhren indes diejenigen, die eine Versetzung in die Tertia, später Sekunda des Gymnasiums vorweisen konnten (‚mittlere Reife'); ihre Dienstzeit beschränkte sich, sofern sie die Kosten ihrer militärischen Ausstattung übernahmen, auf ein Jahr (‚Einjährig-Freiwillige').

Bildungsreform

Gemäß einem Wort König Friedrich Wilhelms III. (1797–1840), „Der Staat muß durch geistige Kräfte ersetzen, was er an physischen verloren hat", hatte man in Preußen begriffen, daß ein armer Staat in besonderem Maße darauf angewiesen war, sein ‚Humankapital', die Talente und Fähigkeiten, den Arbeits- und Leistungswillen seiner

6 Die 1809 gegründete Universität Berlin, untergebracht im 1766 vollendeten Prinz-Heinrich-Palais an der Straße ‚Unter den Linden'. Aquatintaradierung von F. Brohm, 1843. *Warum verzichtete man 1809 auf einen Neubau für die Universität?*

Bürger zu nutzen. Die Anstrengungen der Reformer richteten sich dabei mehr auf die höhere als auf die Elementarbildung. In den ‚Volksschulen' änderte sich äußerlich nicht viel: kärgliche Schulausstattungen, überfüllte Klassen, schlecht besoldete Lehrer waren weiterhin die Regel, und mehr als ein Drittel der Schulpflichtigen blieb dem Unterricht fern. Die pädagogischen Fortschritte jedoch waren beachtlich: dank den Lehren des Schweizer Erziehers Johann Heinrich Pestalozzi (1746–1827) und des deutschen Pädagogik- und Philosophieprofessors Johann Friedrich Herbart (1776–1841) verwandelte sich die öde Drill- in eine lebendige Lernschule, die ihren Schülern nicht totes Buchwissen, sondern lebensdienliche geistige Fähigkeiten und Fertigkeiten zu vermitteln suchte.

Das humanistische Gymnasium

Das Gymnasium – die Schule der ‚Gebildeten', die auf ein Universitätsstudium vorbereitete – gewann durch strenge Leistungsanforderungen an fachlichem Niveau und gesellschaftlicher Bedeutung. Weil seine Zeugnisse das Eingangstor für eine Karriere im öffentlichen Dienst und für die freien akademischen Berufe waren, entwickelte es sich zu einer ‚Verteilungsstelle für Sozialchancen'. Es bekam bald den Charakter einer Standesschule für die Söhne des Bildungsbürgertums – Töchtern blieb der Zugang noch bis zum Jahrhundertende versperrt, und das Wirtschaftsbürgertum zeigte wenig Interesse. Gleichwohl blieb das Gymnasium auf strenge Auslese bedacht. Hauptfächer waren Latein, Griechisch und Mathematik; die theoretisch-intellektuelle Begabung wurde ziemlich einseitig bevorzugt. Gemäß den Vorstellungen des führenden Bildungsreformers Wilhelm von Humboldt (1767–1835), eines Universalgelehrten, der 1809/10 die Funktion eines preußischen Kultusministers, wenn auch ohne diesen Titel, ausübte, sollte das Gymnasium eine Stätte der ‚Allgemeinbildung' sein und keinesfalls auf die Erfordernisse des ‚praktischen Lebens' vorbereiten.

Die Universität Berlin

Die, ebenfalls nach Humboldts Vorstellungen, 1810 gegründete Universität in Berlin ging gleichermaßen neue Wege. Sie wollte den Studenten – Frauen blieben bis zur Jahrhundertwende ausgeschlossen – nicht ein fertiges Fach- und Berufswissen vermitteln, sondern sie an der wissenschaftlichen Forschung teilnehmen lassen. Aus der Universität sollten, wie Schiller schon 20 Jahre früher formuliert hatte, „philosophische Köpfe", nicht „Brotgelehrte" hervorgehen; angestrebt wurde eine ‚wissen-

7 Farblithographie aus der ersten Hälfte des 19. Jahrhunderts mit folgendem Dialog zweier Juden: „Wie kommst Du zu des Kreutz?" – „Bin ich halt doch anno 13 gewesen Balmachome (Soldat) ... Im Krieg hat's gehaißen, aier Geld is güt, aier Blütt is güt! Ober jetzt haißt's, aier Geld is güt, obber die Natür is schlecht!"
Kennzeichnen Sie das Aussehen und die Sprechweise der beiden Figuren. – Inwiefern werden darin antijüdische Vorurteile deutlich?

schaftliche Bildung', nicht spezialistische Berufsfertigkeit. Mit diesem Konzept wurde Berlin bald zu einer der bedeutendsten Universitäten in der Welt und ein vielfach nachgeahmtes Vorbild.

Emanzipation der Juden

Wie zuvor schon Österreich und Frankreich befreite auch Preußen mit einem Edikt von 1812 die Einwohner jüdischen Glaubens von den meisten Beschränkungen, denen ihre Vorfahren jahrhundertelang unterworfen gewesen waren. Die preußischen Juden erhielten die bürgerliche Rechtsgleichheit und die Freiheit der wirtschaftlichen Betätigung, konnten also nicht mehr, wie bislang, von bestimmten Erwerbsquellen und Tätigkeiten ausgeschlossen werden. Damit wurde die Bahn für ihren beispiellosen wirtschaftlichen und kulturellen Aufstieg frei. Die Fähigkeiten und Energien dieser Minderheit, die so lange an der vollen Entfaltung ihrer Möglichkeiten gehindert worden war, setzten sich schnell in großartige wirtschaftliche und finanzielle, wissenschaftliche und künstlerische Erfolge um. Der Anteil jüdischer Mitbürger an den Absolventen der Gymnasien und Universitäten, an den erfolgreichen Ärzten, Rechtsanwälten, Schriftstellern, Journalisten, an den Millionären und reichsten Steuerzahlern war bald überproportional hoch. Dennoch blieb die Emanzipation unvollständig. Der preußische Staat behielt sich die Zulassung von Juden zu öffentlichen Ämtern ausdrücklich vor; wo die Kooptation üblich war – in den Universitäten oder im Offizierskorps der Regimenter –, wurden jüdische Bewerber durchweg benachteiligt. Allen Fortschritten und Verbesserungen zum Trotz blieben weithin gesellschaftliche Barrieren und Vorurteile bestehen und verhinderten die vollkommene Assimilation, nach der sich die meisten jüdischen Deutschen sehnten. In den erst seit 1815 wieder zu Preußen gehörenden überwiegend polnischen Provinzen Posen und Westpreußen sowie in süddeutschen Ländern wie Baden und Bayern blieben die Juden noch lange von den meisten Vorteilen der Emanzipation ausgeschlossen. Viele von ihnen wanderten nach Amerika aus, wo sie Rechts- und Chancengleichheit vorfanden.

Fehlende politische Mitwirkungsrechte

So aufgeschlossen und ‚modern' die preußischen Reformer im Bereich der Wirtschaft, des Militär- und Bildungswesens und überhaupt in der Auflösung der geburtsständischen Gesellschaft verfuhren, so halbherzig und mißtrauisch zeigten sie sich hinsichtlich der politischen Einrichtungen. Abgesehen von der Städteordnung von 1808, wagten sie nirgends den Schritt zur Gewährung weitergehender politischer Mitwirkungsrechte für nicht-adlige Bevölkerungsschichten.

Städteordnung

Diese Städteordnung, eine Lieblingsidee Steins, gab den Stadtbürgern ein ansehnliches Stück jener Selbstverwaltungsrechte zurück, die ihre Vorfahren besessen hatten, bevor der Absolutismus damit aufgeräumt hatte. Dazu gehörte vor allem die Befugnis, die Gemeindevertretung zu wählen, die ihrerseits den Magistrat berief und kontrollierte, sowie über die städtischen Einnahmen und Ausgaben und damit über viele wirtschaftliche, bauliche, schulische Angelegenheiten entschied. Allerdings behielt sich die Regierung manche Eingriffsrechte vor: die gewählten Magistrate bedurften ihrer Bestätigung, alle Selbstverwaltungsvorgänge unterlagen ihrer Rechtsaufsicht. Gerichte und Polizei gingen sogar in die ausschließliche Zuständigkeit des Staates über.

Im übrigen war der Kreis der politischen Aktivbürger begrenzt. Das aktive und passive Wahlrecht besaßen nur die eigentlichen ‚Bürger', also jene, die Grundbesitz hatten und ein nicht zu knapp bemessenes Einkommen aus selbständiger Tätigkeit bezogen. Alle anderen waren lediglich ‚Einwohner'; dazu zählten auch die Inhaber staatlicher Ämter, die von der Stadtpolitik ausgeschlossen bleiben sollten. Dahinter steckte die Absicht, die Gemeindepolitik vor allem jenen anzuvertrauen, deren Besitz- und Erwerbsinteressen davon unmittelbar betroffen waren.

Die Städteordnung galt, auch nach der Vergrößerung Preußens 1814/15, nur für die Provinzen, die 1808 zum preußischen Staat gehört hatten. Im Rheinland blieb die von den Franzosen eingeführte Gemeindeordnung in Kraft. Sie kannte zwar keine Unterscheidung von Bürgern und Einwohnern, unterstellte aber die Magistrate den Weisungen der staatlichen Behörden.

Selbstverwaltung auf dem Lande

Eine Selbstverwaltung auch der Landgemeinden kam erst im Kaiserreich nach 1871 zustande. Bis dahin blieb der Adel im Besitz seiner alten Herrschaftsrechte, namentlich der Patrimonialgerichtsbarkeit (sie verschwand 1849), der Ortspolizei (Gendarmerie), des Kirchen- und Schulpatronats. Seit 1825 wurden Kreisverfassungen eingeführt, die die Bildung ständischer Kreistage vorschrieben. In ihnen hatte der grundbesitzende Adel ein deutliches Übergewicht, weil jeder Rittergutsbesitzer geborenes Mitglied war, während die Landstädte nur je einen Vertreter und die selbständigen Bauern insgesamt höchstens drei Vertreter entsenden durften.

Gesamtstaatsvertretung

Eine ‚Nationalrepräsentation' für den preußischen Gesamtstaat stellten der König und sein Staatsministerium zwar mehrmals in Aussicht, lösten dieses Versprechen aber bis 1847/48 nicht ein. Im übrigen sollten nach den Andeutungen des Monarchen die Rechte einer solchen Körperschaft ohnehin knapp bemessen bleiben. Sie sollte aus den Provinzialständen hervorgehen (also nicht direkt gewählt werden) und Gesetze nur beraten, nicht beschließen dürfen.

Modernisierung. Dieser im täglichen Sprachgebrauch geläufige Begriff läßt sich nur schwer exakt definieren. Er nimmt eine auf Fortschritt angelegte Entwicklung an und bezieht sich fast ausschließlich auf den in den wesentlichsten Industriestaaten begonnenen, später weltweit nachgeahmten universellen Prozeß, der zur Herausbildung der Industriewirtschaft, einer egalitären Leistungsgesellschaft, eines auf allgemeiner politischer Partizipation beruhenden politischen Systems, einer von religiösen Bindungen freien, rational-wissenschaftlichen, pluralistischen Kultur führte. Umstritten ist hauptsächlich zweierlei: Darf die Entwicklung in den westlichen Ländern uneingeschränkt als Prototyp von Modernisierung gelten? Und: Bedeutete die Modernisierung Fortschritt in jeder Hinsicht, oder verursachte sie auch bedenkliche Folgekosten (wie Umweltzerstörung, soziale Entwurzelung, kulturelle Orientierungslosigkeit)?

8 „Eine Revolution im guten Sinn". Aus Hardenbergs ‚Rigaer Denkschrift' (1807):

Die Französiche Revolution, wovon die gegenwärtigen Kriege die Fortsetzung sind, gab den Franzosen unter Blutvergießen und Stürmen einen ganz neuen Schwung. Alle schlafenden Kräfte wurden geweckt, das Elende und Schwache, veraltete Vorurteile und Gebrechen wurden - freilich zugleich mit manchem Guten - zerstört. Die Benachbarten und Überwundenen wurden mit dem Strome fortgerissen. Unkräftig waren alle die Dämme, welche man diesem entgegensetzte, weil Schwäche, egoistischer Eigennutz und falsche Ansicht sie bald ohne Zusammenhang aufführte, bald diesen im gefährlichen Irrtum unterbrach und dem verheerenden Strome Eingang und Wirkung verschaffte.
Der Wahn, daß man der Revolution am sichersten durch Festhalten am Alten und durch strenge Verfolgung der durch solche geltend gemachten Grundsätze entgegenstreben könne, hat besonders dazu beigetragen, die Revolution zu befördern und derselben eine stets wachsende Ausdehnung zu geben. Die Gewalt dieser Grundsätze ist so groß, sie sind so allgemein anerkannt und verbreitet, daß der Staat, der sie nicht annimmt, entweder seinem Untergange oder der erzwungenen Annahme derselben entgegensehen muß. Ja selbst die Raub- und Ehr- und Herrschsucht Napoleons und seiner begünstigten Gehilfen ist dieser Gewalt untergeordnet und wird es gegen ihren Willen bleiben. Es läßt sich auch nicht leugnen, daß unerachtet des eisernen Despotismus, womit er regiert, er dennoch in vielen wesentlichen Dingen jene Grundsätze befolgt, wenigstens ihnen dem Schein nach zu huldigen genötigt ist.
Also eine Revolution im guten Sinne, gerade hinführend zu dem großen Zwecke der Veredelung der Menschheit, durch Weisheit der Regierung und nicht durch gewaltsame Impulsion von innen oder außen, - das ist unser Ziel, unser leitendes Prinzip. Demokratische Grundsätze in einer monarchischen Regierung: dieses scheint mir die angemessene Form für den gegenwärtigen Zeitgeist. Die reine Demokratie müssen wir noch dem Jahre 2440 überlassen, wenn sie anders je für den Menschen gemacht ist. [...] Man schrecke ja nicht zurück vor dem, was der Hauptgrundsatz ist, möglichste Freiheit und Gleichheit. - Nicht die regellose, mit Recht verschriene: die die blutigen Ungeheuer der Französischen Revolution zum Deckmantel ihrer Verbrechen brauchten oder mit fanatischer Wut statt der wahren, im gebildeten gesellschaftlichen Zustande möglichen, ergriffen, sondern nur diese nach weisen Gesetzen eines monarchischen Staates, die die natürliche Freiheit und Gleichheit der Staatsbürger nicht mehr beschränken, als es die Stufe ihrer Kultur und ihr eigenes Wohl erfordern.

G. Winter (Hg): Die Reorganisation des preußischen Staates unter Stein und Hardenberg, Teil I, Bd. I. Leipzig 1931. S. 316ff.

a) Wie unterscheidet sich für Hardenberg die Französische Revolution von einer „Revolution im guten Sinn"?
b) Vergleichen Sie Hardenbergs Grundsatz „Möglichste Freiheit und Gleichheit" mit seiner praktischen Reformpolitik.

9 Neuordnung auf dem Lande. Aus dem ‚Edikt über den erleichterten Besitz und den freien Gebrauch des Grundeigentums so wie die persönlichen Verhältnisse der Land-Bewohner betreffend (9. Oktober 1807):

Nach eingetretenem Frieden hat Uns die Vorsorge für den gesunkenen Wohlstand Unserer getreuen Unterthanen, dessen baldigste Wiederherstellung und möglichste Erhöhung vor Allem beschäftigt. Wir haben hierbei erwogen, daß es, bei der allgemeinen Noth, die Uns zu Gebote stehenden Mittel übersteige, jedem Einzelnen Hülfe zu verschaffen, ohne den Zweck erfüllen zu können, und daß es eben sowohl den unerläßlichen Forderungen der Gerechtigkeit, als den Grundsätzen einer wohlgeordneten Staatswirthschaft gemäß sey, Alles zu entfernen, was den Einzelnen bisher hinderte, den Wohlstand zu erlangen, den er nach dem Maaß seiner Kräfte zu erreichen fähig war; Wir haben ferner erwogen, daß die vorhandenen Beschränkungen theils in Besitz und Genuß des Grundeigenthums, theils in den persönlichen Verhältnissen des Land-Arbeiters Unserer wohlwollenden Absicht vorzüglich entgegen wirken, und der Wiederherstellung der Kultur eine große Kraft seiner Thätigkeit entziehen, jene, indem sie auf den Werth des Grund-Eigenthums und den Kredit des Grundbesitzers einen höchst schädlichen Einfluß haben, diese, indem sie den Werth der Arbeit verringern. Wir wollen daher beides auf diejenigen Schranken zurückführen, welche das gemeinsame Wohl nöthig macht, und verordnen daher Folgendes:

§ 1. Jeder Einwohner Unsrer Staaten ist, ohne alle Einschränkung in Beziehung auf den Staat, zum eigenthümlichen und Pfandbesitz unbeweglicher Grundstücke aller Art berechtigt; der Edelmann also zum Besitz nicht blos adelicher, sondern auch unadelicher, bürgerlicher und bäuerlicher Güter aller Art, und der Bürger und Bauer zum Besitz nicht blos bürgerlicher, bäuerlicher und anderer unadelicher, sondern auch adelicher Grundstücke, ohne daß der eine oder der andere zu irgendeinem Güter-Erwerb einer besonderen Erlaubnis bedarf. [...] Alle Vorzüge, welche bei Güter-Erbschaften der adeliche vor dem bürgerlichen Erben hatte, und die bisher durch den persönlichen Stand des Besitzers begründete Einschränkung und Suspension gewisser gutsherrlicher Rechte, fallen gänzlich weg. In Absicht der Erwerbsfähigkeit solcher Einwohner, welche den ganzen Umfang ihrer Bürgerpflichten zu erfüllen, durch Religions-Begriffe verhindert werden, hat es bei den besonderen Gesetzen sein Verbleiben.

§ 2. Jeder Edelmann ist, ohne allen Nachtheil seines Standes, befugt, bürgerliche Gewerbe zu treiben; und jeder Bürger oder Bauer ist berechtigt, aus dem Bauer- in den Bürger- und aus dem Bürger- in den Bauerstand zu treten. [...]

§ 12. Mit dem Martini-Tage Eintausend Achthundert und Zehn (1810) hört alle Guts-Unterthänigkeit in Unseren sämmtlichen Staaten auf. Nach dem Martini-Tage 1810 giebt es nur freie Leute, so wie solches auf den Domainen in allen Unsern Provinzen schon der Fall ist, bei denen aber, wie sich von selbst versteht, alle Verbindlichkeiten, die ihnen als freien Leuten vermöge des Besitzes eines Grundstücks, oder vermöge eines besonderen Vertrages obliegen, in Kraft bleiben.

E. R. Huber (Hg): Dokumente zur deutschen Verfassungsgeschichte. Bd. I. Stuttgart 1961. S. 38 ff.

a) Welche Nachteile der alten Ordnung soll das Edikt beseitigen?
b) Erörtern Sie, warum das Edikt solche Berühmtheit erlangt hat.

10 Grenzen der Freiheit auf dem Lande. Aus der ‚Gesindeordnung für die Provinzen der preußischen Monarchie' (gültig 1810–1918):

§ 64. Das Gesinde ist schuldig, seine Dienste treu, fleißig und aufmerksam zu verrichten. – § 70. Auch außer seinen Diensten ist das Gesinde schuldig, der Herrschaft Bestes zu befördern, Schaden und Nachteil aber, so viel an ihm ist, abzuwenden. – § 71. Bemerkte Untreue des Nebengesindes ist es der Herrschaft anzuzeigen verbunden. – § 74. Ohne Vorwissen und Genehmigung der Herrschaft darf es sich auch in eigenen Angelegenheiten vom Hause nicht entfernen. – § 76. Die Befehle der Herrschaft und ihre Verweise muß das Gesinde mit Ehrerbietung und Bescheidenheit annehmen. § 77. Reizt das Gesinde die Herrschaft durch ungebührliches Betragen zum Zorn, und wird in selbigem von ihr mit Scheltworten oder geringen Tätlichkeiten behandelt, so kann es dafür keine gerichtliche Genugtuung fordern. – § 79. Außer dem Falle, wo das Leben oder die Gesundheit des Dienstboten durch Mißhandlungen der Herrschaft in gegenwärtige und unvermeidliche Gefahr gerät, darf er sich der Herrschaft nicht tätlich widersetzen. § 82. Die Herrschaft ist schuldig, dem Gesinde Lohn und Kleidung zu den bestimmten Zeiten ungesäumt zu entrichten. – § 83. Ist auch Kost versprochen worden, so muß selbige bis zur Sättigung gegeben werden. Offenbar der Gesundheit nachteilige und ekelhafte Speisen kann das Gesinde anzunehmen nicht gezwungen werden. – § 84. Die Herrschaft muß dem Gesinde die nötige Zeit zur Abwartung des öffentlichen Gottesdienstes lassen und dasselbe dazu fleißig anhalten. – § 86. Zieht ein Dienstbote sich durch den Dienst oder bei Gelegenheit desselben eine Krankheit zu, so ist die Herrschaft schuldig, für seine Kur und Verpflegung zu sorgen. – § 167. Gesinde, welches vor Ablauf der Dienstzeit ohne gesetzmäßige Ursache den Dienst verläßt, muß durch Zwangsmittel zu dessen Fortsetzung angehalten werden.

G. Franz (Hg): Quellen zur Geschichte des deutschen Bauernstandes in der Neuzeit. Darmstadt 1976. S. 359 f.

a) Wo sehen Sie eine Beeinträchtigung der Persönlichkeitsrechte der Knechte und Mägde gegeben?
b) Sprechen Sie über das Gesellschaftsbild, das dieser Gesindeordnung zugrunde liegt.

11 **Auswirkungen der Agrarreform.** Bäuerliche Besitzverschiebungen in Preußen 1816–1859:

a) Bäuerliche Betriebsflächen	ha	v.H. des Bestandes von 1816
Landabgang an nichtspannfähige Kleinstellen	323.245	3,79
nichtbäuerliche Besitzer	114.665	1,37
Landverluste insgesamt im freien Verkauf	440.410	5,16
Landgewinn durch die Reformen	208.585	2,47
Landverluste insgesamt	231.824	2,69

b) Bauernstellen	Anzahl	1816 = 100
Zugang durch Separation	3.003	0,84
Dismembration	10.232	2,91
Zugang insgesamt	13.235	3,75
Abgang durch Konsolidation	20.105	5,70
Gesamtverlust an Höfen	6.870	1,95

Separation = Trennung der in Gemengelage liegenden Parzellen – Dismembration = Aufteilung bislang zusammengehörigen Besitzes – Konsolidation = Zusammenfügung bisher getrennter Lehen zugunsten des Grundherrn

H. Aubin/W. Zorn (Hg): Handbuch der deutschen Wirtschafts-und Sozialgeschichte. Bd. 2. Stuttgart 1976. S. 298

a) Woher stammte der bäuerliche Landgewinn aus den Reformen?
b) Versuchen Sie, aus der Tabelle die wirtschaftlichen Folgen der Reformen abzulesen! Berücksichtigen Sie dabei auch das Oktoberedikt (▷ M 9).

12 Bauernbefreiung in Europa. *Versuchen Sie Zusammenhänge zwischen der Bauernbefreiung und dem allgemeinen gesellschaftlichen Entwicklungsstand herzustellen.*

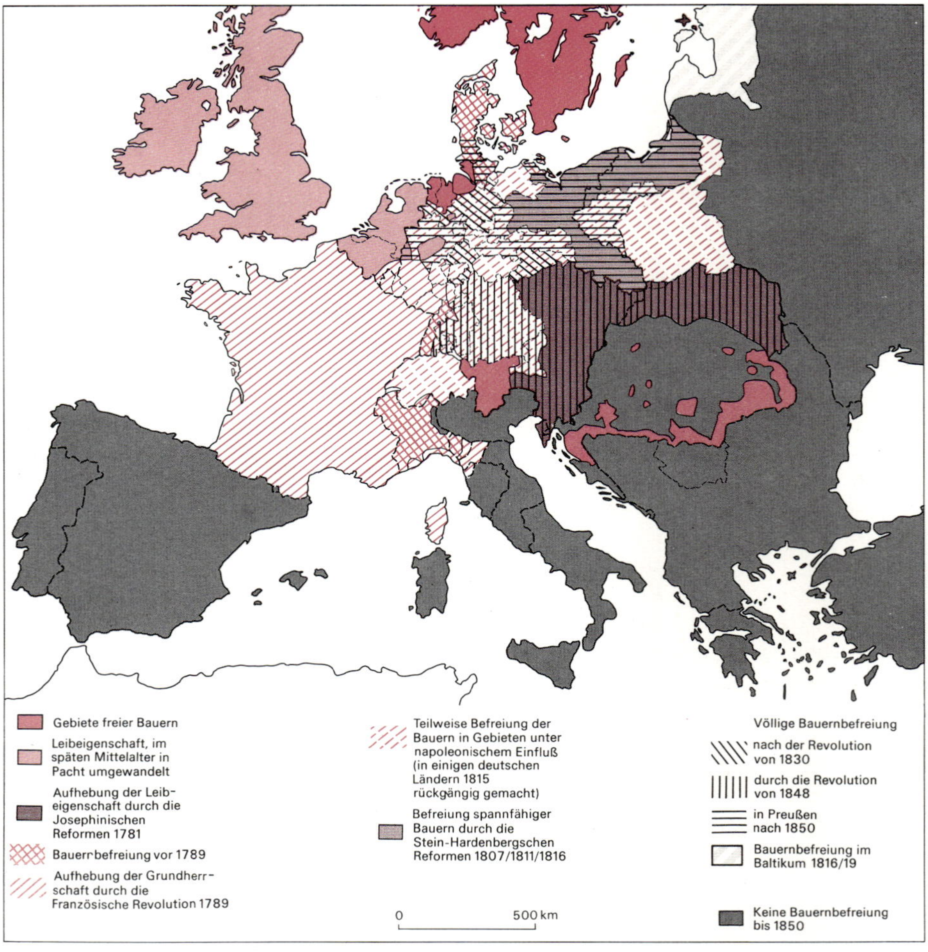

13 Wirtschaftsliberale Grundsätze. Aus den Geschäftsinstruktionen für die Provinzialregierungen (1808):

Es ist dem Staate und seinen einzelnen Gliedern immer am zuträglichsten, die Gewerbe jedesmal ihrem natürlichen Gange zu überlassen, das heißt: keine derselben vorzugsweise durch besondere Unterstützung zu begünstigen und zu heben, aber auch keine in ihrem Entstehen, ihrem Betrieb und Ausbreiten zu beschränken, insofern das Rechts-Prinzip dabei nicht verletzt wird, oder sie nicht gegen Religion, gute Sitten und Staats-Verfassung anstoßen.
Neben dieser Unbeschränktheit bei Erzeugung und Verfeinerung der Produkte, ist Leichtigkeit des Verkehrs und Freiheit des Handels, sowohl im Innern, als mit dem Auslande, ein nothwendiges Erforderniß, wenn Industrie, Gewerbefleiß und Wohlstand gedeihen soll, zugleich aber auch das natürlichste, wirksamste und bleibendste Mittel, ihn zu befördern. Es werden sich alsdann diejenigen Gewerbe von selbst erzeugen, die mit Vortheil betrieben werden können, und dieses sind wieder diejenigen, welche dem jedesmaligen Produktions-Zustande des Landes, und dem Kultur-Zustande der Nation am angemessensten sind. Es ist unrichtig, wenn man glaubt, es sei dem Staate vortheilhaft, Sachen dann noch selbst zu verfertigen, wenn man sie im Auslande wohlfeiler haben kann. Die Mehrkosten, welche ihm die eigene Verfertigung verusacht, sind rein verloren und hätten, wären sie auf ein anderes Gewerbe angelegt worden, nachhaltigen Gewinn bringen können. Es ist eine schiefe Ansicht, man müsse in einem solchen Falle das Geld im Lande zu behalten suchen und lieber nicht kaufen.

Stenographische Berichte über die Verhandlungen der beiden Häuser des Landtags. Haus der Abgeordneten. 1862. Bd. 2. Berlin 1862. S. 753f.

a) Was hat man sich unter dem „natürlichen Gang" der Wirtschaft vorzustellen? Überlegen Sie, von welchen älteren wirtschaftspolitischen Denkweisen sich die Reformbürokratie distanziert!
b) Stellen Sie Beziehungen zu den Materialien 9 und 11 her.

14 Staat und Erziehung. Aus einer Denkschrift des späteren preußischen Kultusministers Altenstein (1807):

Der Staat kann und muß, nötigenfalls mit Zwang, veranlassen, daß alle seine Bürger einen gewissen Grad von Erziehung und Unterricht erhalten. Ist irgendeine Vormundschaft des Staates zu rechtfertigen, so ist es die, welche er bei allen Kindern übernimmt, da sie wirklich unmündig sind und die Eltern im allgemeinen nicht für fähig gehalten werden können, die Vormundschaft zu führen. Die Sache ist für den Staat zu wichtig, um alles dem Zufall zu überlassen. Es ist bisher viel zu wenig hierunter geschehen. Der Zwang wird nicht nötig sein, wenn der Staat gehörige Anstalten für den Unterricht und die Erziehung trifft. Auch der Zwang erscheint minder auffallend, wenn ein richtiger Plan bei der Art des Unterrichts zugrunde liegt und nicht sowohl auf die Beibringung positiver Kenntnis als die Veredlung des Menschen hingearbeitet wird. Bei dieser Veredlung werden von selbst schon zugleich mit bei richtiger Methode positive Kenntnisse verbreitet und der Trieb, sich solche zu verschaffen, allgemein gemacht. Es wird nach solchem nicht mehr des bloßen Nutzens willen, sondern vermöge des Gefühls der Notwendigkeit gestrebt. [...]
So sehr aber der Staat hiernach auf die Erziehung und den Unterricht einwirkt, so wenig darf er doch die Freiheit im Unterricht selbst durch positive Vorschriften beschränken. Der Zustand der Wissenschaft gibt die Art des Unterrichts an, und eine jede positive Vorschrift beschränkt die Verbesserung. Nur der Zweck muß klar vom Staate angegeben sein. Dieser ist nicht sowohl die Anfüllung des Menschen mit positiven Kenntnissen, als die Ausbildung seiner Denkkraft und deren Hinleitung zu dem Höheren, zu dem Geistigen. Wie dieses geschehen kann, ist Sache der Lehrer oder der wissenschaftlichen Männer, welche die Leitung der Lehrer haben. Diese werden auch die Prüfungen haben. Vorzüglich der religiöse Zustand der zu Erziehenden wird zum Maßstab der Beurteilung, wie weit der Zweck erfüllt ist, dienen. Alles, was die neueren größten Erzieher, Philosophen und die ganze sogenannte neue Schule lehrt, stimmt mit dieser Ansicht überein.

G. Winter (Hg): Die Reorganisation des preußischen Staates unter Stein und Hardenberg. Teil I. Band I. Leipzig 1931. S. 457f.

a) Diskutieren Sie inwiefern der moderne Staat mehr Interesse am Schulwesen hat als der frühneuzeitliche.
b) Wo sieht der Verfasser die Grenzen der staatlichen Weisungsbefugnis?

15 **Die Emanzipation der Juden.** Aus dem ‚Edikt betreffend die bürgerlichen Verhältnisse der Juden in dem Preußischen Staate' (1812):

Wir, Friedrich Wilhelm, von Gottes Gnaden König von Preußen, haben beschlossen, den jüdischen Glaubensgenossen in Unserer Monarchie eine neue, der allgemeinen Wohlfahrt angemessene Verfassung zu ertheilen, erklären alle bisherige, durch das gegenwärtige Edikt nicht bestätigte Gesetze und Vorschriften für die Juden für aufgehoben und verordnen wie folget:

§ 1. Die in Unseren Staaten jetzt wohnhaften, mit General-Privilegien, Naturalisations-Patenten, Schutzbriefen und Konzessionen versehenen Juden und deren Familien sind für Einländer und Preußische Staatsbürger zu achten. – § 7. Die für Einländer zu achtenden Juden sollen, in sofern diese Verordnung nichts Abweichendes enthält, gleiche bürgerliche Rechte und Freiheiten mit den Christen genießen. – § 8. Sie können daher akademische Lehr- und Schul-auch Gemeinde-Aemter, zu welchen sie sich geschickt gemacht haben, verwalten. – § 9. In wie fern die Juden zu andern öffentlichen Bedienungen und Staats-Aemtern zugelassen werden können, behalten Wir uns vor, in der Folge der Zeit, gesetzlich zu bestimmen. — § 10. Es steht ihnen frei, in Städten sowohl, als auf dem platten Lande sich niederzulassen. § 11. Sie können Grundstücke jeder Art, gleich den christlichen Einwohnern, erwerben, auch alle erlaubte Gewerbe mit Beobachtung der allgemeinen gesetzlichen Vorschriften treiben. — § 12. Zu der aus dem Staatsbürgerrechte fließenden Gewerbefreiheit gehöret auch der Handel. — § 14. Mit besonderen Abgaben dürfen die einländischen Juden, als solche, nicht beschweret werden. – § 29. In Absicht des Gerichtsstandes und der damit verbundenen vormundschaftlichen Verwaltung findet ebenfalls zwischen Christen und Juden kein Unterschied statt. Nur in Berlin bleibt es vorerst bei dem den Juden angewiesenen besonderen Gerichtsstand. § 30. In keinem Fall dürfen sich Rabbiner und Juden-Aeltesten weder eine Gerichtsbarkeit noch eine vormundschaftliche Einleitung und Direktion anmaßen.

E. R. Huber (Hg): Dokumente zur deutschen Verfassungsgeschichte. Bd. I. Stuttgart 1961. S. 45 ff.

Naturalisation: Verleihung der Staatsbürgerschaft an Ausländer

a) Womit begründet das Edikt die rechtliche Besserstellung der Juden?
b) Vergleichen Sie den neuen mit dem alten Rechtszustand.

Zur Diskussion

Die Reformen von oben – Erfolg oder Fehlschlag?

Mißt man die Reformen an dem, was versäumt wurde, obwohl eine Verbesserung damals möglich schien, ergibt sich etwa folgende Negativbilanz: die Restauration der politischen Adelsherrschaft in Preußen; die Verweigerung einer Verfassung und einer gesamtstaatlichen Volksvertretung; das Ausbleiben einer Selbstverwaltung der Landgemeinden; die Kümmerform der städtischen Selbstverwaltung in Süddeutschland. Hier fehlte es den Reformern offenkundig an Mut und Weitsicht, um Entwicklungen einzuleiten, die zwar den alten Herrschaftseliten etliche Machteinbußen zugemutet, den politischen und sozialen Frieden aber mit hoher Wahrscheinlichkeit nicht gefährdet hätten.

Anders steht es mit den agrarischen und gewerblichen Reformen in Preußen. Deren entschieden liberaler Zuschnitt trieb viele landlose Bauern und kleine Gewerbetreibende in Not und Armut. Insoweit waren die Reformen unsozial. Andererseits wäre ohne diese Rücksichtslosigkeit die Industrialisierung, die auf lange Sicht viele neue Arbeitsplätze schuf und den allgemeinen Lebensstandard anhob, kaum so schnell und erfolgreich ins Werk gesetzt worden, wie es tatsächlich geschah. Indem die Reformer das ‚Unvermeidliche' schnell und gründlich taten, so kann man vermuten, milderten sie die ‚Geburtswehen' des heraufkommenden Industriezeitalters.

16 Dilemma der Reformer – Langfristige Erfolge der Reformen

a) Der deutsche Historiker Thomas Nipperdey (1983):

Dahinter steht, unabhängig von Hardenbergs Motiven und Absichten, eine tragische Dialektik der Reform. Die Verfassung setzte eine bürgerliche und gesamtstaatliche Gesellschaft voraus, nicht mehr ständisch und nicht mehr partikular, aber diese Gesellschaft mußte erst geschaffen werden; sie war eine antizipierte Gesellschaft, eine Gesellschaft der Zukunft. Insofern schien der Weg zu einer solchen Gesellschaft und zur Teilnahme der Nation an der Politik gerade der einer bürokratischen Erziehungsdiktatur. Mit den Repräsentanten der alten Gesellschaft konnte man die Politik der Modernisierung nicht vorantreiben, ja sie erwiesen sich als Hindernis. Aber ohne sie konnte man aus finanz- wie nationalpolitischen Gründen nicht auskommen. Das war das Dilemma. Man war auf sie angewiesen. Und zugleich sollten ihnen doch ihre Privilegien genommen werden. Die ständische Wirklichkeit der Gesellschaft hatte zur Folge, daß jede Repräsentation mit Macht und Einfluß den Fortgang der Reform und den Abbau der adligen Privilegien wie der partikularen Sonderrechte – Agrar-, Steuer-, Kreis- und Gemeindereform vor allem – blockierte. Darum blieben die Versuche mit Repräsentativorganen dosiert und gehemmt; Wirtschaft und Verwaltung sollten zuerst reformiert werden. Als die Reformer realisierten, daß Repräsentation nicht unmittelbar der Abstützung der Reform zugute kam, wurde ihr Interesse geringer. Aber die Finanznot verwies auf die Stände und gab den konservativ-restaurativen Kräften gerade in den Provinzen stärkeres Gewicht. Weil man zudem vieles erprobte und vieles in der Schwebe ließ und ganz radikale Maßnahmen scheute, bekam die Opposition die Möglichkeit, die Reformen in einem dauernden Kleinkrieg abzuschwächen oder gar zu Fall zu bringen. Noch einmal anders gewendet: die Reform war der Versuch der Bürokratie, sich gegen die Feudalität durchzusetzen, den Staat zum Staat der Bürokratie umzuformen und die Gesellschaft zu modernisieren. Der Adel aber war noch ein bestimmender Teil der Gesellschaft. Seine Teilhabe an den zentralen politischen Entscheidungen mußte, obwohl sie zu den Zielen der Reform gehörte, die Reform erschweren. Die Modernität der gesellschafts- und staatspolitischen Zielsetzung stand im Gegensatz zu einer modernen Verfassungspolitik; deshalb kam es bis 1815 noch zu keinen endgültigen Entscheidungen.

Th. Nipperdey: Deutsche Geschichte 1800–1866. München 1983. S. 68 f.

b) Der deutsche Historiker Hans-Ulrich Wehler (1987):

In historischer Perspektive bleibt für jeden, der mit Reformen keine unrealistisch sanguinen Hoffnungen auf blitzschnelle Beseitigung aller Übel, sondern „ein starkes, langsames Bohren von harten Brettern mit Leidenschaft und Augenmaß“ über lange Zeiträume hinweg verbindet, zwischen manchen Reforminitiativen und der veränderten Wirklichkeit eine häufig verblüffend schmale Distanz. Eben das erklärt zum großen Teil die Lebens-und Entwicklungsfähigkeit Preußens auch nach der Hardenberg-Ära, da „entscheidend wichtige Grundlagen für die Weiterentwicklung während des 19. Jahrhunderts“ dort genauso wie in den Rheinbundstaaten geschaffen worden sind. Und der Verfassungsrückstand wurde in gewissem Maße durch die erfolgreicheren Wirtschaftsreformen, die am ehesten die Gleichheit der Staatsbürger und Wirtschaftssubjekte ermöglichten, ausgeglichen. Politische und ökonomische Verfassung traten dadurch aber auch umso auffälliger auseinander. Da sich kontrafaktisch nicht prüfen läßt, was aus den deutschen Staaten ohne den Anprall der Französischen Revolution, ohne den Einfluß Napoleons, ohne die Reformgesetze der ‚defensiven Modernisierung‘ geworden wäre, lenkt die fortab beschleunigte Entwicklung des Agrar-, Handels- und schließlich des Industriekapitalismus, der modernen sozialen Klassen und einer egalitären Staatsbürgergesellschaft auch in Preußen immer wieder auf das Reformwerk zurück. Ohne diese zum Teil radikale „Veränderung des institutionellen Rahmens für Wirtschaften und Handeln der Bewohner der Monarchie“ lassen sich die Erfolge der preußischen Industrialisierung, der preußischen Universitäten, der preußischen Staatsideologie und – last not least – der preußischen Hegemonialpolitik in Deutschland kaum vorstellen.

H.-U. Wehler: Deutsche Gesellschaftsgeschichte. Bd. I: 1700–1815. München 1987. S. 542

a) Prüfen Sie Nipperdeys These, die Reformer hätten ihre Wirtschafts- und Gesellschaftspolitik nicht mit ihrer Verfassungspolitik in Einklang bringen können.
b) Wie schätzen Sie die von Nipperdey sehr betonte Stärke der Adelsopposition in Preußen ein?
c) Welche Reformen verbucht Wehler als Erfolge? Welche Reformen bleiben unerwähnt?
d) Wehler nennt die Veränderungen „zum Teil radikal“. Wie denken Sie darüber?

3. Anfänge des modernen Nationalismus

Französische Fremdherrschaft

Die Armeen des republikanischen und napoleonischen Frankreich waren zunächst kaum auf national motivierten Widerstand gestoßen. Wo sich die Angegriffenen zur Wehr setzten, geschah es auf Geheiß ihrer Regierungen oder zur Verteidigung der Heimat. Auch traten die Franzosen nicht als Eroberer auf, sondern als Befreier vom Joch des Feudalismus und Despotismus. Als jedoch die Politik und Kriegführung Napoleons immer stärker hegemoniale Züge annahm, empfanden die betroffenen Menschen die französische Macht als Fremdherrschaft. Dieses Gefühl verstärkte sich unter den Belastungen, die von den mancherlei Tribut- und Hilfsverpflichtungen, vor allem aber von der seit 1806 bestehenden Kontinentalsperre herrührten, die offensichtlich nur Frankreich, nicht dem eigenen Land zugute kamen.

Nationaler Patriotismus

Die Vorkämpfer der Französischen Revolution hatten Europa vor Augen geführt, zu welchen Leistungen und Opfern Menschen imstande waren, die von patriotischer und nationaler Begeisterung erfaßt wurden. Dieser nationale Patriotismus der Girondisten und Jakobiner bezog seine schier unwiderstehliche Kraft aus der Erfahrung eines revolutionären Aufbruchs, der der Sache des ‚ganzen Volkes' dienen sollte und alle Franzosen auf die gleiche Stufe der gemeinsamen Staatsbürgerschaft stellte. Er entstand aber auch im Zeichen der Not und Bedrängnis von außen, im Zusammenschluß gegen einen Feind, der das Vaterland bedrohte. Dieser doppelte Selbstbestimmungswille machte das Wesen des revolutionären Nationalismus aus: Gleichheit und Brüderlichkeit im Innern, Selbstbehauptung und Unabhängigkeit nach außen.

Suche nach nationaler Identität

Während die französische Nation 1792 längst eine politische Tatsache war, mußten andere Völker ihre ‚nationale Identität' zuallererst finden. Sie besaßen sie nicht, wie die Franzosen, Engländer, US-Amerikaner, in der (national)staatlichen Einheit, sondern allenfalls in der Gemeinsamkeit ihrer Sprache, Geschichte, Kultur. Die Sprach- und Kulturnation war die Entdeckung der Romantik, insbesondere ihres Bahnbrechers Johann Gottfried Herder (1744–1803). In seinem theoretischen Hauptwerk ‚Ideen zur Philosophie der Geschichte der Menschheit' entwickelte er seine Lehre vom „Volksgeist". Danach besaß jedes Volk, gemäß einem göttlichen Schöpfungsplan, bestimmte, nur ihm eigentümliche kulturschöpferische Fähigkeiten, verkörperte also, unabhängig von seiner politischen Macht, einen eigenen, unersetzlichen Wert. Die Völker waren, wie der vom Geist der Romantik geprägte deutsche Historiker Leopold von Ranke später schrieb, „unmittelbar zu Gott" und hatten darum einen Anspruch auf Eigenständigkeit, den Herder religiös, andere aber auch politisch, moralisch oder naturrechtlich zu begründen suchten.

Nationaltät als 'objektive' Gegebenheit

Die Romantiker sahen in den Völkern ‚Kollektivindividualitäten', ursprüngliche, weit in die Geschichte zurückreichende Sozialgebilde von außerordentlicher Formungskraft. Jedem einzelnen war demnach seine ‚Nationalität' durch Erbe und Geburt, Erziehung und Umwelt, Tradition und Sozialisation unauslöschlich eingeprägt. Im Unterschied zum Nationsverständnis der Französischen Revolution, das eine freie Entscheidung für oder gegen die Zugehörigkeit zur Nation einschloß – Franzose war, wer sich zu den Ideen der Revolution bekannte –, betonten die Romantiker den ‚objektiven' Charakter der Nationalzugehörigkeit; sie war keine Sache des freien Willens, sondern eine Wirklichkeit, in die man hineingeboren wurde.

Sprache und Geschichte

Als wichtigster Ausdruck des ‚Volksgeistes' galt den Romantikern die Sprache. Darum fanden die alten Volksdichtungen wieder Beachtung, erarbeiteten Sprachwissenschaftler Wörterbücher und Grammatiken der Nationalsprachen, erschienen Sammlungen literarischer Denkmäler der Vergangenheit. Sprachen, die fast nur noch von den Unterschichten gesprochen wurden – wie das Tschechische –, die von anderssprachigen Zentralregierungen unterdrückt worden waren – wie das Weißrussische oder Katalanische –, die nahezu in Vergessenheit geraten waren – wie das Norwegische oder Irische – oder die kaum den Rang einer ausgeformten Schriftsprache erreicht hatten – wie das Slowakische – wurden neu belebt und wieder eingebürgert.

Eine ähnliche Bedeutung für das Erwachen des nationalen Bewußtseins gewann die Geschichte; sie wurde für viele ein Schatz von Erinnerungen, Traditionen, Wertüberzeugungen, durch den man erfuhr, woher man kam, wer man war und wohin man ging. Immer mehr Menschen empfanden das Bedürfnis, auf eine nationale Vergangenheit zurückzublicken und aus dem (wirklichen oder vermeintlichen) Ruhm der Vorfahren Zuversicht für die eigene nationale Sache zu schöpfen.

Nationale Vorstellungen spielten im ausgehenden 18. und frühen 19. Jahrhundert fast nur für die vergleichsweise schmale Schicht der ‚Gebildeten' eine Rolle. Sie standen – als Richter und höhere Staatsbeamte, als Professoren, Pfarrer und Lehrer, als Schriftsteller, Advokaten und Ärzte – außerhalb der überkommenen ständischen Gesellschaft und waren darum für neue Ideen besonders empfänglich. Was sie bewegte, hatte freilich wenig Einfluß auf die wirkliche Politik. Die breite Masse des Volkes, im täglichen Existenzkampf und in der Enge ihrer Lebenswelt befangen, nahm kaum daran Anteil. Für sie hatten die kirchlich-konfessionellen Bindungen, die Welt des Dorfes oder der Kleinstadt, der dynastisch-territoriale Staat, dessen Zugriff man täglich spürte, weitaus mehr zu bedeuten.

Träger des Nationalismus

Das änderte sich erst in der Zeit der französischen Fremdherrschaft. Zwar nahmen auch jetzt die meisten Menschen den Wechsel der Obrigkeit in traditioneller Untertanenmentalität mit Gleichmut hin; aber die Gegensätze zwischen Herrschenden und Regierten machten sich je länger, desto stärker bemerkbar. Eine immer unverblümter werdende anti-französische Publizistik goß Öl ins Feuer. Vereine aller Art – Lese- und Diskussionszirkel, studentische Korporationen, die vom ‚Turnvater' Jahn ins Leben gerufenen Turnerbünde – pflegten ‚vaterländisches' Denken und Empfinden, träumten von der großen Erhebung gegen Napoleon oder bereiteten sich durch Turn- und Wehrübungen darauf vor. Als die ‚Grande Armée' im russischen Winterfeldzug 1812/13 ein völliges Debakel erlebte und Napoleons Vormachtstellung in Europa ins Wanken geriet, kam lang aufgestauter Zorn und Haß zum Ausbruch; deutsche Schriftsteller und Publizisten riefen zu blutiger Rache auf und überboten sich in der Verspottung und Verteufelung des französischen ‚Erbfeindes'.

Fremdenhaß als elementarer Nationalismus

Der 1813 beginnende Krieg der europäischen Völker gegen die Hegemonie Frankreichs trug Züge eines ‚Konternationalismus', einer nationalen Rache und Revanche für die vom Feinde erlittenen Demütigungen. Besonders wilde Formen nahm dieser Konternationalismus in Spanien an, wo es zu blutigen Massakern kam und Pardon von beiden Seiten nicht gegeben wurde. Solche Exzesse blieben in Deutschland die Ausnahme. Die Monarchen und ihre Regierungen – an der Spitze Metternich – waren sehr darauf bedacht, das Heft in der Hand zu behalten und es nicht zu einem spontanen ‚Volkskrieg' kommen zu lassen. Die Kriegsbegeisterung und Kampfeslust der meisten Deutschen erreichte nicht entfernt jenen Überschwang, den der spätere nationale Mythos der ‚Freiheitskriege' vorspiegelte. Nur gelegentlich kam es zu örtlichen Aufständen aus eigenem Antrieb, und auch hier waren in der Regel mehr ökonomische als national-patriotische Beweggründe im Spiel. Der Andrang zu den Freiwilligenverbänden hielt sich in Grenzen; am stärksten beteiligten sich Handwerker, nach ihnen Studenten und Bildungsbürger. In der Hauptsache aber waren es die regulären Armeen, die den Sieg über die Franzosen errangen.

Freiheitskriege

Nation/Nationalismus. Völker, Nationen, Nationalstaaten gab es schon im vormodernen Europa. Sie waren jedoch noch keine Größen, die das politische Denken und Handeln bestimmten. Das änderte sich mit der Französischen Revolution und der romantischen Bewegung. Die Jakobiner propagierten die ‚nation une et indivisible' und erhoben sie zur maßgebenden, alle anderen politischen Bindungen in sich einschließenden Vergemeinschaftungsform. Die Romantiker entdeckten den ‚Volksgeist' und die ‚Volksseele'; sie erhoben die Nation in den Rang einer natürlichen, auf kultureller und sprachlicher Gemeinsamkeit beruhenden Lebensgemeinschaft. Der Nationalismus des 19. Jahrhunderts, für den die Nation die maßgebende politische Einheit und der alle Nationsangehörigen umschließende Nationalstaat das Ziel aller Geschichte war, berief sich stets auf beides: die Staatsnation und die Kulturnation, die Nation als politische und als sozialkulturelle Solidargemeinschaft.

17 Ein Soldat der Befreiungskriege und ein Bauer im Sonntagskleid huldigen der Germania. Vignette auf einer Farblithographie mit Ernst Moritz Arndts Lied „Was ist des Deutschen Vaterland?" *Erklären Sie die allegorischen Figuren.*

18 Der Nationalstaat als „natürlichster Staat". Aus Johann Gottfried Herders ‚Ideen zur Philosophie der Geschichte der Menschheit' (entstanden 1784–1791):

Die Natur erzieht Familien; der natürlichste Staat ist also auch *ein* Volk, mit *einem* Nationalcharakter. Jahrtausendelang erhält sich dieser in ihm und kann, wenn seinem mitgebornen Fürsten daran liegt, am natürlichsten ausgebildet werden; denn ein Volk ist sowohl eine Pflanze der Natur als eine Familie, nur jenes mit mehreren Zweigen. Nichts scheint also dem Zweck der Regierungen so offenbar entgegen als die unnatürliche Vergrößerung der Staaten, die wilde Vermischung der Menschengattungen und Nationen unter einen Zepter. Der Menschenzepter ist viel zu schwach und klein, daß so widersinnige Teile in ihn eingeimpft werden könnten; zusammengeleimt werden sie also in eine brechliche Maschine, die man Staatsmaschine nennt, ohne inneres Leben und Sympathie der Teile gegeneinander. Reiche dieser Art, die dem besten Monarchen den Namen des Vaterlandes so schwer machen, erscheinen in der Geschichte wie jene Symbole der Monarchien im Traumbilde des Propheten, wo sich das Löwenhaupt mit dem Drachenschweif und der Adlersflügel mit dem Bärenfuß zu einem unpatriotischen Staatsgebilde vereinigt. Wie trojanische Rosse rücken solche Maschinen zusammen, sich einander die Unsterblichkeit verbürgend, da doch ohne Nationalcharakter kein Leben in ihnen ist [...]; denn eben die Staatskunst, die sie hervorbrachte, ist auch die, die mit Völkern und Menschen als mit leblosen Körpern spielet. Aber die Geschichte zeigt gnugsam, daß diese Werkzeuge des menschlichen Stolzes von Ton sind und wie aller Ton auf der Erde zerbrechen oder zerfließen.

J. G. Herder: Ideen zur Philosophie der Geschichte der Menschheit. Bd. I, Berlin/Weimar 1965. S. 368 f.

a) Erläutern Sie Herders Begriff „Nationalcharakter"
b) Inwieweit können Sie seiner Unterscheidung zwischen dem ‚Natürlichen' und dem ‚Künstlichen' zustimmen? Woher rührt die Verehrung des Natürlichen?

19 Literatur und Geschichte als Bewußtsein eines Volkes. Der polnische Kritiker und Politiker Maurycy Mochnacki (1804–1834):

Erreicht nun ein Volk auch nur einmal, und sei es auf ganz kurze Zeit, die Erkenntnis seiner selbst in seiner Wesenheit, dann wird sein Andenken auch nicht vergehen. Es wird zum Ausdruck kommen, sich offenbaren und berühmt werden. Es wird Dichter haben, Künstler, Historiker, Redner. Dieses Empfinden, daß das Volk seine unteilbare Wesenheit fühlt wie seinen Puls, ist so schön, so edel, daß sich notwendigerweise jeder darin offenbaren, sich zum Licht emporringen, auftauchen - sein Ich den Blicken offenbaren muß. Dieses Zum-Ausdruck-kommen des Geistes, dieses Hervorbringen des gemeinschaftlichen Denkens an das Tageslicht, diese Gesamtheit aller Begriffe und Vorstellungen, die das

Wesen eines Volkes kennzeichnen, sie bilden die Literatur eines Volkes. Das bisher Gesagte zusammenfassend, bekenne ich: einzig und allein in der Literatur hat ein Volk seine Reflexion; bei der Fülle von Vorstellungen und Gedanken kann ein Volk nur in seinem Inneren zu einer Auffassung von sich selbst gelangen, festen Boden finden und sich selbst und sein Wesen erkennen. Eine wichtige Wahrheit: Von einem bestimmten Standpunkt aus ist die Literatur gleichsam das Gewissen des Volkes. Daraus ergibt sich, daß ein Volk, das keine eigene originale Literatur hat, das heißt, keine ans Licht geförderte Gesamtmasse aller seiner Vorstellungen, Begriffe und Gedanken besitzt, nur eine Ansammlung von Menschen ist, die auf einem bestimmt umgrenzten Raum wohnen, aber noch kein moralisches Ganzes bilden.

Es genügt nicht, daß wir sind: Man muß dies auch wissen. Je mehr wir dies wissen, desto mehr verbreitern, kräftigen wir unser Wesen. [...] Es ist auch nicht genug, daß wir wissen, wie wir jetzt sind. Wenn wir uns nur in der gegenwärtigen Wesenheit erkennen, kann diese Erkenntnis jemals vollkommen sein? [...] Wie irren die, die alles auf dem, was jetzt ist, begründen und die alles, was vergangen ist, mißdeuten oder einfach schmähen und, wenn sie dies nicht können, eine verkehrte Meinung davon verbreiten. Das historische Leben eines jeden Volkes ist meiner Meinung nach nichts anderes als ein immerwährender, ununterbrochener Prozeß des Vergegenwärtigens seiner selbst für sich selbst vom Anfang an, von der Wiege, über alle Zwischenzeiten.

St. Hafner u.a. (Hg): Slawische Geisteswelt. West- und Südslawen. Baden-Baden 1959. S. 162f.

a) Warum braucht ein Volk nach Meinung des Verfassers das durch Literatur und Geschichte erzeugte Bewußtsein seiner selbst?
b) Nennen Sie andere Momente, die das Bewußtsein nationaler Identität zu vermitteln vermögen.

20 **Völkerhaß.** Ernst Moritz Arndt (1769–1860), Schriftsteller und Literaturwissenschaftler, in seiner Schrift ‚Über Volkshaß' (1813):

Es ist eine unumstößliche Wahrheit, daß alles, was Leben und Bestand haben soll, eine bestimmte Abneigung, einen Gegensatz, einen Haß haben muß; daß, wie jedes Volk sein eigenes, innigstes Lebenselement hat, es ebenso eine feste Liebe und einen festen Haß haben muß, wenn es nicht in gleichgültiger Nichtigkeit und Erbärmlichkeit vergehen und zuletzt mit Unterjochung endigen will. Ich könnte traurig hinweisen, wodurch die letzten Jahre über Deutschland gekommen sind. Wir liebten und erkannten das Eigene nicht mehr, sondern buhlten mit dem Fremden. [...] Ich will den Haß gegen die Franzosen, nicht bloß für diesen Krieg, ich will ihn für lange Zeit, ich will ihn für immer. Dann werden Deutschlands Grenzen auch ohne künstliche Wehren sicher sein, denn das Volk wird immer einen Vereinigungspunkt haben, sobald die unruhigen und räuberischen Nachbarn überlaufen wollen. Dieser Haß glühe als die Religion des deutschen Volkes, als ein heiliger Wahn in allen Herzen und erhalte uns immer in unsrer Treue, Redlichkeit und Tapferkeit. [...]

Wir sind von Gott in den Mittelpunkt Europens gesetzt, wir sind das Herz unseres Weltteils, wir sind auch der Mittelpunkt der neuen Geschichte und der Kirche und des Christentums. Gerade weil wir in der Mitte liegen, stürmen und strömen alle verschiedensten Völker Europens immer auf uns ein und suchen uns wegzuspülen und wegzudrängen. [...] Wir haben also mehr als alle anderen Völker Ursache zu wachen, daß das Eigentümliche und Besondere, was uns als Deutsche, als ein bestimmtes Volk mit einem bestimmten Namen, auszeichnet, durch die Völkerflut und Geistesflut, die immer von uns und zu uns geht, nicht weggespült und weggewaschen werde; wir müssen dreifache und vierfache Bollwerke und Schanzen um uns aufführen, damit wir nicht zuletzt matte Bilder werden, welche Allem und Nichts ähnlich sehen und welche, weil sie Gestalt und Gepräge verloren haben, auch nichts andres gestalten und bilden können; daß ich es mit einem Wort sage, damit der Deutsche der große geistige Spiegel der Welt bleiben könne, muß er seine Eigentümlichkeit nicht verschleifen noch vertändeln: er muß ein Deutscher bleiben.

H. Vogt (Hg): Nationalismus gestern und heute. Opladen 1967. S. 102 ff.

a) Was verspricht sich Arndt vom Franzosenhaß?
b) Die Bewahrung und Reinhaltung der eigenen Art war stets eine Forderung überzeugter Nationalisten. Welche Beweggründe hatten sie dafür? Was kann man ihnen entgegenhalten?

21 **Der Krieg gegen Frankreich: „Kreuzzug" und „heil'ger Krieg".** Aus Theodor Körners (1791–1813) Gedicht ‚Aufruf' (1813):

Frisch auf, mein Volk! Die Flammenzeichen rauchen,
Hell aus dem Norden bricht der Freiheit Licht.
Du sollst den Stahl in Feindesherzen tauchen;
Frisch auf, mein Volk! - Die Flammenzeichen rauchen,
Die Saat ist reif; ihr Schnitter, zaudert nicht!
Das höchste Heil, das letzte, liegt im Schwerte!
Drück dir den Speer ins treue Herz hinein:
Der Freiheit eine Gasse! - Wasch die Erde,
Dein deutsches Land, mit deinem Blute rein!

Es ist kein Krieg, von dem die Kronen wissen;
Es ist ein Kreuzzug, 's ist ein heil'ger Krieg!
Recht, Sitte, Tugend, Glaube und Gewissen
Hat der Tyrann aus deiner Brust gerissen;
Errette sie mit deiner Freiheit Sieg!
Das Winseln deiner Greise ruft: „Erwache!"
Der Hütte Schutt verflucht die Räuberbrut,
Die Schande deiner Töchter schreit um Rache,
Der Meuchelmord der Söhne schreit nach Blut.
Zerbrich die Pflugschar, laß den Meißel fallen,
Die Leier still, den Webstuhl ruhig stehn!
Verlasse deine Höfe, deine Hallen: -
Vor dessen Antlitz deine Fahnen wallen,
Er will sein Volk in Waffenrüstung sehn.
Denn einen großen Altar sollst du bauen
In seiner Freiheit ew'gem Morgenrot;
Mit deinem Schwert sollst du die Steine hauen,
Der Tempel gründe sich auf Heldentod. -

Th. Körner: Leyer und Schwerdt. Berlin 1814. S. 169

a) Wie erscheint in diesen Versen der Krieg?
b) Äußern Sie sich zu der religiösen Bildersprache.

Zur Diskussion

Zur Bedeutung des frühen Nationalismus

Nation und Nationalstaat lassen sich als – in der modernen Geschichte dominierende – Formen politisch-sozialer ‚Identität' verstehen. Identitäten sind Wir-Gruppen, die ihren Mitgliedern Herkunfts- und Zugehörigkeitsbewußtsein, Solidaritäts- und Sicherheitsgefühle vermitteln. Solche Leistungen wurden in der vormodernen Welt von anderen Gemeinschaften erbracht: von den Kirchen, den örtlichen Lebensgemeinschaften (Dorf und Stadt), den Territorialstaaten. Als diese Sozialgebilde an Bindekraft verloren, schlug die Stunde der Nation.
Sie hatte, in einer Zeit sich ausweitender Lebensräume, dichteren Verkehrs und zunehmender Kommunikation, den Vorzug einer überlokalen und überregionalen Dimension, und sie bot, als Kleinstaaterei und Partikularismus zu Hemmschuhen des Fortschritts wurden, eine übergreifende Zusammengehörigkeit an. Sie entsprach dem Verlangen nach Selbstbestimmung, Volkssouveränität, politischer Beteiligung, weil sie das Volk in allen seinen Schichten repräsentierte. Nationale Zusammengehörigkeit setzte ein bestimmtes Maß politischer Gleichheit voraus. Insoweit war der Nationalismus, zumindest in seinen Anfängen, eine emanzipatorische, ‚demokratische' Bewegung. Schließlich war die Nation auch eine Instanz, die Sinnerfüllung versprach und sogar quasi-religiöse Gefühle erweckte; ein gewisser Ausschließlichkeitsanspruch war tendenziell in ihr angelegt.

22 Nationalismus als Integrationsideologie

a) Der deutsche Sozialwissenschaftler und Historiker Eugen Lemberg:

Was also die Nationen zu Nationen macht oder - allgemeiner gesagt - große gesellschaftliche Gruppen zu selbstbewußten, aktionsfähigen, nationalen oder nationähnlichen Gemeinschaften bindet und von ihrer Umwelt abgrenzt, das ist nicht die Gemeinsamkeit irgendeines Merkmals, die Gleichheit der Sprache, der Abstammung, des Charakters, der Kultur oder der Unterstellung unter eine gemeinsame Staatsgewalt, sondern umgekehrt: ein System von Vorstellungen, Wertungen und Normen, ein Welt- und Gesellschaftsbild, und das bedeutet: eine Ideologie, die eine durch irgendeines der erwähnten Merkmale gekennzeichnete Großgruppe ihrer Zusammengehörigkeit bewußt macht und dieser Zusammengehörigkeit einen besonderen Wert zuschreibt. [...] Eine solche Ideologie muß: a) auf Grund irgendeines charakteristischen Merkmals ein Gesamtbild der zu integrierenden Gruppe enthalten, das diese Gruppe von ihrer Umgebung abgrenzt; b) dieser Gruppe eine Rolle in ihrer Umgebung zuweisen; c) die Gruppe mit dem Bewußtsein seiner Überlegenheit über diese Umwelt erfüllen; d) ein gruppenbezogenes Normensystem, eine Gruppenmoral, entwickeln, die unter Umständen innerhalb der Gruppe ein anderes Verhalten vorschreibt als außerhalb; e) das Gefühl einer Bedrohung von außen, eine Feindvorstellung erzeugen; f) die Einheit der Gruppe als ein lebenswichtiges, gegen Spaltungen sorgsam zu hütendes Gut erscheinen lassen; g) der Gruppe die Hingabe ihrer einzelnen Angehörigen verschaffen und diese Angehörigen für ihre Hingabe belohnen.

E. Lemberg: Nationalismus. Bd. 2. Reinbek 1964. S. 52, 65

b) Der deutsche Historiker Peter Alter:

Der moderne Nationalismus, wie er sich seit der Amerikanischen und Französischen Revolution darstellt, wird im folgenden als eine Ideologie und zugleich als eine politische Bewegung verstanden, die sich auf die Nation und den souveränen Nationalstaat als zentrale innerweltliche Werte beziehen und die in der Lage sind, ein Volk oder eine große Bevölkerungsgruppe politisch zu mobilisieren. Nationalismus verkörpert also in hohem Maße ein dynamisches Prinzip, das Hoffnungen, Emotionen und Handlungen auszulösen vermag. Er ist ein Instrument zur politischen Solidarisierung und Aktivierung von Menschen, um ein gemeinsames Ziel zu erreichen.

Nationalismus liegt dann vor, wenn die Nation die gesellschaftliche Großgruppe ist, der sich der einzelne in erster Linie zugehörig fühlt, und wenn die emotionale Bindung an die Nation und die Loyalität ihr gegenüber in der Skala der Bindungen und Loyalitäten oben steht. Nicht der Stand oder die Konfession, nicht eine Dynastie oder ein partikularer Staat, nicht die Landschaft, nicht der Stamm und auch nicht die soziale Klasse bestimmen primär den überpersonalen Bezugsrahmen. Der einzelne ist auch nicht länger, wie das z. B. noch die Philosophie der Aufklärung postulierte, in erster Linie Mitglied der Menschheit und damit Weltbürger, sondern fühlt sich vielmehr als Angehöriger einer bestimmten Nation. Er identifiziert sich mit ihrem historischen und kulturellen Erbe und mit der Form ihrer politischen Existenz. Die Nation (oder der Nationalstaat) bildet für ihn den Lebensraum und vermittelt ihm ein Stück Lebenssinn in Gegenwart und Zukunft.

P. Alter: Nationalismus. Frankfurt 1985. S. 14 f.

a) Versuchen Sie, Lembergs Merkmalskatalog a) bis g) auf den deutschen Nationalismus der Napoleon-Ära anzuwenden.
b) Inwiefern kann man dem Nationalismus mobilisierende und integrierende Wirkungen zuschreiben?
c) Stellen Sie Bezüge zwischen den Ausführungen der beiden heutigen Wissenschaftler und dem deutschen Frühnationalismus her (▷ M 18, 20, 21).

1. *Diskutieren Sie die Auswirkungen der Säkularisierung und Mediatisierung von 1803.*
2. *Vergleichen Sie die preußische und die rheinbündische Reformpolitik.*
3. *Wo sehen Sie Erfolge, wo Versäumnisse der Reformen in Deutschland?*
4. *Versuchen Sie den Siegeszug der nationalen Idee seit der Französischen Revolution zu erklären.*

II. Europa zwischen Restauration und Revolution (1815–1847)

Der Begriff ‚Restauration', die übliche Bezeichnung für die drei Jahrzehnte zwischen dem Wiener Kongreß und den Revolutionen von 1848/49, trifft nur die halbe Wahrheit. Angemessen ist er, insofern die Kräfte der ‚Beharrung', repräsentiert durch die monarchisch-bürokratischen Obrigkeitsstaaten, ihre meisten Machtpositionen damals alles in allem zu behaupten wußten. Aber der Begriff verdeckt auch, daß die Kräfte der ‚Bewegung' in jenen 33 Jahren nicht abnahmen, sondern anwuchsen und daß, aller konservativen und reaktionären Blockierung zum Trotz, sich ein tiefgreifender wirtschaftlicher und gesellschaftlicher Wandel vollzog.
Die alten Mächte hatten sich vor allem einer dreifachen Herausforderung zu erwehren: der liberalen, hier und dort auch demokratischen Verfassungsbewegung, die einen gebührenden Anteil des Bürgertums an der politischen Macht forderte; der nationalen Bewegung, die nach nationaler Eigenständigkeit, Unabhängigkeit, Einheit und nach der politisch-staatlichen Selbstbestimmung des Volkes verlangte; der sozialen Protestbewegung, die auf eine Milderung von Not und Armut und auf mehr soziale Gerechtigkeit drängte.
Solange die europäischen Großmächte an einem Strang zogen, hatten die oppositionellen Kräfte wenig Chancen. In Bedrängnis geriet die alte Ordnung aber immer dann, wenn die Großmächte uneins waren und die Opposition sich zu gemeinsamem Handeln zusammenfand. Bis zur Jahreswende 1847/48 trat dieser Fall selten ein. Dann brach die alte Ordnung umso schneller und widerstandsloser zusammen. Nur da, wo die Opposition schwach geblieben war – wie in Rußland – oder die alten Machteliten Reformbereitschaft bewiesen hatten – wie in England –, kam es nicht zu revolutionären Ausbrüchen.

1815	Der Wiener Kongreß beschließt die territoriale Neuordnung und verfassungspolitische Restauration Europas.
1819	Mit den ‚Karlsbader Beschlüssen' verschärft der Deutsche Bund die Unterdrückung aller oppositionellen Kräfte.
1822–29	In einem blutigen Krieg gegen das Osmanische Reich erringen die Griechen, mit Unterstützung Rußlands und der Westmächte, die nationale Unabhängigkeit.
1830	Die Julirevolution in Frankreich stärkt die Macht des Besitzbürgertums. Revolutionen in Mittel- und Norddeutschland erzwingen konstitutionelle Staatsformen.
1831	Belgien erlangt seine staatliche Unabhängigkeit. Der polnische Aufstand gegen die russische Hegemonialmacht scheitert.
1832	Die Wahlrechtsreform in England erweitert den Kreis der Wahlberechtigten. Das ‚Hambacher Fest' wird zu einer Kundgebung der liberalen, demokratischen und nationalen Opposition in Deutschland.
1838	Eine von den unteren Bevölkerungsschichten in England getragene Protestbewegung fordert in der ‚People's Charter' das allgemeine Männerwahlrecht.
1844	Der Weber-Aufstand in Schlesien wird von preußischen Truppen niedergeschlagen.

1. Die politische Ordnung des Wiener Kongresses

Territoriale Neuordnung

Die Neuordnung Europas war das Werk der fünf Großmächte Frankreich, Großbritannien, Österreich, Preußen, Rußland. Wo sie sich einig waren, hatten die vielen Mittel- und Kleinstaaten wenig zu bestellen. Überhaupt kein Gehör für ihre Wünsche und Hoffnungen fanden die Völker selbst; sie blieben Untertanen, Objekte der Kabinettspolitik. Maßgebend für die territorialen Regelungen waren die in der napoleonischen Ära geschaffenen Verhältnisse (▷ S. 8 f.). Von einer Wiederherstellung des vorrevolutionären Besitzstandes konnte im allgemeinen keine Rede sein. Nutznießer der neuen Machtverteilung waren neben den Großmächten (außer Frankreich) vor allem die süddeutschen Staaten, die ihre Säkularisierungs- und Mediatisierungsgewinne von 1803 behielten, aber auch der niederländische König, der die Österreichischen Niederlande (seit 1831 Belgien) hinzugewann. Österreich verlagerte sich aus dem deutschen Siedlungsraum heraus nach Osten und Südosten, Preußen dehnte sich nach Westdeutschland aus. Die nationalen Einheitswünsche der Polen und Italiener wurden ignoriert. Polen wurde ein viertes Mal, nunmehr mit Zustimmung aller europäischen Regierungen, auf die drei alten Teilungsmächte Rußland, Preußen, Österreich verteilt; den Löwenanteil von 80% des ehemaligen polnischen Staatsgebietes erhielt Rußland. Die in Wien festgelegte Verpflichtung der Teilungsmächte, ihren polnischen Untertanen „nationale Einrichtungen" zu gewähren, bedeutete wenig, weil die Art der Ausführung den Teilungsmächten überlassen blieb. Von Piemont-Sardinien abgesehen, regierten in Italien ausschließlich ausländische Dynastien, deren jede volle Souveränität besaß. Wie Metternich befriedigt feststellte, war Italien nunmehr ein „geographischer Begriff".

Deutscher Bund

An die Stelle des 1806 aufgelösten Deutschen Reiches trat der Deutsche Bund, ein lockerer Zusammenschluß von bis zu 42 souveränen deutschen Fürsten und Freien Städten. Dieser Staatenbund besaß kein Oberhaupt und keine Regierung. Sein Leitungsorgan war die Bundesversammlung in Frankfurt, ein Kongreß weisungsgebundener Gesandter unter dem Vorsitz Österreichs, in dem die 11 großen Staaten

23 Die Hauptteilnehmer des Wiener Kongresses (vorn links sitzend Hardenberg, vor dem Stuhl stehend Metternich, in der Mitte vor dem Tisch sitzend Castlereagh, rechts außen am Tisch Talleyrand). Stich nach einer Zeichnung von Jean Baptiste Isabey.

über je eine Stimme, die restlichen über sechs gemeinsame Stimmen verfügten und für dessen Abstimmungen je nach Beratungsgegenstand die einfache oder die Zweidrittel-Mehrheit vorgeschrieben war. Erklärtes Ziel des Deutschen Bundes war die Erhaltung des Status quo nach innen und außen.

Das bedeutete die Konservierung des „monarchischen Prinzips", auf das sich die Bundesstaaten in ihrem ‚zweiten Grundgesetz', der Wiener Schlußakte von 1820, festlegten. Wo dieses Prinzip bedroht schien, hatte der Bund das Recht einzugreifen. Solcher Interventionen bedurfte es jedoch nur selten, weil ein ausgeklügeltes Kontroll- und Überwachungssystem jeder Störung der ‚Ruhe und Ordnung' vorbeugte (▷ Tafel 1). Es war insbesondere der österreichische Staatskanzler Metternich, der im Bunde mit Preußen für das Funktionieren des Polizeistaates sorgte. Hauptsächlich sein Werk waren auch die Karlsbader Beschlüsse von 1819, die jegliche Opposition mundtot machen sollten, indem sie die studentischen ‚Burschenschaften' verboten, die Entlassung politisch mißliebiger Professoren („Demagogen") verfügten, eine staatliche Aufsicht über die Universitäten einführten, eine Zensur für Zeitungen, Zeitschriften und Bücher einrichteten und eine Untersuchungsbehörde zur Verfolgung staatsgefährdender Aktivitäten ins Leben riefen. Darüber hinaus verbot der Bund 1832 alle politischen Vereine und Versammlungen, Fahnen und Abzeichen, Feste und Reden.

Grundrechte und Verfassungen

Dennoch war der Bund nicht nur ein Instrument finsterster Reaktion. Er gewährleistete einige Grundrechte, so die Sicherheit des Eigentums, die religiöse Toleranz und das Auswanderungsrecht, und stellte sich Reformen nicht grundsätzlich in den Weg. Der Artikel 13 der Bundesakte von 1815 sah für alle Bundesmitglieder „landständische Verfassungen" vor, setzte allerdings keine Fristen. Schon 1821 besaßen nicht weniger als 28 Mitglieder Verfassungen, und zwar sowohl ‚altständische' als auch Repräsentativverfassungen. Zu den Staaten ohne Verfassungen zählten freilich die beiden Großmächte Österreich und Preußen.

Bis zur Julirevolution waren in der Verfassungsentwicklung die süddeutschen Staaten tonangebend. Sie gewährleisteten wichtige Grundrechte, insbesondere die persönliche Freiheit, die Gleichheit vor dem Gesetz, die unbeschränkte Verfügung über das Eigentum, die Gleichberechtigung der christlichen Konfessionen, das Petitionsrecht. Da alle Verfassungen aus dem freien Willen der Fürsten, nicht aus Vereinbarungen mit Vertretern des Volkes hervorgegangen waren, hatte die Exekutive stets die Oberhand. Die Monarchen und die allein von ihnen zu ernennenden und zu entlassenden Regierungen kontrollierten die Verwaltung und die Finanzen, führten die auswärtige Politik und kommandierten das Heer. Die Gesetz- und Haushaltsentwürfe konnten allein die Regierungen vorlegen, und jeder Monarch besaß das Vetorecht gegen Gesetze, die ihm nicht gefielen. Die Krone allein durfte die gesetzgebenden Körperschaften einberufen, vertagen oder auflösen. Allerdings blieb sie an die einmal erlassene Verfassung gebunden und konnte sie nicht aus eigener Machtvollkommenheit wieder aufheben.

Die Volksvertretungen bestanden in der Regel aus zwei Kammern. Der ersten Kammer gehörten der Hochadel, Vertreter der Kirche sowie sonstige vom Landesherrn auf Lebenszeit ernannte Mitglieder an. In der zweiten Kammer waren der Landadel, Geistliche (Prälaten) und Stadtbürger vertreten. Beide Kammern zusammen berieten und beschlossen die Gesetze und die Steuern (nicht jedoch die Staatshaushalte). Trotz ihrer beschränkten Rechte kam den Volksvertretungen erhebliche politische Bedeutung zu. Sie entwickelten sich zu Foren der politischen Diskussion und der Arti-

Restauration. Diese zeitgenössische Wortbildung bezeichnet die Generallinie der politischen Machthaber seit 1815, den ‚Krater der Revolution' zu schließen und alle politischen Kräfte zu bekämpfen, die die bestehende Staats- und Gesellschaftsordnung in Frage stellten. Allerdings war die mit dem Begriff ‚Restauration' gemeinte Grundbedeutung der ‚Wiederherstellung' eine Fiktion. Die alte Ordnung des ‚Ancien Régime' wurde nicht wiederhergestellt, sondern fortgebildet und den veränderten Verhältnissen angepaßt.

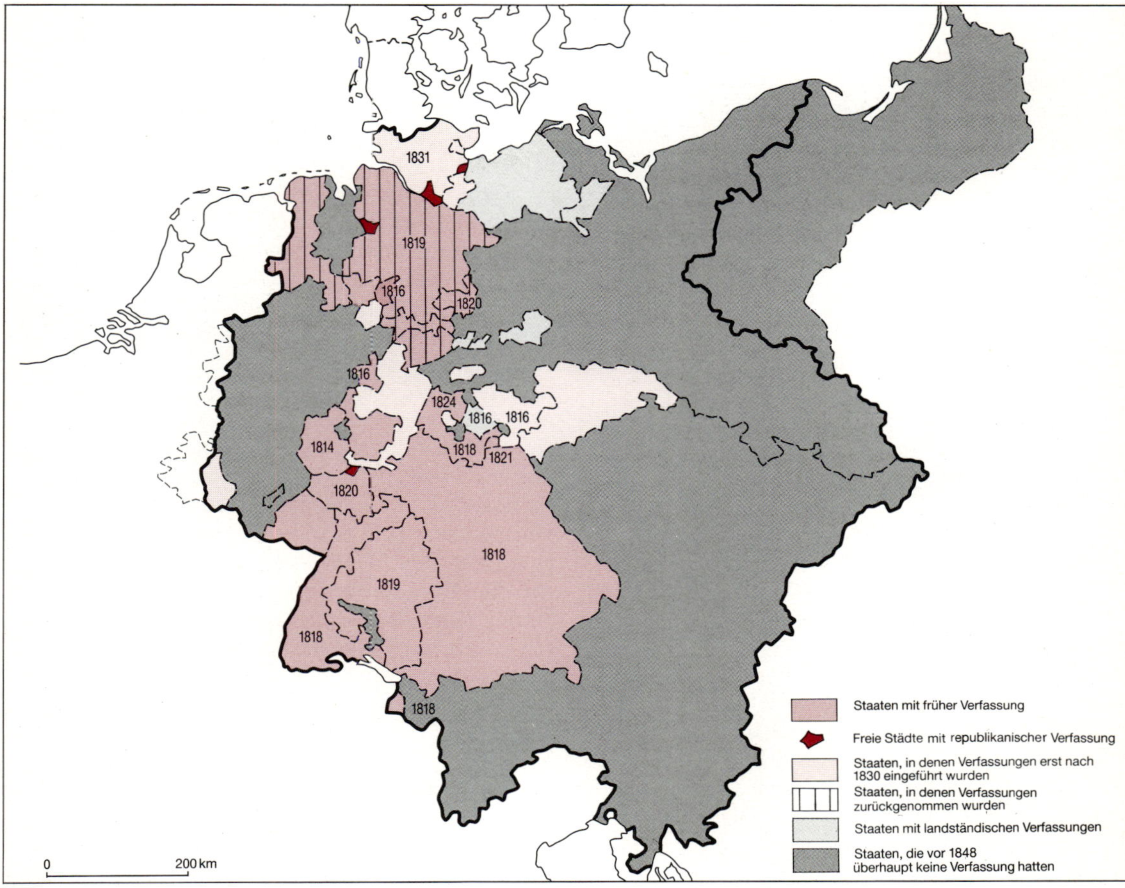

24 Staatsverfassungen im Deutschen Bund. – *Erläutern Sie die sechs Typen mit Hilfe von Beispielen.*

kulierung auch oppositioneller Standpunkte, zu Sammelbecken und Übungsstätten für politische Talente und zu Institutionen für dauerhafte politische Zusammenschlüsse in Gestalt der sich langsam herausbildenden Fraktionen.

Das Legitimitätsprinzip in Europa

Auch die gesamteuropäische Politik bewegte sich nach 1815 zwischen den Polen der konservativen Bevormundung und des liberalen Gewährenlassens. Nach den Vorstellungen der drei östlichen Großmächte oblag ihnen zusammen mit England und Frankreich die Pflicht, überall die ‚legitime' Herrschafts- und die überkommene Gesellschaftsordnung zu schützen und zu bewahren. Als ‚legitim' galt ihnen jede Staatsgewalt, die sich durchgesetzt hatte und in der Lage war, Gehorsam zu erzwingen.

1820/21 und 1830/31 warfen österreichische Truppen im Namen des Legitimitätsprinzips Aufstände in Italien nieder, 1823 griff Frankreich in Spanien ein. Schon im gleichen Jahr jedoch rückte England davon ab, als es zusammen mit den Vereinigten Staaten von Amerika den Versuchen Spaniens, Portugals und Frankreichs entgegentrat, die abgefallenen Kolonien in Mittel- und Südamerika zurückzuerobern. 1827 unterstützten Rußland, England und Frankreich, zum Entsetzen Metternichs, mit Flotten- und Truppenmacht den griechischen Unabhängigkeitskampf gegen die ‚legitime' Herrschaft des türkischen Sultans. 1831 gaben alle Großmächte, Frankreich sogar unter Einsatz von Soldaten, der Loslösung Belgiens aus dem 1815 geschaffenen Königreich der Vereinigten Niederlande ihre Unterstützung.

25 Die Grundgesetze des Deutschen Bundes

a) Aus der Deutschen Bundesakte von 1815:

Art. 1. Die souverainen Fürsten und freien Städte Deutschlands mit Einschluß Ihrer Majestäten des Kaisers von Oesterreich und der Könige von Preußen, von Dänemark und der Niederlande, und zwar der Kaiser von Oesterreich, der König von Preußen, beyde für ihre gesammten vormals zum deutschen Reich gehörigen Besitzungen, der König von Dänemark für Holstein, der König der Niederlande für das Großherzogtum Luxemburg, vereinigen sich zu einem beständigen Bunde, welcher der deutsche Bund heißen soll.

Art. 2. Der Zweck desselben ist Erhaltung der äußeren und inneren Sicherheit Deutschlands und der Unabhängigkeit und Unverletzbarkeit der einzelnen deutschen Staaten.

Art. 11. Alle Mitglieder des Bundes versprechen sowohl ganz Deutschland als jeden einzelnen Bundesstaat gegen jeden Angriff in Schutz zu nehmen und garantiren sich gegenseitig ihre sämmtlichen unter dem Bunde begriffenen Besitzungen. [...] Die Bundes-Glieder behalten zwar das Recht der Bündnisse aller Art; verpflichten sich jedoch, in keine Verbindungen einzugehen, welche gegen die Sicherheit des Bundes oder einzelner Bundesstaaten gerichtet wären. Die Bundes-Glieder machen sich ebenfalls verbindlich, einander unter keinerley Vorwand zu bekriegen, noch ihre Streitigkeiten mit Gewalt zu verfolgen. [...]

Art. 13. In allen Bundesstaaten wird eine Landständische Verfassung statt finden.

b) Aus der Wiener Schlußakte von 1820:

Art. 26. Wenn in einem Bundesstaate durch Widersetzlichkeit der Unterthanen gegen die Obrigkeit die innere Ruhe unmittelbar gefährdet, und eine Verbreitung aufrührerischer Bewegungen zu fürchten, oder ein wirklicher Aufruhr zum Ausbruch gekommen ist, und die Regierung selbst, nach Erschöpfung der verfassungsmäßigen und gesetzlichen Mittel, den Beistand des Bundes anruft, so liegt der Bundes-Versammlung ob, die schleunigste Hülfe zur Wiederherstellung der Ordnung zu veranlassen. Sollte im letztgedachten Falle die Regierung notorisch außer Stande sein, den Aufruhr durch eigene Kräfte zu unterdrücken, zugleich aber durch die Umstände gehindert werden, die Hülfe des Bundes zu begehren, so ist die Bundes-Versammlung nichts desto weniger verpflichtet, auch unaufgerufen zur Wiederherstellung der Ordnung und Sicherheit einzuschreiten.

Art. 54. Da nach dem Sinne des 13. Artikels der Bundes-Acte, und den darüber erfolgten spätern Erklärungen, in allen Bundes-Staaten landständische Verfassungen Statt finden sollen, so hat die Bundes-Versammlung darüber zu wachen, daß diese Bestimmung in keinem Bundesstaate unerfüllt bleibe.

Art. 55. Den souverainen Fürsten der Bundes-Staaten bleibt überlassen, diese innere Landes-Angelegenheit mit Berücksichtigung sowohl der früherhin gesetzlich bestandnen ständischen Rechte, als der gegenwärtig obwaltenden Verhältnisse zu ordnen.

Art. 56. Die in anerkannter Wirksamkeit bestehenden landständischen Verfassungen können nur auf verfassungsmäßigem Wege wieder abgeändert werden.

Art. 57. Da der deutsche Bund, mit Ausnahme der freien Städte, aus souverainen Fürsten besteht, so muß dem hierdurch gegebenen Grundbegriffe zufolge die gesammte Staats-Gewalt in dem Oberhaupte des Staates vereinigt bleiben, und der Souverän kann durch eine landständische Verfassung nur in der Ausübung bestimmter Rechte an die Mitwirkung der Stände gebunden werden.

E. R. Huber (Hg): Dokumente zur deutschen Verfassungsgeschichte. Bd. I. Stuttgart 1961. S. 75 f., 78, 84, 88

a) Was folgt aus der Festlegung des Bundes auf die „Erhaltung der ... inneren Sicherheit Deutschlands"?

b) Welche Staatsform schreiben die beiden ‚Grundgesetze' des Deutschen Bundes fest?

26 Verbot der politischen Betätigung. Aus dem Bundesbeschluß ‚über Maßregeln zur Aufrechterhaltung der gesetzlichen Ordnung und Ruhe in Deutschland' (1832):

Art. 2. Alle Vereine, welche politische Zwecke haben, oder unter anderm Namen zu politischen Zwecken benutzt werden, sind in sämmtlichen Bundesstaaten zu verbieten und ist gegen deren Urheber und die Theilnehmer an denselben mit angemessener Strafe vorzuschreiten.

Art. 3. Außerordentliche Volksversammlungen und Volksfeste, nämlich solche, welche bisher hinsichtlich der Zeit und des Ortes weder üblich noch gestattet waren, dürfen, unter welchem Namen und zu welchem Zweck es auch immer sey, in keinem Bundesstaate, ohne vorausgegangene Genehmigung der competenten Behörde, statt finden. [...] Auch bei erlaubten Volksversammlungen und Volksfesten ist es nicht zu dulden, daß öffentliche Reden politischen Inhalts gehalten werden; diejenigen, welche sich dieß zu Schulden kommen lassen, sind nachdrücklich zu bestrafen, und wer irgend eine Volksversammlung dazu mißbraucht, Adressen oder Beschlüsse in Vorschlag zu bringen und durch Unterschrift oder mündliche Bestimmung genehmigen zu lassen, ist mit geschärfter Ahndung zu belegen.

Art. 4. Das öffentliche Tragen von Abzeichen in Bändern, Cocarden oder dergleichen, sey es von In- oder Ausländern, in andern Farben, als jenen des Landes, dem der, welcher solche trägt, als Unterthan angehört, - das nicht autorisirte Aufstecken von Fahnen und Flaggen, das Errichten von Freiheitsbäumen und dergleichen Aufruhrzeichen - ist unnachsichtlich zu bestrafen.

Art. 6. Die Bundesregierungen werden fortwährend die genaueste polizeiliche Wachsamkeit auf alle Einheimische, welche durch öffentliche Reden, Schriften oder Handlungen ihre Theilnahme an aufwieglerischen Planen kund, oder zu deßfallsigem Verdacht begründeten Anlaß gegeben haben, eintreten lassen; sie werden sich wechselseitig mit Notizen über alle Entdeckungen staatsgefährlicher geheimer Verbindungen und der darin verflochtenen Individuen, auch in Verfolgung deßfallsiger Spuren, jederzeit auf's schleunigste und bereitwilligste unterstützen.

E. R. Huber (Hg): Dokumente zur deutschen Verfassungsgeschichte. Bd. I. Stuttgart 1961. S. 121

a) Welche Rückschlüsse auf die Mentalität der Regierenden lassen diese Bestimmungen zu?
b) Äußern Sie sich zu Wirkung und Wirksamkeit dieses Bundesbeschlusses.

27 Die Revolution – ein verbrecherisches Unternehmen? Aus einer Instruktion Metternichs für einen österreichischen Gesandten (1826):

Das erste Ziel der Bemühungen unserer Regierung und aller seit der Wiederherstellung der Unabhängigkeit Europas mit ihr verbündeten Regierungen ist die Aufrechterhaltung der gesetzlichen Ordnung, die das glückliche Ergebnis dieser Wiederherstellung ist; eines Zustandes der Ruhe, der allen die Früchte eines so teuer erkauften Friedens sichert. [...] Seit einigen Jahren sehen wir zu unserer Genugtuung, wie mehrere der Regierenden, die am spätesten die Notwendigkeit der zur Erreichung dieses Zieles geeigneten Maßnahmen einsahen, sich endlich zu der Überzeugung durchrangen, daß die Unterdrückung des noch bestehenden Übels die erste und unerläßliche Vorbedingung dafür ist. Dieses Übel, man kann es nicht verhehlen, hat gerade seit der allgemeinen Befriedung erschreckende Fortschritte gemacht. Es ist allumfassend in seiner unheilvollen Betätigung, es äußert sich in allen möglichen Formen, in fast allen Ländern. Da es in seiner destruktiven Betätigung allumfassend ist, kann es nur durch einen allumfassenden Widerstand bekämpft und besiegt werden. Dieses Übel ist der revolutionäre Geist, geboren aus jener ordnungswidrigen Unruhe, welche die Umwälzungen der Epoche der heutigen Generation aufgeprägt haben, gespeist durch begehrliche Leidenschaften und tiefe Entsittlichung der einen, begrüßt durch den Fanatismus der anderen. Systematisch in ihren Plänen, streng folgerichtig in ihrem lichtscheuen Treiben finden die Führer dieser gottlosen Sekte, die sich zum Umsturz der Altäre und Throne zusammenschloß, von einem Ende Europas zum anderen Verbündete für die Durchführung ihrer verbrecherischen Unternehmungen, überall da, wo dieselben Leidenschaften dieselben sozialen Verhältnisse in gleicher Weise auf die Geister sich auswirken. Wo sie im Augenblick die Brandfackel noch nicht schleudern können, bauen sie ihre Batterien für die Zukunft auf; durch Unglauben und Freigeisterei korrumpieren sie die Gesinnung einer irregeleiteten Jugend, um ihr im günstigen Augenblick die Waffen in die Hand zu drücken.

W. Näf (Hg): Europapolitik zu Beginn des 19. Jahrhunderts. Bern 1953. S. 47

a) Worauf führt Metternich den „revolutionären Geist" zurück? Wird er der Oppositionsbewegung gerecht?
b) Geben Sie eine Beurteilung seines antirevolutionären Programms.

28 Die Wirklichkeit des Polizeistaates. Der Dichter Franz Grillparzer (1791–1872) über das Vorgehen der Wiener Polizei (1826):

Am 19. April morgens um 6 Uhr, da ich, spät zu Bette gegangen, noch im Schlafe lag, von drei Polizeibeamten überfallen worden, die mich aufstehen und alle meine Schriften zur Einsicht vorlegen hießen. Alles ward durchsucht, ein weitläufiges Verhör aufgenommen. Anfangs glaubte ich, den Verdacht eines wichtigen Staatsverbrachens auf mich geladen zu haben; endlich zeigte es sich, daß die ganze Untersuchung sich auf die sogenannte Ludlamshöhle bezog, eine Versammlung froher Menschen, in der ich erst seit acht Wochen her einige Abende zugebracht hatte. Zum Scherze gewählte Abzeichen und Gesellschaftsnamen, einige Verhaltungsregeln, die man niedergeschrieben und mit Geldstrafen belegt, hatten die Aufmerksamkeit auf sich gezogen, und die Gesellschaft ward als eine verbotene geheime aufgehoben. 32 Kommissäre, um Mitternacht aufgeboten, erbrachen den Versammlungsort im zweiten Stocke eines Wirtshauses und verteilten sich sodann in die Wohnungen der vornehmsten Mitglieder, d. h. derjenigen, die als Schriftsteller bekannt waren. Untersuchung, Verhör, Hausarrest bis abends. Gerade weil sie nichts Verdächtiges gefunden, werden sie genötigt sein, um ihre Dummheit zu bemänteln, etwas herauszusuchen. Wie ich höre, will man die Untersuchung als gegen eine schwere Polizeiübertretung anhängig machen. Wer mir die Vernachlässigung meines Talentes zum Vorwurf macht, der sollte vorher bedenken, wie in dem ewigen Kampfe mit Dummheit und Schlechtigkeit endlich der Geist ermattet. Wie, um nicht immerfort verletzt zu werden, endlich kein Mittel mehr übrigbleibt, als sich unempfindlich zu machen, wie kein Aufschwung möglich ist, wenn man bei jeder Flügelbewegung an den Plafond der Censur stößt, und die Arbeit aufhört, ein Vergnügen zu sein, wenn das Hervorgebrachte die Quelle tausendfältiger Unannehmlichkeiten wird.

F. Grillparzer: Briefe und Tagebücher. In: Sämtliche Werke. 2. Abt., Bd. 8, 2. Teil. Wien 1912. S. 203 f.

a) Beschreiben Sie Ihren Eindruck vom Auftreten der Polizei!
b) Wie beurteilt der Dichter die Zensur?

29 Karikatur aus der Zeit um 1830. Anonyme Lithographie.
Welche Zustände prangert der Künstler an? – Welche Gesetze haben diese Zustände herbeigeführt?

30 Deutscher Frühkonstitutionalismus.
Aus der Verfassungsurkunde für das Königreich Württemberg (1819):

§ 21. Alle Württemberger haben gleiche staatsbürgerliche Rechte, und eben so sind sie zu gleichen staatsbürgerlichen Pflichten und gleicher Theilnahme an den Staatslasten verbunden, so weit nicht die Verfassung eine ausdrückliche Ausnahme enthält; auch haben sie gleichen verfassungsmäßigen Gehorsam zu leisten.

§ 22. Kein Staatsbürger kann wegen seiner Geburt von irgend einem Staats-Amte ausgeschlossen werden.

[...]

§ 24. Der Staat sichert jedem Bürger Freiheit der Person, Gewissens- und Denkfreiheit, Freiheit des Eigenthums und Auswanderungs-Freiheit.

§ 25. Die Leibeigenschaft bleibt für immer aufgehoben.

§ 26. Niemand darf seinem ordentlichen Richter entzogen und anders als in den durch das Gesetz bestimmten Fällen und in den gesetzlichen Formen verhaftet und bestraft, noch länger als Einmal 24 Stunden über die Ursache seiner Verhaftung in Ungewißheit gelassen werden.

§ 27. Jeder, ohne Unterschied der Religion, genießt im Königreiche ungestörte Gewissensfreiheit. Den vollen Genuß der staatbürgerlichen Rechte gewähren die drei christlichen Glaubens-Bekenntnisse. Andere christliche und nicht christliche Glaubensgenossen können zur Theilnahme an den bürgerlichen Rechten nur in dem Verhältnisse zugelassen werden, als sie durch die Grundsätze ihrer Religion an der Erfüllung bürgerlicher Pflichten nicht gehindert werden.

§ 28. Die Freiheit der Presse und des Buchhandels findet in ihrem vollen Umfange statt, jedoch unter Beobachtung der gegen den Mißbrauch bestehenden oder künftig zu erlassenden Gesetze.

§ 29. Jeder hat das Recht, seinen Stand und sein Gewerbe nach eigener Neigung zu wählen, und sich dazu im In- und Auslande auszubilden. [...]

§ 124. Die Stände sind berufen, die Rechte des Landes in dem durch die Verfassung bestimmten Verhältnisse zum Regenten geltend zu machen. Vermöge dieses Berufes haben sie bei Ausübung der Gesetzgebungs-Gewalt durch ihre Einwilligung mitzuwirken, in Beziehung auf Mängel oder Mißbräuche, die sich bei der Staatsverwaltung ergeben, ihre Wünsche, Vorstellungen und Beschwerden dem König vorzutragen, auch wegen verfassungswidriger Handlungen Klage anzustellen, die nach gewissenhafter Prüfung für nothwendig erkannten Steuern zu verwilligen, und überhaupt das unzertrennliche Wohl des Königs und des Vaterlandes mit treuer Anhänglichkeit an die Grundsätze der Verfassung zu befördern.

§ 167. Die Sitzungen der zweiten Kammer sind öffentlich; auch hat sie ihre Verhandlungen durch den Druck bekannt zu machen. Von der ersten Kammer muß wenigstens das letztere geschehen.

§ 172. Gesetzes-Entwürfe können nur von dem Könige an die Stände, nicht von den Ständen an den König gebracht werden. Den Ständen ist aber unbenommen, im Wege der Petition auf neue Gesetze sowohl, als auf Abänderung oder Aufhebung der bestehenden anzutragen. Der König allein sanctionirt und verkündet die Gesetze. [...]

E. R. Huber (Hg): Dokumente zur deutschen Verfassungsgeschichte. Bd. I. Stuttgart 1961. S. 173 ff.

a) Vergleichen Sie die Grundrechtsbestimmungen mit denen des Bonner Grundgesetzes?
b) Wo lagen die Fortschritte gegenüber der vor-konstitutionellen Zeit?
c) Wie verhalten sich die hier garantierten Rechte zu den Bestimmungen des Bundesbeschlusses von 1832 (▷ M 26)?

2. Verfassungen und Verfassungsstaaten

West-Ost-Gefälle

In der ersten Hälfte des 19. Jahrhunderts wies Europa ein deutliches West-Ost-Gefälle auf. Zwischen den entwickelten Verfassungsstaaten in Westeuropa – Großbritannien, Frankreich, Belgien (seit 1831), Schweiz (seit 1847) – und den absolutistischen Monarchien im Osten und Süden (Rußland, Österreich, Preußen, Neapel, Piemont-Sardinien) lag eine mittlere Zone konstitutioneller Monarchien (Spanien, Niederlande, Skandinavien, ‚drittes' Deutschland). Von der Schweiz und den Freien Städten des Deutschen Bundes abgesehen, waren alle europäischen Länder Monarchien. In

Großbritannien, Belgien, mit etwas Abstand auch in Frankreich waren sie seit den 1830er Jahren auf dem Wege zur parlamentarischen Regierungsform. In der konstitutionellen Mittelzone sahen sich die Fürsten zwar an die Verfassungen gebunden, ansonsten aber im Besitz weitreichender Machtbefugnisse. Preußen verkörperte einen bürokratischen Reformabsolutismus, Österreich einen restaurativen Spätabsolutismus, das zaristische Rußland die unumschränkte Autokratie.

Der Adel

In fast allen europäischen Staaten genoß der Adel nach wie vor eine politische und gesellschaftliche, zumeist auch wirtschaftliche Vorzugsstellung. In Westeuropa mußte er sie freilich mehr und mehr mit dem wohlhabenden Wirtschaftsbürgertum teilen. In Rußland überragte der Adel zwar alle übrigen Stände, blieb aber von der politischen Herrschaftsausübung oberhalb der Lokalverwaltung weitgehend ausgeschlossen. Im übrigen Osteuropa, in Österreich und Preußen, in Italien und Spanien war er der in jeder Hinsicht führende Stand, wenn auch natürlich fest in die monarchische Ordnung eingebunden. In der konstitutionellen Mittelzone hatte er seine politischen Herrschaftsrechte zu einem großen Teil eingebüßt und sich mit seiner Einfügung in die egalitäre Staatsbürgergesellschaft abfinden müssen, behauptete aber im Wirtschafts- und Gesellschaftsleben weiterhin einen Vorsprung.

Die Kirchen

Je traditionsgebundener die Gesellschaftsordnung und je ausgeprägter das monarchisch-altständische Element war, desto mehr Einfluß übten die Kirchen in der Regel aus. Die Zulassung zu Staatsämtern blieb in den meisten Ländern an die Zugehörigkeit zu einer der anerkannten christlichen Konfessionen gebunden. Das Bündnis von Thron und Altar war zwischen 1815 und 1848 vielfach fester als im Ancien Régime. Überall verstand sich die Kirche als Stütze der bestehenden Ordnung. Nur in den nationalen Konflikten stellte sie sich auf die Seite ihrer Gläubigen, zumal da, wo die Gegenseite einer anderen Religion zugehörte.

Politische Beteiligung

Der verfassungspolitische Vorsprung Westeuropas rührt nicht zuletzt von der größeren Mobilität seiner Bevölkerung her. Hier nahmen nicht nur der Adel und die Intelligenz, sondern auch Kaufleute und Fabrikanten, Handwerker und Arbeiter am politischen Geschehen teil. Im überwiegend agrarischen Süd- und Osteuropa war der Anteil dieser Bevölkerungsgruppen weit kleiner. Die Bauern, in Ost wie West, stellten zwar ein sehr ernstzunehmendes Protestpotential dar, wo es um ihre eigenen Belange ging, aber an der ‚großen', überlokalen Politik zeigten sie im ganzen wenig Interesse. Das galt auch für Frankreich, wo Politik noch für lange die Sache einer kleinen Minderheit blieb. Gemessen an heutigen Verhältnissen, gilt diese Feststellung im großen und ganzen für das gesamte Europa. Selbst in England, dem sozial und politisch damals forgeschrittensten Land, war die Zahl der Menschen, die sich dauerhaft um politische Angelegenheiten kümmerten, gering. Die politische Betätigung setzte damals Wohlstand und berufliche Abkömmlichkeit voraus, kam also nur für den Adel und das Großbürgertum in Frage.

Reformen in Großbritannien

Zum Musterland politischer Anpassungs- und Reformfähigkeit wurde England. Zwar hielt die seit 1688 herrschende Parlamentsaristokratie, deren Machtgrundlage Landbesitz oder Kaufmannskapital war, mit Zähigkeit an ihren Machtpositionen fest, wußte aber immer dann einzulenken, wenn der Gegendruck gefährlich wurde. 1828 opferte das Parlament die Vorzugsstellung der anglikanischen Kirche und gestand auch den Nonkonformisten den Zugang zu politischen Ämtern zu. 1829 erhielten die Katholiken die Gleichberechtigung, nachdem eine katholische Massenbewegung in Irland unter Führung von Daniel O'Connell (1775–1847) einem glänzenden Redner und Parlamentarier, die innere Ordnung erschüttert hatte. 1832 beseitigte die Parlamentsmehrheit die schlimmsten Gebrechen des geltenden Wahlrechts, wiederum nach langem Widerstand und nur unter dem Druck einer aufgebrachten Öffentlichkeit. Dadurch verschwand ein Teil jener ländlichen Wahlkreise, in denen kaum noch Wähler lebten (rotten boroughs), zugunsten der einwohnerreichen Industriestädte im Norden, denen man so lange Unterhaussitze vorenthalten hatte. Eine Herabsetzung des Wahlzensus erhöhte die Zahl der Wahlberechtigten von 500000

31 Die ‚People's Charter' wird ins britische Parlament gebracht. *Wie erklärt sich die beträchtliche Größe der Petition? – Charakterisieren Sie die Teilnehmer des Zuges.*

auf 800000 – ein angesichts der Gesamtbevölkerung von 25 Millionen immer noch bescheidener Prozentsatz. Das wichtigste an der Reform war die Tatsache, daß der Parlamentsadel sich dem Willen der Allgemeinheit gebeugt und der städtischen Mittelklasse grundsätzlich die Teilhabe an der politischen Macht zugestanden hatte.

Chartistenbewegung

Ohne Erfolg blieb dagegen der Versuch der städtischen Unterschichten, durch Demonstrationen und Petitionen mehr politische Rechte für alle Bevölkerungsklassen zu erlangen. Die 1838 beschlossene ‚People's Charter' erhielt 1842 zwar nicht weniger als 3,3 Millionen Unterschriften und löste sogar einen Generalstreik aus; aber das Parlament blieb unnachgiebig und lehnte die Eingaben der ‚Chartisten' dreimal ab. Die Oberschicht des Landes war nicht gesonnen, ihre Macht mit den ‚common people' zu teilen. Deren politisches Programm wollte zu vieles auf einmal und war in manchem seltsam rückwärtsgewandt (etwa in der Forderung, Industriearbeit und Landleben zu verbinden). Als sich Mitte der 1840er Jahre die allgemeine Wirtschaftslage spürbar besserte, verloren die Chartisten schnell ihren Zulauf.

Restauration in Frankreich

Die 1814 zurückgekehrten Bourbonen hatten dem Land mit der ‚Charte' eine vergleichsweise liberale Verfassung, obzwar mit stark eingeschränktem Zensuswahlrecht, gegeben. Sie stützten sich vornehmlich auf den wieder in seine Rechte eingesetzten Adel und die Kirche und entfremdeten sich damit der in den Revolutions- und Empirejahren entstandenen emanzipiert-nichtständischen Gesellschaft. Schule und Universität sahen sich unter kirchliche Aufsicht gestellt, die Emigranten erhielten staatliche Entschädigungen für ihre seit 1789 erlittenen Verluste. Als die königliche Regierung im Juli 1830 die Pressefreiheit aufhob, die Abgeordnetenkammer auflöste und das Wahlrecht auf die Grundbesitzer beschränkte, hatte sie den Bogen überspannt. In blutigen Straßenkämpfen in Paris fand die Herrschaft der bourbonischen Dynastie ihr Ende.

Die Julimonarchie

Die das Parlament beherrschenden ‚Notabeln', die großen Grund-und Kapitalbesitzer, waren die Hauptgewinner der Julirevolution. Sie beriefen Louis Philippe, den Herzog von Orleans, als ‚König der Franzosen' auf den Thron. Er hatte einen Eid auf die Verfassung abzulegen und einer konstitutionellen Regierungsform zuzustimmen, in der die Volksvertretung gleichberechtigt neben die Exekutive trat und das Recht der Gesetzesinitiative erhielt. Die Pressezensur entfiel, der Katholizismus verlor seinen Rang als Staatsreligion. Die Großbourgeoisie sicherte ihre Macht, indem sie den

Wahlzensus weiterhin hoch hielt. Die dem ‚Bürgerkönig' in den Mund gelegte Parole ‚Bereichert euch' wurde zum Wahlspruch dieser ‚Plutokratie', die sich den Intellektuellen und Kleinbürgern immer mehr entfremdete.

Die liberale Verfassung Belgiens

Als Vorbild eines liberalen Verfassungsstaates galt seit 1831 Belgien, dessen Unabhängigkeitsverlangen unwiderstehlich geworden war, nachdem sich die lange verfeindeten politischen Hauptkräfte, die Liberalen und die Katholiken, zu einer nationalen Allianz zusammengefunden hatten. Liberale und Katholiken waren sich in dem Willen einig, die Zuständigkeiten der Staatsgewalt zu beschränken und möglichst viel den gesellschaftlichen Gruppen und Einrichtungen zu überantworten. Die katholische Kirche nahm große Teile des Bildungswesens in ihre Obhut, die Gemeinden erhielten umfassende Selbstverwaltungsbefugnisse. Die Bürokratie verlor erheblich an Macht, der Adel büßte alle Vorrechte ein. Die Volkssouveränität wurde zum Verfassungsgrundsatz erhoben, die Politik der Regierung an die Zustimmung der Parlamentsmehrheit gebunden. Vom allgemeinen (Männer-)Wahlrecht war freilich auch in Belgien vorerst nicht die Rede: Ein hoher Zensus sorgte dafür, daß nicht mehr als 2% der Männer wählen durften.

Verfassungspolitik in Deutschland

Das politische Leben im ‚dritten Deutschland' war durch das Übergewicht der Exekutive und die Bemühungen der Volksvertretungen geprägt, mehr Einfluß auf die Staatspolitik zu gewinnen. Am erfolgreichsten war die zweite badische Kammer, die zum Hort des deutschen Frühliberalismus wurde. Hier wurden die Mängel des vormärzlichen Deutschland am schärfsten angeprangert: die feudalen Überreste auf dem Lande; die unzureichenden staatsbürgerlichen Mitwirkungsrechte; das fehlende Budget-, Gesetzesinitiativ- und Selbstversammlungsrecht der Landtage; die Pressezensur; die Selbstherrlichkeit der Bürokratie; die verzögerte Gleichstellung der jüdischen Mitbürger. Das Interesse einer immer breiter werdenden Öffentlichkeit an der Politik nahm trotz allen staatlichen Unterdrückungsmaßnahmen in den 1840er Jahren fast sprunghaft zu. Die Zahl und Auflagenhöhe der Zeitungen, aber auch ihr Einfluß auf die öffentliche Meinung ließen die Presse zu einem erstrangigen politischen Faktor werden. Ein wahres Vereinsgründungsfieber breitete sich aus. Allerorts entstanden Turner–, Schützen-, Sänger-, Heimat-, Museums-, Geschichtsvereine, die zwar keine direkten politischen Aktivitäten entfalten durften, aber dennoch politisch wirksam waren, weil sie Verbindungen über die Grenzen von Gemeinden, Provinzen, Ländern hinweg herstellten und das Zusammengehörigkeitsbewußtsein stärkten.

Opposition in Deutschland

Besonderen Widerhall erregten zwei Ereignisse: das Hambacher Fest von 1832, eine eindrucksvolle Kundgebung vor allem der demokratischen Kräfte, deren Freiheits-, Gleichheits- und nationale Einheitsparolen den Deutschen Bund zu harten Unterdrückungsmaßnahmen herausforderten; und der Protest der sieben Göttinger Professoren 1837 gegen die verfassungswidrige Aufhebung der hannoverschen Verfassung durch den König; zwar verloren die Gelehrten (der Jurist Albrecht, die Historiker Dahlmann und Gervinus, die Germanisten Jacob und Wilhelm Grimm, der Orientalist Ewald und der Physiker Weber) ihre Ämter, aber die Welle der Zustimmung, die ihnen entgegenschlug, war eine moralische Niederlage für den König und sein absolutistisches Gebaren.

Liberalismus. Diese erst im 19. Jahrhundert auftretende, in der Sache aber viel ältere Bezeichnung sowohl für eine Denk- und Verhaltensweise als auch für eine politische Richtung und Partei hat ihren Kern im Verlangen nach ‚Freiheit' (libertas). Der Liberalismus strebt die Freiheit des Individuums von allen Einschränkungen und Bevormundungen an, die seiner Mündigkeit im Wege stehen. Die Selbstbestimmung und Selbstentfaltung jedes Menschen gilt ihm darum als die eigentliche Aufgabe jeglicher Politik. Daraus ergeben sich als wesentliche liberale Grundsätze: Der Staat ist um des Menschen willen da, nicht umgekehrt. Jeder soll seine Kräfte und Möglichkeiten, im Rahmen der Rechtsordnung, ungehindert entfalten können. Die Freiheit des Denkens und der Überzeugungen ist unantastbar. Regierungen hängen von der Zustimmung der Regierten ab. Das Wirtschaftsleben verträgt keine unnötige Reglementierung. Der Liberalismus vertraut auf die schöpferischen Kräfte des Individuums und mißtraut jeder kollektiven Daseinsregelung.

32 **Reformieren, um zu erhalten.** Aus einer Unterhausrede des liberalen britischen Politikers und Historikers Thomas B. Macaulay (1800–1859) zur Wahlrechtsreform (1831):

Wir schließen von allem Anteil der Regierung große Massen des Besitzes und der Intelligenz aus, große Massen derer, die an der Erhaltung der Ruhe interessiert sind und die am besten wissen, wie sie erhalten werden kann. Wir tun sogar noch mehr. Wir treiben auf die Seite der Revolution alle jene, die wir von der Macht ausschließen. [...] Das ist nicht eine Regierung durch das Eigentum. Es ist eine Regierung durch losgelöste Teile und Fragmente des Eigentums, die aus dem Rest ausgewählt sind und vor dem Rest vorgezogen werden, ohne daß irgendein vernünftiges Prinzip für diese Auswahl sichtbar wird. [...]

Wir müssen reformieren, auf daß wir erhalten. Alles im Lande und im Auslande verheißt Untergang all jenen, die bei einem hoffnungslosen Kampf gegen den Geist der Zeit beharren. Das Dröhnen des stolzesten Thrones des Kontinents klingt noch in unseren Ohren wider. [...] Überall sehen wir altehrwürdige Einrichtungen umgestürzt und in große Gemeinschaften aufgelöst. Nur, während das Herz Englands noch gesund ist, während die alten Gefühle und die alten Bindungen eine Gewalt und einen Zauber beibehalten, den sie rasch verlieren können, in dieser Zeit, die ihr euch erwählt habt, in dieser eurer Stunde der Rettung nehmt Rat nicht vom Vorurteil, nicht vom Parteigeist, nicht von dem schändlichen Stolz auf eine Politik, die [...] nichts als konsequent bleiben will, sondern von der Geschichte, von der Vernunft, von den vergangenen Jahrhunderten, von den Zeichen dieser schicksalsschwangeren Zeit. [...] Erneuert die Jugend des Staates. Rettet das Eigentum, das unter sich gespalten ist, rettet die Menge, die durch ihre eigenen unbeherrschbaren Leidenschaften gefährdet ist. Rettet die Aristokratie, die durch ihre eigene beim Volk verhaßte Macht gefährdet ist. [...] Wenn dieses Gesetz abgelehnt werden sollte, dann bete ich zu Gott, daß keiner derer, die dagegen stimmten, je sich mit nutzloser Reue an ihre Stimmabgabe erinnern mögen – mitten unter den Trümmern des Rechts, der Vermengung der Stände, der Plünderung des Eigentums und der Auflösung der sozialen Ordnung.

M. Freund (Hg): Der Liberalismus. Stuttgart 1965. S. 138 f.

a) Welche Gesellschaftsordnung will der Redner retten?
b) Wie denkt er über das Wahlrecht?

33 **Der Chartismus.** Aus der ‚People's Charter' (1838):

1. Eine Stimme für jeden Mann, der mindestens 21 Jahre alt und geistig gesund ist und nicht eine Strafe für ein Verbrechen verbüßt. 2. Der geheime Stimmzettel. – Um den Wähler bei der Stimmabgabe zu schützen. 3. Kein Eigentumszensus für Parlamentsmitglieder – um so den Wahlkreisen die Entsendung des Mannes ihrer Wahl zu ermöglichen, sei er reich oder arm. 4. Bezahlung der Abgeordneten, um einem ehrlichen Handwerker, Arbeiter oder einer anderen Person zu ermöglichen, seinem Wahlkreis zu dienen, wenn er seine Erwerbstätigkeit aufgibt, um den Interessen des Landes zu dienen. 5. Gleiche Wahlkreise, die dieselbe Anzahl Vertreter für dieselbe Anzahl Wähler sichern, – anstatt daß kleine Wahlkreise die Stimmen von größeren überwältigen dürfen. 6. Jährliche Legislaturperioden, als wirksamste Einschränkung von Bestechung und Einschüchterung, weil zwar ein Wahlkreis alle sieben Jahre einmal gekauft werden könnte (selbst bei geheimer Wahl), aber keine Geldbörse einen Wahlkreis (bei allgemeinem Wahlrecht) alle 12 Monate erneut kaufen könnte; und weil Abgeordnete, die nur für ein Jahr gewählt werden, außerstande wären, ihre Wähler so zu mißachten und zu verraten wie heute.

M. Vester (Hg): Die Frühsozialisten 1789–1848. Bd. 1. Reinbek 1970. S. 124

a) Kennzeichnen Sie die Mißstände des geltenden Wahlrechts, die der Text deutlich macht!
b) Was für eine politische Ordnung schwebt den Antragstellern vor? Vergleichen Sie damit die Verfassungswirklichkeit heutiger westlicher Demokratien!

34 **Restaurative Kritik an der Presse.** Aus einem Bericht des Ministerrats an den französischen König Karl X. (1824–1830) vom 25. Juli 1830:

Ein tätiger, heftiger, unermüdlicher Übelsinn arbeitet daran, alle Grundlagen der Ordnung zu untergraben, und Frankreich das Glück zu rauben, dessen es unter dem Szepter seiner Könige genießt. Geschickt, jede Unzufriedenheit zu benutzen, jeden Haß zu beleben, unterhält derselbe unter dem Volke einen Geist des Mißtrauens und der Feindseligkeit gegen die höchste Macht und sucht allenthalben die Keime der Unruhe und des Bürgerkrieges auszusäen. [...]

Zu allen Zeiten ward in der Tat die periodische Presse nur ein Werkzeug der Unordnung und des Aufstandes, und es liegt in ihrer Natur, nur ein solches Werkzeug zu sein. [...] Sie bemüht sich, durch unterhaltende, ausdauernde, täglich wiederholte Anstrengungen alle Bande des Gehorsams und der Subordination locker zu machen, die Hilfsmittel der Autorität des Staates zu schwächen, sie in der Meinung der Völker zu erniedrigen und ihr allenthalben Verlegenheit und Widerstand zu erregen. [...] Dies ist noch nicht alles. Die Presse trachtet nach nichts Geringerem, als die Souveränität zu unterjochen und in die Staatsgewalt Eingriffe zu machen. Vorgebliches Organ der öffentlichen Meinung, trachtet sie die Debatten der beiden Kammern zu leiten; und es ist unbestreitbar, daß sie das Gewicht eines ebenso nachteiligen als bestimmten Einflusses dahin bringt. [...]

Es ist Zeit, es ist mehr als Zeit, diesem Übelstande ein Ziel zu setzen. Es gibt hierzu nur ein Mittel, nämlich das, auf die Charte zurückzukommen. Sind die Ausdrücke des 8. Artikels doppelsinnig, so ist sein Geist klar. Es ist gewiß, daß die Charte die Freiheit der Journale und periodischen Schriften nicht gewährt hat. Das Recht, seine persönliche Meinung zu äußern, schließt sicher nicht das Recht in sich, die Meinungen anderer auf dem Wege einer Unternehmung zu publizieren. [...] Der Art. 14 bekleidet Eure Majestät mit einer hinlänglichen Gewalt. [...] Der Augenblick ist gekommen, zu Maßregeln Zuflucht zu nehmen, die im Geiste der Charte, aber außerhalb der gesetzlichen Ordnung liegen.

O. Jäger/F. Moldenhauer (Hg): Auswahl wichtiger Aktenstücke zur Geschichte des 19. Jahrhunderts. Berlin 1893. S. 124 ff.

Charte, Art. 8. Die Franzosen haben das Recht, ihre Meinungen zu veröffentlichen und drucken zu lassen, wobei sie sich nach den Gesetzen zu richten haben, die die Mißbräuche dieser Freiheit unterdrücken sollen. – Art. 14. Der König [...] trifft die zur Ausführung der Gesetze und für die Sicherheit im Staat erforderlichen Bestimmungen und Verordnungen.

a) Unter welchem Blickwinkel sieht der Ministerrat die öffentliche Meinung? Welche Motive unterstellt er der Presse?

b) Beurteilen Sie die von den Ministern empfohlene Auslegung der Verfassung.

35 Französische Karikatur (1834) aus der von Charles Philipon aus dem Gefängnis heraus gegründeten Tageszeitung ‚Le Charivari' mit dem Text: „Hier, Bourgeois, das ist die Feder, womit der Andre seine Abdankung unterschrieben hat." Der beleibte Herr links ist der ‚Bürgerkönig' Louis Philippe. *Beschreiben und erläutern Sie die Darstellung der Opposition gegen das ‚plutokratische' Bürgerkönigtum.*

36 Liberale Kritik an der Julimonarchie. Aus einer Rede des liberalen Abgeordneten Etienne Arago (1802–1892) in der Deputiertenkammer (1840):

Wir müssen auf den Grundsatz der Volkssouveränität zurückkommen: das ist der Grundsatz unserer Regierung; er steht in unserer Charte, er steht in allen unseren Urkunden, er ist in den Reden der Minister zugegen. Prüfen wir jetzt, ob dieser Grundsatz zur Anwendung kommt. [...] Meine Herren, die Bevölkerung Frankreichs setzt sich aus 34 Millionen Menschen zusammen. Von diesen 34 Millionen sind 17 Millionen männlichen Geschlechts; von diesen 17 Millionen sind nach den genauesten Sterblichkeitstabellen 8 Millionen Männer im Alter von 25 Jahren und darüber. [...] Wieviel Wähler zählen Sie unter diesen 8 Millionen? Etwa 200 000. Folglich haben Sie einen Wähler auf 40 Männer im Alter von 25 Jahren und darüber. Ich vertrete die Ansicht, daß der Grundsatz der Volkssouveränität in einem Lande, in dem auf 40 Männer nur ein Wähler kommt, nicht wirksam ist. [...] Man zählt 9 Millionen Grundsteuerleistungen; von diesen 9 Millionen werden sicherlich 8 Millionen von denen geleistet, die einer Bevölkerungsklasse angehören, die des Wahlrechts beraubt ist. Ich füge hinzu, daß Steuern wie die städtischen Eingangszölle, wie die Salzsteuer [...] fast ausschließlich auf der Bevölkerungsklasse lasten, die das Gesetz jeglicher Teilnahme an den Wahlen beraubt. Ich erkläre, daß es in der Bevölkerung einen erheblichen Teil gibt, der jeglicher Art politischer Rechte beraubt ist und der nicht nur der zahlenmäßig größte Teil ist, sondern der überdies den größten Teil der staatlichen Steuern zahlt.

P. Hartig (Hg): Das Ringen um den modernen Verfassungsstaat in Frankreich. Stuttgart. 1978 S. 36 f.

a) Inwieweit weicht der Redner von der damaligen liberalen Mehrheitsmeinung in Europa ab?
b) Wie beurteilen Sie die Stichhaltigkeit seiner Argumentation?

37 Liberalismus: vernünftiger Gebrauch der Freiheit. Der liberale württembergische Abgeordnete und politische Schriftsteller Paul Pfizer (1801–1867) über den Liberalismus (1831):

Der Liberalismus ist es, der den erwachten Geist der Freiheit auf vernünftige Prinzipien zurück- und seinem höhern Ziel entgegenführt oder, wo er noch schlummert, durch bildende Institutionen und durch Aufklärung des Volks über seine Rechte und Interessen ihn zu wecken sucht. Er will den trüb gewordenen Strom der Menschensatzungen von seinem Schlamm säubern und das verdorbene, verfälschte Recht aus seinem ewig frischen, immer reinen Urquell, der Vernunft, erneuern. Eben deshalb bleibt auch sein letztes Ziel, auf dem Wege naturgemäßer Entwicklung des Volkslebens die Stufe zu erreichen, auf welcher die höchste und die gleichste Freiheit aller möglich ist. Welcher Grad von Freiheit und von Gleichheit aber möglich sei, ist nach der Verschiedenheit des Nationalcharakters, der Kulturperiode und der übrigen Momente des Volkslebens sehr verschieden. Dieselben Institutionen, welche bei einem gebildeten Volke die Schutzwehr aller Freiheit und die Lebensbedingungen des Fortschritts sind, Preßfreiheit, Volksvertretung, Schwurgerichte, Nationalbewaffnung, können bei einem ungebildeten, noch auf der Kindheitsstufe der Entwickelung stehenden Volke eine Quelle der Zerrüttung und Gesetzlosigkeit, ein Werkzeug der Gewalt und Unterdrückung werden, und von der bloß privatrechtlichen Freiheit und der rein passiven Gleichheit eines von jeder Teilnahme an der Staatsgewalt ausgeschlossenen Volks bis zur demokratischen Selbstregierung liegt eine weite Stufenreihe liberaler Institutionen in der Mitte, von denen der vernünftige Liberalismus keine weder unbedingt verwerfen, noch für die absolut heilbringende erklären wird. [...]

[...] Daß unter dem gleichen Rechte und der gleichen Freiheit aller, welche der Liberalismus fordert, nicht die äußerliche Gleichheit von Besitz und Macht gemeint sein könne, indem Rechtsgleichheit himmelweit verschieden ist von materieller Gleichheit des Besitzes, und die bleibende Durchführung der letztern ohne einen die Freiheit des Verkehrs, des Eigentums und der Verträge vernichtenden Despotismus gar nicht denkbar wäre, – dies wird zwar allmählich von den Gegnern des Liberalismus ebensogut, als von den Liberalen selbst eingesehen.

G. Küntzel (Hg): Paul Achatius Pfizer. Politische Aufsätze und Briefe. Stuttgart 1924. S. 2 f.

a) Wo sieht Pfizer die Widersacher des Liberalismus?
b) Erörtern Sie Pfizers Angriff der Gleichheit.

38 Graphik aus dem liberalen ‚Badischen Volksblatt' (1832). *Erläutern Sie die auf- und die absteigende Linie des politischen Lebens in Baden zwischen 1830 und 1832. – Welches waren die markanten Ereignisse dieser Jahre?*

Stufenleiter

des constitutionellen Lebens in Baden.

Tabellarisch dargestellt am 29. August 1832.

1. Aufhebung des Straßengeldes. 22. April 1830.
2. Aufhebung der Straßenbau-, Militär- und Gerichtsfrohnden. 28. Mai 1831.
3. Wiederherstellung der Verfassung. 13. Juni 1831.
4. Aufhebung der Herrenfrohnden. 28. Dezember 1831.
5. Aufhebung des Blutzehnten. 28. Dezember 1831.
6. Aufhebung des Neubruchzehnten. 28. Dezember 1831.
7. Preßgesez. 28. Dezember 1831.
8. Gesez über die Ehrenkränkungen. 28. Dez. 1831.
9. Gemeindeordnung. 31. Dezember 1831.
10. Verbot der Adressen an die Bundesversammlung. 3. Dezember 1831.
11. Verbot der Zeitschrift: das konstitutionelle Deutschland. 3. Dezember 1831.
12. Verbot der deutschen Tribüne, des Westboten und der neuen Zeitschwingen. 31. März 1832.
13. Verbot der Adressen. 19. Mai 1832.
14. Verbot der Volksversammlungen und öffentlichen Reden. 5. Juni 1832.
15. Verbot der Vereine zu zu politischen und andern Zwecken. 5. Juni 1832.
16. Verbot des Freisinnigen und des Wächters am Rhein. 24. Juli 1832.
17. Aufhebung des Preßgesezes. 28. Juli 1832.
18. Verkündung der Bundesbeschlüsse vom 28. Juni, über die Rechte der deutschen Landstände.

39 **Demokratisch-republikanisches Denken im Vormärz.** Philipp Jakob Siebenpfeiffer (1789–1849), politischer Schriftsteller, war einer der Initiatoren und Hauptredner des Hambacher Festes von 1832. Er wurde dafür verhaftet und vor Gericht gestellt. In seiner Verteidigungsrede hieß es:

Was mich betrifft, ich bin Republikaner von ganzer Seele; nicht bloß der Theorie nach, sondern ich halte die Repräsentativ-Republik für die einzige Staatsform, die einem größern Volk, das seine Würde fühlt, geziemt, für die alleinige, die heute möglich. Sie allein kann freies Denken, freies Handeln geben, somit den Zweck der Völkerbewegung erfüllen. Ein mündiges Volk unter einer Monarchie dünkt mir ein Herkules am Spinnenrocken, woran der eigne Wahn es bindet. [...] Die konstitutionelle Monarchie, welche Republik und Fürstlichkeit vereinen soll, ist mir praktisch ein Unding. Nur ein Wille kann Staaten regieren; jene stellt aber einen zweifachen auf: den Willen des Monarchen und den Willen des Volkes. So entsteht ein Doppelprinzip, das sich selbst feindselig bekämpft. [...]
Man flüstert auch von Güterteilung, von Beraubung der Reichen zu Gunsten der Armen. Dergleichen gewaltsame Maßregeln könnten nur für kurze Zeit fruchten. Ungleichheit des Besitzes liegt in der Natur, welche die Menschen mit ungleichen Kräften und Neigungen ausstattet. [...] Die Gütergemeinschaft ist eine Chimäre. Soll man aber darum einer andern Staatsordnung das Wort reden, wo die Gesamtheit nur für etliche Familien keucht und schwitzt; wo die unermeßliche Mehrheit kaum die Mittel zur Befriedigung der untersten Bedürfnisse des Leibes erübrigt, indes die Minderzahl in Müßiggang, im Übermut des Überflusses schwelgt [...]? Nein, eine solche Staatseinrichtung ist naturwidrig, ist gottlos! Darum will ich eine andere, will ich ein bares Gemeinwesen, eine Staatsordnung, die jedem das Seinige sichert. [...] Und ich habe den weitern Glauben, daß die Republik, einmal wieder erweckt, nicht abermals untergehen wird! An ihrer Wiege steht nicht nur eine bluttriefende Stiefmutter, die Monarchie, sondern eine hellsehende Wächterin, welche die alten und neuen Republiken nicht kannten, die freie Presse, die mit tausend Argusaugen sie überwacht, damit die Schlangen des Ehrgeizes und der Selbstsucht sich in scheuer Ferne halten.

F. Federici (Hg): Der deutsche Liberalismus. Zürich 1946. S. 142 ff.

a) Worauf gründet der Redner seine Hoffnungen auf eine deutsche Republik?
b) Vergleichen Sie seine Staatsvorstellung mit der der Liberalen (▷ M 37).

40 **Politischer Widerstand aus Gewissensgründen.** Jacob Grimm (1785–1863), einer der ‚Göttinger Sieben', über die Vorgänge von 1837:

Was ist es denn für ein Ereignis, das an die abgelegene Kammer meiner einförmigen und harmlosen Beschäftigungen schlägt, eindringt und mich hinauswirft? Wer, vor einem Jahre noch, hätte mir die Möglichkeit eingeredet, daß eine zurückgezogene, unbeleidigende Existenz beeinträchtigt, beleidigt und versetzt werden könnte? Der Grund ist, weil ich eine vom Land, in das ich aufgenommen worden war, ohne alles mein Zutun, mir auferlegte Pflicht nicht brechen wollte, und als die drohende Anforderung an mich trat, das zu tun, was ich ohne Meineid nicht tun konnte, nicht zauderte, der Stimme meines Gewissens zu folgen. Mich hat das, was weder mein Herz noch die Gedanken meiner Seele erfüllte, plötzlich mit unabwendbarer Notwendigkeit ergriffen und fortgezogen. Wie ein ruhig wandelnder Mann in ein Handgemenge gerät, aus dem ein Ruf erschallt, dem er auf der Stelle gehorchen muß, sehe ich mich in eine öffentliche Angelegenheit verflochten, der ich keinen Fußbreit ausweichen darf, nicht erst lange umblicken, was Hunderttausende tun oder nicht tun, die gleich mir zu ihrer Aufrechterhaltung verbunden sind. [...]

Wie allseitig mußte also die Universität von der Kunde ergriffen werden, daß die Verfassung des Landes dem Umsturz ausgesetzt sei. Unter den Professoren taten sich bald verschiedenartige Gruppen hervor; die Charaktere, wie mein Bruder treffend bemerkte, fingen an, sich zu entblättern gleich den Bäumen des Herbstes bei einem Nachtfrost; da sah man viele in nackten Reisern, des Laubes beraubt, womit sie sich in dem Umgang des gewöhnlichen Lebens verhüllten [...] In so peinlicher, vielberatener und hingehaltener Lage entschied sich endlich eine geringe Zahl Beherztgebliebener, das Eis des Schweigens zu brechen, dessen Rinde hart und schmählich das ganze Land überzogen hatte. Unsere Erklärung an das Kuratorium war den 17. November abends entworfen worden, noch wußten wir nicht, ob sie am folgenden Tag von fünf oder von sieben oder von dreizehn unterschrieben abgehen sollte. Sieben Namen standen am Schluß der am 18. November entsandten Ausfertigung. Jeder war auf seinem Wege mit völliger Unabhängigkeit des Geistes zu der Überzeugung gelangt, welche die Protestation aussprach. [...]

Jacob Grimm über seine Entlassung. Frankfurt 1964. S. 8 ff.

a) Welche Beweggründe für sein Verhalten gibt Grimm an?
b) Überlegen Sie, warum die Göttinger Sieben so viel Aufsehen erregten.

3. Nationale Bewegungen

Die nationale Idee gehörte zu den Verlierern des Wiener Kongresses. In der Folgezeit wurde sie darum zu einer oppositionellen Kraft, einem Ferment der Emanzipation. Drei Ziele standen dabei im Mittelpunkt: die nationale Bewußtwerdung, die nationale Selbstbestimmung, die nationale Einheit.

Bewußtsein, Selbstbestimmung, Einheit

Das ‚nationale Erwachen' (ital. ‚risorgimento'), die Entdeckung vieler Menschen, einer Nation mit einer eigenen Geschichte und einem politischen Anspruch in der Gegenwart zuzugehören, stand am Anfang jeder nationalen Bewegung. Besonders bedeutsam war es für jene Völker, die nicht in einem eigenen oder einem einheitlichen nationalen Staat lebten. Charakteristisch für diesen Risorgimento-Nationalismus war die große Rolle, die ‚kulturpolitische' Aktivitäten spielten: die Pflege nationaler Kunst und Literatur, Geschichtsschreibung und Publizistik; die Gründung von Museen, Theatern, Universitäten und Schulen.

Nationale Selbstbestimmung konnte sich in unterschiedlichen Stufen verwirklichen: als staatlich garantierte Bewahrung nationaler Eigenarten, Rechte, Institutionen (insbesondere die Zulassung der Muttersprache als Amts- und Unterrichtssprache); als Selbstverwaltung und Selbstregierung innerhalb eines größeren Staatsverbandes (Autonomie); als volle staatliche Unabhängigkeit und Souveränität.

Die nationale Einheit war ein vordringliches Ziel aller der Völker, die staatlich getrennt lebten (wie Deutsche, Italiener, Polen) oder deren Nationalstaat nicht alle Volksangehörigen umfaßte (wie Griechenland nach der Erringung seiner Unabhängigkeit 1829).

Alle drei Ziele brachten die nationale Bewegung in Konflikte mit der bestehenden Ordnung. Das nationale Erwachen zerstörte, vor allem in gemischt-nationalen Gebieten, Beziehungen und Gemeinsamkeiten zwischen Menschen, die sich über viele Generationen hinweg als zusammengehörig empfunden hatten (so in Böhmen oder den Niederlanden). Das Verlangen nach nationaler Selbstbestimmung und Einheit bedrohte vor allem die Vielvölkerstaaten Rußland, Österreich und das Osmanische Reich, aber auch Länder wie Dänemark, England, Preußen, zu deren Untertanen Deutsche, Iren, Polen zählten.

Organisationsformen

Die nationalen Kräfte formierten sich auf unterschiedliche Weise. Wo es Parlamente oder Ständeversammlungen gab, kam es zu nationalen Fraktionsbildungen (so die Iren im englischen Parlament, die Flamen und Wallonen in der niederländischen Kammer). In Irland und den südlichen Niederlanden organisierte die katholische Kirche Massenbewegungen, die mit Petitionen, Straßendemonstrationen und Volksversammlungen die Regierungen unter Druck setzten.

Die meisten Mitglieder hatten die vielerlei Vereine und Verbände (▷ S. 40). Da die meisten europäischen Staaten politische Vereine verboten hatten, konzentrierte sich die nationale Bewegung auf kulturelle und der Geselligkeit dienende Zusammenschlüsse wie Gesangs-, Schützen- und Turnvereine, Literatur-, Geschichts-, Museums- oder Theaterzirkel. Eine wichtige Rolle spielten auch studentische Verbindungen, in erster Linie die ‚Deutschen Burschenschaften'; diese erregten wegen ihrer betont nationalpatriotischen Ausrichtung seit ihrer Gründung 1815 das Mißtrauen der Regierungen, wurden 1819 als ‚demagogische Bewegung' verboten und bestanden seitdem an vielen Universitäten als geheime Vereinigungen weiter.

Angesichts der staatlichen Verfolgungen gewannen solche Geheimbünde in der nationalen Bewegung zeitweilig große Bedeutung. Bekannt wurden die griechische ‚Hetairia' (Vereinigung von Freunden), die italienischen ‚Carbonari' (Köhler) sowie die mehrheitlich aus Literaten bestehenden Zusammenschlüsse des ‚Jungen Italien', ‚Jungen Deutschland', ‚Jungen Polen'. Sie druckten Zeitungen und Flugblätter, verübten Attentate und Überfälle, bereiteten Aufstände vor; viele Mitglieder zahlten für ihren Mut mit langjähriger Gefängnishaft. In Griechenland, auf dem Balkan, in Italien knüpften solche Geheimbünde an die Tradition des Banditentums an, das sich, in einer Grauzone zwischen Kriminalität und Sozialprotest, im Guerillakampf gegen die Fremdherrschaft unentbehrlich machte.

Viele nationalpolitische Aktivitäten wurden von Emigranten gesteuert, die als politische Flüchtlinge in der Schweiz, in Frankreich, Belgien, England Unterschlupf fanden. Auslandsgriechen lösten den griechischen Freiheitskampf aus. Nach dem Scheitern des polnischen Aufstandes von 1830/31 war die ‚Große Emigration' in Westeuropa eine Zeitlang der Mittelpunkt des polnischen Nationalismus.

Griechischer Unabhängigkeitskampf

Seit dem 14. Jahrhundert lebten die Griechen unter osmanischer Herrschaft. Wie die übrigen südosteuropäischen Völker waren sie als Christen Untertanen minderen Rechts und ohne jede politische Selbstbestimmung. Mit dem Rückgang der türkischen Macht im 18. Jahrhundert wuchs der Einfluß Rußlands, das sich zum Schutzherrn der orthodoxen Kirche aufwarf und alle Bemühungen unterstützte, die zur Schwächung des osmanischen Widersachers beitrugen. Auf russischem Boden entstanden griechische Organisationen, die den Freiheitskampf vorbereiteten. Unter der Führung des Fürsten Ypsilanti wagten sie 1821 einen bewaffneten Einfall in türkisches Gebiet, wurden aber schnell besiegt. Dennoch war dieser Angriff der Auftakt für einen großen Volksaufstand in der Peloponnes. Unter der Führung von Klerikern, Adligen und angesehenen Kaufleuten metzelten griechische Bauern, Handwerker, Seeleute die verhaßten Türken zu Tausenden nieder. Es begann ein langer, von beiden Seiten gnadenlos geführter Guerillakrieg, der viele Menschenleben forderte und ganze Landstriche verwüstete und entvölkerte. Ein Großteil des gebildeten Europa ergriff in philhellenischer Begeisterung die Partei der griechischen Aufständischen und schickte Geld, Waffen, Freiwillige. Aber erst als die Großmächte Rußland, Groß-

41 Zwei Frauen nähen heimlich eine italienische Trikolore. Die Trikolore war das Symbol der italienischen Einheit. *Was sagt diese Szene über die italienische Nationalbewegung aus?*

britannien und Frankreich zugunsten der bedrängten Griechen in den Kampf eingriffen, mußte sich der Sultan geschlagen geben und die griechische Unabhängigkeit anerkennen (1829). Das neue Königreich Griechenland umfaßte jedoch nur einen Teil des griechischen Siedlungsgebietes, und seine Politik blieb in den nächsten Jahrzehnten darauf gerichtet, den Kampf gegen die Türken fortzusetzen und die nationale Einigung zu vollenden.

Polnischer Aufstand 1830/31

Seit dem Wiener Kongreß war es das Ziel der polnischen Patrioten, die vierte polnische Teilung rückgängig zu machen und die nationale Unabhängigkeit wiederherzustellen. Die besten Aussichten dafür boten sich im russischen Teilungsgebiet, dem ‚Königreich Polen'. Hier hatte der Zar seinen polnischen Untertanen beträchtliche Autonomierechte gewährt: eine eigene Volksvertretung (Sejm), ein eigenes Heer, eine Regierung unter einem polnischen Statthalter. So glaubte sich die adlig-großbürgerliche Führungsschicht in der Lage, die russische Herrschaft in einem regelrechten Krieg abschütteln zu können. Aber der im November 1830 ausgelöste Aufstand endete mit einer Niederlage, weil die polnische Führung unter Fürst Czartoryski ihre Kräfte überschätzte und es versäumte, die Masse der nach wie vor erbuntertänigen Bauern durch wirtschaftliche und soziale Zugeständnisse für die nationale Sache zu gewinnen. Das Strafgericht der zaristischen Regierung war hart: die polnischen Autonomierechte wurden aufgehoben, Sejm und Heer abgeschafft, die Universitäten Warschau und Wilna auf Jahrzehnte geschlossen. Die am Aufstand Beteiligten verloren ihren Besitz und mußten, soweit sie nicht hatten fliehen können, ins Gefängnis oder in die Verbannung gehen. Nur die Bauern blieben ungeschoren.

42 Nationale Einheit und Einigkeit.

Aus den ‚Grundsätzen und Beschlüssen' der Deutschen Burschenschaft (1817):

1. Ein Deutschland ist, und ein Deutschland soll sein und bleiben. Je mehr die Deutschen durch verschiedene Staaten getrennt sind, desto heiliger ist die Pflicht für jeden frommen und edlen deutschen Mann und Jüngling, dahin zu streben, daß die Einheit nicht verloren gehe und das Vaterland nicht verschwinde.

2. Für diese Einheit Deutschlands, für dieses Vaterland sind alle diejenigen gefallen, welche, aus welchen Gauen sie auch gewesen sein mögen, in dem Rettungskampf von 1813 ihren Tod gefunden haben. Für diese Einheit Deutschlands, für dieses Vaterland haben die Edelsten aller deutschen Staaten und Länder gekämpft, durch welche Gott uns gerettet hat. [...]

5. Die Lehre von der Spaltung Deutschlands in Norddeutschland und Süddeutschland ist irrig, falsch, verrucht. Es ist eine Lehre, von einem bösen Feinde ausgegangen. Norddeutschland und Süddeutschland sind nicht verschiedener als Nordfrankreich und Südfrankreich. Die Unterscheidung ist lediglich geographisch. Es gibt ein Norddeutschland und ein Süddeutschland, wie es eine rechte und eine linke Seite am Menschen gibt. Aber der Mensch ist eins und hat nur einen Sinn und ein Herz, und Deutschland ist eins und soll nur einen Sinn und ein Herz haben.

6. Die Lehre von der Spaltung Deutschlands in das katholische und in das protestantische Deutschland ist irrig, falsch, unglückselig. Es ist eine Lehre, von einem bösen Feinde ausgegangen.

12. Die Sehnsucht nach Kaiser und Reich ist ungeschwächt in der Brust jedes frommen und ehrlichen deutschen Mannes und Jünglings und wird bleiben, solange die Erinnerung an Kaiser und Reich nicht verschwunden und das Gefühl der Nationalehre nicht ausgetilgt und die Betrachtung der Lage des Vaterlandes zu anderen Völkern und Ländern nicht vernichtet ist. Es ist die Pflicht jedes frommen und ehrlichen deutschen Mannes und Jünglings, diese Sehnsucht in sich selbst zu nähren und in anderen zu erregen. Der Deutsche Bund aber, welchen die souveränen Fürsten und Freien Städte Deutschlands miteinander abgeschlossen und dessen Urkunde sie geschrieben haben, ist in Ehren zu halten als ein großes Gut, weil er auf den heiligen ungeschriebenen deutschen Bund hinweist, der uns alle einigen soll. [...]

24. Der 13. Artikel der Urkunde des deutschen Bundes: „In allen Bundesstaaten wird eine landständische Verfassung stattfinden", enthält die feierliche Bestimmung, daß in keinem deutschen Staate die Willkür herrschen soll, sondern das Gesetz. Der 13. Artikel kann keinen anderen Sinn haben, als daß das Deutsche Volk durch frei gewählte, und aus seiner Mitte frei gewählte Vertreter unter der Sanktion der deutschen Fürsten seine Verhältnisse ordnen, die Gesetze beschließen, die Abgaben bewilligen soll. Der Ausdruck „landständisch" mag in anderen Zeiten eine andere Bedeutung gehabt haben; er ist in der deutschen Bundesakte aber im Sinne unserer Zeit zu erklären, da die Fürsten durch diese Akte gewiß nicht den Forderungen einer fremden, sondern den Forderungen unserer Zeit haben entsprechen wollen.

H. Haupt (Hg): Quellen und Darstellungen der deutschen Burschenschaft und der deutschen Einheitsbewegung. Bd. 4. Heidelberg 1913. S. 117 ff.

a) Welche Textstellen dürften von den Regierungen der Restaurationszeit beanstandet worden sein? Warum?
b) Nehmen Sie Stellung zu der Auslegung des Artikels 13 der Bundesakte.

Tafel 1 Zeitgeist und Anti-Zeitgeist. Zeitgenössische Karikaturen aus dem Vormärz (1819) von J. M. Voltz.
Der Artikel XIII, den der ‚Zeitgeist' auf seine Fahne geschrieben hat, entstammt der Deutschen Bundesakte von 1815; er ordnet die Einführung landständischer Verfassungen in allen deutschen Bundesstaaten an.
– Erklären Sie Aufmachung und Kleidung des Zeit- wie des Anti-Zeitgeistes und die Wahrzeichen, die jedem von ihnen beigegeben sind. – Was läßt sich über den politischen Standort des Künstlers aussagen?

Tafel 2 Aufbahrung der im März 1848 gefallenen Barrikadenkämpfer vor der Neuen Kirche auf dem Gendarmenmarkt in Berlin. Unvollendetes Gemälde von Adolph Menzel (1848).
– Beschreiben Sie das Verhalten und die Stimmung der Menschen. Aus welchen sozialen Schichten stammen sie? – Welcher politische Symbolwert kommt dieser Szene zu?

alte
Rechte

XIII.
Artikel
Universitaeten
Preßfreiheit

Tafel 2

43 **„Wir – die Nachkommen der ruhmreichen Völker von Hellas."** Aus der Unabhängigkeitserklärung der griechischen Nationalversammlung (1822):

Wir, die Nachkommen der edlen und klugen Völker von Hellas, wir, die wir Zeitgenossen der aufgeklärten und zivilisierten Völker Europas sind, wir, die wir die Vorteile, die jene unter dem Schutz der unüberwindlichen Ägide des Rechts genießen, von Ferne beobachten, können um unserer Selbstachtung willen nicht länger das Joch der ottomanischen Macht ertragen, die uns seit mehr als 400 Jahren bedrückt - einer Macht, die für Gründe taub ist und kein anderes Recht kennt als ihren eigenen Willen, die willkürlich befiehlt und anordnet. Auf Grund dieser fortdauernden Sklaverei haben wir beschlossen, zu den Waffen zu greifen, um uns und unser Land zu rächen für eine schreckensreiche, ihrer Natur nach frevlerische Tyrannis, für eine beispiellose Despotie, unvergleichbar jeder anderen Herrschaft.

Der Krieg, den wir gegen die Türken führen, ist nicht der einer Partei oder das Resultat einer Meuterei, er wird nicht geführt, um Vorteile für irgendeinen einzelnen Teil des griechischen Volkes zu gewinnen; es ist ein nationaler Krieg, ein heiliger Krieg, ein Krieg mit dem Ziel, die Rechte der persönlichen Freiheit, des Eigentums und der Ehre zurückzuerobern - [...] Wir bauen auf das Fundament unserer natürlichen Rechte [...]; darum haben wir [...] alle unsere isolierten Kräfte vereint und uns zu einem einzigen bewaffneten Körper formiert, fest entschlossen, unser Ziel zu erreichen, nämlich: uns selbst durch weise Gesetze zu regieren oder alle zusammen unterzugehen. Wir, die Nachkommen der ruhmreichen Völker von Hellas, empfinden es als unwürdig, länger in einem Zustand der Sklaverei zu leben, der vernunftlosen Tieren angemessen ist, nicht aber denkenden Menschen.

H. Kohn: Von Machiavelli zu Nehru. Freiburg 1964. S. 117 f.

a) Worauf gründen die Griechen ihre nationale Identität?
b) Welche Beweggründe für die Unabhängigkeit nennt die Erklärung? An welche Traditionen knüpft sie an?

44 **Polen – Eigentum des Zaren.** Aus einer Ansprache des Zaren Nikolaus I. (1825–1855) an eine polnische Delegation in Warschau (1835):

Ihr habt mich zu sehen gewünscht, hier bin ich. Ich lasse euch nicht reden, weil ich nicht will, daß ihr mir dieselben Lügen wiederholt, die ich vor sechs Jahren hörte, als ich hierher kam, um mich zum König von Polen krönen zu lassen. Aber hier unter vier Augen will ich mich euch gegenüber erklären, und da es das letztemal ist, daß ich mit euch sprechen werde, werde ich offen reden. Der verstorbene Kaiser hatte auf Kosten Rußlands Polen zum höchsten Gipfel des Gedeihens und des Glücks erhoben. Ich bin seinen Spuren gefolgt. Ich habe meine Schwüre treu gehalten, aber ihr habt alles umgestürzt, ihr habt verraten - mich, meine Familie und euer Vaterland, und ihr habt das Unglück eurer Kinder herbeigeführt. Trotz allem, was ihr sagen mögt, weiß ich, daß ihr noch dieselben revolutionären Gedanken im Kopf habt; aber denkt daran, daß es hier eine Zitadelle gibt, die ich nur gegen euch erbaut habe und die in 24 Stunden eure Stadt zu Asche machen würde, und gewiß werde ich es nicht sein, der sie wieder aufbauen wird. Trotz allem hege ich keinen Groll wegen dessen, was geschehen ist. Ich habe alles Üble vergessen wollen, was ihr gegen mich persönlich getan habt, aber der Kaiser vergißt nicht. Ich will nur das Beste Polens, und es hängt nur von euch ab, sich dessen würdig zu machen (hier verbeugten sich die Deputierten) - verbeugt euch nicht, ich glaube euch nicht! Der Fürst-Marschall kennt meine Absichten, und ihr müßt ihm in allen Dingen gehorchen. Laßt dieses fiktive und chimärische Polen fahren, das immer das Unglück eures Landes war, und denkt nur daran, loyal eure Pflicht zu erfüllen. Erzieht eure Kinder zur Religion, zum Gehorsam gegen die Regierung, und ich werde an euer materielles Wohl denken. Seht, wie Europa unter dem Einfluß revolutionärer Ideen zusammenbricht, aufrecht steht nur Rußland, dessen Glück auf festen Prinzipien ruht, und in Rußland müßt ihr eure Sicherheit und die Bürgschaft eurer Existenz sehen. Ich bin, gottlob, nur noch Kaiser von Rußland, und auf Grund dieses Titels gehört ihr mir.

V. Gitermann: Geschichte Rußlands. Bd. 3. Frankfurt 1965. S. 551

a) Wie geht der Zar mit den Delegierten um?
b) Wie denkt er über die nationalen Bestrebungen der Polen?

4. Soziale Protestbewegungen

Der Übergang von der altständischen Agrar- in die kapitalistische Industriegesellschaft und die damit einhergehende explosionsartige Zunahme der Bevölkerung schufen wirtschaftliche und soziale Probleme, mit denen die bestehenden politischen Regime lange Zeit nicht fertig wurden. Trotz einer ständigen Steigerung der Nahrungsmittelerzeugung, trotz enormen technischen Fortschritten und einer erheblichen Ausweitung der gewerblichen Produktion reichte in den meisten Ländern die Wirtschaftskraft nicht hin, um Hunger, Not und Arbeitsmangel abzuwenden. Die Zeit der Frühindustrialisierung (1820–1850) wurde zu einem Zeitalter der Massenarmut, des ‚Pauperismus'. 1816/17 und vor allem 1846/47 führten Mißernten zu Hungersnöten, an denen fast eine Million Menschen starben. Zu Beginn der 1830er Jahre wütete eine Cholera-Epidemie, der vor allem die von chronischer Unterernährung geschwächten Menschen zum Opfer fielen. Die von der Dauerkrise Heimgesuchten reagierten unterschiedlich: mit der fatalistischen Haltung äußerster Sparsamkeit und Bedürfnislosigkeit; mit vermehrten Anstrengungen, vor allem langen Arbeitszeiten und Frauen- und Kinderarbeit; mit der Auswanderung nach Übersee; mit Notstandskriminalität (hauptsächlich Eigentumsdelikten); mit sozialem Aufruhr und Protest; mit genossenschaftlichen Selbsthilfeeinrichtungen; mit politischer Mobilisierung und Organisation.

Widerstand und Protest

Die zahlreichen Protest- und Widerstandsaktionen des Vormärz entwickelten sich ausnahmslos aus chronischen oder akuten Notsituationen. Sie waren so gut wie nie von langer Hand geplant, hatten nur selten klar umrissene Ziele, liefen ohne feste Organisation und Führung ab und beschränkten sich vorwiegend auf den lokalen Bereich. Auf dem Lande drehten sich die Unruhen fast immer um Nutzungsrechte am ehemaligen Gemeinbesitz, um Abgaben und Dienstleistungen an die Grundherren, um das Verhalten der Verwaltung und Polizei. Handwerker lehnten sich für oder gegen Zunftbeschränkungen auf, verweigerten Steuerzahlungen, forderten ein gerechteres Preis-Einkommens-Verhältnis. Arbeiter rebellierten gegen Hungerlöhne, überlange Arbeitszeiten, ungerechte Entlassungen, Gesundheits- und Lebensrisiken am Arbeitsplatz. Viele Protest- und Gewaltaktionen verrieten Rat- und Hilflosigkeit gegenüber einer in ihren Ursachen schwer durchschaubaren Notlage. Die ‚Ludditen' (unzufriedene Arbeiter) in England zerschlugen 1811 Maschinen und Fabrikeinrichtungen – ein irrationaler Akt der Verzweiflung gegenüber einer modernen Technik, die sie als bedrohlich empfanden. Bei Auseinandersetzungen zwischen Arbeitern und Militär 1819 auf dem St. Peter's Field in Manchester starben 11 Menschen. 1831 mündete eine Demonstration der Seidenarbeiter in Lyon in Barrikadenkämpfe, die erst durch den Einsatz von 10 000 Soldaten beigelegt werden konnten; drei Jahre später brachte ein Generalstreik die gesamte Produktion für eine Woche zum Erliegen.

Weberaufstände

Die Notlage der Leinenweber in Ostwestfalen und Schlesien, die als Handarbeiter mit der Produktivität der modernen maschinellen Webstühle nicht Schritt halten konnten und trotz immer längerer Arbeitszeiten immer niedrigere Verkaufserlöse erzielten, entlud sich 1844 im schlesischen Weberaufstand. Die Weber verprügelten einige verhaßte Buchhalter und plünderten die Wohnhäuser von Fabrikanten und Verlegern, denen sie Ausbeutung und Lohndrückerei vorwarfen. So berechtigt ihre Empörung im Einzelfall sein mochte, und so sehr die Profitmacherei der Kapitalgeber die Not der Heimarbeiter verschärfte, so wenig lag hier die Wurzel des Übels. Preußisches Militär warf den Aufstand schnell nieder, und die Gerichte verhängten hohe Strafen.

Frühsozialismus

Im Unterschied zu den notleidenden Bauern, Handwerkern, Arbeitern suchten die Frühsozialisten – Intellektuelle, Philanthropen, Handwerker – das Übel an der Wurzel zu packen und von den spontanen Einzelaktionen zu einer langfristigen, auf Ursachenerfassung gegründeten Strategie zu gelangen. Eine durchgreifende Besserung erwarteten sie von einer gerechteren Verteilung der erwirtschafteten Güter, vor allem aber von einem Gesinnungswandel der Menschen. Ihre Hoffnungen setzten sie auf die ‚Assoziation', den genossenschaftlichen und gemeinnützigen Zusammenschluß der Produzenten, die sich entweder aus eigener Kraft organisierte oder vom Staat eingerichtet wurde. Das im Entstehen begriffene industriekapitalistische Wirtschafts- und Gesellschaftssystem sollte reformiert, nicht – wie Marx später forderte – abgeschafft werden.

Selbsthilfe der arbeitenden Klassen

Seit 1825 entstanden in Großbritannien gewerkschaftliche Organisationen, während auf dem Kontinent weder der wirtschaftlich konservative noch der liberale Staat Zusammenschlüsse von Arbeitern duldeten. Hier hatten lediglich Arbeiterbildungsvereine eine Chance, die sich der invidviduellen beruflichen Förderung ihrer Mitglieder verschrieben. Viele von ihnen wurden dennoch verboten und mußten ins westliche Ausland ausweichen, wo hier und dort auch konspirative Geheimbünde entstanden. Einer davon war die ‚Gesellschaft der Menschenrechte', in deren Namen der Dichter Georg Büchner (1813–1837) 1834 den ‚Hessischen Landboten' schrieb, eine leidenschaftliche Anklage gegen die Unmenschlichkeit der Gesellschaft; ein anderer war die von Louis Blanqui (1805–1881) gegründete ‚Gesellschaft der vier Jahreszeiten' in Frankreich, deren Putschversuch 1839 mit hohen Kerkerstrafen für die Putschisten endete. Aber selbst den vorzüglich organisierten englischen Arbeitern gelang es mit ihrer Chartistenbewegung (▷ S. 39) nicht, die herrschenden Klassen zu Zugeständnissen zu bewegen. Aussicht auf Besserung bestand bei den gegebenen Machtverhältnissen für die ‚arbeitenden Klassen' nur bei einem allgemeinen Anstieg des Sozialprodukts, wie er in England seit den 1840er Jahren, auf dem Kontinent ein halbes Menschenalter später einsetzte.

Staatliche Sozialpolitik

Die Regierungen reagierten auf die sozialen Proteste zumeist mit Polizei- und Militärmacht, härterer Unterdrückung und verstärkter Sozialdisziplinierung, aber nur zögernd mit begrenzten Hilfsmaßnahmen und Reformen. Wo die Unruhen gefährliche Ausmaße annahmen, erhielten die Soldaten Schießbefehl. Das britische Parlament scheute sich 1817 nicht, die Habeas-Corpus-Akte von 1677 aufzuheben, um der Sozialrebellen besser Herr werden zu können. Das Poor Law von 1834 machte mit der bisherigen Praxis von Unterstützungszahlungen an Bedürftige Schluß und verfügte die Einrichtung von Armenhäusern, die den Notleidenden bei kümmerlichem Lohn und gefängnisähnlichen Existenzbedingungen ein Überleben auf niedrigstem Niveau ermöglichen sollten. Preußen suchte nach Abhilfe, indem es alle Einschränkungen der Freizügigkeit aufhob und dadurch die Chancen eines freien Arbeitsmarktes zu fördern suchte. In England, Frankreich, Deutschland traten erste Sozialschutzgesetze in Kraft. England beschränkte 1842/44 die Kinder- und Frauenarbeit in Fabriken und erklärte 1847 den 10-Stunden-Arbeitstag zur Norm. Frankreich verbot 1841 die Fabrikarbeit von Kindern unter 8 Jahren. Ein preußisches Regulativ von 1839 untersagte die Fabrikarbeit von Kindern unter 9 Jahren und schrieb für Kinder und Jugendliche bis zu 16 Jahren eine tägliche Höchstarbeitszeit von 10 Stunden vor.

45 Soziale Not in Zahlen

a) Arbeitsplätze und Arbeitskräfte 1822, 1849, 1864 in Tausend

	Arbeitskräfte			Arbeitsplätze		
	1822	1849	1864	1822	1849	1864
Nordostdeutschland	1196,4	1667,7	1893,4	1196,4	1332,6	1582,0
Königreich Sachsen	588,0	882,9	1022,5	588,0	654,9	751,2
Provinz Sachsen	588,7	800,5	883,6	588,7	655,7	778,7
Rheinland	887,9	1251,5	1458,6	887,9	989,0	1174,1
Westfalen	495,6	644,8	724,9	495,6	552,0	655,3
Baden	570,7	622,7	664,9	532,5	593,1	704,1
Württemberg	671,3	801,4	844,5	671,3	750,7	891,2

W. Köllmann, Bevölkerung und Arbeitskräftepotential in Deutschland 1815–1865. Köln 1968. S. 223, 225

b) Existenzminimum und Arbeiterlöhne in deutschen Städten 1790–1860

	Existenzminimum Vier-/Fünf-Personen-Haushalt	Jahreslöhne in Taler		
		Gesellen im Bauhandwerk	Tage-löhner	Facharbeiter (Setzer)
1790 - 1799	110 - 120	60 - 120	50 - 70	90
1801 - 1810	120 - 140	70 - 130	50 - 70	100
1821 - 1830	85 - 100	90 - 130	65 - 80	150
1831 - 1860	110 - 130	100 - 150	65 - 95	160

H. Winkel (Hg): Vom Kleingewerbe zur Großindustrie. Berlin 1975. S. 240

c) Volksunruhen in Deutschland 1816–1875

	Studenten[1]	Religion[2]	Politik[3]	Sozio-ökonomisch	Andere	Summe
1816 - 1829	13	9	4	3	–	29
1830 - 1839	13	20	72	28	3	136
1840 - 1847	5	17	33	103	–	158
1850 - 1859	5	15	61	21	5	107
1860 - 1875	1	21	77	32	2	133

[1] Studenten waren entweder Hauptakteure oder Studenten- bzw. Universitätsangelegenheiten waren Hauptobjekt des Konflikts.
[2] Religion war, zumindest vorgeblich, Hauptobjekt des Konflikts.
[3] Der Protest war gegen den Staat mit seinen Organen gerichtet, um politische Änderungen durchzusetzen (Auswechseln eines bestimmten Staatsbeamten, Durchsetzung eines neuen Gesetzes usw.).
[4] Gewalttätige Streiks, Brotkrawalle, Maschinenstürmerei (Luddismus), massenhaftes gesetzwidriges Betreten von Wäldern und Feldern, Steueraufruhr und Tumulte, die deutlich mit einer sozioökonomischen Gruppe verbunden waren, z. B. Angriffe von Armen gegen Reiche.

R. Tilly: Kapital, Staat und sozialer Protest in der deutschen Industrialisierung. Göttingen 1980. S. 154

a) Erläutern Sie die Verschiebungen im Verhältnis von Arbeitsplätzen und Arbeitskräften.
b) Wie erklärt sich die unterschiedliche Betroffenheit der Berufsgruppen von der sozialen Not?
c) Stellen Sie Verbindungen zwischen den Volksunruhen und der allgemeinen wirtschaftlichen und politischen Entwicklung her!

46 Ordnung in den englischen Arbeitshäusern.

Aus der ‚Allgemeinen Ordnung' für Arbeitshäuser (1841):

Jeder Arme, der es versäumt, die in dieser Ordnung enthaltenen Regelungen, die sich auf ihn beziehen und ihn binden, zu beachten –
Oder der Lärm macht, wenn Ruhe eingehalten werden muß –
Oder mit Worten oder Taten irgendjemanden beleidigt oder verleumdet –
Oder der irgendjemanden Schläge oder tätliche Körperverletzung androht –
Oder der nicht pflichtschuldigst seine Person reinhält –
Oder der Arbeit vernachlässigt oder verweigert, nachdem er dazu aufgefordert worden ist –
Oder der Krankheit simuliert –
Oder der Karten oder andere Glücksspiele spielt –
Oder der ohne Erlaubnis eine Abteilung oder einen Hof betritt, der einer anderen Klasse von Armen gehört als derjenigen, zu der er selbst gehört –
Oder der sich auf dem Weg zum Gottesdienst außerhalb des Armenhauses, währenddessen oder bei der Rückkehr oder bei Gebeten im Arbeitshaus ungehörig benimmt –
Oder der nach der festgelegten Zeit seiner Abwesenheit, wenn ihm erlaubt worden ist, das Arbeitshaus zeitweise zu verlassen, zurückkehrt –
Oder der willentlich einem rechtmäßigen Befehl eines Aufsehers im Arbeitshaus nicht gehorcht –
soll als aufrührerisch betrachtet werden.
Dem Leiter des Arbeitshauses ist es rechtmäßig erlaubt, mit oder ohne Zustimmung des Aufseherkollegiums einen aufrührerischen Armen dadurch zu bestrafen, daß für einen Zeitraum von nicht länger

als 48 Stunden sein oder ihr Abendbrot, so wie es im Speiseplan beschrieben ist, durch eine Mahlzeit aus 8 Unzen (227 Gramm) Brot oder einem Pfund abgekochter Kartoffeln ersetzt wird und ihm für den gleichen Zeitraum Butter, Käse, Tee, Zucker oder Brühe, die ein solcher Armer normalerweise erhalten würde, bei jeder Mahlzeit in der genannten Zeit vorenthalten wird.

W. Grütter/H. Brandt (Hg): Die soziale Frage im 19. Jahrhundert. Paderborn 1981. S. 14

a) Wie beurteilen Sie die Liste der strafwürdigen Ordnungsverstöße?
b) Versuchen Sie, sich die psychischen Folgen eines Aufenthaltes im Arbeitshaus vorzustellen.

47 **Das Elend der schlesischen Weber.** Aus der Analyse des Weberaufstandes, die Wilhelm Wolff, ein Freund und Mitarbeiter von Marx und Engels, gegeben hat, (1844):

„Nehmen wir nicht den schlimmsten Fall, sagt Treumund Welp weiter, treten wir nicht in das niedrige, dunkle, ungesunde Gemach, das der ganz Mittellose vom Armen für jährlichen Zins von 6 oder 8 Thalern miethet – blicken wir nicht in solche, dem reinen Hunger, der bittersten Noth gewidmete Lokale, gegen die der Viehstall eines Dominialbesitzers ein Prunksaal genannt werden muß; – besuchen wir den Häusler, der unter eigenem Dach und Fach wohnt und nebenbei 1, 1½ bis 2 Morgen Landes besitzt. – Seine Einnahme ist jährlich mit Beihülfe von Weib und Kindern allerhöchstens 60 Thaler." Die Ausgaben sind durchschnittlich folgende:

Grundsteuer an den Staat jährlich	1 Thlr.	15 Silbergroschen
Klassensteuer	2 Thlr.	
Grundzins an die Grundherrschaft	3 Thlr.	5 Sgr.
Jagd- und Spinngeld an die Gutsherrschaft		15 Sgr.
3 Tage Feldarbeit an dieselbe		15 Sgr.
Gemeindeabgaben	1 Thlr.	10 Sgr.
3–4 Tage Arbeit bei Wegebessern		20 Sgr.
Schulgeld für 2–3 Kinder	4 Thlr.	
Zins eines auf dem Hause stehenden Kapitals von 100 Thlr.	5 Thlr.	
Feuerassekuranzbeitrag		15 Sgr.
Summa	19 Thlr.	5 Sgr.
Folglich bleiben:	40 Thlr.	25 Sgr.

von der ganzen Einnahme der 60 Thlr. zur Bestreitung von Reparaturen des Hauses, Ausgleichung des Ausfalls im Arbeitslohne, während man im Garten arbeitet, zur Feuerung, Beleuchtung zur Bestreitung der dringendsten Lebensbedürfnisse, ohne die Kosten für Kindtaufen, Begräbnisse usw., ohne Krankheits- und andere Unglücksfälle in Anschlag zu bringen. Der arme Weber zahlt jährlich 2 Thlr. Klassensteuer, der große Besitzer, und hätte er hundert Herrschaften, höchstens 12 Thlr. monatlich im niedrigsten Falle 4 Thlr." [...]

Es ist den Webern häufig der Vorwurf gemacht worden, daß sie lieber bei ihrem Geschäft elend leben, als zu etwas anderem greifen wollen. [...]

Seltsamer Vorwurf! Während die Gesellschaft sich um die Weber von deren Geburt an nicht weiter kümmert, als daß sie dieselben bis zum 14ten Jahre zum Schulbesuch zwingt, so durch Verkürzung der Arbeitszeit den Armen noch ärmer macht und ihm in der Schule dafür keinen anderen Ersatz gibt, als eine Menge auswendig gelernter Sprüche, Gesänge, Episteln, Evangelien und etwas Schreiben und Rechnen – was man alles zusammen doch wahrhaftig nicht menschliche Bildung nennen wird – verlangt man von ihnen, sich von Vorurtheilen loszumachen, da doch die höheren Klassen mit all ihrer Aufklärung und Kultur noch weit hartnäckiger an den ihrigen hängen. Bringt den Webern Bildung bei, und damit sie möglich und zugleich für's Leben fruchtbar sei, sorgt für ihr körperliches Wohlergehen und sie werden sich leicht in die Fortschritte des menschlichen Geistes finden.

W. Steitz (Hg): Quellen zur deutschen Wirtschafts- und Sozialgeschichte im 19. Jahrhundert bis zur Reichsgründung. Darmstadt 1980. S. 199f., 202f.

a) Beurteilen Sie die Höhe der Steuern- und Abgabenquote.
b) Wie schätzt der Verfasser die Rolle der Schule ein?

48 Schuhmacherfamilie 1845. Nach einer Zeichnung von Theodor Hosemann.
Erläutern Sie die wirtschafts- und sozialgeschichtlichen Zusammenhänge und Hintergründe der hier zum Ausdruck kommenden Not.

Zur Diskussion

Massenarmut im Vormärz – Versagen von Staat und Gesellschaft?

War das Massenelend in der Frühphase der Industrialisierung eine unvermeidliche Begleiterscheinung des wirtschaftlichen und sozialen Strukturwandels oder das Resultat einer ungerechten, ausbeuterischen Gesellschaftsordnung? Hätte der Staat durch eine sozialverantwortliche Gesetzgebung die Härten des Modernisierungsprozesses abmildern können, oder waren die Opfer, die den unteren Klassen abverlangt wurden, ein letztlich unvermeidlicher Preis des Fortschritts? Die rigorose Durchsetzung des Wirtschaftsliberalismus und Industriekapitalismus in England, Preußen, Belgien, z. T. auch in Frankreich nahm vielen kleinen selbständigen Gewerbetreibenden die Existenzgrundlage und verschärfte die ohnehin schon prekäre Not der Armen, ohne daß nennenswerte Anstrengungen unternommen wurden, die Modernisierungslasten breiter und sozial gerechter zu verteilen. Andererseits war die Lage der Menschen in den von der Industrialisierung noch nicht ergriffenen Ländern eher noch schlechter. Das läßt vermuten, daß die forcierte Modernisierung langfristig bessere Chancen eröffnete, mit der sozialen Not fertigzuwerden, als ein langsamer Übergang.

49 Ursachen des Pauperismus

a) Die Analyse eines Zeitgenossen, Friedrich Wilhelm Freiherr von Reden (1847):

4. Die Mängel der geistigen und körperlichen Erziehung und Ausbildung. Diese Mängel treten zwar auch im öffentlichen Erziehungswesen auf, z.B. hinsichtlich der für einen Theil der ärmeren Volksklassen durchaus unzureichenden Schulbildung, hinsichtlich der fast überall noch fehlenden Ge-

legenheit der Vorbereitung und Vorbildung zum Berufe des Handarbeiters (z. B. auch zum Berufe eines guten Haushalters), hinsichtlich der Einrichtungen für die Erziehung des weiblichen Geschlechts. [...] Ein Hauptgebrechen fast aller dieser Staatsanstalten ist, daß der Unterricht an denselben mehr auf das Wissen als auf das Leben berechnet scheint.

7. Die Sucht des schnellsten Gewinns, in der unsinnigsten, unsolidesten Spekulationswuth sich aussprechend und den Betrug, so wie Verbrechen jeder andern Gattung im Gefolge habend. Nahrung namentlich durch Lotto, Lotterie, Hazardspiel aller Art. Die starrste Eigensucht tritt dadurch allmählig an die Stelle der Menschenliebe (des menschlichen Mitgefühls, der Humanität).

9. Der Wucher, möge er nun in Gestalt eines Kapitalisten oder eines Pfandleihers oder eines auf Hunger spekulirenden Getreidebesitzers auftreten.

14. Die Leichtigkeit der Verheirathung und Ansässigmachung ohne Erwerbssicherheit, mit allen ihren traurigen Folgen für das Familienleben, für die Moralität des Erwerbes, für die Armenkassen [...]

16. Die Vertheuerung der unentbehrlichsten Lebensbedürfnisse, namentlich Nahrungsmittel, durch Abgaben, mögen dieselben an der Grenze oder an den Thoren bezahlt werden oder auch nur indirect den Preis der Lebensmittel erhöhen oder deren Beschaffenheit verschlechtern.

21. Daß der Preis der Arbeitslöhne zu den Preisen der unentbehrlichsten Lebensbedürfnisse häufig nicht mehr im richtigen Verhältnisse steht. [...] Abgesehen von den vorübergehenden Ursachen kann der Grund davon entweder in einem dauernden Mangel an aller Arbeit des betreffenden Geschäftszweiges oder in einem durch äußere Einflüsse erfolgten dauernden Herabgehen des Preises des Arbeitslohns oder in dem Steigen der Preise unentbehrlicher Lebensbedürfnisse beruhen.

W. Steitz (Hg): Quellen zur deutschen Wirtschafts- und Sozialgeschichte im 19. Jahrhundert bis zur Reichsgründung. Darmstadt 1980. S. 228 ff.

b) Ein heutiger Historiker, Wolfram Fischer (1982):
Vor dem Hintergrund so weitverbreiteter Armut, wie sie sich für die Jahrhunderte vor der Industrialisierung nachweisen läßt, fällt es schwer, den ‚Pauperismus' des frühen und die ‚soziale Frage' des späteren 19. Jahrhunderts als Ergebnis der Industrialisierung zu sehen. [...] Der Pauperismus der ersten Jahrzehnte des Jahrhunderts ist vielmehr der letzte Ausläufer der alten vorindustriellen Armut, verschärft nun einerseits durch das schnellere Bevölkerungswachstum bei noch langsamem Produktivitätszuwachs in Landwirtschaft und Industrie, verschärft aber auch durch die erhöhte Sensibilität gegenüber sozialen Fragen. [...] Viel hatten miterlebt, wie mit Hilfe neuer Techniken in Landwirtschaft und Industrie der Wohlstand zu heben war, und mancher wurde ungeduldig angesichts der immer noch bestehenden, ja scheinbar noch wachsenden Armut. Sie freilich denen zur Last zu legen, die den Anstieg der Produktivität verursachten, hieße, die Kausalkette umzukehren. Weder die ‚rationalen Landwirte' noch die Bergwerks- und Hüttenbesitzer noch die Fabrikindustriellen schufen die Armut; sie zogen sie nur an, weil sie in einer Welt der Unterbeschäftigung Arbeitsplätze anboten und weil sie Löhne zahlten, die meist höher lagen als die Löhne, die man in anderen Beschäftigungen, sei es als Heimarbeiter, Tagelöhner, Transportarbeiter oder Dienstbote, am gleichen Ort verdienen konnte. Indirekt sorgten sie freilich im Laufe der Zeit in der Tat für Lohndruck. Indem sie mit Hilfe der neuen Techniken die Preise mancher Massenartikel, insbesondere der Bekleidung und ihrer Vorprodukte, ermäßigen konnten, verdarben sie den Heimarbeitern in anderen Gegenden, in denen die Mechanisierung der Produktion noch nicht Einzug gehalten hatte, die Preise.

W. Fischer: Armut in der Geschichte. Göttingen 1982. S. 56 f.

a) Welche Art von Ursachen dominiert in den Betrachtungen des zeitgenössischen Beobachters? Wie schätzen Sie deren Erklärungswert ein?
b) Wie beurteilt der heutige Historiker die ‚Schuld' am Pauperismus?
c) Vergleichen Sie den Pauperismus des 19. Jahrhunderts mit der Armut in heutigen Entwicklungsländern.

♦

1. Versuchen Sie eine politische Bilanz der Restaurationszeit zu ziehen. Wo waren die herrschenden Mächte erfolgreich, wo die oppositionellen Kräfte?
2. Unter welchen Voraussetzungen unterstützten die Regierungen nationale Bestrebungen, wann bekämpften sie sie als staatsgefährdend?
3. Welche Anstöße gingen von der Pariser Julirevolution 1830 aus?
4. Äußern Sie sich zu den politischen Reaktionen auf die Massenarmut des Vormärz.

III. Die Revolution von 1848/49

Die Revolution von 1848/49 war eine gescheiterte Revolution. Über die Gründe dafür wird bis heute gestritten: Waren die Träger der Revolution zu unerfahren, die Bevölkerungsmassen politisch zu unreif? Waren die Anführer untereinander zerstritten, trieb die Angst vor den Radikalen die Gemäßigten in die Arme des Obrigkeitsstaates zurück? War das alte Regime stärker, weil es mit der Macht besser umzugehen verstand und bald wieder die Anerkennung der Mehrheit fand? Oder waren die Probleme, die die Revolution zu bewältigen hatte, zu vielgestaltig, als daß sie in einem Ansturm gelöst werden konnten?
Eindeutig waren dagegen die Ziele der Revolution: ein freiheitlicher Rechts- und Verfassungsstaat; nationale Selbstbestimmung und Einheit; die Beseitigung der feudalen Rechts- und Eigentumsordnung und mehr soziale Gerechtigkeit. Die jeweilige Stoßrichtung der Revolution war darum unterschiedlich: in Frankreich ging es um die soziale Stellung der Arbeiterklasse, in Österreich, Ungarn, Italien, Posen und Schleswig um die nationale Selbstbestimmung oder Unabhängigkeit, in Deutschland um liberale Verfassungen, nationale Einheit und wirtschaftlich-soziale Sicherheit. Ruhig blieb es in Großbritannien und Rußland: England hatte stürmische Reformjahre hinter sich, die russische Autokratie erdrückte jeden Ansatz einer Opposition.

1848	24. Februar	Ein Volksaufstand in Paris führt zur Ausrufung der Republik
	März	In allen deutschen Staaten gelangen liberale Regierungen ins Amt und beginnen mit liberalen Reformen.
	15. März	Ein Volksaufstand in Wien erzwingt die Abdankung Metternichs und die Einsetzung einer liberal-konservativen Regierung.
	18. März	Nach blutigen Straßenkämpfen in Berlin verspricht der preußische König liberale und nationale Reformen.
	April	Ein republikanischer Aufstand in Baden unter Führung Heckers scheitert.
	18. Mai	In Frankfurt tritt die Deutsche Nationalversammlung zusammen.
	Juni	Ein Arbeiteraufstand in Paris wird blutig niedergeschlagen.
	Oktober	Kaiserliche Truppen belagern und erobern das aufständische Wien.
	5. Dezember	Der preußische König löst die preußische Nationalversammlung auf und oktroyiert eine Verfassung.
1849	27. März	Die Deutsche Nationalversammlung verabschiedet die Verfassung des Deutschen Reiches.
	3. April	Der preußische König Friedrich Wilhelm IV. lehnt die deutsche Kaiserkrone ab.
	Mai-Juli	Volksbewegungen in Sachsen, Baden und in der Pfalz versuchen die Reichsverfassung in Kraft zu setzen (‚Reichsverfassungskampagne'), werden aber von preußischen Truppen niedergeschlagen.

1. Die Märzrevolutionen

Wie die Julirevolution von 1830 begann auch im Jahre 1848 die Revolution in Paris und breitete sich von da wie ein Steppenbrand über weite Teile Europas, vor allem in Deutschland und Italien, aus.

Frankreich

Das Vorspiel der Pariser Revolution waren Demonstrationen der liberalen Opposition gegen den hohen Wahlzensus. Als der ‚Bürgerkönig' und seine Regierung sich schwach und unentschlossen zeigten, nutzten die bürgerlichen Honoratioren im Bunde mit Handwerkern, Arbeitern, Bediensteten die Gunst der Stunde und riefen die Republik aus. Die provisorische Revolutionsregierung bestand aus bürgerlichen Liberalen und zwei Sozialisten. Zu ihren ersten Maßnahmen gehörten die Öffnungen der Nationalgarde auch für das Kleinbürgertum, die Verkündigung des ‚Rechts auf Arbeit', die Einrichtung von ‚Nationalwerkstätten', in denen bis zu 100 000 Arbeitern Beschäftigung fanden. Die Kosten dafür hatten hauptsächlich die Bauern aufzubringen, deren Grundbesitz mit einem 45prozentigen Steuerzuschlag belastet wurde. Das Bündnis zwischen Liberalen und Sozialisten stand von Anfang an auf schwachen Füßen: die Liberalen wollten die Freiheit und Sicherheit des Privateigentums, die Sozialisten und Arbeiter staatliche Hilfe für die wirtschaftlich Schwachen. Als die Liberalen bei den Wahlen zur Verfassunggebenden Nationalversammlung im Mai eine klare Mehrheit errangen, kündigten sie die ungeliebte Koalition und verfolgten fortan eine unverhüllt besitzbürgerliche Interessenpolitik.

Drittes Deutschland

Zu ähnlichen raschen Erfolgen kam das liberale Bürgertum, ebenfalls im Bunde mit den handarbeitenden Schichten, auch in Nord- und Süddeutschland. In allen Mittel- und Kleinstaaten des Deutschen Bundes vollzog sich in den frühen Märztagen der von vielen lange herbeigesehnte Machtwechsel. Der Ablauf war überall der gleiche: Unter dem Druck von Volksversammlungen und Demonstrationen fanden sich die Machthaber schnell bereit, die so lange abgelehnten liberalen Forderungen zu erfüllen: die Presse-, Versammlungs- und Vereinsfreiheit; Geschworenengerichte; Bürgergarden; Verfassungen (wo es sie noch nicht gab). An die Stelle der konservativen traten liberale Regierungen (‚Märzministerien'). Nirgendwo wurde Blut vergossen, in keinem Land eine Dynastie gestürzt. Von den Regierungskabinetten abgesehen, blieben die staatlichen Machtapparate – Militär, Verwaltung, Justiz – unverändert und unbehelligt.

Revolution auf dem Lande

Weniger friedlich ging es vielfach auf dem Lande zu. Wo die Bauern immer noch in feudalen Abhängigkeiten lebten oder sich durch die Agrarreformen benachteiligt

50 Zeitgenössische Karikatur von 1848, mit dem Text: „Wie der deutsche Michel die Nachtmütze wegwirft und sich vornimmt, ins Freie zu gehen." (Städtisches Museum Hanau)
Erläutern Sie die Bedeutung der Gegenstände im Zimmer und der Personen, die durch das Fenster zu sehen sind.

fühlten, brach sich ihr lange aufgestauter Zorn in elementarer Weise Bahn. Oft unter Führung der größten und angesehensten Bauern, zogen sie zu den Adelssitzen und Ämtern, verlangten von den Grundherren den unentgeltlichen Verzicht auf alle Abgaben und Leistungen und das uneingeschränkte Eigentum an ihren Höfen; wo ihrem Verlangen nicht sofort stattgegeben wurde, schreckten sie vor Plünderung, Brandschatzung, Körperverletzung nicht zurück; es gab auch Tote. Die Wut der Bauern richtete sich in erster Linie gegen die lokalen Grundherren, gelegentlich gegen reiche Händler und Geldverleiher, darunter auch Juden, nicht gegen die Regierungen oder Fürsten. Der Aufstand auf dem Lande verbreitete so viel Angst und Schrecken, daß die alten und neuen Machthaber die bäuerlichen Forderungen so schnell wie möglich erfüllten: die Aufhebung der Abgaben und Dienste, die (entgeltliche) Übereignung der Höfe, die Beseitigung der Patrimonialgerichtsbarkeit und des adligen Jagdrechts. Mit einigen Monaten Verzögerung erfolgte die Entfeudalisierung auf dem Lande auch in Österreich. Diese schnelle und großzügige Abstellung der bäuerlichen Beschwerden hatte zur Folge, daß die Bauern frühzeitig aus der revolutionären Bewegung ausschieden und fortan zu den Verteidigern der bestehenden Ordnung zählten.

Revolution in Wien

In Wien waren es vor allem die unteren Bevölkerungsschichten aus den notleidenden Vorstädten, aber auch Handwerker, kleine Kaufleute, untere Beamte, Studenten, die mit ihrem radikalen Auftreten die Regierung und den Hof einschüchterten und Metternich zum Rücktritt und zu eiliger Flucht zwangen. Das Versprechen einer Verfassung und einer Volksvertretung, die Gewährung liberaler Freiheitsrechte, die Volksbewaffnung in Form einer (klein)bürgerlichen ‚Nationalgarde' und einer studentischen ‚Akademischen Legion' verschafften der Regierung, die lediglich um einen liberalen Minister erweitert wurde, eine Atempause. Als der Hof die Kühnheit hatte, eine Verfassung von oben zu oktroyieren, brach ein neuer Aufstand los. Der Kaiser floh nach Innsbruck, in Wien entstand mit dem ‚Sicherheitsausschuß' eine Art revolutionärer Nebenregierung. Die kaiserliche Regierung mußte allgemeine Wahlen zu einem Verfassunggebenden Reichstag ausschreiben, der im Juli zusammentrat. Die Revolution in Wien war hartnäckiger und radikaler als im übrigen Deutschland, und die Spannungen zwischen der Regierung und den revolutionären Instanzen in der Hauptstadt hörten nie auf. Doch behauptete auch in Österreich die Regierung ihre Verfügungsgewalt über das Heer und den Verwaltungsapparat.

Revolution in Berlin

Die zunehmende Unruhe in Berlin seit dem 13. März bewog den König Friedrich Wilhelm IV. (1840–1861), Entgegenkommen zu zeigen. Am 18. März ließ er die Aufhebung der Zensur und die Einberufung des Vereinigten Landtages (der von den ständischen Provinzial-Landtagen beschickt werden sollte) bekanntgeben. Als sich aus Freude darüber auf dem Platz vor dem Schloß eine größere Menschenmenge versammelte, fielen aus den Reihen der aufmarschierten Truppen plötzlich Schüsse, und aus der Panik der undurchschaubaren Situation entwickelten sich erbitterte Straßen- und Barrikadenkämpfe. Auf der einen Seite standen Handwerker, Arbeiter, Dienstleute, Krämer, einige Akademiker und Studenten, auf der anderen wehrpflichtige Soldaten aus den gleichen Bevölkerungsschichten, die nicht zögerten, auf ihre Landsleute zu schießen (▷ Tafel 2). Entnervt gab der König seinen Truppen nach durchkämpfter Nacht den Befehl, die Stadt zu räumen, und erwies öffentlich den 230 gefallenen Revolutionskämpfern die letzte Ehre. In den nächsten Tagen berief er eine liberale Regierung und stimmte der Wahl einer Verfassunggebenden Preußischen Nationalversammlung zu. Diese trat im Mai zusammen, wies eine deutlich liberal-demokratische Mehrheit auf und steuerte einen vergleichsweise radikalen Reformkurs. Aber auch in Preußen behielt die Krone den Befehl über das Heer und den Staatsapparat.

Republikanischer Aufstand in Baden

Am 12. April rief der badische Radikaldemokrat Friedrich Hecker (1811–1881) in Konstanz die Deutsche Republik aus. Er stützte sich auf 6000 Freischärler und hoffte auf den spontanen Zuzug des ‚Volkes', insbesondere der Bauern. Darin sah er sich jedoch völlig enttäuscht. Da die Aufständischen kaum über Waffen verfügten, hatten die schnell aufgebotenen Truppen des Deutschen Bundes wenig Mühe, sie auseinanderzutreiben. Soweit die am Aufstand Beteiligten nicht ins Ausland zu fliehen vermochten, wurden sie in nicht weniger als 3000 Hochverratsprozessen zu schweren Freiheitsstrafen verurteilt.

Gesamtdeutsche Weichenstellungen

Der Bundestag in Frankfurt, nunmehr von liberalen Regierungen beschickt, reagierte schnell und wendig. Noch im März stimmte er der Pressefreiheit zu, erklärte er Schwarz-Rot-Gold zu den Bundesfarben, setzte er einen (17er-)Ausschuß für die Ausarbeitung eines Verfassungsentwurfes für einen künftigen deutschen Nationalstaat ein, beraumte er Wahlen für eine Verfassunggebende Deutsche Nationalversammlung an. Anfang April hob er sämtliche seit 1819 erlassenen Ausnahmegesetze des Deutschen Bundes auf und schrieb für die Wahlen zur Nationalversammlung das allgemeine und gleiche Männerwahlrecht für alle „selbständigen" Staatsbürger des Bundesgebietes vor.
Gleichzeitig liefen Bemühungen angesehener politischer Honoratioren, vor allem aus dem liberalen Südwestdeutschland, zur Schaffung eines gesamtdeutschen Verfassungs- und Nationalstaates. Am 5. März trafen sich in Heidelberg 51 liberale und demokratische Politiker und wählten einen 7er-Ausschuß, der ein gesamtdeutsches Vorparlament vorbereiten sollte. Dieser verschickte Einladungen an sämtliche deutschen Volksvertretungen und sonstige politisch angesehene Einzelpersonen. Das daraus hervorgehende ‚Vorparlament' tagte vom 31. März bis 3. April in Frankfurt. Ihm gehörten 547 Mitglieder an, davon nur zwei aus Österreich. Es faßte einige wichtige Beschlüsse: Schleswig sowie Ost- und Westpreußen sollten in den Deutschen Bund aufgenommen werden; eine Verfassunggebende Nationalversammlung sollte nach dem allgemeinen und gleichen (Männer-)Wahlrecht gewählt werden; es wurde ein 50er-Ausschuß gebildet, der die „Interessen der Nation" gegenüber dem Bundestag zu wahren und im Falle einer Gefahr das Vorparlament wieder einzuberufen hatte. Ein Antrag des radikaldemokratischen badischen Delegierten Gustav Struve, (1805–1870), das Vorparlament in Permanenz tagen zu lassen und einem „Vollziehungsausschuß" die provisorische Regierungsgewalt für alle ganz Deutschland betreffenden Angelegenheiten zu übertragen, lehnte die liberale Mehrheit ab.
Die Wahlen zur Nationalversammlung fanden im Mai statt. Da die Einzelstaaten die vom Bundestag geforderte Wählerqualifikation der „Selbständigkeit" unterschiedlich auslegten, blieben in einzelnen Regionen bis zu 25%, im Durchschnitt zwischen 10 und 20 Prozent der männlichen Bevölkerung ausgeschlossen. In der Mehrzahl wurden Honoratioren gewählt, und so kamen hauptsächlich Akademiker, aber nur wenige ‚einfache Leute' ins Frankfurter Parlament: unter 813 Abgeordneten nur vier Handwerker oder Kaufmannsgehilfen, zwei Bauern und kein einziger Arbeiter.

51 **Bauernaufstand im Odenwald.** Aus einem Aktenbericht über die Vorgänge in Adelsheim (1848):

In der Nacht vom 7./8. März wurde der Schloßhof des Freiherrn von Adelsheim der Schauplatz einer wütenden Bauernmenge. Der in die dunkle Märznacht hineinleuchtende Schein eines riesigen Feuers, das man aus Büchern und Akten der Grundherrschaft angemacht hatte, beleuchtete eine tobende und lärmende Menge von Bauern, die aus der Nachbarschaft herbeigekommen waren. Frauen, Mädchen und Kinder jubelten dem Beginn zu. Aus dem oberen Stockwerk des einen Flügels des Schlosses schleppten zerstörenswütende Bauernfäuste Bücher und Papiere, die ihre Leistungspflicht an die Herrschaft enthielten, Rechnungen und Schuldscheine herbei und warfen sie in das lodernde Feuer, als ginge mit ihrer Vernichtung auch das ganze Abhängigkeitsverhältnis zum Adel in Rauch und Asche auf. [...] Der Amtmann erschien mit der Gendarmerie. Er war machtlos. Weder Zurede noch Warnen half. Die versuchte Verhaftung der Hauptübeltäter hätte den Haß und die Wut aufs äußerste getrieben. [...] Man schrie nach dem Baron, nach dem verhaßten Rentbeamten Zorn. Der war glücklicherweise nicht am Platze, er wäre offenbar das Opfer der wütenden Menge geworden. Freiherr

Richard von Adelsheim aber, der allein im Schlosse anwesend war, machte sich, während die Menge um das Feuer tobte und der Freiheit zujubelte, heimlich und unbemerkt davon. Der inzwischen herbeigekommene Rentbeamte eines anderen Adelsheimschen Rentamtes überreichte der Menge endlich im Namen seiner Herrschaft die folgende Verzichtsurkunde:

1. Die Grundherrschaft wolle zu den Gemeindebedürfnissen gleich anderen Bürgern mit ihrem Steuerkapital beitragen. 2. Sie verzichte auf das Marktstandgeld jeder Art, sowohl bei Krämer- als bei Viehmärkten. 3. Auf die Bürgerannahmetaxen. 4. Die Jagden und Fischereien sollten verpachtet werden und das Pachtgeld in die Gemeindekassen fließen. 5. Sie verzichte auf das Präsentationsrecht bei den Bürgermeisterwahlen. 6. Sie hebe die Abzugssteuer von den Auswanderern auf. 7. Sie leiste Verzicht auf alle sogenannten alten Abgaben jeder Art.

F. Lautenschlager (Hg): Volksstaat und Einherrschaft. Konstanz 1920. S. 50 ff.

a) Aus welcher Perspektive ist der Bericht geschrieben? Wie werden die Bauern gesehen?
b) Erläutern Sie die Feudalrechte, auf die hier verzichtet wird! Warum waren sie den Bauern ein solches Ärgernis?

52 **Märzereignisse in Wien.** Aus Briefen des sächsischen Legationsrates Graf Vitzthum von Eckstädt:

Montag, 13. März. 8 Uhr. Großer Zug der Studenten nach dem Ständehaus. Massen wohlgekleideter Menschen wogen in den Straßen. - 11 Uhr. Die Masse der Studenten im Hofe versammelt, durch Redner angefeuert, dringt in den Sitzungssaal. Diese Sitzung wird aufgehoben. Wünsche des Volkes: 1. Preßfreiheit, 2. Lehrfreiheit, 3. Assoziationsrecht, 4. allgemeine Stände, verantwortliche Minister, 5. Öffentlichkeit, Mündlichkeit, Schwurgerichte. - 12. Uhr. Großer Zug. Montecuccoli (Marschall der niederösterreichischen Landstände) an der Spitze der Studenten zieht in die Burg mit der ständischen Deputation. Zugleich gewinnt eine Bürgerdeputation Zutritt in die Burg. Unterdessen nehmen die Straßen ein bedrohliches Aussehen an. Volksredner gruppieren das Volk um sich. [...] Vier Bataillone stehen an den Türen der Burg. Kanonen werden aufgefahren und geladen. Die Staatskanzlei mit Truppen umgeben. Der Schrei ‚Nieder Metternich!' wird allgemein und Losungswort. - 2 Uhr. Der Posten in der Herrengasse wird verstärkt. Erzherzog Albrecht versucht das Volk zu beschwichtigen. Umsonst. Er wird mit Steinen empfangen. Auf mehrmalige Warnung wird scharf geschossen. Vier Tote, zwei Verwundete. Ein Leichnam wird dem Erzherzog Albrecht gebracht. - 3 Uhr. Keine Nachricht von der Deputation. Ratlosigkeit in der Burg und in der Staatskanzlei. Die Erzherzöge Albrecht und Wilhelm durchreiten die Straßen. Die Bewegung wird allgemein. Bajonett-Attacken. Mehrere Opfer. Man spricht von fünfzig Toten. - 5 Uhr. Die Bürgergarde schlägt Alarm und greift zu den Waffen. Eine Deputation von zehn Offizieren begibt sich nach der Burg. Es kommt eine Art von Waffenstillstand zu Stande. Die Bürgeroffiziere verlangen 1. sofortige Entfernung des Militärs aus der Stadt, 2. Bewaffnung der Studenten, 3. Rücktritt des Fürsten Metternich. [...] Beratung in der Burg; Stände und Bürger nehmen daran teil.

Der Polizeiminister Sedlnitzky vollkommen paralysiert. - 8 Uhr. Der Pöbel durchzieht in dichten Massen die Straßen. In den Vorstädten werden die kaiserlichen Marstallgebäude angegriffen und von den ungarischen Grenadieren verteidigt. Großes Gemetzel. In der Burg fortdauernde Ratlosigkeit. Man will sich zu keinen Konzessionen verstehen. ½9 Uhr. Der Rücktritt des Fürsten Metternich beschlossen. Graf Breuner und Erzherzog Johann übernehmen es, ihm die Eröffnung zu machen. Fürst Metternich gibt seine Entlassung. - 9 Uhr. Die Kunde durchläuft die Straßen. Einzelne Patrouillen sagen sie in jedem Hause förmlich an. - 10 Uhr nachts bis 2 Uhr. Von da an einzelne Haufen, die jubelnd und vivatschreitend die Straßen durchziehen. [...] Einzelne Volksredner mahnen das Volk, sich mit den beiden Konzessionen: Rücktritt des Fürsten und Studentenbewaffnung nicht zu begnügen.

Graf C. F. Vitzthum von Eckstädt: Berlin und Wien in den Jahren 1845-1852. Stuttgart 1886. S. 76 ff.

a) Welche Gruppen von Akteuren schälen sich heraus, und welche Ziele verfolgen sie jeweils?
b) Wie verhalten sich Hof und Regierung?

53 Barrikade in Berlin am 18. März 1848. Farblithographie von F. G. Nordmann. *Kennzeichnen Sie die soziale Herkunft der aktiv am Aufstand Beteiligten, soweit sie auf diesem Bilde sichtbar wird.*

54 Der 18. März 1848 in Berlin: Königliche Proklamation und die Antwort der Berliner

a) Aus der Proklamation des Königs am Tage nach dem Aufstand (19. März 1848):

Noch war der Jubel, mit dem unzählige treue Herzen mich begrüßt hatten, nicht verhallt, so mischte ein Haufen Ruhestörer aufrührerische und freche Forderungen ein und vergrößerte sich in dem Maße, als die Wohlgesinnten sich entfernten. Da ihr ungestümes Vordringen bis ins Portal des Schlosses mit Recht alle Absichten befürchten ließ und Beleidigungen wider Meine tapferen und treuen Soldaten ausgestoßen wurden, mußte der Platz durch Kavallerie im Schritt und mit eingesteckter Waffe gesäubert werden, und zwei Gewehre der Infanterie entluden sich von selbst. Gottlob! ohne irgend jemand zu treffen. Eine Rotte Bösewichter, meist aus Fremden bestehend, die sich seit einer Woche, obgleich ausgesucht, doch zu verbergen gewußt hatten, haben diesen Umstand im Sinne ihrer argen Pläne durch augenscheinliche Lüge verdreht und die erhitzten Gemüter von vielen Meiner treuen und lieben Berliner mit Rachegedanken um vermeintlich vergossenes Blut erfüllt und sind so die gräulichen Urheber von Blutvergießen geworden. [...] An Euch, Einwohner meiner geliebten Vaterstadt, ist es jetzt, größerem Unheil vorzubeugen. Erkennt, Euer König und treuester Freund beschwört Euch darum - bei allem, was Euch heilig ist, den unseligen Irrtum! Kehrt zum Frieden zurück, räumt die Barrikaden, die noch stehen, hinweg und entsendet an Mich Männer, voll des echten alten Berliner Geistes, mit Worten, wie sie sich Eurem König gegenüber geziemen. [...] Hört die väterliche Stimme Eures Königs, Bewohner Meines treuen und schönen Berlins, und vergesset das Geschehene, wie Ich es vergessen will und werde in meinem Herzen.

E. R. Huber (Hg): Dokumente zur deutschen Verfassungsgeschichte. Bd. I. Stuttgart 1961. S. 365

b) Carl Schurz (1829–1906), Augenzeuge der Berliner Vorgänge (nach seiner Emigration General, Senator und Minister in den USA), in seinen Lebenserinnerungen (1906):

Stille, feierliche Züge von Männern, Frauen und Kindern bewegten sich dem königlichen Schlosse zu. Die Männer trugen auf ihren Schultern Bahren mit den Leichen der in der Straßenschlacht getöteten Volkskämpfer - die verzerrten Züge und die klaffenden Wunden der Gefallenen unbedeckt, aber mit Lorbeer, Immmortellen und Blumen umkränzt. So marschierten diese Züge langsam und schweigend in den inneren Schloßhof, wo man die Bahren in Reihen stellte - eine grausige Leichenparade - und dazwischen die Männer, teils noch mit zerrissenen

Kleidern und pulvergeschwärzten und blutbefleckten Gesichtern und in den Händen die Waffen, mit denen sie auf den Barrikaden gekämpft; und bei ihnen Weiber und Kinder, die ihre Toten beweinten. Auf den dumpfen Ruf der Menge erschien Friedrich Wilhelm IV. in einer oberen Galerie, blaß und verstört, an seiner Seite die weinende Königin. „Hut ab!" hieß es, und der König entblößte sein Haupt vor den Leichen da unten. Da erklang aus der Volksmasse heraus eine tiefe Stimme und begann den Choral ‚Jesus meine Zuversicht', und alles stimmte ein in den Gesang. Als er beendigt war, trat der König mit der Königin still zurück, und die Leichenträger mit ihrem Gefolge schritten in grimmiger Feierlichkeit langsam davon. Dies war in der Tat für den König eine furchtbare Strafe; aber zugleich eine schlagende Antwort auf den Satz in seiner Proklamation an die „lieben Berliner", in dem er die Volkskämpfer „eine Rotte von Bösewichtern" oder deren verführte Opfer genannt hatte.

C. Schurz: Lebenserinnerungen. Bd. 1. Berlin 1906. S. 125

a) Was bezweckte der König mit seinen Schuldzuweisungen? Wurde er damit den Vorgängen gerecht?

b) Inwiefern war die Aufbahrung der Gefallenen im Schloßhof für den König „eine furchtbare Strafe"?

55 **Das neue Deutschland nach dem Willen der Radikalen.** Aus dem Antrag Struves im Frankfurter Vorparlament (31. März 1848):

Eine lange Zeit tiefster Erniedrigung lastet auf Deutschland. Sie läßt sich bezeichnen durch die Worte: Knechtung, Verdummung und Aussaugung des Volkes. [...] Daher haben sich alle Bande gelöst, welche das deutsche Volk an die bisherige sogenannte Ordnung der Dinge geknüpft hatten, und es ist die Aufgabe, [...] neue Bande vorzubereiten, mit denen das gesammte deutsche Volk zu einem freien und großen Ganzen umschlungen werden soll. Sicherheit des Eigenthums und der Person, Wohlstand, Bildung und Freiheit für alle ohne Unterschied der Geburt, des Standes und des Glaubens ist das Ziel, nach welchem das deutsche Volk strebt. Die Mittel, zu demselben zu gelangen, sind:

1. Aufhebung der stehenden Soldatenheere und Verschmelzung derselben mit der Bürgerwehr zum Behufe der Bildung einer wahren, alle waffenfähigen Männer umfassenden Volkswehr.

2. Aufhebung des stehenden Heeres von Beamten und Ersetzung desselben durch eine wohlfeile Regierung, welche aus freigewählten Volksmännern besteht.

3. Abschaffung der stehenden Heere von Abgaben, welche an dem Marke des Volkes zehren, insbesondere aller derjenigen Abgaben, welche den innern Verkehr Deutschlands hemmen, Binnenzölle und Schiffahrtsabgaben, welche die Landwirtschaft drükken, Zehnten, Gülten, Frohnden usw., welche die Gewerbe belasten, Gewerbesteuern, Akzise usw. und Ersetzung derselben: a) durch eine progressive Einkommens- und Vermögenssteuer, bei welcher der notwendige Lebensunterhalt frei von allen Abgaben verbleibt; b) durch einen an den Grenzen Deutschlands zum Schutze seines Handels, seiner Industrie und seiner Landwirthschaft erhobenen Zoll.

4. Abschaffung aller Vorrechte, welchen Namen dieselben tragen mögen, insbesondere des Adels, der Privilegien des Reichthums, Zäsur der bevorzugten Gerichtsstände und Ersetzung derselben durch ein allgemeines deutsches Staatsbürgerrecht.

5. Abschaffung der Bevormundung der Gemeinden [...]

6. Aufhebung aller Klöster und klösterlichen Einrichtungen.

7. Auflösung des Bundes, welcher bisher bestand zwischen Kirche und Staat und Kirche und Schule. [...]

8. Abschaffung der Zensur, [...] Grundsatz der Preßfreiheit [...]

9. Abschaffung der geheimen und schriftlichen Inquisitionsgerichte und Ersetzung derselben durch öffentlich und mündlich gepflogene Schwurgerichte.

10. Abschaffung der Hunderte von Beschränkungen der persönlichen Freiheit der Deutschen der verschiedenen Stände und gleichmäßige Sicherstellung derselben durch ein besonderes Gesetz [...], welches insbesondere auch das Vereins- und Versammlungsrecht des Volkes feststellt.

11. Beseitigung des Nothstandes der arbeitenden Klassen und des Mittelstandes, Hebung des Handels, des Gewerbestandes und der Landwirthschaft.

12. Ausgleichung des Mißverhältnisses zwischen Arbeit und Kapital vermittelst eines besonderen Arbeiterministeriums, welches dem Wucher steuert,

die Arbeit schützt und derselben namentlich einen Antheil an dem Arbeitsgewinne sichert. [...]
15. Aufhebung der erblichen Monarchie (Einherrschaft) und Ersetzung derselben durch frei gewählte Parlamente, an deren Spitze frei gewählte Präsidenten stehen, alle vereint in der föderativen Bundesverfassung nach dem Muster der nordamerikanischen Freistaaten. [...]

E. R. Huber (Hg): Dokumente zur deutschen Verfassungsgeschichte. Bd. I. Stuttgart 1961. S. 269 ff.

a) Beschreiben Sie die Mißstände der alten Ordnung, gegen die sich dieses Programm wendet.
b) Wo geht es über die Forderungen der Liberalen hinaus?

56 Republikanische Blütenträume

Aus der Verfassung der Französischen Republik vom 4. November 1848:

I. Frankreich hat sich zur Republik erklärt. Dadurch daß es diese endgültige Regierungsform annimmt, hat es sich zum Ziel gesetzt, freiheitlicher auf dem Wege des Fortschritts und der Kultur voranzuschreiten, eine immer gerechtere Verteilung der Lasten und der Annehmlichkeiten der Gesellschaft sicherzustellen, das Wohlergehen des Einzelnen durch die schrittweise Verringerung der staatlichen Ausgaben und der Steuern zu verbessern und allen Bürgern durch allmähliches und beständiges Wirken der staatlichen Einrichtungen und der Gesetze zu einem immer höheren Stand von Sittlichkeit, Bildung und Wohlstand zu verhelfen. - II. Die Französische Republik ist demokratisch, einheitlich und unteilbar. - III. Sie erkennt bestehende und den festgelegten Gesetzen übergeordnete Rechte und Pflichten an. - IV. Ihre Grundsätze sind Freiheit, Gleichheit und Brüderlichkeit. Ihre Grundlage bilden die Familie, die Arbeit, das Eigentum und die staatliche Ordnung. [...] VII. Die Bürger sollen ihr Vaterland lieben, der Republik dienen, sie um den Preis ihres Lebens verteidigen, an den Lasten des Staates im Verhältnis zu ihrem Vermögen teilnehmen; sie sollen durch Arbeit die Mittel zur Existenz und durch Vorsorge die Mittel für die Zukunft aufbringen; sie sollen zum allgemeinen Wohl dadurch beitragen, daß sie sich brüderlich gegenseitig helfen, und zur staatlichen Ordnung dadurch, daß sie die sittlichen und die geschriebenen Gesetze [...] beachten. - VIII. Die Republik soll den Bürger in seiner Person, seiner Familie, seiner Religion, seinem Eigentum und seiner Arbeit beschützen und jedem den Zugang zu der allen Menschen unentbehrlichen Bildung verschaffen; sie soll durch brüderliche Hilfe die Existenz der notleidenden Bürger sichern, entweder dadurch, daß sie ihnen im Rahmen ihrer Mittel Arbeit verschafft, oder dadurch, daß sie anstelle der Familie Hilfe denen verschafft, die zu arbeiten außerstande sind.

W. Altmann: Ausgewählte Urkunden zur außerdeutschen Verfassungsgeschichte seit 1776. Berlin 1897. S. 234 f.

a) Welche sozialen Klassen lassen sich als die Nutznießer dieser Verfassung ausmachen?
b) Erläutern Sie die liberalen und sozialstaatlichen Vorstellungen dieser Verfassung.

2. Politische Emanzipation und Mobilisierung in Deutschland

Politische Öffentlichkeit

Der schnelle und leichte Sieg der Märzrevolution erzeugte eine allgemeine politische Aufbruchstimmung. Überall trafen sich die Menschen zu Versammlungen und Demonstrationen, schlossen sich in Komitees, politischen und berufsständischen Vereinigungen zusammen, verbreiteten ihre Ansichten in Flugblättern und Zeitungen. Fast über Nacht entstand eine vielgestaltige, engagierte politische Öffentlichkeit, die das politische Geschehen verfolgte und diskutierte und auf die Entscheidungen der Volksvertretungen und Regierungen Einfluß zu nehmen suchte. Es waren jetzt nicht mehr, wie im Vormärz, vornehmlich die adligen und bürgerlichen Honoratioren, die ihre politischen Auffassungen öffentlich vertraten; jetzt meldeten sich auch die bislang abseits stehenden Bevölkerungsschichten zu Wort: die Bauern, Handwerker, kleinen Händler und Gewerbetreibenden, die Arbeiter und Bediensteten, die Volksschullehrer und Subalternbeamten, hier und dort auch die Frauen.

57 Versammlung des ‚Politischen Clubs' in Berlin 1848, veröffentlicht in der „Illustrierten Zeitung", Leipzig 1848.
Vergleichen Sie den hier dargestellten Personenkreis mit den Menschen auf der Bildquelle M 53.

Frühformen der Parteien und Interessenverbände

Das Frühjahr 1848 wurde zur Geburtsstunde politischer und gesellschaftlich-wirtschaftlicher Zusammenschlüsse, die als Frühformen der modernen politischen Parteien und Interessenverbände gelten können. Sie stützten sich auf Grundsatz- und Aktionsprogramme, bauten feste, durch Satzungen geregelte Organisationen auf, wirkten mit Hilfe von Zeitungen, Broschüren, Flugblättern auf die öffentliche Meinung ein, arbeiteten nach Möglichkeit mit den ihnen nahestehenden Parlamentariern zusammen und suchten auf die Entscheidungen der Parlamente, Regierungen und Verwaltungen Einfluß zu nehmen. Weltanschauliche oder religiöse Überzeugungen verbanden sich mit handfesten wirtschaftlichen und sozialen Interessen. Damals bildete sich endgültig jenes Spektrum der politischen Richtungen heraus, das sich schon im Vormärz abgezeichnet hatte und das deutsche Parteiensystem auf lange Zeit prägen sollte: Konservativismus, politischer Katholizismus, Rechtsliberalismus, demokratischer Linksliberalismus, Sozialismus.

Politische Richtungen

Die Konservativen rekrutierten sich aus dem Adel, der hohen Beamten- und Richterschaft, den Offizieren, vielen Bauern und protestantischen Pfarrern. Als Honoratioren und wirtschaftlich Mächtige verfügten sie traditionsgemäß über den größten politischen Einfluß und konnten insoweit auch ohne straffe Organisation auskommen. Unter den veränderten Bedingungen der Revolutionszeit bemühten sie sich jedoch ebenfalls um eine massenwirksame politische Werbung und Selbstdarstellung.
Der politische Katholizismus konnte sich auf die festgefügte Organisation der katholischen Kirche und ihres Klerus stützen. Daneben entstand die Laienorganisation der Pius-Vereine, die einen Großteil der katholischen Bevölkerung zu mobilisieren verstand und mit ihrem dichten Netz örtlicher und regionaler Verbände erhebliche politische Wirksamkeit entfaltete. Charakteristisch für den politischen Katholizismus war, daß er Katholiken aller Sozialschichten zusammenführte und insoweit nach rechts wie links offen war.
Die Rechtsliberalen, die ihren Rückhalt vornehmlich im wohlhabenden Wirtschafts- und einflußreichen Bildungsbürgertum hatten und in den Volksvertretungen der Revolutionszeit zumeist die stärkste Fraktion stellten, verließen sich, ähnlich wie die Konservativen, gern auf ihr persönliches Ansehen und vernachlässigten den organi-

58 Arbeiterabordnung vor dem Magistrat von Remscheid 1848. Zeichnung von Johann Peter Hasenclever zu dem 1849 entstandenen gleichnamigen Gemälde. *Betrachten Sie die Erscheinungsbilder der Delegation und des Magistrats. – Prüfen Sie, ob sich eine Parteinahme des Künstlers ausmachen läßt!*

satorischen Zusammenhalt. Das minderte jedoch nicht ihren starken Einfluß auf die öffentliche Meinung.

Die Linksliberalen, zu denen die Anhänger sowohl der konstitutionellen Monarchie als auch der demokratischen Republik gehörten, zeichneten sich durch besondere politische Aktivitäten aus. Zu ihren Parteigängern zählten vor allem Rechtsanwälte, Journalisten, Lehrer, aber auch untere und mittlere Beamte, Handwerker, kleinere Kaufleute und Gewerbetreibende. Ihre zahlenmäßige Schwäche glichen sie durch eine wirkungsvolle Presse und ein intensives Vereinsleben aus. Den ‚Zentralmärzverein' bauten sie zu einer der größten Massenorganisationen aus.

Der Arbeiterbewegung fehlte es 1848/49 zwar nicht an Zulauf, aber an innerer und äußerer Geschlossenheit. Landarbeiter und Bergleute hielten sich gänzlich abseits. Die das Gros der Anhänger bildenden kleinen Handwerksmeister und -gesellen, gelernten und ungelernten Arbeiter hatten allzu unterschiedliche Bedürfnisse und Interessen. Es gab maschinen- und industriefeindliche Gruppen, die das Heil von einer zunftähnlichen Arbeitsverfassung erwarteten, und solche, die die Industriegesellschaft bejahten und auf den solidarischen Zusammenschluß der Lohnarbeiter in Genossenschaften und Gewerkschaften setzten. Den meisten Zuspruch fand die von Stefan Born (1824–1898) gegründete ‚Arbeiterverbrüderung', sie strebte sowohl die genossenschaftliche Selbsthilfe in Form von ‚Arbeiterassoziationen' als auch das politische Engagement an, war also eine Art Mischform zwischen Gewerkschaft und politischer Partei.

Frauenbewegung

Während der Revolution entstanden die ersten Frauenvereine, die mit Petitionen, Aufrufen und einer eigenen ‚Frauen-Zeitung' mehr bürgerliche Rechte, eine höherwertige Ausbildung und bessere berufliche Chancen für Mädchen und Frauen zu erlangen suchten. Von ‚Emanzipation' im Sinne einer grundlegenden Veränderung geschlechtstypischer Lebensformen und Verhaltensmuster war noch kaum die Rede, wohl aber von der Ermöglichung weiblicher ‚Selbstverwirklichung' in Familie und Gesellschaft. Die Frauenbewegung von 1848/49 nahm sich hauptsächlich sozialer Aufgaben an, dazu gehörten nicht nur die karitative Hilfe für Notleidende, sondern vor allem auch die Beratung und Unterstützung von Hausfrauen und Familienmüttern sowie Maßnahmen zur Verbesserung der Mädchenbildung. Politische Aktivitäten im engeren Sinne entwickelten die Frauenvereine im allgemeinen nicht; das Wahlrecht für Frauen und ihre Mitwirkung in politischen Vereinen lagen für die meisten Frauen noch außerhalb ihres Vorstellungskreises.

59 „Das Recht von oben"

Aus dem Gründungsprogramm der konservativen ‚Kreuzzeitung' (16. Juni 1848):

Die reißende Gewalt, mit welcher sich die Revolution in unsrem Vaterlande Bahn gebrochen, die Veränderungen, welche sie uns gebracht hat und mit welchen sie uns noch bedroht, die Lehren, aus welchen dies alles geboren worden ist, machen es zur unabweislichen Pflicht, den entfesselten Geistern der Empörung mit Kraft und Nachdruck entgegenzutreten. Jedoch hiermit allein, mit dem bloßen Bekämpfen und Bestreiten, ist's nicht getan, vielmehr gilt es, neben dem Kampf gegen die Revolution und ihre verderblichen Grundsätze und Konsequenzen zugleich eine positive Stellung zu der neuen Ordnung der Dinge einzunehmen; denn nur dem gehört die Zukunft, der auf die bewegenden Gedanken der Gegenwart positiv einzugehen vermag. [...] Wir wollen demnach mit diesem Blatte [...] kein bloßes Hemmen und Negieren der neuen Entwicklung. Wir wollen aber auch nicht, daß die Revolution, die als Tatsache nicht ungeschehen zu machen ist, sich als Prinzip unseres öffentlichen Lebens durchsetze, daß dem deutschen Volke im Namen der Freiheit und des Fortschritts fremde und undeutsche Institutionen aufgedrungen werden, die uns mit dem Verluste wie der heiligsten sittlichen Güter, so auch der ganzen Summa an Recht, Gesittung und Bildung bedrohen, die ein kostbares Erbe unserer geschichtlichen Vorzeit, der Schmuck und Ruhm unseres deutschen Vaterlandes sind. Diesen Tendenzen und dem zerstörenden Nivellierungstriebe der Zeit gegenüber werden wir die wahren und geschichtlichen Grundlagen unseres Staats- und Rechtslebens geltend machen. Wir werden das Recht von oben gegen die willkürliche Rechtsbildung von unten nach einem nirgend dargetanen, bloß vorgeschützten Volkswillen, die Obrigkeit von Gottes Gnaden gegen selbstzusetzende und selbstzuentsetzende Machthaber vertreten, die geltende Rechtsordnung und die dadurch geschützten Interessen gegen offene und versteckte Gewalt, gegen das Andrängen eines alle Ungleichheit nicht aufhebenden, sondern umkehrenden Radikalismus verteidigen.

W. Mommsen (Hg): Deutsche Parteiprogramme. München 1960. S. 38

a) Was verwirft das Programm an der Revolution?
b) Erörtern Sie die Berufung auf die Geschichte und auf die deutschen (im Gegensatz zu den undeutschen) Traditionen.

60 „Das will aber das katholische Volk nicht".

Aus einem Aufruf zur Bildung eines katholischen Vereins für das Erzbistum Freiburg (August 1848):

Bekanntlich hat die Regierung allgemeine Religionsfreiheit und die Gleichstellung des Nichtchristen mit den Christen in bürgerlichen und politischen Rechten zugesagt und der Landtag sie beschlossen; darnach darf jeder sich eine Religion machen, welche er will, und bleibt dennoch zur Verwaltung von Staats- und Gemeindeämtern fähig: sonach können Juden und Heiden und völlig Ungläubige die Leitung des katholischen Volkes in ihre Hände bekommen. Das will aber das katholische Volk nicht. [...]

Es ist zu befürchten, daß gemischte Schulen errichtet werden, in welchen die Kinder der Katholiken mit den Kindern Andersgläubiger zugleich unterrichtet werden, wodurch die katholische Erziehung geschädigt wird. Das will aber das katholische Volk nicht. [...]

Was will aber das katholische Volk? Es will seinen katholischen Glauben, seine katholischen Schulen, seine katholischen Stiftungen und seine katholischen Anstalten unvermischt für sich behalten. Das katholische Volk will in dem Glauben seiner Väter leben und sterben und denselben als den kostbarsten Schatz und die alleinige Gewähr der ewigen Seligkeit und der irdischen Wohlfahrt unverkümmert auf seine Kinder vererben; das katholische Volk will, daß die Kirche Gottes von dem Papst und den Bischöfen und von keinem andern regiert werde, daß die Katholiken alles tun dürfen, was ihnen ihr heiliger

Glaube gebietet, und alle Stiftungen und Anstalten gründen dürfen, durch welche die Sendung der Kirche gefördert wird, ohne daß die Rechte anderer verletzt werden. Die Katholiken wollen also Freiheit der Kirche und der Schule, des Glaubens und des Unterrichts.

W. Mommsen (Hg): Deutsche Parteiprogramme. München 1960. S. 205f.

a) Hatten die Katholiken 1848 Grund, um die Freiheit der Kirche und Schule zu fürchten?
b) Wie läßt es sich erklären, daß sich nur die Katholiken, nicht die Protestanten politisch formierten?

61 **Über allen Parteien: Einheit und Freiheit.** Aus dem Gründungsaufruf des rechtsliberalen Nürnberger Volksvereins (Juni 1848):

Der Reichstag soll Einheit und Freiheit schaffen, soll also den Volkswillen über den Willen der Fürsten setzen, so daß das Volk durch seine Reichsversammlungen das Recht zur Gesetzgebung hat, während dem Fürsten das Recht zur vollziehenden Gewalt bleibt. Zwischen beiden soll die Rechtspflege unabhängig das Richteramt üben. Nun bestehen aber Parteien, welche die Entscheidungen des Reichstags erschweren, Parteien, welche die Verwirklichung seiner Beschlüsse völlig vernichten können; denn die eine Partei wird durch einen Teil des Volkswillens geschwächt, die andere durch die Bestrebungen der Regierungen verstärkt. Und so können es die Umstände leicht fügen, daß die Einheit Deutschlands und die Freiheit des deutschen Volkes abermals nicht zustande kommt. Dann aber geht Deutschland einem unabsehbaren Elende entgegen. Diesem vorzubeugen, will sich ein Verein gründen unter dem Namen Volksverein, dessen Grundsatz ist, sich ohne Widerrede den Beschlüssen des Reichstags zu fügen, solange er seine Beschlüsse unabhängig fassen kann. Als Bedingung wird demselben nur gestellt, daß er sich für die Einheit Deutschlands entscheide und für das Recht des Volkswillens als gesetzgebende Gewalt. Dann will der Volksverein sich an den Reichstag anlehnen, mit demselben Hand in Hand gehen und seinen Beschlüssen Schutz und Geltung sichern.

W. Boldt: Die Anfänge des deutschen Parteiwesens. Paderborn 1971. S. 111 f.

a) Welche Einschätzung politischer Parteien begegnet uns in diesem Text?
b) Was für eine Staatsform streben die Rechtsliberalen an?

62 **Volksherrschaft durch Parteiendemokratie.** Aus einer Erklärung der vaterländischen Vereine in Württemberg (Juli 1848):

Wir gehen bei der Lösung unserer Aufgabe, in die Beteiligung des Volkes an den öffentlichen Angelegenheiten einen organischen Zusammenhang zu bringen, von der Überzeugung aus, daß die Scheidung der Bürger in Partheien die notwendige Folge eines frei werdenden Staatswesens ist. In geknechteten Ländern gibt es Verschwörungen, in freien Partheien; jene gehen auf Umsturz und Anarchie aus, diese vermitteln die natürliche Entwicklung des Staatslebens, indem sie einander gegenseitig spornen, zügeln und überwachen. Für unsere Gegner erklären wir die Verteidiger politischer Vorrechte und alle, welche die Berechtigung des souveränen Volkswillens leugnen. Wir stellen uns also entschieden auf den Standpunkt der Parthei, und unsere Losung ist die Demokratie, die Volksherrschaft, wie sie das civilisirte Europa fordert und bedarf. Aber wir wissen, daß unser Volk plötzliche Übergänge nicht verträgt, daß es seinem eigensten Wesen zufolge ein stufenweises Fortschreiten gewaltsamen Sprüngen vorziehen muß; wir wissen, daß friedliche Belehrung nachhaltiger wirkt als kriegerischer Zwang, wir wissen, daß, um dauernd zu bauen, das Gesetz das beste Werkzeug ist. Darum: gesetzmäßiges Handeln und friedliche, jedoch rastlose Heranbildung des Volks, zur Erfassung des Geistes der Demokratie.

W. Boldt: Die Anfänge des deutschen Parteiwesens. Paderborn. 1971. S. 120

a) Was ist den Linksliberalen am Parteiwesen wichtig?
b) Wie stehen sie zur Revolution? Vergleichen Sie diese Erklärung mit dem Antrag Struves an das Vorparlament (▷ M 55).

63 Forderungen der Meister, Gesellen und Arbeiter. Aus dem Programm des Berliner Zentralkomitees für Arbeiter (Juni 1848):

I. Für Fabrikanten oder Meister: 1. Das Staatsministerium mache es zu seiner Aufgabe, die Mittel und Wege zu finden für eine erweiterte Ausfuhr unserer Fabrikate nach den unserem Lande bis jetzt noch verschlossen gewesenen Märkten. 2. Ausfuhrprämien. 3. Freie Einfuhr aller zur Industrie gehörenden Rohprodukte. 4. Keine Beförderung neuer, künstlich einzuführender, dagegen alle Beförderung der schon bestehenden, den Verhältnissen des Landes angemessener Industrie. [...]
II. Für die kleinen Meister oder Handwerker: 1. Bildung von Korporationen, zu denen jeder selbständig Arbeitende Zutritt hat, durch welche alle gemeinschaftlichen Gewerksangelegenheiten geleitet und geordnet werden. 2. Die von den Behörden an dieselben zu erteilenden Arbeiten sollen, wo es nicht unmöglich ist, hauptsächlich nur an die kleineren Meister gegeben werden. Die Zahl der Gesellen kann hier maßgebend sein. [...] 4. Unverzinsliche Darlehen gegen zu leistende oder fertige Arbeit.
III. Für die Arbeiter: 1. Bestimmung des Minimums des Arbeitslohns und der Arbeitszeit durch Kommissionen von Arbeitern und Meistern oder Arbeitgebern. [...] 3. Aufhebung der indirekten Steuern, Einführung progressiver Einkommensteuer mit Steuerfreiheit derjenigen, die nur das Nötigste zum Leben haben. 4. Der Staat übernimmt den unentgeltlichen Unterricht und, wo es nötig ist, die unentgeltliche Erziehung der Jugend mit Berücksichtigung ihrer Fähigkeiten. [...] 9. Beschäftigung der Arbeitslosen in Staatsanstalten, und zwar sorgt der Staat für eine ihren menschlichen Bedürfnissen angemessene Existenz. [...] 11. Der Staat versorgt alle Hilflosen und also auch alle Invaliden der Arbeit. [...]

H. Fenske (Hg): Vormärz und Revolution. Darmstadt 1976. S. 312 f.

a) Welche Art von Wirtschaftssystem streben die selbständigen Meister an?
b) Wie soll das Verhältnis zwischen Arbeitgebern und Arbeitnehmern aussehen?
c) Welche Rolle wird dem Staat zugedacht?

64 Die Interessen der Frauen, Schwestern, Mütter und Töchter. Louise Otto-Peters (1819–1895), Schriftstellerin und Herausgeberin der ‚Frauen-Zeitung', in einem öffentlichen Schreiben an den sächsischen Minister Oberländer und die durch ihn berufene Arbeiterkommission (Mai 1848):

Meine Herren – wenn Sie sich mit der großen Aufgabe unserer Zeit: mit der Organisation der Arbeit beschäftigen, so wollen Sie nicht vergessen, daß es nicht genug ist, wenn Sie die Arbeit für die Männer organisieren, sondern daß Sie dieselbe auch für die Frauen organisieren müssen. Sie wissen es alle, daß unter den vorzugsweise so genannten arbeitenden Klassen die Frauen so gut wie die Männer für das tägliche Brot arbeiten müssen. Ich will mich hier nicht dabei aufhalten, nachzuweisen, wie, weil die Frauen nur zu wenig Arten von Arbeiten zugelassen sind, die Konkurrenz in denselben die Löhne so heruntergedrückt hat, daß, wenn man das Ganze im Auge behält, das Los der Arbeiterinnen noch ein viel elenderes ist als das der Arbeiter. [...] Nun kann man zwar sagen: wenn die Männer künftig besser als jetzt bezahlt werden, so können sie auch besser für ihre Frauen sorgen und diese sich der Pflege ihrer Kinder widmen, statt für andere zu arbeiten. Einmal, so fürchte ich, wird das Los der arbeitenden Klasse nicht gleich in diesem Maße verbessert werden können, und dann bleibt immer noch die große Schar der Witwen und Waisen, auch der erwachsenen Mädchen überhaupt, selbst wenn wir die Gattinnen und Mütter ausnehmen. Ferner heißt dies aber auch, die eine Hälfte der Menschen für Unmündige und Kinder erklären und von den andern ganz und gar abhängig machen. [...] Ein Mädchen, das als Arbeiterin ihr Dasein nur kümmerlich fristen kann, wird ihr ganzes Bestreben darauf richten, einen Mann zu bekommen, durch den sie diesen Sorgen enthoben wird – ist sie schon verderbt, so gibt sie sich aus Berechnung dem ersten besten Manne hin, damit er sie, wenn auch nicht um ihrer selbst, doch um ihres Kindes willen heirate – oder wenn sie auch nicht so tief gesunken, heiratet sie doch den ersten besten, gleichviel ob sie ihn liebt und zu ihm paßt oder nicht. Auf alle Fälle wird die Zahl der unglücklichen, unmoralischen, leichtsinnig geschlossenen Ehen, der unglücklichen Kinder und der unglücklichsten Proletarierfamilien auf eine bedenkliche Weise gerade dadurch vermehrt: daß das Los der alleinstehenden Arbeiterinnen ein so trauriges ist. [...] Sie haben als das stärkere Geschlecht die Pflicht, sich des schwächeren anzunehmen. Sind es nicht Ihre Frauen, Schwestern, Mütter und Töchter, deren Interessen es zu wahren gilt, so gut wie Ihre eigenen? Statt dessen hat es in Berlin geschehen können, daß die Fabrikarbeiter, die eine Verbesserung ihres Loses begehrten, darauf drangen, daß aus den Fabriken alle Frauen entlassen würden! Das ist ein Mißbrauch des Rechts des Stärkern!

H. Lange: Die Anfänge der Frauenbewegung. Berlin o. J. S. 38 f.

a) Wie begründet Louise Otto-Peters ihre Forderung, Arbeiterinnen besser zu bezahlen?
b) Wie sieht die Autorin die Gleichberechtigung der Frau?

65 Louise Otto-Peters (1819–1895) gründete Bildungs- und Arbeiterinnenvereine, brachte 1849 die ‚Deutsche Frauenzeitung' heraus, war viele Jahre Vorsitzende des Allgemeinen Deutschen Frauenvereins.

3. Nationalitäten und Nationalstaaten

Idee und Wirklichkeit

Nationale Selbstbestimmung und Zusammengehörigkeit waren 1848/49 politische Ideen von unwiderstehlicher Überzeugungskraft. Ihre Verwirklichung jedoch erwies sich als unendlich schwierig. Weder waren die großen Völker bereit, die in ihrem Staatsverband lebenden fremdnationalen Minderheiten in die Unabhängigkeit zu entlassen, noch war es in den Gebieten mit gemischtnationaler Bevölkerung möglich, eindeutige und gerechte Trennungslinien zu ziehen, noch waren sich die nationalen Bewegungen selbst über ihre Ziele und die Verteilung der Macht einig.

Italien

Bewaffnete Aufstände in Mailand und Venedig führten schon im März 1848 zum Abzug der österreichischen Truppen und zur Bildung provisorischer Regierungen. Der piemontesische König, darauf bedacht, die Führung der italienischen Nationalbewegung in die Hand zu bekommen, verkündete voreilig die Unabhängigkeit Italiens und den ‚heiligen Krieg' gegen Österreich. Neapel, Toskana, Parma und Modena folgten seinem Aufruf, der Papst, auf den sich viele nationale Hoffnungen gerichtet hatten, erklärte die Neutralität des Kirchenstaates. Die Koalition der italienischen Staaten erwies sich als brüchig. Der Führungsanspruch Piemonts bewog den König von Neapel, seine Truppen zurückzuziehen, und auch die Regierung in Mailand verweigerte ihre Hilfe, weil sie auf einem lockeren Staatenbund beharrte. Bei dieser Uneinigkeit im italienischen Lager war es dem österreichischen Feldmarschall Radetzky möglich, das italienische Heer zu besiegen und Mailand zurückzuerobern; Piemont war außerstande, den Krieg fortzuführen.
Das Versagen der Monarchie brachte den republikanisch-demokratischen Kräften Zulauf. In der Toskana und im Kirchenstaat erhob sich ‚das Volk', in Rom rief im Februar 1849 der Gründer des Bundes ‚Junges Italien' Giuseppe Mazzini (1805–1872) die Republik aus. Ein letzter Versuch des Königs von Piemont-Sardinien, das Blatt zu wenden, scheiterte nach einer neuerlichen militärischen Niederlage gegen die Österreicher. Damit war das Schicksal der italienischen Nationalbewegung besiegelt. Österreichische Truppen besetzten die Toskana und den Norden des Kirchenstaates, französische eroberten nach langer Belagerung Rom (wo sie bis 1870 blieben), zuletzt kapitulierte auch Venedig. Die italienische Befreiungs- und Einigungsbewegung scheiterte nicht nur an der militärischen Überlegenheit der Großmächte, sondern auch an ihrer inneren Uneinigkeit und ihrem mangelnden Rückhalt in der Bevölkerung: die Bauern hielten sich abseits, weil niemand ihnen eine Minderung ihrer Feudallasten in Aussicht stellte.

Ungarn

Die ungarische Nationalbewegung, in der der magyarische Adel im Bunde mit dem Großbürgertum die Führung besaß, verfolgte eine Doppelstrategie: möglichst viel Autonomie gegenüber der Zentralregierung in Wien, aber zugleich eine rücksichtslose Unterdrückung der nicht-magyarischen Nationalitäten – Deutsche, Kroaten, Rumänen, Slowaken – im eigenen Land. Schon im März 1848 gestand der Kaiser ein ‚verantwortliches ungarisches Ministerium' zu, im April eine Verfassung, die ein ungarisches Parlament vorsah und die staatsrechtliche Verbindung mit Österreich auf eine Personalunion beschränkte.

Die magyarische Oberschicht sicherte ihre Macht, indem sie die landlosen und kleinen Bauern sowie das Kleinbürgertum und die städtischen Unterschichten vom Wahlrecht ausschloß und die Wählbarkeit an die Beherrschung der ungarischen Sprache knüpfte. Folglich waren im ungarischen Reichstag 72% der Abgeordneten Adlige, 25% wohlhabende Bürgerliche, 2% Geistliche und nur 1% Bauern. Die Unzufriedenheit der Bevölkerungsmehrheit wuchs, als die längst fällige Agrarreform höchst halbherzig ausfiel und den adligen Grundbesitzern viele Privilegien erhalten blieben. Der Kaiser nutzte die Entzweiung im ungarischen Lager und suchte das Bündnis mit den benachteiligten Nationalitäten, vor allem den Kroaten. Daraufhin proklamierte der Reichstag in Budapest die Unabhängigkeit Ungarns und berief Ludwig Kossuth (1802–1894) zum Diktator. Kossuth, der einen militanten Nationalismus vertrat, organisierte den Krieg mit großer Energie und vermochte große Teile der magyarischen Bevölkerung für die Verteidigung der nationalen Unabhängigkeit zu gewinnen. Dennoch unterlag die ungarische Armee schließlich der vereinigten Übermacht österreichischer, kroatischer und russischer Truppen. Die Ungarn verloren die meisten Autonomierechte.

Böhmen und Mähren

In Böhmen und Mähren, das als altes habsburgisches Kronland zum Deutschen Bund gehörte, hatten Deutsche und Tschechen generationenlang im ganzen friedlich neben- und miteinander gelebt; ihr Zahlenverhältnis betrug 1848 etwa 40 zu 60. Der tschechische Adel sprach überwiegend Deutsch. Da es den Deutschen wirtschaftlich durchweg besser ging als den Tschechen, hatten sich gelegentlich soziale Spannungen ergeben. Dennoch galt Böhmen allen seinen Bewohnern als das gemeinsame Vaterland.

Das änderte sich im ‚Völkerfrühling' 1848. Der hochangesehene tschechische Historiker Franz Palacky (1798–1876) gab dem neuen Empfinden Ausdruck, als er die im April 1848 an ihn ergangene Einladung zur Mitwirkung im 50er-Ausschuß des Frankfurter Vorparlaments unter Berufung auf seine tschechische Volkszugehörigkeit ablehnte. Auch die Wahlen zur Frankfurter Nationalversammlung wurden von den meisten tschechischen Wahlberechtigten boykottiert. Palacky, jetzt der unbestrittene nationalpolitische Sprecher, forderte die Autonomie seines Volkes innerhalb des österreichischen Gesamtstaates; die volle staatliche Unabhängigkeit verwarf er ausdrücklich. Die Spannungen zwischen Deutschen und Tschechen entluden sich im Juni in einem Aufstand tschechischer Radikaler in Prag, den die kaiserliche Armee jedoch schnell niederschlug.

Das österreichische Nationalitätenproblem

Dem verfassunggebenden österreichischen Reichstag oblag es, eine Verfassung zu entwickeln, die die Rechte und Ansprüche der Nationalitäten mit der Einheit und Lebensfähigkeit des Gesamtstaates in Einklang brachte. Drei Wege standen zur Diskussion: die Beibehaltung der historischen Länder und Provinzen, unter Gewährleistung bestimmter nationaler Rechte für die unterschiedlichen ethnischen Gruppen; die Schaffung neuer Reichsländer gemäß historischen wie nationalen Verhältnissen und die Zusammenfassung der Bevölkerung in nationalen Gruppierungen; die Aufteilung des Staates in nationale Kreise mit je eigener Volksvertretung und Gesetzgebung. Der schließlich angenommene Verfassungsentwurf stellte einen Kompromiß zwischen dem ersten und zweiten Weg dar. Die historischen Länder blieben bestehen, waren aber gehalten, bei politischen Wahlen und in ihren politischen Einrichtungen die nationale Zusammensetzung der Bevölkerung zu berücksichtigen und alle im Land

66 Sitzung der Deutschen Nationalversammlung in der Frankfurter Paulskirche: stehend Heinrich von Gagern, am Rednerpult Robert Blum. Zeitgenössischer Holzstich.

gesprochenen Sprachen als gleichberechtigt anzuerkennen. Nach dem Sieg der Gegenrevolution wurde jedoch der vorrevolutionäre Zustand wiederhergestellt, in dem für eine politische Anerkennung der Nationalitäten kein Platz war.

Die nationale Frage in der Deutschen Nationalversammlung

Die Frankfurter Nationalversammlung wollte einen deutschen Nationalstaat schaffen, der alle Deutschen vereinte. Dabei mußte sie drei Probleme lösen: Was sollte mit den Deutschen geschehen, die außerhalb des bisherigen Bundesgebietes lebten? Wie sah die Zukunft der nicht-deutschen Bevölkerung aus, die bislang zum Deutschen Bund gehört hatte? Was sollte aus Österreich werden, in dem die Deutschen zwar traditionell eine Führungsrolle innehatten, zahlenmäßig aber nicht die Mehrheit bildeten? Vorparlament, Bundestag und Nationalversammlung hatten vollendete Tatsachen zu schaffen versucht, indem sie die Einverleibung der bislang nicht zum Deutschen Bund gehörenden Provinzen Ostpreußen, Westpreußen, Posen und Schleswig beschlossen, aber gleichzeitig alle Bestrebungen mehrheitlich nicht-deutscher Gebiete, vor allem Böhmens, abgeblockt hatten, aus dem deutschen Staatsverband auszuscheiden.

Schleswig

Schleswig, aufgrund eines alten Vertrages mit Holstein ‚up ewig ungedeelt', war, im Unterschied zu Holstein, Bestandteil der dänischen Monarchie. Es war in seinem (kleineren) nördlichen Teil mehrheitlich von Dänen, im südlichen Teil fast ausschließlich von Deutschen bewohnt. Nach dem Thronwechsel im Januar 1846 kündigte der neue dänische König eine Gesamtstaatsverfassung an, die Schleswig, aber nicht Holstein einschließen sollte. Unter Berufung auf ihr Widerstandsrecht bildeten die schleswigschen Stände eine provisorische Landesregierung. Zu ihrem Schutz rückten preußische Truppen in das Land ein.

Am 9. Juni erklärte das Frankfurter Parlament den Konflikt der Schleswig-Holsteiner mit Dänemark zur Sache der deutschen Nation. Einen britischen Vermittlungsvorschlag, der auf eine Teilung Schleswigs abzielte, lehnten beide Seiten ab. Keine der Konfliktparteien wollte die alte historische Einheit aufgelöst sehen, jede strebte den alleinigen Besitz des Herzogtums an. Unter dem Druck Englands und Rußlands, die eine Schwächung der dänischen Krone verhindern wollten, mußte Preußen jedoch am Ende, ohne sich zuvor mit der Frankfurter Zentralgewalt zu verständigen, seine Truppen zurückziehen und der Einsetzung einer deutsch-dänischen Regentschaft über Schleswig zustimmen. In nationaler Entrüstung, die in weiten Kreisen der deutschen Öffentlichkeit geteilt wurde, verwarf die Nationalversammlung zunächst diesen in Malmö ausgehandelten Waffenstillstand und beharrte auf der Zugehörigkeit ganz Schleswigs zum künftigen Deutschen Reich. Da sie aber über keinerlei militärische und sonstige Machtmittel verfügte – außer den USA hatte kein ausländischer Staat diplomatische Beziehungen zur provisorischen Reichsgewalt aufgenommen –, blieb ihr schließlich nichts anderes übrig, als sich mit der nationalen Niederlage im Norden abzufinden. Dieser Rückzieher löste eine schwere Vertrauenskrise in Frankfurt und Unruhen aus, die nur durch den Einsatz von Militär beigelegt werden konnten.

Posen

In der Hochstimmung des ‚Völkerfrühlings' hatte das Frankfurter Vorparlament eine „heilige Pflicht des deutschen Volkes" anerkannt, „zur Wiederherstellung Polens mitzuwirken". Auch die preußische Regierung stellte eine „nationale Reorganisation" des Großherzogtums Posen in Aussicht. Ein Aufstand polnischer Nationalisten, der vollendete Tatsachen schaffen sollte und sich gegen die deutschen, aber auch die jüdischen Mitbürger richtete, veränderte die Stimmung. Die preußische Regierung legte nacheinander unterschiedliche Pläne zur Teilung der Provinz nach ethnischen Gesichtspunkten vor. Dabei verschob sie von Mal zu Mal, gegen den polnischen Protest, die Demarkationslinie nach Osten, so daß schließlich fast zwei Drittel des Territoriums dem deutschen Staatsgebiet zugeschlagen waren. In einer mehrtägigen leidenschaftlichen Debatte nahm die Frankfurter Nationalversammlung dazu Stellung. Zwei Auffassungen prallten dabei aufeinander: die Bereitschaft, den Polen Gerechtigkeit widerfahren zu lassen und sich ehrlich an das Nationalitätsprinzip zu halten; und die Entschlossenheit, die deutschen Machtinteressen um jeden Preis zu wahren, das Prinzip des nationalen Egoismus, ohne Rücksicht auf die anderen Völker, durchzusetzen. Am Ende siegten die Befürworter des nationalen Machtstaates mit der erdrückenden Mehrheit von 342 zu 31 Stimmen.

Großdeutsche und Kleindeutsche

Für die Mehrheit der Frankfurter Nationalversammlung stand von Anfang an fest, daß das Kaisertum Österreich nicht mit der Gesamtheit seiner nicht-deutschen Länder Bestandteil des Deutschen Reiches werden könne und solle. Den meisten Abgeordneten schwebte die ‚großdeutsche' Lösung vor: die Zugehörigkeit der deutschsprachigen Länder Österreichs einschließlich Böhmens und Mährens sowie Südtirols zum zukünftigen deutschen Nationalstaat. Daraus ergab sich als zwingende Konsequenz eine Lockerung der staatlichen Einheit des Habsburgerreiches. So sah es auch der erste Verfassungsentwurf vom 27. Oktober 1848 in seinem § 3 vor: „Hat ein deutsches Land mit einem nichtdeutschen Land dasselbe Staatsoberhaupt, so ist das Verhältnis zwischen beiden Ländern nach den Grundsätzen der reinen Personalunion zu ordnen." Alle Hoffnungen auf eine solche Lösung zerstoben, als der neue österreichische Ministerpräsident Felix Fürst zu Schwarzenberg (1800–1852) am 27. November erklärte, Österreich werde seine staatliche Einheit unter keinen Umständen einschränken lassen. Heinrich von Gagern (1799–1880), seit Mitte Dezember 1848 Reichsministerpräsident, suchte mit seinem Kompromißvorschlag eines engeren und

Nationalitätsprinzip. Dieses erstmals 1848 geforderte, in den Friedensverträgen von 1919/20 völkerrechtlich anerkannte Prinzip besagt, daß bei der territorialen, politischen, verfassungsrechtlichen, kulturellen Festlegung einer staatlichen Ordnung die nationale Eigenart und Zugehörigkeit zu beachten ist. In letzter Konsequenz läuft die strikte Anwendung des Nationalitätsprinzips auf eine Staatenwelt hinaus, in der jede Nation ihren eigenen Staat besitzt und alle Nationsangehörigen in diesem ihrem (National-)Staat vereint sind. In der Geschichte erwies sich die Anwendung des Nationalitätsprinzips häufig als problematisch, und zwar vornehmlich aus zwei Gründen: Zum einen war strittig, wann ein Volksteil als eigenständige Nationalität gelten kann; die Unterschiede zwischen einer Nation und einem Volksstamm waren und sind fließend und lassen sich nicht zwingend definieren. Zum andern erwies sich die Anwendung des Nationalitätsprinzips überall da als äußerst problematisch, wo verschiedene Nationalitäten seit altersher in Gemengelage innerhalb eines gemeinsamen Territoriums lebten, das ihnen allen Heimat und Vaterland war, so daß bei konsequenter Verwirklichung des Prinzips fast nur die Teilung des Landes oder die Aussiedlung einer oder mehrerer nationaler Minderheiten übrigblieb.

eines weiteren Bundes zu retten, was kaum noch zu retten war: danach sollte das Deutsche Reich ohne Österreich gegründet werden (engerer Bund), mit dem fortbestehenden österreichischen Vielvölkerstaat aber eine staatenbündische Verbindung eingehen (weiterer Bund). Als Schwarzenberg auch diesen Plan verwarf und am 9. März 1849 ultimativ die Aufnahme Gesamtösterreichs in das Deutsche Reich verlangte, blieb nur noch die ‚kleindeutsche' Lösung: die Beschränkung auf die deutschen Länder außer Österreich und damit die Erhebung Preußens zur Führungsmacht. Diese Lösung stand und fiel mit der Bereitschaft des preußischen Königs, die Kaiserkrone aus der Hand der Volksvertretung anzunehmen und den Konflikt mit Österreich zu wagen. Als Friedrich Wilhelm IV., wie kaum anders zu erwarten, vor beidem zurückschreckte, war das Scheitern der deutschen Nationalstaatsgründung vorerst besiegelt.

67 Böhmen und Mähren – tschechisch oder deutsch?

a) Aus dem Absagebrief des tschechischen Historikers Franz Palacky an den Präsidenten des Fünfzigerausschusses vom 11. April 1848:

Der ausgesprochene Zweck Ihrer Versammlung ist, einen deutschen Volksbund an die Stelle des bisherigen Fürstenbundes zu setzen, die deutsche Nation zu wirklicher Einheit zu bringen, das deutsche Nationalgefühl zu kräftigen und Deutschlands Macht dadurch nach innen und außen zu erhöhen. So sehr ich auch dieses Bestreben und das ihm zugrunde liegende Gefühl achte, und eben weil ich es achte, darf ich mich daran nicht beteiligen. Ich bin kein Deutscher – fühle mich wenigstens nicht als solcher, – und als bloßen meinungs- und willenlosen Ja-Herren haben Sie mich doch gewiß nicht zu sich berufen wollen. [...] Ich bin ein Böhme slawischen Stammes und habe mit all dem Wenigen, was ich besitze und was ich kann, mich dem Dienste meines Volkes ganz und für immer gewidmet. Dieses Volk ist nun zwar ein kleines, aber von jeher ein eigentümliches und für sich bestehendes; seine Herrscher haben seit Jahrhunderten am deutschen Fürstenbunde teilgenommen, es selbst aber hat sich niemals zu diesem Volke gezählt und ist auch von andern im Ablauf aller Jahrhunderte niemals dazu gezählt worden. Die ganze Verbindung Böhmens, zuerst mit dem Heiligen Römischen Reiche, dann mit dem Deutschen Bunde, war von jeher ein reines Regale [königliches Hoheitsrecht], von welchem das böhmische Volk, die böhmischen Stände kaum jemals Kenntnis zu nehmen pflegten.

Diese Tatsache ist allen deutschen Geschichtsforschern wohl ebenso gut wie mir selbst bekannt. Alle Welt weiß, daß [...] die ganze bisherige Verbindung Böhmens mit Deutschland als ein Verhältnis, nicht von Volk zu Volk, sondern nur von Herrscher zu Herrscher aufgefaßt und angesehen werden muß. Fordert man aber, daß über den bisherigen Fürstenbund hinaus nunmehr das Volk von Böhmen selbst mit dem deutschen Volke sich verbinde, so ist das eine wenigstens neue und jeder historischen Rechtsbasis ermangelnde Zumutung, der ich für meine Person mich nicht berechtigt fühle, Folge zu leisten, solange ich dazu kein ausdrückliches und vollgültiges Mandat erhalte.

F. Palacky: Gedenkblätter. Prag 1874. S. 149f.

b) Aus einer Rede des Abg. Ernst Moritz Arndt in der Frankfurter Nationalversammlung am 5. Juni 1848:

Wo wollen wir hin mit unseren Individualitäten, wo wollen wir hin, wenn wir jeder kleinen Individualität ein eigenes Leben geben, ihr ein eigenes Leben verkündigen? Das hieße den Aufruhr gleichsam gegen unsere Macht und Ehre ermuntern; da können noch fünf und zehn Teile von Deutschland sich melden und sagen: Wir haben diese und jene Keime in uns, wir wollen ein eigenes Leben bilden. [...]

Was würden die Franzosen sagen, wenn die bretagnischen, baskischen, die altligurischen Volksteile, die an der Außenseite, am Meer liegen, also leichter gesondert werden könnten als Böhmen, das in unserm Herzen liegt, was würden die Franzosen sagen, wenn diese Landesteile erklären würden, wir wollen wieder Bretagner, Provenzalen und keine Franzosen sein? Und Böhmen war jahrhundertelang ein Teil des Deutschen Reichs, ein großes Kurfürstentum, rings umgeben von deutschen Völkern! [...] Indem ich anerkenne, was jene würdigen Stämme, die in diesem Lande und um dasselbe herum wohnen, getan haben, kann ich doch nicht vergessen, daß wir den Grundsatz in Deutschland festhalten müssen, daß, was ein Jahrtausend zu uns gehört hat und ein

Teil von uns gewesen ist, ferner zu uns gehören muß, wenn wir nicht zusammenfallen wollen, daß wir auch die Deutschen, die dort wohnen, wenngleich die Czechen um viele Procente stärker sind, schützen müssen.

F. Wigard (Hg): Stenographischer Bericht über die Verhandlungen der deutschen constituirenden Nationalversammlung zu Frankfurt a. M. Band I. Frankfurt 1848. S. 214 f.

c) Der deutsch-böhmische Abg. Kuranda (Prag) in der Frankfurter Nationalversammlung am 1. Juli 1848:

Diese Minorität, die wir Deutschen in Böhmen bilden, wird aber bei weitem durch die Kraft aufgewogen, welche sie in die Schale legen. In dem halbmondförmigen Kreise, welchen die reindeutsche Bevölkerung (von der gemischten nicht zu sprechen) um den czechischen Mittelpunkt bildet: der Ackerbau, wo ist er am besten gepflegt? Die Industrie, wo sind ihre Hauptsitze? Fragen Sie nach, was der Saazer Kreis für Böhmen ist, was die Städte Reichenberg, Rumburg bedeuten. Der Lebensstrom des Landes, der es mit dem Meere verbindet, die Elbe, wird deutsch in dem Momente, wo er für größere Fahrzeuge schiffbar wird. Die Brunnen- und Badeorte Teplitz, Karlsbad, Marienbad, die ein Brunnen unversiegbaren Einkommens für das Land sind, wo liegen sie? In den deutschen Kreisen. Die Bergwerke, welche seit Jahrhunderten den Reichtum des Landes begründeten - wer hat sie bebaut? Deutsche Hände, deutscher Fleiß. Wer hat das Städtewesen, den Bürgerstand in Böhmen begründet, den fleißigen behäbigen Mittelstand, durch den sich Böhmen vor Polen, Croatien und andern halben oder ganzen Slavenländern auszeichnet? [...] Jetzt handelt es sich nicht mehr darum, daß die Czechen gleiche Rechte besitzen sollen mit den Deutschen! Es handelt sich um ihre Oberherrschaft! Unsere Wahlen wurden als nicht berechtigt ausgeschrien, unsere Farben wurden insultiert, unsere Vereine wurden gesprengt, unsere Presse eingeschüchtert und terrorisiert. Es handelt sich darum, daß wir Deutsche fortan bloß als Eingewanderte, als geduldete Fremdlinge betrachtet werden sollen; es handelt sich hier nicht mehr etwa darum, dem deutschen Element zum Sieg über das czechische zu verhelfen, es handelt sich nur um Verteidigung desselben gegen slavische Tyranneigelüste.

F. Wigard (Hg): Stenographischer Bericht. Bd. I. S. 664 f.

a) Was versteht Palacky unter dem „böhmischen Volk"? Wie begründet er dessen Eigenständigkeit gegenüber dem deutschen Volk?
b) Wie stichhaltig finden Sie Arndts Vergleich zwischen den Tschechen und den Bretonen bzw. Provençalen?
c) Wägen Sie die Gründe ab, die Kuranda zugunsten einer Gleichberechtigung der deutschen Minderheit mit der tschechischen Mehrheit anführt!

68 Schutz der nationalen Minderheiten

Erklärung der Frankfurter Nationalversammlung vom 31. Mai 1848:

Die Verfassunggebende deutsche Nationalversammlung erklärt feierlich: daß sie in vollem Maße das Recht anerkenne, welches die nichtdeutschen Volksstämme auf bundesdeutschem Boden haben, den Weg ihrer volkstümlichen Entwicklung ungehindert zu gehen, und in Hinsicht auf das Kirchenwesen, den Unterricht, die Literatur und die innere Verwaltung und Rechtspflege sich der Gleichberechtigung ihrer Sprache, so weit deren Gebiete reichen, zu erfreuen, wie es sich denn auch von selbst verstehe, daß jedes der Rechte, welche die im Bau begriffene Gesamtverfassung dem deutschen Volk gewährleisten wird, ihnen gleichmäßig zusteht. Das fortan einige und freie Deutschland ist groß und mächtig genug, um den in seinem Schoße erwachsenen andersredenden Stämmen eifersuchtslos in vollem Maße gewähren zu können, was Natur und Geschichte ihnen zuspricht; und niemals soll auf seinem Boden weder der Slawe, noch der dänisch redende Nordschleswiger, noch der italienisch redende Bewohner Süddeutschlands, noch wer sonst, uns angehörig, in fremder Zunge spricht, zu klagen haben, daß ihm seine Stammesart verkümmert werde, oder die deutsche Bruderhand sich ihm entziehe, wo es gilt.

F. Wigard (Hg): Stenographischer Bericht. Bd. I. S. 183

a) Worauf erstreckte sich die Garantie der „volkstümlichen Entwicklung", wo lagen ihre Grenzen?
b) Erläutern Sie die Begriffe, die die Erklärung für die fremdnationalen Minderheiten verwendet.

69 Gesunder deutscher Volksegoismus oder Gerechtigkeit für Polen?

a) Der linksliberale Abgeordnete Wilhelm Jordan über die Zukunft der Provinz Posen (24. Juli 1848):

Soll eine halbe Million Deutscher unter deutscher Regierung, unter deutschen Beamten leben und zum großen deutschen Vaterlande gehören, oder sollen sie in der sekundären Rolle nationalisierter Ausländer in die Untertänigkeit einer anderen Nationalität, die nicht so viel humanen Inhalt hat als das Deutschtum, gegeben und hinausgestoßen werden in die Fremde? – Wer die letztere Frage mit ja beantwortet; wer da sagt, wir sollten diese deutschen Bewohner von Posen den Polen hingeben und unter polnische Regierung stellen, den halte ich mindestens für einen unbewußten Volksverräter. [...] Polen bloß deswegen herstellen zu wollen, weil sein Untergang uns mit gerechter Trauer erfüllt, das nenne ich eine schwachsinnige Sentimentalität. (Bravo von der Rechten, Zischen von der Linken) [...]

Ich sage, die Politik, die uns zuruft: gebt Polen frei, es koste, was es wolle, ist eine kurzsichtige, eine selbstvergessene Politik, eine Politik der Schwäche, eine Politik der Furcht, eine Politik der Feigheit. Es ist hohe Zeit für uns, endlich einmal zu erwachen aus jener träumerischen Selbstvergessenheit, in der wir schwärmten für alle möglichen Nationalitäten, während wir selbst in schmachvoller Unfreiheit darniederlagen und vor aller Welt mit Füßen getreten wurden, zu erwachen zu einem gesunden Volksegoismus, um das Wort einmal gerade heraus zu sagen, welcher die Wohlfahrt und Ehre des Vaterlandes in allen Fragen oben anstellt. [...] Ich gebe es ohne Winkelzüge zu: Unser Recht ist kein anderes als das Recht des Stärkeren, das Recht der Eroberung. Ja, wir haben erobert, aber diese Eroberungen sind auf einem Wege, auf eine Weise geschehen, daß sie nicht mehr zurückgegeben werden können. Es sind, wie man es schon so oft gesagt hat, nicht sowohl Eroberungen des Schwertes als Eroberungen der Pflugschar. [...] Wenn wir rücksichtslos gerecht sein wollten, dann müßten wir nicht bloß Polen herausgeben, sondern halb Deutschland. Denn bis an die Saale und darüber hinaus erstreckte sich vormals die Slawenwelt.

F. Wigard (Hg): Stenographischer Bericht. Bd. II. S. 1143 ff.

b) Der Abgeordnete der äußersten Linken, Arnold Ruge (24. Juli 1848):

Die Intervention der Gewalt und Tyrannei ist überall das schmachvolle Unrecht, die Propaganda der Freiheit und des Humanismus dagegen ist das welthistorische Recht der Völker und ihres Geistes. [...] Darum ist es ein richtiges Gefühl, und das Gefühl der Völker irrt sich nicht, daß die Teilung Polens ein schmachvolles Unrecht war. [...] Die Polen sind das Element der Freiheit, das in das Slawentum geworfen wurde. [...] Die Polen sind also ein wirkendes Element auch noch in der jetzigen Bildung. Sie wirken, füge ich hinzu, gut, und weil sie gut wirken, weil sie notwendig sind, so sind die Polen keineswegs tot. So wie die Juden nicht tot sind, die nicht aufhörten, in der Weltgeschichte zu wirken, wie Sie von Spinoza, Heine und Börne erfahren können, so haben die Polen nicht aufgehört zu wirken. Die Polen sind deshalb, ich wiederhole es, nicht aus der Geschichte zu streichen. Im Gegenteil, im Namen der Humanität und Gerechtigkeit verlange ich, daß Polen wiederhergestellt werde, und daß wir das Vorparlament nicht Lügen strafen, welches erklärt hat, die Teilung Polens sei ein schmachvolles Unrecht. [...] An der Ehre Deutschlands ist es, daß es die lang fortgesetzte Unterdrückung der slawischen Völker aufhebe; an der Ehre Deutschlands ist es, daß Deutschland die Freiheit nach Osten propagiere und nicht an der Grenze von Rußland und Polen damit stehen bleibe. An unserer Ehre ist es, daß wir aufhören, Unterdrücker zu sein, daß wir Freunde aller befreiten Völker werden, daß wir die Italiener befreien und ihre Freunde werden und daß wir die Polen befreien und ihre Freunde werden. [...] Die Frage, die uns hier beschäftigt, ist die Rekonstruierung eines neuen Völkerrechts, die Rekonstruierung der europäischen zivilisierten Nationen.

F. Wigard (Hg): Stenographischer Bericht. Bd. II. S. 1184

a) Diskutieren Sie Jordans und Ruges Auffassung vom Verhältnis zwischen nationalen Interessen und Völkerrecht.
b) Worin liegt der grundsätzliche Unterschied zwischen den beiden Standpunkten?

70 Das Problem Österreich

a) Aus dem Entwurf der Reichsverfassung vom 19. Oktober 1848:

§ 1. Das deutsche Reich besteht aus dem Gebiete des bisherigen deutschen Bundes. [...] § 2. Kein Teil des deutschen Reiches darf mit nichtdeutschen Ländern zu einem Staate vereinigt sein. (Minoritätserachten. Zusatz: Insofern die eigentümlichen Verhältnisse Österreichs die Ausführung dieses § 2 und der daraus abgeleiteten Paragraphen hinsichtlich desselben nicht zulassen, soll die angestrebte Einheit und Macht Deutschlands im größtmöglichen Maße durch den innigsten Anschluß Österreichs an Deutschland im Wege des völkerrechtlichen Bündnisses zwischen der Reichsgewalt und der österreichischen Regierung erzielt werden.) § 3 Hat ein deutsches Land mit einem nichtdeutschen Lande dasselbe Staatsoberhaupt, so ist das Verhältnis zwischen beiden Ländern nach den Grundsätzen der reinen Personalunion zu ordnen. § 4. Das Staatsoberhaupt eines deutschen Landes, welches mit einem nichtdeutschen Lande in dem Verhältnis der Personalunion steht, muß entweder in seinem deutschen Lande residieren oder in demselben eine Regentschaft niedersetzen zu welcher nur Deutsche berufen werden dürfen.

F. Wigard (Hg): Stenographischer Bericht. Bd. 4. S. 2717 f.

b) Der rechtsliberale Abgeordnete Alfred von Arneth, (Wien, Oktober 1848):

Der Österreicher, meine Herren, ist deutsch, er will es bleiben; [...] er will aber auch Österreich nicht zerrissen, er will Österreich nicht vernichtet sehen; er will das Fortbestehen Österreichs in und mit Deutschland. Dies, meine Herren, ist nicht Partikularismus, wie man etwa von dem Partikularismus irgendeines anderen deutschen Landes zu sprechen sich manchmal für berechtigt hielt. Nein, meine Herren, wenn es sich darum handeln wird, ganz Österreich samt seinen nichtdeutschen Provinzen Deutschland förmlich zu inkorporieren, dann würde es, ich glaube fest, nur wenige Deutsch-Österreicher geben, welche einem solchen Aufgehen ihres Vaterlandes in Deutschland Widerspruch entgegensetzen würden. Wir glauben aber, daß mit einer Zerreißung Österreichs Deutschland nur ein schlechter Dienst geschähe; wir glauben, daß es in Deutschlands Interesse liege, die aus einer Losreißung der nichtdeutschen Provinzen in Österreich unzweifelhaft hervorgehende Entstehung neuer selbständiger, sei es Slawen-, sei es Magyarenreiche an der Ostgrenze Deutschlands zu hindern. [...] Die Erhaltung Österreichs ist keineswegs, wie man sagt, vorzugsweise durch dynastische Interessen, nein, sie ist durch jene Politik geboten, welche die Macht und Größe Deutschlands, welche das Wohl des Volkes als den Endpunkt ihrer Bestrebungen anerkennt.

F. Wigard (Hg): Stenographischer Bericht. Bd. 4. S. 2779 f.

c) Der rechtsliberale Abgeordnete Georg Waitz (Göttingen) (Oktober 1848):

Mir steht die Alternative allein so: Die deutschen Österreicher ganz mit und bei Deutschland, oder die deutschen Österreicher ganz mit und in der österreichischen Monarchie. [...] Es ist in mehreren Anträgen versucht, ein Mittleres zu finden. [...] Diese Alternative, meine Herren, sage ich, ist nicht vorhanden, denn Deutschland muß wissen, was es will, wohin es will, und es muß gleichartige Verhältnisse in allen seinen Teilen begründen. Für Österreich mag eine solche Wendung vorteilhaft sein; für Deutschland ist sie es nimmermehr. Es wäre dies ein Zustand ähnlich dem, den wir in den letzten dreißig Jahren gehabt haben, wo Österreich Einfluß auf Deutschland übte, aber Deutschland niemals Einfluß auf Österreich. [...] Meine Herren! Deutschlands Bau würde leichter sein ohne Österreich; aber ich glaube, es ist niemand, niemand sage ich, in der Versammlung, der nicht den schwierigsten und mühseligsten Bau lieber will als den leichteren ohne Österreich. Aber einen einigen und festgeschlossenen Bau wollen wir und müssen wir wollen. Und auch Österreich muß ihn mit uns wollen; denn auch Österreich ist Deutschland und soll Deutschlands Interesse teilen. Darum, meine Herren, keine Alternative. Nur das eine Wort, nur die eine Voraussetzung: Das deutsche Österreich bleibt bei uns! Mögen wir die andere Alternative tief im Herzen tragen, mögen wir sie als eine traurige Aussicht still erwägen, aber mögen wir sie nicht in unsere Verfassungsurkunde niederschreiben!

F. Wigard (Hg): Stenographischer Bericht. Bd. 4. S. 2789 f.

d) Der rechtsliberale Präsident der Nationalversammlung, Heinrich von Gagern (Darmstadt) (Oktober 1848):

Nehmen wir aber die §§ 2 und 3 ohne Vorbehalt so an, wie sie geboten sind, und könnten wir Österreich hineinzwingen, so würden wir ein großes Reich zerreißen, seine nichtdeutschen Teile ohne Verbindung hinstellen, ungewiß, welche Einflüsse sich ihrer bemächtigen werden. Andere Nationen würden für ihre erste Pflicht halten, durch das Verfassungswerk den Besitz nicht eines Dorfes in Frage zu stellen, und wir sollten leichtsinnig eine ganze Saat der Zukunft, eine reiche Anwartschaft künftiger nationaler Entwicklung dem bisherigen Zusammenhange entfremden, dem Zufall preisgeben wollen? [...] Das enthält nicht den Umfang unserer Aufgabe, daß wir eine Verfassung schaffen, die nur auf die engen Schranken unserer jetzigen Staatsverhältnisse berechnet ist; ein Einheitsprinzip in die Verfassung aufnehmen, das uns von demjenigen, was die einheitliche Macht bedingt, losscheidet; das, während andere Nationen an Macht und Einfluß sich ausdehnen, uns verurteilt, so lange unsere Nachbarn uns dazu Ruhe und Freiheit lassen, in stiller Zurückgezogenheit uns am Ofen zu wärmen. Welche Einheit haben wir zu erstreben? Daß wir der Bestimmung nachleben können, die uns nach dem Orient zu gesteckt ist; daß wir diejenigen Völker, die längs der Donau zur Selbständigkeit weder Beruf noch Anspruch haben, wie Trabanten in unser Planetensystem einfassen. [...] Ich glaube, daß wir die Frage sofort zur Entscheidung bringen und anerkennen müssen, daß Österreich in den engeren Bundesstaat, den das übrige Deutschland will, vorerst nicht eintreten könnte, einesteils, weil die Mehrheit der Österreicher die Bedingung dieses Eintritts in den engeren Bundesstaat, die staatliche Trennung der deutschen Provinzen von den nichtdeutschen nicht will; andernteils, weil diese Trennung und die Auflösung der österreichischen Monarchie und das Aufgeben ihres weltgeschichtlichen, nun im engsten Bunde mit Deutschland zu erfüllenden Berufes ebensowenig im deutschen Nationalinteresse liegt.

F. Wigard (Hg): Stenographischer Bericht. Bd. 4. S. 2898 f.

a) Wo liegen die Gemeinsamkeiten der drei Redner, wo ihre Unterschiede?
b) Was sprach für die großdeutsche, was für die kleindeutsche Lösung?
c) Erörtern Sie die Beweggründe für Gagerns Vorschlag.

4. Das Wiedererstarken der alten Kräfte

Verschenkter Sieg

Der schnelle und leichte Erfolg der Februar- und Märzrevolution hatte die Sieger dazu verleitet, die eigene Stärke zu überschätzen und zu wenig zu tun, um die ihnen zugefallene Macht auf Dauer zu sichern. Die gemäßigt-liberalen Gruppierungen, die fast überall die Mehrheit bildeten, waren nur allzu bereit, sich mit den Mächten der alten Ordnung auf halbem Wege zu treffen, die Revolution für beendet zu halten und sich fortan mit friedlich-einvernehmlichen Reformen zu begnügen. Sie widersetzten sich den Forderungen der Linken – der Radikalen, Demokraten, Republikaner, Sozialisten –, die Macht der Fürsten und der ihnen verbundenen alten Machteliten energisch zu beschneiden und die Souveränität des Volkes zu verwirklichen. Dabei spielte die Sorge vor einer Gefährdung des Eigentums und einer Herrschaft des ‚Pöbels' eine wichtige Rolle.

Frankreich

Wieder ging Frankreich in dieser Entwicklung voran. Nach den Parlamentswahlen im Mai 1848, die eine klare Mehrheit für die Konservativen und die bürgerlichen Liberalen erbracht hatten, war die aus der gemeinsamen Gegnerschaft gegen das Julikönigtum entstandene Koalition zwischen dem Besitzbürgertum und dem ‚vierten Stand' ständig schwächer geworden. Der vollständige Bruch trat ein, als die Regierung die Entlassung aller unverheirateten Beschäftigten der Nationalwerkstätten verfügte. Über Nacht erhoben sich 40–50 000 Pariser Arbeiter, Handwerker, kleine Händler und Gewerbetreibende – keineswegs nur Beschäftigte der Nationalwerkstätten, die für ihren Arbeitsplatz kämpften. Ihnen traten, unter Führung des Kriegsministers Cavaignac, reguläre Truppen, aber auch die Nationalgarde entgegen, der vornehmlich Klein- und Mittelbürger angehörten; gerade sie kämpften mit besonderer Erbitterung gegen die ‚rote Gefahr'. Der Massenaufstand der Armen erstickte in einem Blutbad. Die Aufständischen verloren mehr als 3000 Tote im Kampf; von den Überlebenden wurden Tausende ermordet oder zum Tode verurteilt, 15 000 in die Verbannung geschickt. Mit der ‚Junischlacht' war der Sieg der Reaktion besiegelt; binnen kurzem entwickelte sich die französische Republik zu einem autoritären Regime.

Septemberunruhen in Frankfurt

Als die Frankfurter Nationalversammlung im September 1848 vor den machtpolitischen Gegebenheiten kapitulierte und durch ihre mit knapper Mehrheit beschlossene Zustimmung zum Waffenstillstand von Malmö die deutschen Schleswiger ihrem Schicksal überließ, entlud sich die Enttäuschung, vor allem der demokratisch-republikanischen Linken, in einem Aufstand, der 80 Tote kostete; darunter waren zwei konservative Abgeordnete der Nationalversammlung, die der Lynchjustiz der Straße zum Opfer fielen. Preußische und österreichische Truppen kamen der ohnmächtigen Frankfurter Zentralgewalt zu Hilfe und stellten die Ordnung wieder her.

Zweiter badischer Aufstand

In dieser Verwirrung versuchte der badische Radikale Gustav Struve in einem zweiten Anlauf zu erreichen, was seinem Freund Friedrich Hecker fünf Monate zuvor mißlungen war: die Errichtung einer republikanischen Staatsgewalt, zunächst im Südwesten, dann in ganz Deutschland. Aber auch dieser zweite badische Aufstand scheiterte sang- und klanglos, weil die Aufständischen dilettantisch zu Werke gingen und die Bevölkerung nicht auf ihre Seite zu bringen vermochten.

Reaktion in Österreich

Seit dem Märzaufstand war die Hauptstadt Wien nie wieder ganz zur Ruhe gekommen. Als Anfang Oktober in Wien stationierte Truppen auf den ungarischen Kriegsschauplatz verlegt werden sollten, meuterte ein Bataillon: es erstürmte das Kriegsministerium und ermordete den Kriegsminister. Das war das Signal zu einem allgemeinen Volksaufstand. Dieser Wiener Oktoberaufstand übertraf an Radikalität und Grausamkeit alle bisherigen Auseinandersetzungen: die radikal-demokratischen Aufständischen, in der Hauptsache Arbeiter, Kleinbürger, Intellektuelle, kämpften mit dem Mute der Verzweiflung für die Selbstbehauptung der Revolution; die kaiserliche Regierung und die Armeeführung waren entschlossen, die Revolution, deren Kopf und Herz das aufständische Wien war, den Todesstoß zu versetzen. Linke Abgeordnete der Frankfurter Nationalversammlung, unter ihnen Robert Blum (1807–1848), eilten nach Wien, um der revolutionären Sache beizustehen. Ihr Einsatz war vergeblich. In blutigen Straßenkämpfen eroberten die kaiserlichen Truppen die Stadt: 2000 Aufständische fielen auf den Barrikaden; 25 wurden als Rädelsführer standrechtlich erschossen, darunter Robert Blum, der vergeblich auf seine Immunität als Abgeordneter pochte. Die siegreiche Reaktion, deren führender Kopf Ministerpräsident Fürst

71 Militär dringt in die Sitzung der Preußischen Nationalversammlung am 15. November 1848 ein. Zeitgenössischer Holzstich.
Ordnen Sie diese Szene in die Geschehnisse des Herbstes 1848 ein.

72 Vor der Erschießung Robert Blums am 9. November 1848. *Erläutern Sie Hintergrund und Bedeutung der Exekution.*

Schwarzenberg war, verlegte zunächst den österreichischen Reichstag in das mährische Städtchen Kremsier, löste ihn am 4. März 1849 auf und gab dem Lande eine Verfassung nach ihrem Geschmack, die sie aber bereits 1851 wieder aufhob.

Gegenrevolution in Preußen

Die preußische Nationalversammlung, in der die liberale Linke die stärkste Fraktion stellte, hatte einen entschiedenen Kurs politischer und sozialer Veränderungen eingeschlagen: sie wollte den Adel politisch entmachten und das Militär parlamentarischer Kontrolle unterwerfen, dem König das Attribut ‚von Gottes Gnaden' nehmen und die gutsherrlichen Rechte entschädigungslos aufheben. Im November 1848 holten die alten Mächte zum Gegenschlag aus: am 8. November vertagte die Regierung die Nationalversammlung und verlegte sie in die Provinz; zwei Tage später rückten 80000 Soldaten in die seit den Märztagen vom Militär geräumte Hauptstadt ein. Aufrufe von Abgeordneten zum passiven Widerstand und Steuerstreik blieben ohne Wirkung. Am 5. Dezember 1848 löste die Regierung die Nationalversammlung auf; zugleich erließ sie eine (oktroyierte) Verfassung, die erstaunlicherweise wesentliche Elemente des liberalen Verfassungsentwurfes des aufgelösten Parlamentes enthielt: bürgerliche Grundrechte, das allgemeine Männerwahlrecht, das Gesetzgebungsrecht der Volksvertretung, die Ministerverantwortlichkeit, die Vereidigung der Armee auf die Verfassung; allerdings behielt sich die Krone erhebliche Ausnahmebefugnisse vor.

Die Frankfurter Zentralgewalt

Die Frankfurter Nationalversammlung sah sich durch den politischen Umschwung in Wien und Berlin in ihrem Handlungsspielraum erheblich eingeengt. Sie hatte zwar in einem „kühnen Griff" (von Gagern) am 28. Juni 1848 eine Provisorische Zentralgewalt mit einem ‚Reichsverweser' als Oberhaupt und einem dem Parlament verantwortlichen Reichsministerium ins Leben gerufen, es aber nicht vermocht, dieser Exekutive ausreichende Machtmittel in die Hand zu geben. Die Frankfurter Reichsregierung besaß keinen nennenswerten Verwaltungsunterbau; ihren Finanzbedarf bestritt sie aus Beiträgen der Einzelstaaten, die aber schleppend und unvollständig eingingen. Die provisorische Reichsgewalt war in fast allen Dingen auf den guten Willen der Einzelstaaten angewiesen und besaß keine Handhabe, diese zum Gehorsam anzuhalten.

Die Frankfurter Nationalversammlung

Die Arbeit des Frankfurter Parlaments begann fast am Nullpunkt. Um so mehr Anerkennung verdient es, wie schnell und wirksam sich diese Versammlung ihrer vielfältigen Aufgaben annahm. Sie hatte, stets unter Zeitdruck stehend, mindestens drei große Problembereiche zu bewältigen: die Umwandlung eines gemischt-nationalen Staatenbundes in einen geschlossenen deutschen Nationalstaat; die Beratung, Verabschiedung und Durchsetzung einer liberal-rechtsstaatlichen Reichsverfassung; die Meisterung der von Tag zu Tag anstehenden politischen Herausforderungen und Krisen.

Das politische Profil der Paulskirche

Obwohl es zum Zeitpunkt der Wahlen keinerlei feste politische Organisationen gab, fanden sich die Abgeordneten in Frankfurt schnell zu fraktionsähnlichen Verbindungen politisch Gleichgesinnter zusammen. Dabei bildeten sich sechs politische Grundrichtungen heraus: die konservative Rechte (etwa 12% der ‚organisierten' Abgeordneten); die Rechtsliberalen (40%); die liberale Mitte (11%); die Linksliberalen (19%); die gemäßigte Linke (12%); die äußerste Linke (6%). Daneben gab es rund 150 Abgeordnete, die keine festen Bindungen eingingen und von Fall zu Fall abstimmten.

Grundrechte

In 99 Sitzungen bis zum 19. Oktober 1848 beriet die Paulskirche die Grundrechte. Dies geschah in einer Zeit, während der die konservativen Gegengewalten zwar an Stärke gewannen, aber noch nicht zum großen Gegenschlag ausgeholt hatten. Als dann die Fragen der Staats- und Regierungsform auf der Tagesordnung standen, war der Sieg der Gegenrevolution in den beiden deutschen Großstaaten im wesentlichen entschieden. War es also ein Fehler – wie viele Kritiker später gemeint haben –, so viel Zeit auf die Erörterung der Grundrechte zu verwenden und die Entscheidung über die politischen Strukturfragen auf die lange Bank zu schieben? Nach dem Verständnis der Versammlungsmehrheit waren die Grundrechte das Fundament und der Rahmen der zukünftigen Staats- und Gesellschaftsordnung; ohne sie hingen die meisten verfassungspolitischen Entscheidungen in der Luft. Sie sollten den Rechtsstaat sichern, auf den es den Liberalen so entscheidend ankam, und die Freiheits- und Eigentumsrechte gewährleisten, mit denen die bürgerliche Gesellschaft stand und fiel. Insofern war dem Vorrang der Grundrechtsberatungen die politische Logik nicht abzusprechen.

Staats- und Regierungsform

In den Beratungen zur Staats- und Regierungsform des künftigen Deutschen Reiches war vieles mehrheitlich unstrittig: die parlamentarische Monarchie; die ausgewogene Verbindung zentral-und bundesstaatlicher Elemente; das Zwei-Kammer-System; die Unabhängigkeit der Reichsgerichtsbarkeit; die kommunale Selbstverwaltung. Heiß umkämpft wurden vor allem zwei Dinge: das Wahlrecht und die Alternative Wahl- oder Erbkaisertum. Für ein nach Besitz und möglichst auch Bildung gestuftes (Zensus–)Wahlrecht machten sich die Liberalen stark, für das allgemeine Männerwahlrecht die Linken. Das Erbkaisertum war die Forderung der Rechten und der Mitte, das Wahlkaisertum das äußerste, wozu sich die Linke, die an sich der Republik den

Wahlrecht. Die wesentlichen Bestimmungsmerkmale des Wahlrechts lassen sich am besten in vier Begriffspaaren erfassen: allgemein – begrenzt; gleich – ungleich; direkt – indirekt; geheim – öffentlich. Allgemein heißt ein Wahlrecht, das allen Bürgern von einem bestimmten Alter ab die Teilnahme an politischen Wahlen gewährt; im 19. Jahrhundert sprach man auch dann von ‚allgemeinem' Wahlrecht, wenn es sich, wie bis 1918 allgemein üblich, lediglich auf Männer bezog. Begrenzt ist ein Wahlrecht, das an bestimmte Qualifikationen, zumeist Besitz (gelegentlich auch Sozialstatus oder Bildung), geknüpft ist; der klassische Fall ist das Zensuswahlrecht, das die Berechtigung zum Wählen vom Steueraufkommen abhängig macht oder das Gewicht der Stimme nach der Steuerleistung bemißt (Beispiel: das preußische Dreiklassenwahlrecht, das von 1850 bis 1918 galt). Gleich ist ein Wahlrecht, das jeder Stimme das gleiche Gewicht zuerkennt; für ungleiches Wahlrecht ist wiederum das preußische Dreiklassenwahlrecht das bekannteste Beispiel: es teilte die gesamte Wählerschaft in drei Klassen auf, deren jede ein Drittel der Steuern aufbrachte, aber höchst unterschiedliche Kopfzahlen aufwies.
Direkte Wahl findet statt, wo die Wähler ihre Repräsentanten selber bestimmen, indirekte, wo zunächst ‚Wahlmänner' nominiert werden, die dann ihrerseits unter den Kandidaten auswählen. Geheime Wahl bedeutet, daß die Wähler ihre Stimme unbeobachtet und insoweit unbeeinflußt abgeben können; die öffentliche Wahl eröffnet Möglichkeiten der Einschüchterung, Bestechung, Manipulation.

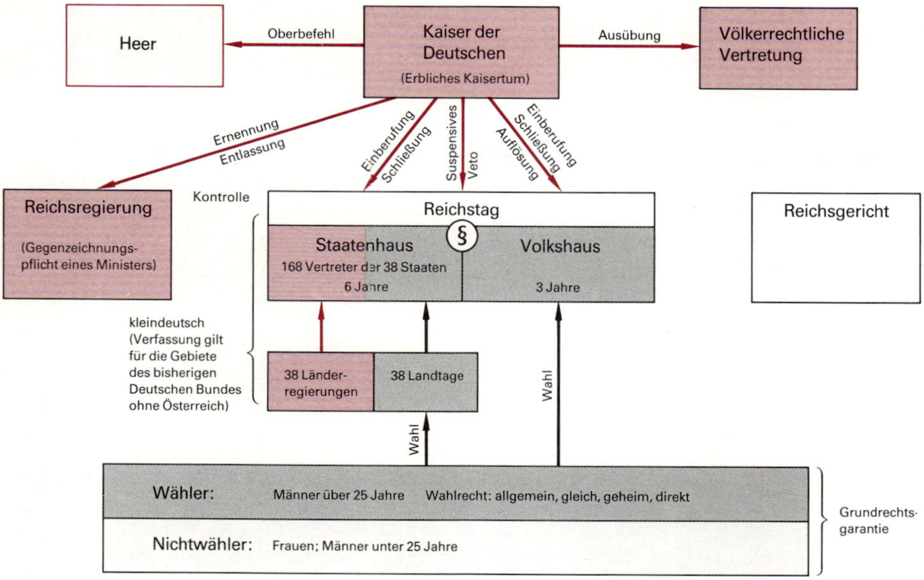

73 Schaubild der Reichsverfassung von 1849. *Äußern Sie sich zur Machtverteilung zwischen Kaiser und Volksvertretung. – Um welchen Verfassungstyp handelt es sich hier?*

Vorzug gab, bereitfinden mochte. Unter dem Druck der österreichischen Obstruktionspolitik seit dem November 1848 einigten sich im März 1849 Liberale und gemäßigte Linke auf einen Kompromiß: die Liberalen fanden sich mit dem allgemeinen (Männer-)Wahlrecht ab, die gemäßigten Linken mit dem (preußischen) Erbkaisertum. Mit der hauchdünnen Mehrheit von 267 zu 263 Stimmen wurde die Reichsverfassung am 27. März 1849 angenommen. Sie trat jedoch niemals in Kraft, weil Friedrich Wilhelm IV. von Preußen die Kaiserkrone ablehnte und die sechs bedeutendsten deutschen Staaten – Österreich, Preußen, Sachsen, Hannover, Bayern, Württemberg – die Anerkennung verweigerten.

74 **Die Pariser Junischlacht – „die Erhebung eines ganzen Volksteiles".** Aus den Erinnerungen des französischen Sozialwissenschaftlers Alexis de Tocqueville (Juni–Oktober 1849 Außenminister):

So komme ich endlich zum Juniaufstand, dem größten und seltsamsten unserer und vielleicht auch der Weltgeschichte: der größte, weil während vier Tagen mehr als hunderttausend Mann daran beteiligt waren, und der seltsamste, weil die Aufständischen ohne Kriegsparole, ohne Führer, ohne Fahne und dennoch in bewundernswerter Einheit und mit einer die ältesten Offiziere in Erstaunen setzenden militärischen Sachkenntnis kämpften. Es gibt noch einen Punkt, der diesen Aufstand von allen gleicher Art, die bei uns seit sechzig Jahren aufeinander gefolgt waren, unterscheidet: sein Ziel war die Änderung nicht der Regierungsform, sondern der Gesellschaftsordnung. Es war nicht im eigentlichen Sinne […] ein politischer, sondern ein Klassenkampf, eine Art von Sklavenaufstand. Er führte die Februar-Revolution, die von den sozialistischen Theorien geprägt war, zu ihrem äußeren Höhepunkt, oder vielmehr, er ging aus ihr hervor wie das Kind aus der Mutter. Er war ein brutaler und blinder, aber machtvoller Versuch der Arbeiter, sich aus ihrer Notlage, die man ihnen als eine rechtswidrige Bedrückung geschildert hatte, zu befreien und sich mit Gewalt einen Weg zu dem imaginären Wohlergehen zu bahnen, das man ihnen vorgespiegelt hatte. Diese Mischung von heftigen Begierden und falschen Theorien hatte diesen Aufstand hervorgerufen und machte ihn so schrecklich. Man hatte die Unglücklichen zu dem Glauben verleitet, daß das Gut der Reichen gewissermaßen das Produkt eines Diebstahls an den Armen sei. Man hatte ihnen versichert, daß die Ungleichheit des Eigentums der Moral und der Gesellschaftsordnung ebenso widerspreche wie der Natur. Unter dem Einfluß ihrer Not und ihrer Leidenschaften hatten viele es geglaubt. Diese finstere und falsche Auffassung des Rechtes gab der

brutalen Kraft, hinter der sie stand, eine Energie, Zähigkeit und Macht, welche diese allein niemals besessen hätte.
Man muß noch berücksichtigen, daß dieser furchtbare Aufstand nicht das Unternehmen eines begrenzten Kreises von Verschwörern war, sondern die Erhebung eines ganzen Volksteiles gegen einen anderen. Die Frauen nahmen ebenso teil wie die Männer. Während die letzteren kämpften, schleppten die ersten Munition herbei; als der Augenblick der Übergabe kam, waren die Frauen die letzten, die sich dazu bereit fanden. [...] Ich sah den Juni-Kampf von Anfang an als eine notwendige Krise an, aber ich erkannte auch, daß sich die Stimmung der Nation durch sie gewandelt hatte. Es schien mir, daß an die Stelle der Liebe zur Unabhängigkeit die Furcht vor freiheitlichen Institutionen, vielleicht auch die Abneigung gegen sie treten werde; nach einem solchen Mißbrauch der Freiheit war eine Abkehr von ihr unvermeidlich.

A. de Tocqueville: Erinnerungen (posthume französische Erstveröffentlichung 1893) Stuttgart 1962. S. 203 f., 241

a) Mit welchem Recht spricht Tocqueville von einer sozialistischen Prägung der Februarrevolution?
b) Worin sieht der Verfasser die Gründe für den Arbeiteraufstand? Wie bewertet er sie?

75 „In Wien entscheidet sich das Schicksal Deutschlands". Robert Blum in einem Brief an seine Frau vom 20. Oktober 1848:

Wiens Begeisterung und Kampfesmut ist unermeßlich, und man lebt jede Stunde ein ansehnliches Stück Menschenalter, wenn man diese Züge geistiger Größe sieht. Man achtet das Leben nicht im geringsten, geht auf Vorposten hin und her und wechselt Kugeln, wie man sich mit Brotkügelchen wirft nach heiterem Mahle. Einen Feind treffen, macht gerade so viel Vergnügen und so wenig Gewissensbisse, als einen Kegel treffen im Spiel. Wir haben hier jetzt etwa 100000 Bewaffnete, gegen uns stehen etwa 72000, aber freilich dort geübte Soldaten, hier Bürger. Nun, dafür aber auch dort nur Sold, hier Begeisterung und Bewußtsein des Kampfes. Besonders die Arbeiter sind bewundernswert; für die Bourgeoisie, die ihnen nie etwas gab oder gönnte, stehen sie bereit, in den Tod zu gehen. Nein, es ist doch für etwas Höheres, denn in Wien entscheidet sich das Schicksal Deutschlands, vielleicht Europas. Siegt die Revolution hier, dann beginnt sie von neuem ihren Kreislauf; erliegt sie, dann ist wenigstens für eine Zeitlang Kirchhofsruhe in Deutschland, wenn auch die Tyrannei keineswegs damit gesichert ist, denn ihre Soldateska selbst revolutioniert, ehe 6 Monate vergehen.

R. Bergsträßer (Hg): Das Frankfurter Parlament in Briefen und Tagebuchblättern. Frankfurt 1929. S. 407 f.

a) Inwiefern kämpfen die Arbeiter, wie Blum meint, auch für die Bourgeoisie?
b) Äußern Sie sich zu Blums Prognosen über die Folgen des Wiener Oktoberaufstandes.

76 Verteidigung der Märzerrungenschaften. Aus einem Aufruf des Zentralmärzvereins, in dem sich Demokraten und Republikaner zusammengeschlossen hatten, (November 1848):

Das Bedürfnis nach Einigung tut sich überall in dem Volke kund. Durch die erschütternden Ereignisse der jüngsten Zeit, durch die Vorgänge in Wien und Berlin sehen wir die Errungenschaften der deutschen Revolution in Frage gestellt. Der Feind, den man besiegt glaubte, wagt es, aufs neue sein Haupt zu erheben. Die Freiheit und das Recht des Volkes sind in Gefahr, verkümmert, vernichtet zu werden. Arbeit und Handel, öffentlicher und Privatkredit trachten vergebens nach Gedeihen, so lange sie von den Wühlereien einer freiheitsfeindlichen und gewalttätigen Partei bedroht werden. [...] Wir haben zu gemeinsamem Handeln nach den beigefügten Grundsätzen einen Verein gebildet. Wir verhehlen nicht, daß wir in einzelnen Punkten verschiedener Ansicht sind; die einen sind Anhänger der konstitutionellen Monarchie, die andern der Republik. Wir alle aber vereinigen uns zu dem gemeinsamen Zwecke, die demokratischen Grundlagen aller Verfassungen, die Freiheit und die unveräußerlichen Rechte des Volkes in gesetzlicher Weise zu erzielen und sicherzustellen. Wir fordern alle, welche gleichen Zweck mit uns haben, auf, sich uns anzuschließen und über dem gemeinsamen näherliegenden Ziele die entfernteren Punkte ihres Strebens hintanzusetzen. Unsere Zersplitterung hat

unseren Feinden die Waffe wieder in die Hand gegeben, welche ihnen entrungen war – vereinigt werden wir auf's neue siegreich sein!
Wir wollen die Einheit Deutschlands;
Wir wollen, daß die Freiheit als das natürliche Eigentum der Nation anerkannt werde, nicht als ein Geschenk oder eine Gabe, die ihm nach Belieben von irgendeiner Seite zugemessen wird;
Wir wollen, daß die Nation die Einschränkungen dieser Freiheit selbst bestimmt und sich nicht aufdrängen läßt, daß aber ein jeder sich diesen Einschränkungen zu unterwerfen hat;
Wir wollen die Berechtigung für das Gesamtvolk wie für das Volk eines jeden einzelnen Landes, sich seine Regierungsform selbst festzusetzen und einzurichten, zu verbessern und umzugestalten, wie es ihm zweckdienlich erscheint, weil jede Regierung nur um des Volkes willen und durch seinen Willen da ist;
[...]
Wir wollen, daß die auf solcher Grundlage errichteten Verfassungen von dem Gesamtstaate garantiert werden;
damit auf diese Art die Revolution zu Ende gebracht und ein dauernder Zustand der Gesetzlichkeit, des Friedens und der Wohlfahrt der deutschen Nation und der einzelnen deutschen Volksstämme gesichert werde.

K. Obermann (Hg): Flugblätter der Revolution 1848/49. München 1972. S. 227 f.

a) Wie erklärt der Aufruf die Erfolge der Gegenrevolution? Nehmen Sie zu dieser Erklärung Stellung.
b) Inwieweit sucht der Zentralmärzverein der neuen politischen Lage Rechnung zu tragen? Welche seiner Forderungen gehen über die Märzerrungenschaften hinaus?

77 Für und wider das allgemeine (Männer-)Wahlrecht

a) Aus dem Entwurf des Reichswahlgesetzes vom 15. Februar 1849:

Art. I. § 1. Wähler ist jeder selbständige, unbescholtene Deutsche, welcher das 25. Lebensjahr zurückgelegt hat. § 2. Als nicht selbständig, also von der Berechtigung zum Wählen ausgeschlossen, sollen angesehen werden: 1) Personen, welche unter Vormundschaft oder Kuratel stehen oder über deren Vermögen Konkurs- oder Fallitzustand (Bankrott) gerichtlich eröffnet worden ist [...]; 2) Personen, welche eine Armenunterstützung aus öffentlichen Mitteln beziehen oder im letzten der Wahl vorhergegangenen Jahre bezogen haben; 3) Dienstboten; 4) Handwerksgehilfen und Fabrikarbeiter; 5) Tagelöhner.

F. Wigard (Hg): Stenographischer Bericht über die Verhandlungen der deutschen constituirenden Nationalversammlung zu Frankfurt a. M. Bd. 8 S. 5218 f.

b) Aus einer Rede des linksliberalen Abg. Ziegert (Minden):

Aber, wendet man ferner ein, die politische Unreife des Volkes, die Bestechlichkeit! Meine Herren, kommen Sie uns nicht mit der Behauptung der politischen Unreife, welche auf den früheren Satz des alten Polizeistaates vom beschränkten Untertanenverstande hinausläuft. Ich meine, die sogenannten unteren Klassen, welche die Bewegung des vorigen Jahres mit durchgemacht haben, die zur Verbesserung der jetzigen Zustände mit Hand angelegt und auch in dieser Zeit ebenso den Lockungen der Demagogen als den Verführungen der Reaktion Widerstand geleistet haben, welche in dem Versammlungsrecht, in der freien Presse, im freien Gemeinwesen und in der Öffentlichkeit des Staatslebens die Mittel zur weiteren Ausbildung besitzen, sind nicht mehr politisch unreif zu nennen. Ich bin auch der Meinung, daß der Ausfall der Wahlen in den einzelnen Ländern und selbst hierher zur Nationalversammlung kein Zeugnis von der politischen Unreife dieser Klassen abgelegt hat. Ich glaube endlich auch, daß die einzelnen Staaten kein Anerkenntnis dieser politischen Unreife abgeben, wenn sie Fabrikarbeiter und Handwerksgehilfen zu Konferenzen und Beratungen über neue Gewerbegesetze herbeiziehen und den unteren Volksklassen sonst die wichtigsten Rechte und Pflichten, ja sogar die Verteidigung des Vaterlandes anvertrauen. [...] Sie können nicht leugnen, daß die Bewegung unserer Zeit nicht bloß eine politische, sondern auch eine soziale ist, und zwar in doppelter Richtung, einmal, indem die Besitzlosen und Minderbegüterten mehr oder weniger gegen die Herrschaft des Besitzes und des Kapitals im Kampfe stehen, und sodann dadurch, daß die arbeitenden Klassen an der Verbesserung ihrer Lage sich organisch beteiligen wollen. Statten Sie jetzt, wo von uns zur Verbesserung der Lage der arbeitenden Klassen noch nichts geschehen ist, den Besitz und das Kapital mit einer bevorzugten politischen Berechtigung aus und schließen Sie auf der anderen Seite die arbeitende Klasse von der Möglichkeit aus, Männer ihres Vertrauens in die Reichsversammlung zu wählen, so wird der ohnehin gestörte Friede in der Gesellschaft dadurch nicht wiederhergestellt, es wird der Kampf dadurch nur noch vermehrt.

M. Freund (Hg): Der Liberalismus. Stuttgart 1965. S. 146f.

c) Aus einer Rede des liberalen Abg. Wernher (Nierstein):

Es existiert eine tiefe Begriffsverwirrung über den Begriff von Volk, es gibt ein physisches Volk, unter das gehören alle, Mann und Weib, Säuglinge und Greise, die Menschen im Zuchthaus, wie derjenige, der die Zierde seines Volkes ist; aber das politische Volk ist zu allen Zeiten, wird zu allen Zeiten und muß zu allen Zeiten von dem physischen Volke unterschieden werden. Unsere Vorfahren und die Staaten des Altertums, in denen die Gefahr war, von einem Nachbar besiegt und infolge der Besiegung zu Sklaven gemacht zu werden, bei denen war das Zeichen des politischen Volks die Waffenfähigkeit. [...] Der moderne Staat ist nicht mehr in diesen Formen, er bedarf zu seiner Erhaltung, um die hohen Zwecke der Kultur zu erfüllen, moderner Mittel, Geld, Geld, und darum sind im modernen Staate alle diejenigen, die zum Bedürfnis des Staates etwas und ein Wesentliches beitragen, das eigentliche, das politische Volk; ich halte es für eine große Verkennung der Dinge, wenn man darin eine Anmaßung der Bezahlenden findet. [...] Ich ehre das Volk, ich liebe alle Klassen desselben, [...] ich habe in dem Volke eine Masse häuslicher Tugenden kennengelernt, ich schlage hoch an die Sorge, die der arme Mann für seine Kinder zeigt, und die Pflege, die er seinem Vater gibt [...]; aber, meine Herren, zwischen der häuslichen Tugend und der politischen Einsicht, da ist doch ein großer Unterschied, und wer das verwechseln will, der verwechselt den engen Kreis des Hauses und den weiten des Staates; ich behaupte nach meiner getreuen Erfahrung, daß zur Beurteilung der Bedürfnisse eines großen Staates die untersten Klassen nicht geeignet sind. [...] Geben Sie diesen Klassen den innigsten Anteil an den Wahlen zur Besetzung der Gemeindeämter, das können sie erkennen und übersehen, und hier liegt die Basis ihrer unmittelbaren Beteiligung am Staate. Wenn Sie aber diesen unmittelbaren Anteil auf die Wahlen zur Vertretung eines so großen Staates wie Deutschland, welcher vom Belt bis zum Adriatischen Meer sich erstrecken soll, ausdehnen, dann laden Sie jenen eine Bürde auf, welche sie nicht zu tragen vermögen.

M. Freund (Hg): Der Liberalismus. S. 148 f.

a) Woran mißt der erste Redner die politische Reife der einfachen Leute?
b) Warum möchte der zweite Redner die unteren Bevölkerungsklassen vom Reichswahlrecht ausschließen?
c) Welche Argumente finden Sie einleuchtend, welche fragwürdig?

78 Karikatur des preußischen Königs Friedrich Wilhelm IV. Aus der „Deutschen Reichsbremse", 1849, einem satirischen Blatt der Revolutionszeit. *Auf welche Phasen und Ereignisse der Revolution spielt der Zeichner an? – Vergleichen Sie die Repräsentanten des Volkes auf den beiden Bildern.*

79 Ludergeruch der Revolution und Legitimität. Friedrich Wilhelm IV. in einem Brief an seinen Freund Freiherr von Bunsen (Dezember 1848):

Ich will weder der Fürsten Zustimmung zu der Wahl noch die Krone. Verstehen Sie die markierten Worte? [...] Die Krone ist erstlich keine Krone. Die Krone, die ein Hohenzoller nehmen dürfte, wenn die Umstände es möglich machen könnten, ist keine die eine, wenn auch mit fürstlicher Zustimmung eingesetzte, aber in die revolutionäre Saat geschossene Versammlung macht, [...] sondern eine, die den Stempel Gottes trägt, die den, dem sie aufgesetzt wird, nach der heiligen Ölung von Gottes Gnaden macht, weil und wie sie mehr denn 34 Fürsten zu Königen der Deutschen von Gottes Gnaden gemacht und den letzten immer der alten Reihe gesellt. Die Krone, die die Ottonen, die Hohenstaufen, die Habsburger getragen, kann natürlich ein Hohenzoller tragen; sie ehrt ihn überschwenglich und mit tausendjährigem Glanze. Die aber, die Sie – leider meinen, verunehrt überschwenglich mit ihrem Ludergeruch der Revolution von 1848, der albernsten, dümmsten, schlechtesten, wenn auch gottlob nicht der bösesten dieses Jahrhunderts. Einen solchen imaginären Reif, aus Dreck und Lettern gebacken, soll ein legitimer König von Gottes Gnaden, und nun gar der König von Preußen sich geben lassen, der den Segen hat, wenn auch nicht die älteste, doch die edelste Krone, die niemandem gestohlen ist, zu tragen. [...] Ich sage es Ihnen rund heraus: soll die tausendjährige Krone deutscher Nation, die 42 Jahre geruht hat, wieder einmal vergeben werden, so bin ich es und meinesgleichen, die sie vergeben werden; und wehe dem, der sich anmaßt, was ihm nicht zukommt.

L. von Ranke: Aus dem Briefwechsel Friedrich Wilhelms mit von Bunsen. Leipzig 1847. S. 147

a) Wie unterscheidet der König die Prinzipien der Legitimität und der Volkssouveränität?
b) Welches Licht wirft dieser Brief auf die Hoffnung der Liberalen, das Deutsche Reich als eine parlamentarische Monarchie schaffen zu können?

5. Das Ende der Revolution

Die Auflösung der Nationalversammlung

Das Scheitern der Kaiserwahl und die Ablehnung der Reichsverfassung durch die größeren deutschen Staaten bedeuteten das politische Ende der Frankfurter Nationalversammlung. Nacheinander riefen Österreich, Preußen, Hannover, Sachsen, Baden ihre Abgeordneten aus Frankfurt zurück. Am 10. Mai 1849 erklärte von Gagern seinen Rücktritt als Reichsministerpräsident, am 30. Mai wich das übriggebliebene ‚Rumpfparlament' nach Stuttgart aus; württembergische Soldaten trieben es drei Wochen später auseinander.

Die Reichsverfassungskampagne

Noch zuletzt hatte die Deutsche Nationalversammlung alle Deutschen aufgefordert, für die Inkraftsetzung der Reichsverfassung einzutreten. Dieser Aufruf fand nur noch in Sachsen, Westfalen und dem preußischen Rheinland, vor allem aber in der Pfalz und in Baden Gehör. Zum organisatorischen Rückhalt dieser dritten und letzten revolutionären Welle von 1848/49 wurde der ‚Zentralmärzverein', ein Zusammenschluß von Demokraten und Republikanern von der gemäßigten bis zur äußersten Linken, der unter dem Eindruck der gegenrevolutionären Erfolge im November 1848 gegründet worden war und im Frühjahr 1849 nicht weniger als eine halbe Million Mitglieder zählte. Wie schon auf den Barrikaden des März, kämpften auch jetzt vorwiegend Handwerker und Arbeiter, Studenten und Intellektuelle, Hausbedienstete und kleine Händler für die Sache der Revolution, während sich das Besitzbürgertum und die Bauern abseits hielten. Neuartig war, daß erstmals Soldaten in größeren Gruppen zu den Aufständischen übergingen, in Baden fast die ganze Armee. Neu war auch das Vorherrschen republikanischer Parolen. Trotz aller Tapferkeit unterlagen die Aufständischen, weil die eigenen Kräfte zu schwach waren, weil keine Unterstützung aus der Bevölkerung kam und weil die wiedererstarkten monarischen Regime, allen voran Preußen, ihre militärische Macht rücksichtslos einsetzten. Am 23. Juli 1849 kapitulierten die letzten 6000 Revolutionskämpfer in der Festung Rastatt. Mehr als tausend von ihnen wurden vor Gericht gestellt, viele davon zum Tode verurteilt.

Der Sieg der Reaktion

Überall in Deutschland und Europa endete die Revolution mit einer Niederlage. Überall übernahmen die alten Staatsgewalten und Machteliten erneut die Herrschaft: sie bestraften die Revolutionäre, soweit sie ihrer habhaft wurden, und stellten die alte Ordnung wieder her, sofern sie sich nicht gänzlich überlebt hatte. Zwischen 1850 und 1855 wanderten mehr als 700000 Menschen aus Deutschland aus, wo ihnen das Leben verleidet wurde. Der Deutsche Bund entstand neu und machte so gut wie alle Neuerungen der Frankfurter Nationalversammlung wieder rückgängig. Ein ‚Polizeiüberwachungsverein' nahm sich der Kontrolle und Bespitzelung der vielen Verdächtigen an. Alle deutschen Mittel- und Kleinstaaten außer Bayern kehrten zu den vormärzlichen Verfassungszuständen zurück. Preußen ersetzte die vergleichsweise liberale Verfassung vom 5. Dezember 1848 am 31. Januar 1850 durch eine revidierte Verfassung. Sie machte alle Ansätze zu einer parlamentarischen Regierungsweise wieder zunichte: die Regierungsbildung erfolgte fortan wieder unabhängig von den Kammermehrheiten, der König erhielt das volle Vetorecht und konnte in Krisenzeiten mit Hilfe des Belagerungszustandes quasi absolutistisch regieren. An die Stelle des allgemeinen (Männer-)Wahlrechts trat das Dreiklassenwahlrecht. Es war allgemein, ungleich, indirekt, öffentlich und bemaß das Stimmrecht entsprechend dem Steueraufkommen; damals entfielen auf die erste Steuerklasse 4,7% aller Wahlberechtigten, auf die zweite 12,6%, auf die dritte 82,7%.

Bleibende Errungenschaften

Allen Niederlagen zum Trotz war die Revolution von 1848/49 nicht schlechthin ein Mißerfolg; denn die siegreiche Gegenrevolution konnte und wollte das Rad der Entwicklung nicht einfach wieder zurückdrehen. Dies waren die wichtigsten unverlierbaren Fortschritte:

– Die Feudalordnung auf dem Lande war – vorerst mit Ausnahme Italiens und mit gewissen Überbleibseln im ostelbischen Preußen und in Österreich – ein für allemal beseitigt: die bäuerliche Erbuntertänigkeit, die Patrimonialgerichtsbarkeit, das adlige Jagdrecht verschwanden, die Ablösung der grundherrlichen Eigentumsrechte ging überall zügig vonstatten.
– Die konstitutionelle Regierungsform war – mit wenigen Ausnahmen, vor allem Österreichs – fest verankert.
– Die staatsbürgerliche Gleichheit war grundsätzlich anerkannt: der Adel bildete nicht länger einen eigenen Rechtsstand, die Emanzipation der Juden wurde weitergeführt.
– Bestimmte Freiheitsrechte waren garantiert: die Freiheit des religiösen Bekenntnisses, der Auswanderung, der wirtschaftlichen Betätigung, die Abschaffung der Zensur.
– Die Rechtspflege war spürbar verbessert: die Öffentlichkeit und Mündlichkeit der Gerichtsverfahren sowie Geschworenengerichte wurden allgemein üblich, die Bestimmungen des Strafrechts weiter humanisiert.

80 **„Die Volkssouveränität ist fortan der Felsen von Erz".** Der radikaldemokratische Abg. Johann Jacoby in einer Rede vor den Wahlmännern und Wählern des 4. Berliner Wahlbezirks am 14. April 1849:

Die Märzrevolution, mit deren Eintritt das praktisch-politische Leben unseres Volkes begann, hat zwei Hauptgrundsätze aufgestellt: die Rechtsgleichheit aller und die freie Selbstbestimmung der Bürger. [...] Noch aber sind wir weit vom Ziele entfernt. Die Begeisterung der Märztage ließ uns voreilig über alle Hemmnisse hinwegsehen, wir bildeten uns ein, die Kluft zwischen Absolutismus und Volksherrschaft leichten Fußes überspringen zu können. Gestehen wir's nur: wir haben uns arg getäuscht! Ein künstlich in der Luft schwebender Bau, der Scheinkonstitutionalismus, überbrückt die tiefe Kluft: [...] wir müssen schnell hinüber, soll's nicht unter unseren Füßen brechen und uns alle in den Abgrund stürzen! [...] Nicht in Preußen bloß, in ganz Deutschland ist der unselige Geist des Absolutismus mit Junkertum und Polizeiwirtschaft aufs neue erstanden. Es muß den Freund der Freiheit mit Unmut und Unwillen erfüllen, wenn er sieht, welch klägliches Ende die deutsche Bewegung genommen, wie wieder das alte Unwesen staatlicher Bevormundung sich überall breit macht, wie selbst auf der Rednerbühne der Abgeord-

netenkammer man sich nicht entblödet, die Märzrevolution und alles, was dem Volke wert und teuer ist, mit niedrigen Schmähungen zu besudeln! [...] Was aber, meine Herren, haben wir, was haben namentlich die Führer und Vertreter des Volkes zu tun [...]? Bei den engen Schranken, die durch die oktroyierte Verfassung dem Vereinsrecht wie der Presse gesetzt sind, bleibt uns nichts anderes übrig, als von der Tribüne herab Propaganda zu machen. In der Kammer und außerhalb derselben muß die Demokratie sich angelegen sein lassen, in immer weitere Kreise die Grundsätze des Rechts, der sittlichen Freiheit zu verbreiten, den selbständigen Bürger über seine wohlbegründeten Ansprüche, über sein wahres Interesse zu belehren, vor allem aber, den mannigfachen Verführungen, Drohungen und Gewalttaten des Gegners gegenüber, die Gleichgesinnten zum Selbstvertrauen, zu Eintracht und männlicher Ausdauer zu ermahnen. Tut jeder von uns dies an seinem Platze – durch Wort und eigenes Beispiel – dann wird es gelingen, das Volk für die Kämpfe der Zukunft vorzubereiten und aus den Jünglingen Kämpfer zu erziehen – klüger einst und tatkräftiger, als wir uns erwiesen! [...]
Das Selbstgeständnis unserer Feinde legt Zeugnis ab von ihrer inneren Unsicherheit, von dem Bewußtsein der eigenen Ohnmacht. Sie kennen ja, meine Herren, das geistvolle Sprüchlein unseres eifrigsten Gegners, jenes Wort, das, wie man sagt, selbst vor hohen Ohren Gnade gefunden: „Gegen Demokraten helfen nur Soldaten!" Ja wohl! Nur Soldaten helfen gegen Demokraten. Die demokratischen Grundsätze sind so offenbare, unerschütterliche Wahrheiten, daß sie, durch Gründe unwiderlegbar, nicht anders bekämpft werden können als durch die rohe Gewalt blind gehorchender Maschinen. [...]

J. Jacoby: Gesammelte Schriften und Reden. Bd. 2. Hamburg 1872. S. 59 ff.

a) Welche Lehren zieht der Redner aus dem bisherigen Verlauf der Revolution?
b) Worauf gründet sich seine Siegeszuversicht? Wie denken Sie darüber?

81 **Volksstaat in Baden.** Aus den Beschlüssen der Offenburger Volksversammlung vom 13. Mai 1849:

3. Es muß alsbald unter sofortiger Auflösung der jetzigen Ständekammer eine Verfassunggebende Landesversammlung berufen werden, welche in sich die gesamte Rechts- und Machtvollkommenheit des badischen Volkes vereinigt; diese Landesversammlung soll gewählt werden von und aus den sämtlichen volljährigen Staatsbürgern des Landes. [...]
4. Es muß ohne allen Verzug die Volksbewaffnung auf Staatskosten ins Leben gerufen werden, und es sind alle ledigen Männer von 18 bis 30 Jahren als erstes Aufgebot sofort mobil zu machen. [...]
5. Die politischen Flüchtlinge sind sofort zurückzurufen, die politischen Militär- und Zivilgefangenen zu entlassen und alle politischen Prozesse niederzuschlagen. [...]
6. Die Militärgerichtsbarkeit muß aufgehoben werden.
7. Bei dem Heer soll eine freie Wahl der Offiziere stattfinden.
8. Wir verlangen alsbaldige Verschmelzung des stehenden Heeres mit der Volkswehr.
9. Es müssen sämtliche Grundlasten unentgeltlich aufgehoben werden.
10. Es müssen die Gemeinden unbedingt selbständig erklärt werden, sowohl was die Verwaltung des Gemeindevermögens als die Wahl der Gemeindevertreter betrifft. [...]
12. Die Geschworenengerichte sind für alle Kriminalfälle ohne Unterschied augenblicklich einzuführen, und kein einziger Kriminalprozeß darf mehr von Strafrichtern entschieden werden.
13. Die alte Verwaltungs-Bürokratie muß abgeschafft werden und an ihre Stelle die freie Verwaltung der Gemeinden oder anderer Körperschaften treten.
14. Einrichtung einer Nationalbank für Gewerbe, Handel und Ackerbau zum Schutze gegen das Übergewicht der großen Kapitalisten.
15. Abschaffung des alten Steuerwesens, hierfür Einführung einer progressiven Einkommensteuer nebst Beibehaltung der Zölle.
16. Einrichtung eines großen Landespensionsfonds, aus dem jeder arbeitsunfähig gewordene Bürger unterstützt werden kann.

F. Lautenschlager (Hg): Volksstaat und Einherrschaft. Konstanz 1920. S. 364 ff.

a) Kennzeichnen Sie die politische Linie dieser Beschlüsse!
b) Inwieweit gehen sie über die Märzerrungenschaften hinaus?

82 Karikatur aus der ‚Deutschen Reichsbremse'. *Erklären Sie die Bedeutung der Fahnen im Hinter- und der Wetterfahne im Vordergrund. – Was will der Zeichner bloßstellen und anprangern?*

Anfang Juni.
Unsere Befreier — hurra — hoch!

Ende Juni.
Unsere Befreier — hurra — hoch!

83 **Zweifel und Selbstzweifel der Revolutionäre.** Der Republikaner Ludwig Bamberger über den Entschluß zur Volkserhebung in der Pfalz und in Baden:

Eine Volkserhebung konnte in Deutschland nur gelingen, wenn am politischen Himmel ein Zeichen erschien, das von selbst, durch seine bloße Erscheinung, allen Stämmen mit gleichem Erfolg zurief: „Jetzt ist es Zeit!" – Ein solches Zeichen mußte, wenn je etwas, das offene Fehdewort der Fürsten gegen die Nationalversammlung und die Aufforderung der letzteren an das Volk sein. Das war die große Frage: Wird ganz Deutschland sich erheben? [...] Ich erinnere mich von allen Seelenzuständen jener verhängnisvollen Tage noch am deutlichsten der peinlichen Verlegenheit, welche jene Frage, von deren Beantwortung alles abhing, in uns erzeugte. Ich war stets der Meinung und habe bei vielen Gelegenheiten danach gehandelt, daß nichts bedächtiger erwogen sein wolle als der Entschluß, das Signal zu einer Erhebung zu geben. Das Volk ist gleich bereit, seine Haut zu Markte zu tragen, und im Nu sind Tausende dem Elend, der Verfolgung oder dem Exil verfallen. Außerdem bringt natürlich jede Niederlage noch hinter den Zustand zurück, der selber schon als unerträglich zur Erhebung aufgefordert hatte. [...] Es war nicht Hoffnung, es war nicht Ekstase, überhaupt kein leidenschaftlicher Zustand, in dem wir uns befanden. Mit einem Herzen voll Unruhe, aber mit dem klaren Bewußtsein eines unvermeidlichen „Muß" entschlossen wir uns zum äußersten Schritt. Dem letzten spärlichen Rest der sogenannten Revolutionserrungenschaften war der offene Krieg angekündigt, die höchste Gefahr war leibhaftig da. Es fragte sich: hat das Wagnis eines Kampfes Aussicht auf Gelingen? und die Antwort lautete: Ja, wenn ganz Deutschland sich beteiligt. – Und wird es sich beteiligen? Das war die inhaltsschwere Frage. Wir hatten unsere großen Zweifel. Allein die Antwort auf alle Bedenklichkeiten lag so nahe, war so unabweisbar kategorisch, daß man nicht anders konnte, als sich zu fügen. Diese Antwort lautete: Wenn jeder so fragen und zweifeln will, dann ist nie eine deutsche Revolution möglich. [...]

L. Bamberger: Gesammelte Schriften. Bd. 3. Berlin 1896. S. 69 f.

a) Woher rührt die Not, sich für oder gegen einen Aufstand zu entscheiden?
b) Was gab nach Bambergers Zeugnis in der Situation des Mai 1849 den Ausschlag für den Entschluß zum Aufstand?

84 Standgerichtsurteile

a) Gegen Friedrich Neff am 9. August 1849:
Friedrich Neff von Rümmingen im Großherzogtum Baden, 28 Jahre alt, ledig, hatte sich schon bei den früheren hochverräterischen Unternehmungen durch Schrift und Tat beteiligt, namentlich bei dem von Struve im September vorigen Jahres unternommenen Umwälzungsversuch durch Plünderung von Staatskassen und andere Verbrechen sich ausgezeichnet. Wegen seiner Teilnahme an dem dritten hochverräterischen Unternehmen im Mai d.J. wurde er auf Anordnung des großherzoglichen Kriegsministeriums vor das hiesige Kriegsgericht gestellt. Seine Anschuldigung bestand hauptsächlich darin, daß er die deutschen Flüchtlinge im Auslande zur Unterstützung der Revolution in das Großherzogtum gerufen, dieselben organisiert und vom 5. bis 29. Juni als Bewaffneter mit ihnen den Kriegszug über Heidelberg, Schönau, Heddesbach nach Durlach und Rastatt in der Eigenschaft eines Kriegskommissärs gemacht hat. Auf gepflogene standgerichtliche Verhandlung hat das Kriegsgericht in der am 8. August d.J. abgehaltenen, öffentlichen Sitzung erkannt: Friedrich Neff von Rümmingen sei als Anstifter und Teilnehmer bei dem im Großherzogtum Baden im Mai d.J. ausgebrochenen hochverräterischen Aufruhr mit dem Tode durch Erschießen zu bestrafen. Dieses Urteil wurde heute früh um 4 Uhr vor den Toren der Stadt vollzogen.

b) Gegen Karl Höfer am 17. August 1849:
Karl Höfer, gebürtig aus Brehmen, Amt Gerlachsheim, Volksschullehrer in Altneudorf, beteiligte sich freiwillig als Hauptmann des ersten Aufgebots Altneudorfs, Heddesbachs, Brombachs und der umliegenden Orte bei dem letzten Aufstande. Insbesondere führte er dieses Aufgebot in Verbindung mit Freischaren am Abend des 21. Juni auf dem Heiligenberg (bei Heidelberg) gegen kgl. preußische Truppen, suchte dasselbe, als es bei der näherrückenden Gefahr sich zurückziehen wollte, durch eine Rede zum Vorrücken anzufeuern, zwang es durch Freischaren, welche er mit dem Befehle, die Weichenden niederzuschießen, in seinen Rücken stellte, zum Kampfe und lieferte den erwähnten Truppen ein Gefecht, in welchem zwei Mann seines Aufgebotes verwundet wurden und ein Mann desselben getötet. Karl Höfer wurde daher nach öffentlich und mündlich gepflogener Verhandlung durch Urteil des Standgerichts vom Gestrigen des Widerstandes gegen die bewaffnete Macht, sowie der Aufforderung hierzu für schuldig erklärt und deshalb zum Tode mittels Erschießen verurteilt. Dieses Urteil wurde am nämlichen Tage, abends $7^3/_4$ Uhr, vollzogen.

W. Blos: Die deutsche Revolution. Stuttgart 1893. S. 665 f.

a) Äußern Sie sich zu den den Verurteilten zur Last gelegten Vergehen.
b) Was läßt sich aus der kurzen Frist zwischen Urteilsverkündung und -vollstreckung schlußfolgern?

85 Der neue deutsche Philister. Aus einer Satire des Schriftstellers Adolf Glasbrenner (1849):

a) Der Philister ist entweder von Adel und thut sich auf diese Alfanzerei [Narretei] noch etwas zu Gute, oder Beamter, oder er hat ein Geschäft, welches ihn anständig ernährt. [...]

b) Der Philister ist zufrieden und sieht deshalb nicht ein, wozu Neuerungen sind. [...]

c) Der Philister hat früher bei dem Worte Freiheit etwas Angenehmes empfunden; er hat sogar verbotene Bücher gelesen und sich heimlich gefreut, wenn die Despotie verdammt und verhöhnt wurde. Nachdem die Freiheit aber angebrochen, ist sie ihm viel zu unruhig.

d) innersten Herzen wünscht sich der neue deutsche Philister wieder unter den Soldaten-, Beamten- und Polizeischutz der absoluten Monarchie zurück. Er spricht dies aber, wie ein Ehrenmann, nicht offen aus, sondern fürchtet, daß man ihm ins Gesicht lache.

e) Der Philister lebt bereits in einem freien Staate, sieht sich aber bei dem Worte Freiheit noch immer um, ob es Niemand gehört hat. [...]

f) Da der neue deutsche Philister zu leben hat, so hat er kein Herz für das Elend der Arbeiter, Landleute und kleinen Bürger. [...]

h) Unter Republik versteht der Philister Mord und Todtschlag.

i) Wenn der Philister von einer Volksversammlung hört, so vergräbt er sein Geld. [...]

k) Er nennt Jeden Ausländer, der nicht „im Orte" geboren ist. [...]

p) Er kann noch immer nicht die Juden für gleichberechtigt halten.
q) Unter Ordnung versteht der Philister die ganze volle Nichtswürdigkeit der alten Zustände. [...]
t) Er ist immer sehr glücklich, wenn er vom ‚Pöbel' sprechen kann. Diesen sucht er unter sich. [...]
v) Als Wähler ist er nur im Zweifel, welchen hochgestellten Beamten er wählen soll.

A. Glasbrenner: Der neue deutsche Philister. März-Almanach. Leipzig 1849. S. 253

a) Über was für politische Verhaltensweisen des deutschen Bürgertums macht sich der Verfasser lustig?
b) Stellen Sie Verbindungen zwischen dieser Satire und der Geschichte der Revolution von 1848/49 her.

Zur Diskussion

Warum scheiterte die Revolution von 1848/49?

Beim Abwägen der Gründe für das Scheitern der Revolution empfiehlt sich eine Unterscheidung zwischen den selbstverschuldeten Fehlern und den unverschuldeten Schwächen der Revolutionäre auf der einen, den strukturellen Stärken und dem politischen Geschick der gegenrevolutionären Kräfte auf der anderen Seite. Zu den selbstverschuldeten Fehlern wird man vor allem die machtpolitischen Versäumnisse der neuen Machtträger nach der erfolgreichen Märzrevolution zu rechnen haben: die Unterschätzung des zwar geschwächten, aber noch nicht vollständig entmachteten Gegners; die übertriebene Angst vor einer sozialen Revolution, die eine engere Zusammenarbeit mit der demokratischen Linken verbaute; die Illusionen bezüglich der Bereitschaft Österreichs und Preußens, sich in den Dienst der nationalen Sache zu stellen. Schuld und Verhängnis, offenkundige Fehlgriffe und die Ungunst der Umstände gingen jedoch oft ineinander über. Daß Liberale und Demokraten, Katholiken und Protestanten, Stadt- und Landbewohner, Fabrikanten und Arbeiter, Ober- und Unterschichten im alten Feudal- und Polizeistaat zwar einen gemeinsamen Gegner, im übrigen aber höchst unterschiedliche Zukunftsvorstellungen hatten, die nicht allein mit ‚gutem Willen' auf einen Nenner zu bringen waren, war eine unabänderliche Gegebenheit. Es überstieg letztlich die Kraft und das Vermögen der revolutionären Bewegung, die Vielzahl komplizierter Aufgaben gleichzeitig und in einem Anlauf, dazu noch unter dem Druck eines ständig stärker werdenden Gegners zu meistern und die auseinanderstrebenden revolutionären Kräfte, Überzeugungen, Zielvorstellungen zusammenzuhalten. Charakteristisch war das Ausscheiden der Bauern aus der gemeinsamen revolutionären Front: nachdem sie ihre wichtigsten Ziele durchgesetzt hatten, erlosch ihr revolutionärer Elan. Auch die Stärke und Lebenskraft der alten Mächte war eine Gegebenheit, die die Revolution nicht von heute auf morgen aus der Welt schaffen konnte: große Teile der Land-, aber auch der bürgerlichen Stadtbevölkerung verharrten in der jahrhundertealten Loyalität gegenüber der traditionellen Machtelite; Militär, Bürokratie, Justiz und Kirche blieben als weithin intakter Machtapparat in der Botmäßigkeit der Kronen; geschickt und flexibel beschritt die Gegenrevolution einen Mittelweg zwischen Nachgiebigkeit und Reformbereitschaft einerseits, unerbittlichem Machteinsatz andererseits und machte sich dabei die Sehnsucht großer Teile der Bevölkerung nach Ruhe, Ordnung und Sicherheit des Eigentums zunutze.

86 Das Scheitern der Revolution – Schuld oder Verhängnis?

a) Der deutsche Historiker Wolfgang Schieder (1979):

Die Revolution ist gescheitert am Widerstand der alten Dynastien, der königstreuen Offiziere und Beamten, die ihre soziale Basis im Adel hatten. Sie ist auch gescheitert an der Lethargie der bäuerlichen Massen, die 1848 in Deutschland immer noch bei weitem den Hauptanteil der Bevölkerung stellten. Der alte Obrigkeitsstaat wurde durch die Revolution zwar schwer erschüttert, aber nicht in seinem Kern getroffen. Er konnte sich nach der Revolution daher erneut durchsetzen. Die Revolution ist aber auch gescheitert an der inneren Schwäche der revolutionären Bewegung. Das deutsche Bürgertum war in sich nicht geschlossen. Daher war es von vornherein nicht zu einheitlichem Handeln fähig, als es von der Revolution überrascht wurde. Erst recht nicht war es dazu in der Lage, mit anderen, übrigens ebensowenig homogenen sozialen Klassen gegen den vom Adel beherrschten Obrigkeitsstaat zu kooperieren. Für ein im historischen Rückblick auch noch so wünschenswertes Bündnis von Bürgertum und Volksmassen bestand 1848 keine reale Chance. Bürgerliche Liberale und Demokraten gingen in der Revolution auseinander und kämpften jeweils mit einer eigenen Strategie gegen die etablierten Mächte. Weder der liberale Weg der Vereinbarung noch der demokratische der Konfrontation führten zum Ziel. Am Ende waren sowohl Liberale wie Demokraten geschlagen. Siegreich war allein die konservative Gegenrevolution.

W. Schieder: 1848/49 – die ungewollte Revolution. In: C. Stern/H. A. Winkler (Hg): Wendepunkte deutscher Geschichte. FiTb 3421. Frankfurt 1979. S. 34f.

b) Der deutsche Historiker Thomas Nipperdey (1983):

Die Revolution ist nicht am Zwiespalt zwischen Linken und Mitte gescheitert. Der Zwiespalt hat, gewiß, die Gegenrevolution begünstigt, die Polarisierung hat die Revolution, die vom Verrinnen der Zeit bedroht war, geschwächt; aber er war nicht die wesentliche Ursache für ihr Scheitern. Auch ein gemeinsames Vorgehen, eine revolutionäre ‚Volksfrontpolitik‘ hätte – jenseits des großen Krieges – keine besseren Chancen gehabt, weder ein gemäßigteres noch ein geschlosseneres Auftreten der Gesamtrevolution. Gewiß, es gab zuviel und zuwenig Revolution; zuwenig, um die alten Gewalten ganz zurückzudrängen – aber das wollten die Bürger in ihrer Mehrheit nicht und das hatte wenig Chancen –, und zuviel, weil die radikalen Demokraten die gemeinsame Front zerstörten und die Mitte im Effekt nach rechts drängten, die Revolution diskreditierten [...] Darum ist die Schuldzuweisung zwischen Republikanern und Liberalen im Grunde irrelevant. Ihr Gegensatz war legitim, unvermeidlich, tragisch. [...] Das Scheitern eines politischen Handelns, und einer Revolution also, muß nicht die Schuld der Scheiternden sein, nicht ihrer – vermeidbaren – Fehler, nicht ihrer unvermeidbaren Grundeinstellungen; die Besiegten sind nicht immer schuld an ihrer Niederlage. Die eigentliche Ursache des Scheiterns ist, daß die Widerstände zu vielfältig und zu groß waren [...] und zu gegensätzliche und sich überkreuzende Probleme anstanden. [...] Wenn man unter den einzelnen Ursachen für das Scheitern in Deutschland gewichten will, so muß man meiner Meinung nach sagen, daß es das großdeutsch-kleindeutsche Problem und das Problem des österreichischen Nationalitätenstaates und seiner Konflikte waren, die am meisten zählten. Sie haben schon eine schnelle Entscheidung im Sommer unmöglich gemacht, haben die ersten großen Siege der Gegenrevolution in Österreich ermöglicht, haben die Einheit der Revolution seit dem Herbst so erschüttert, daß ein gemeinsames Handeln nicht mehr möglich war, haben die Entscheidung dann auf Preußen zugespitzt. Sie letzten Endes haben die Revolution in den Wettlauf mit der Zeit gebracht, den sie nicht gewinnen konnte.

Th. Nipperdey: Deutsche Geschichte 1800–1866. München 1983. S. 667ff.

a) Die beiden Autoren beurteilen das Zerwürfnis zwischen Liberalen und Republikanern unterschiedlich. Wie stellen Sie sich dazu?
b) Inwiefern befand sich die Revolution in einem Wettlauf mit der Zeit?

♦

1. *Wie erklären Sie den schnellen Erfolg der Märzrevolution?*
2. *Kennzeichnen Sie die Rolle der Bauern in der deutschen Revolution.*
3. *Nennen Sie Gründe für das baldige Wiedererstarken des alten Obrigkeitsstaates.*
4. *Welche Hindernisse standen der Verwirklichung des Nationalitätsprinzips im Wege?*
5. *Woran scheiterte das Verfassungswerk der Paulskirche?*
6. *Worin sehen Sie die Hauptursachen für den Sieg der Gegenrevolution?*

IV. Demokratie und nationale Einheit in den USA

Die Vereinigten Staaten von Amerika, die 1776 ihre Unabhängigkeit erklärt und sich mit der Verfassung von 1787 eine feste staatliche Einheit gegeben hatten, waren zunächst weder eine Demokratie noch ein geschlossener Nationalstaat: Millionen von Negersklaven lebten in bedrückender Unfreiheit; ein Teil der freien Bürger besaß nicht das Wahlrecht; ein kräftiger Partikularismus der Einzelstaaten gefährdete den Zusammenhalt der Union. Der Norden und der Süden entwickelten sich in der ersten Hälfte des 19. Jahrhunderts immer weiter auseinander, bis schließlich 1861 elf Südstaaten aus der Union austraten und einen eigenen Bundesstaat gründeten. Der Norden nahm diese ‚Sezession' nicht hin, zwang die ‚Rebellen' in einem blutigen Bürgerkrieg zur Rückkehr und setzte die Abschaffung der Sklaverei durch. Damit entschieden die Waffen über die jahrzehntelang heiß umstrittene Frage, ob in einem freiheitlichen Staatswesen dem Willen der Mehrheit oder dem Schutz der Minderheit der Vorrang gebühre.

1820	Im Missouri-Kompromiß legt der Kongreß eine Grenzlinie zwischen den südlichen Bundesstaaten, in denen die Sklaverei erlaubt, und den nördlichen fest, in denen sie verboten ist.
1829–37	In der Regierungszeit des Präsidenten Andrew Jackson kommt die Demokratisierung des politischen Lebens entscheidend voran (‚Jacksonian Democracy').
1832	Südkarolina annulliert den vom Kongreß beschlossenen gesamtstaatlichen Zolltarif.
1857	Im Dred-Scott-Prozeß erklärt der Oberste Gerichtshof den Missouri-Kompromiß für verfassungswidrig und bekräftigt die Rechtmäßigkeit der Sklaverei.
1861–65	Im Bürgerkrieg erzwingen die nördlichen Staaten (Union) die Wiedereingliederung der abtrünnigen 11 Südstaaten (Konföderierte) in den gemeinsamen Staat.
1863	Präsident Lincoln ordnet in der ‚Emanzipationsproklamation' die Freilassung der Sklaven in den abgefallenen Südstaaten an.
1865–77	Die republikanische Kongreßmehrheit versucht während der ‚Reconstruction'-Ära, letztlich ohne Erfolg, eine politische und gesellschaftliche Umwälzung im Süden zu erzwingen.
1896	Das Oberste Bundesgericht erklärt die Rassentrennung für verfassungsgemäß (‚separate but equal').

1. Auf dem Weg zur Demokratie

Oligarchische Strukturen

Zu Beginn des 19. Jahrhunderts war in Amerika – so wie in den fortgeschrittenen Ländern Europas – das (Männer-)Wahlrecht auf die wirtschaftlich selbständigen Haus- und Grundbesitzer beschränkt (davon gab es freilich in der Neuen Welt weitaus mehr als in der Alten). Auch in den Parlamenten und öffentlichen Ämtern saßen in der Hauptsache die angesehenen, gebildeten und vermögenden Angehörigen der Oberschicht. Bis 1828 entstammten alle Präsidenten Großgrundbesitzerfamilien aus Virginia. Über die Besetzung der hohen Staatsämter entschieden die einflußreichen Honoratioren hinter verschlossenen Türen, und die einfachen Wähler hatten nur noch die Auswahl zwischen Kandidaten, die zuvor von der politischen Elite nominiert

87 Karikatur von 1829 mit der Unterschrift: „Des Präsidenten Empfang oder Alle Welt geht zum Weißen Haus". *Beschreiben Sie die charakteristischen Merkmale des ‚Common Man' der Jackson-Ära, wie sie der Künstler Robert Cruikshank typisiert.*

worden waren. Das galt zumal für den Süden, wo die kleine Schicht der Großplantagenbesitzer das politische Leben vollständig beherrschte.

Demokratisierung im Norden

Außerhalb der Südstaaten, in denen noch lange alles beim alten blieb, vollzog sich seit den 1820er Jahren jedoch ein folgenreicher Wandel. Die Einzelstaaten führten nach und nach das allgemeine Wahlrecht für Männer ein – als letzter 1843 Rhode Island –, ließen einen Großteil der öffentlichen Ämter (deren Inhaber zuvor von den Regierungen oder Volksvertretungen ernannt worden waren) aufgrund von Wahlen besetzen und beteiligten die Bürger auch an den Präsidentschaftswahlen (die bis dahin in den einzelstaatlichen Legislativen erfolgt waren). (▷ Tafel 3)

Jacksonian Democracy

Seinen Höhepunkt erreichte dieser Demokratisierungsprozeß während der Präsidentschaft Andrew Jacksons (1829–1837), eines volkstümlichen Juristen, Generals und Parlamentariers aus Tennessee, der als Vertreter der einfachen Leute das Land mit starker Hand regierte. Bei seiner Amtseinführung ließ ‚das Volk', das ausdrücklich zu den Feiern eingeladen worden war, viel Geschirr und Mobiliar im Weißen Haus zu Bruch gehen. Unter Jackson kam das ‚spoils system' (Beute-System) in Mode: Die siegreiche Partei – in der Ära Jackson die ‚Demokraten' – besetzte möglichst viele staatliche Ämter mit ihren Anhängern. Neu waren auch die nationalen Parteikonvente vor den Präsidentschaftswahlen, auf denen die Delegierten in öffentlicher Debatte und Abstimmung ihre Kandidaten für das höchste Staatsamt nominierten. Damals veränderte sich der Stil der Präsidentschaftswahlkämpfe: In strapaziösen Wahlfeldzügen warben die Kandidaten um die Gunst der Wähler. Daß solches Bemühen um Volkstümlichkeit Widerhall fand, zeigte die Wahlbeteiligung; sie lag 1824, bei der letzten Wahl alter Art, bei 27%, verdoppelte sich in den nächsten drei Wahlen und erreichte 1840 die Rekordhöhe von 78%. Seit dem Zeitalter Jacksons nahmen auch die mittleren und unteren Bevölkerungsschichten, wie schon während der Amerikanischen Revolution, verstärkt am politischen Leben teil.

Lage der Frauen

Die Lage der Frauen in Amerika glich der in Europa. Frauen waren nicht nur vom politischen Leben, von öffentlichen Ämtern und akademischen Berufen ausgeschlossen, sie hatten auch keinen Zugang zur höheren Schulbildung und nicht einmal die volle Rechtsfähigkeit: waren sie verheiratet, verfügte allein der Ehemann über das Ver-

88 Amerikanischer Frauenkongreß in Seneca Falls, 1848. Holzschnitt.
Ziehen Sie aus der Darstellung Rückschlüsse auf die soziale Stellung der Teilnehmerinnen.

mögen seiner Frau. Gegen diese Benachteiligung setzten sich in den 40er Jahren einige Frauen zur Wehr. Ein 1848 zusammentretender nationaler Frauenkongreß forderte die rechtliche Besserstellung der Frau und blieb damit nicht ganz ohne Wirkung. Hier und dort errichtete man Fortbildungsschulen für Frauen und stellte einzelne Frauen als Lehrerinnen, Ärztinnen oder Predigerinnen ein. Etliche Staaten gaben den Frauen mehr Rechte an ihrem persönlichen Eigentum.

Freiheit und Gleichheit

Nach den Eindrücken, die der nachmals berühmte französische Sozialwissenschaftler Alexis de Tocqueville (1805–1859) auf einer Amerikareise 1831/32 gewann und in seinem Buch ‚Über die Demokratie in Amerika' (1835/40) niederlegte, waren die Vereinigten Staaten ein Land, in dem ein für europäische Verhältnisse ungewöhnliches Maß von Freiheit, vor allem aber von politischer und sozialer Gleichheit selbstverständlich war. Das galt freilich für den Norden mehr als für den Süden. Trotz beträchtlicher Einkommens- und Vermögensunterschiede, wie sie auch in der Neuen Welt üblich waren, herrschte ein Geist der Gleichheit, der – so empfand es Tocqueville – Abweichungen und Besonderheiten nur ungern duldete und die Neigung hatte, alle und alles der Meinung und dem Geschmack der Mehrheit zu unterwerfen. Der französische Aristokrat sah geradezu eine ‚Tyrannei der Mehrheit' am Werk, einen Anpassungsdruck, der, wie er fürchtete, auf Dauer die Freiheit zu ersticken drohte.

89 **Wahlrechtsdebatte im Verfassungskonvent des Staates New York** (1821):

a) Der Richter James Kent:

Der vorliegende Entwurf fordert uns auf, auf einen Schlag alle Besitzqualifikationen (für das Wahlrecht) aufzuheben und uns dem Idol eines allgemeinen Wahlrechtes zu beugen. Die Anwendung dieses extremen demokratischen Prinzips auf den legislativen und exekutiven Zweig unseres Regierungssystems ist von den weisen Männern zu allen Zeiten mit Schrecken betrachtet worden, weil sie in jeder antiken und modernen europäischen Republik, in der sie versucht wurde, im Unglück endete und zu Korruption, Ungerechtigkeit, Gewalt und Tyrannei führte. [...] Im allgemeinen Wahlrecht steckt die Tendenz, die Rechte des Eigentums und die Grundsätze der Freiheit zu untergraben. [...] Die Armen haben den Wunsch, die Reichen zu plündern; der Schuldner möchte seine Verpflichtungen mindern oder ganz abstreifen; die Mehrheit möchte die Minderheit tyrannisieren und ihre Rechte zertrampeln; die Trägen und die Haltlosen wollen den Fleißigen und den Tugendhaften alle gesellschaftlichen Lasten aufbürden; und die ehrgeizigen und boshaften Menschen haben ein Vergnügen, alle diese brennbaren Materialien zu entzünden. [...] Die Gefahr, die wir fortan ins Auge fassen müssen, ist nicht der Mangel, sondern der Mißbrauch der Freiheit. Wir müssen uns gefaßt machen auf die Unterdrückung der Minderheiten und eine Neigung, in private Rechte einzugreifen [...] und den Vollzug der Gerechtigkeit zu schwächen, zu untergraben, einzuschüchtern; wir haben zu gewärtigen die Schaffung eines ungleichen und folglich ungerechten Besteuerungssystems und all die Mißhelligkeiten einer unausgewogenen und wankelmütigen Gesetzgebung.

b) Der Farmer Nathan Sandford:

Der Ausschuß hat einen Vorschlag vorgelegt, den er für den besten hielt: alle bestehenden Ungleichheiten zu beseitigen und ein für alle gleiches Wahlrecht einzuführen. Ist dies nicht richtig? Woher stammen diese Ungleichheiten? Sie stammen aus den britischen Verhältnissen. In England hat man drei Stände, deren jeder seine besonderen Interessen vertreten haben muß. Hier gibt es nur einen Stand – das Volk. Für mich sind die einzigen Qualifikationen die Tugend und Ehrbarkeit des Volkes: [...] Es gibt angesehene Bürger, die glauben, die Ausdehnung des Wahlrechts werde sich nachteilig auf die Eigentumsrechte auswirken. Dies wäre gewiß ein durchschlagender Einwand, wenn er begründet wäre; denn jede wie auch immer zustandegekommene Regierung, die das Eigentum nicht seinen rechtmäßigen Besitzern zu sichern vermag, ist eine schlechte Regierung. Aber wie kann die Ausdehnung des Wahlrechtes dem Eigentum abträglich sein? Werden nicht unsere Gesetze in Kraft bleiben? Wird die Justiz nicht weiter ihre Pflicht tun? [...] Ich wüßte nicht, daß es in Ohio oder Pennsylvania, wo das allgemeine Wahlrecht gilt, nicht die gleiche Sicherheit für private Rechte und privates Eigentum gäbe wie anderswo. [...] Auch in unseren Stadtversammlungen (town meetings) haben wir überall in unserem Staat das gleiche Prinzip. In unseren Gemeindewahlen haben wir die beste Bestätigung für die Tugend und Klugheit unserer Bevölkerung; sie trifft sich in den Gemeindeversammlungen als einer reinen Form der Demokratie und wählt ihre Amtsträger und lokalen Legislaturen, wenn ich sie so nennen darf; und wenn irgendetwas in unseren öffentlichen Geschäften gut abläuft, dann ist es das, was in den Gemeindeversammlungen geschieht.

R. Hofstadter (Hg): Great Issues in American History. Bd. 1. New York 1958. S. 253 ff. Übersetzt von J. Rohlfes

a) Woher rührt das Mißtrauen Kents gegenüber den einfachen Leuten? In welcher Denktradition steht er?
b) Wie begegnet der zweite Redner diesen Bedenken? Bewerten Sie seine Argumente.

90 Begrenzung der Amtsdauer – im Interesse der Demokratie? Aus einer Kongreßbotschaft Präsident Jacksons (1829):

Es gibt vielleicht nur wenige Menschen, die für eine längere Zeit die mit einem Amt verbundene Macht ausüben können, ohne mehr oder minder unter den Einfluß von Gefühlen zu geraten, die mit der gewissenhaften Erfüllung ihrer öffentlichen Pflichten nicht recht zusammenpassen. Sie mögen gegenüber unrechten Ansinnen, die direkt an sie gerichtet werden, unbestechlich bleiben, aber sie gewöhnen sich früher oder später daran, die öffentlichen Angelegenheiten mit einer gewissen Gleichgültigkeit zu betrachten und Verhaltensweisen zu dulden, über die sich ein in solchen Geschäften unerfahrener Mann empören würde. Das öffentliche Amt wird als eine Art Besitz betrachtet und die Tätigkeit in der Regierung mehr als ein Mittel, persönliche Interessen zu verfolgen, denn als ein Auftrag allein im Dienste des Volkes. [...] Die Aufgaben aller öffentlichen Amtsträger sind, oder können es zumindest werden, so klar und einfach, daß intelligente Menschen sich schnell mit ihrer Wahrnehmung vertraut machen können; und ich kann nur glauben, daß durch die lange Verweildauer in einem Amt mehr verloren wird, als was durch die dabei entstehende Erfahrung gewonnen werden kann. Ich bitte Sie daher zu erwägen, ob die Wirksamkeit der Regierung nicht erhöht und Fleiß und Integrität im Amt nicht besser gesichert würde durch die Einführung eines Gesetzes, das die Amtsdauer auf vier Jahre beschränkt. [...] Die vorgeschlagene Begrenzung würde die Vorstellung des Eigentums beseitigen, die heute so allgemein mit einem öffentlichen Amt verknüpft ist, und wenn dabei gelegentlich auch persönliche Enttäuschung entstehen mag, dürfte diese Regelung doch dem ganzen System neuen Schwung geben, indem sie jene Rotation fördert, die ein wichtiges Prinzip unserer republikanischen Überzeugungen darstellt.

G. G. van Deusen: The Rise and Decline of Jacksonian Democracy. New York 1970. S. 152 f. Übersetzt von J. Rohlfes

a) Wie begründet der Präsident seinen Vorschlag kurzer Amtsfristen? Können Sie sich seinen Argumenten anschließen?
b) Wie sieht Jackson den Zusammenhang zwischen Republikanismus und Ämterrotation?

91 **Die Rechte der Frau.** Aus der Erklärung des Frauenkongresses in Seneca Falls N. Y. (1848):

Die Geschichte der Menschheit ist eine Geschichte unaufhörlicher Verletzungen und Übergriffe des Mannes gegenüber der Frau, deren unmittelbares Ziel die Errichtung einer absoluten Tyrannei über sie ist. Zum Beweis dessen mögen folgende Tatsachen einer aufgeklärten Welt unterbreitet werden.
Er hat ihr niemals gestattet, ihr unveräußerliches Recht auszuüben, an Wahlen teilzunehmen.
Er hat sie gezwungen, sich Gesetzen zu fügen, an deren Entstehung sie keinen Anteil hatte.
Er hat ihr alle Rechte vorenthalten, die den unwissendsten und niedrigst stehenden Männern zukommen, und zwar Einheimischen wie Ausländern. [...]
Er hat sie, wenn sie verheiratet ist, vor dem Gesetz bürgerlich tot gemacht.
Er hat ihr alle Eigentumsrechte genommen, selbst an dem Lohn, den sie verdient.
Er hat sie moralisch zu einem unmündigen Wesen gemacht, insofern sie ungestraft viele Verbrechen begehen darf, falls dies in Gegenwart ihres Ehemannes geschieht. Im Ehevertrag wird sie gezwungen, ihrem Ehemann Gehorsam zu versprechen, während er in jeder Hinsicht ihr Herr wird - da das Gesetz ihm die Macht gibt, sie ihrer Freiheit zu berauben und sie zu züchtigen [...]
Er hat sich fast alle einträglichen Beschäftigungen vorbehalten, und aus denen, denen sie nachgehen darf, bezieht sie nur ein dürftiges Einkommen. Er versperrt ihr alle Wege zu Reichtum und Ansehen, die ihm selbst Ehre einbringen können. Als Lehrerin der Theologie, der Medizin, des Rechts tritt sie nicht in Erscheinung.
Er hat ihr alle Möglichkeiten verbaut, eine gründliche Ausbildung zu erhalten, indem er sie nicht zu den Colleges zuließ [...]
Er war in jeder nur möglichen Weise bestrebt, ihr Vertrauen in ihre eigenen Kräfte zu zerstören, ihre Selbstachtung zu untergraben und sie willig zu machen, ein Leben in Abhängigkeit und Bedeutungslosigkeit zu führen.
Angesichts der vollständigen Entrechtung der einen Hälfte der Menschen dieses Landes, ihrer sozialen und religiösen Abwertung - angesichts der erwähnten ungerechten Gesetze und weil die Frauen sich benachteiligt, unterdrückt und ihrer heiligsten Rechte betrügerisch beraubt fühlen, bestehen wir darauf, daß sie uneingeschränkten Zugang zu allen Rechten und Vorrechten erlangen, die ihnen als Bürgerinnen der Vereinigten Staaten zustehen.
Indem wir uns an dieses große Werk machen, sehen wir viele Mißverständnisse, Verleumdungen, Verspottungen vor uns; aber wir werden jedes uns erreichbare Mittel nutzen, um unser Ziel zu erreichen. Wir werden Rednerinnen einsetzen, Aufklärungsschriften verbreiten, Eingaben an die Volksvertretungen der Staaten und der Union richten und bemüht sein, die Kanzel und die Presse für unser Anliegen zu gewinnen. Wir hoffen, daß diesem Kongreß eine Serie weiterer Kongresse folgen werden, die alle Teile unseres Landes erfassen.

H. St. Commager (Hg): Documents of American History. 9. Aufl. Englewood Cliffs 1973. S. 315 f. Übersetzt von J. Rohlfes

a) Welche Formen der Benachteiligung von Frauen prangert dieser Text an?
b) Äußern Sie sich zu der Strategie, mit der die Frauen eine Verbesserung ihrer Lage erreichen wollen.

92 **Die Allmacht der Mehrheit.** Tocqueville über ‚Die Demokratie in Amerika' (1835):

Das Denken ist eine unsichtbare und fast ungreifbare Macht, die alle Tyranneien zum besten hält. In unserer Zeit vermöchten die unumschränkten Herrscher Europas nicht zu verhindern, daß gewisse ihrer Herrschaft feindliche Gedanken heimlich in ihren Staaten und bis in ihren Hofstaat hinein verbreitet werden. In Amerika gibt es nichts dergleichen: solange die Mehrheit ungewiß ist, redet man; hat sie aber unwiderruflich gesprochen, verstummt jeder, und Freund wie Feind scheinen sich nun einmütig vor ihren Wagen zu spannen. Der Grund ist einfach, kein Herrscher ist so unumschränkt, daß er in seiner Hand alle Kräfte der Gesellschaft vereinen und die Widerstände besiegen könnte, wie es eine Mehrheit vermag, der die Macht verliehen ist, die Gesetze zu erlassen und sie anzuwenden. Übrigens hat ein König nur eine materielle Macht, die das Handeln beeinflußt und den Willen nicht erfassen kann; die Mehrheit jedoch besitzt sowohl eine materielle wie eine sittliche Macht, die auf den Willen ebensosehr wie auf das Handeln einwirkt, und die die Tat und zugleich den Wunsch zu handeln hemmt. Ich kenne kein Land, in dem im allgemeinen weniger geistige Unabhängigkeit und weniger wahre

Freiheit herrscht als Amerika [...]
Die Fürsten hatten gleichsam die Gewalt materialisiert; die demokratischen Republiken der Gegenwart haben sie ins Geistige gewandelt gleich dem Willen, den sie zwingen wollen. Der Herrscher sagt nicht mehr: entweder du denkst wie ich oder du bist des Todes; er sagt: du bist frei, nicht so zu denken wie ich; du behältst dein Leben, deinen Besitz, alles; aber von dem Tage an bist du unter uns ein Fremdling. Du behältst deine Vorrechte in der bürgerlichen Gesellschaft, aber sie nützen dir nichts mehr; denn bewirbst du dich um die Stimme deiner Mitbürger, so werden sie dir diese nicht geben, und begehrst du bloß ihre Achtung, so werden sie tun, als ob sie dir auch diese verweigerten. [...] Sollte die Freiheit in Amerika jemals untergehen, so wird man dafür die Allmacht der Mehrheit verantwortlich machen müssen.

A. de Tocqueville: Über die Demokratie in Amerika. dtv 6063. München 1976. S. 293 ff.

a) Was versteht Tocqueville unter der „Allmacht der Mehrheit"? Diskutieren Sie seine Beobachtungen im Lichte heutiger Erfahrungen mit Konformismus.
b) Wie sieht er das Verhältnis von Freiheit und Gleichheit?

2. Der Konflikt zwischen den Nord- und Südstaaten

Wirtschaftsentwicklung

Der Norden erlebte um die Jahrhundertmitte einen folgenreichen Strukturwandel. Das Schwergewicht des Getreideanbaus und der Viehzucht verlagerte sich in den Westen. Die Farmer in den atlantischen Staaten stellten sich zu einem erheblichen Teil auf die Obst- und Gemüseerzeugung sowie die Milchwirtschaft um. Der Nordosten entwickelte sich zum Zentrum von Gewerbe und Industrie, Handel und Bankwesen. 1860 erreichte die gewerblich-industrielle Produktion den Gleichstand mit der Agrarproduktion und gewann in den folgenden Jahrzehnten einen ständig wachsenden Vorsprung. Zwei Drittel der gesamten nicht-agrarischen Erzeugung der Vereinigten Staaten kamen am Vorabend des Bürgerkrieges aus dieser Region, ein weiterer

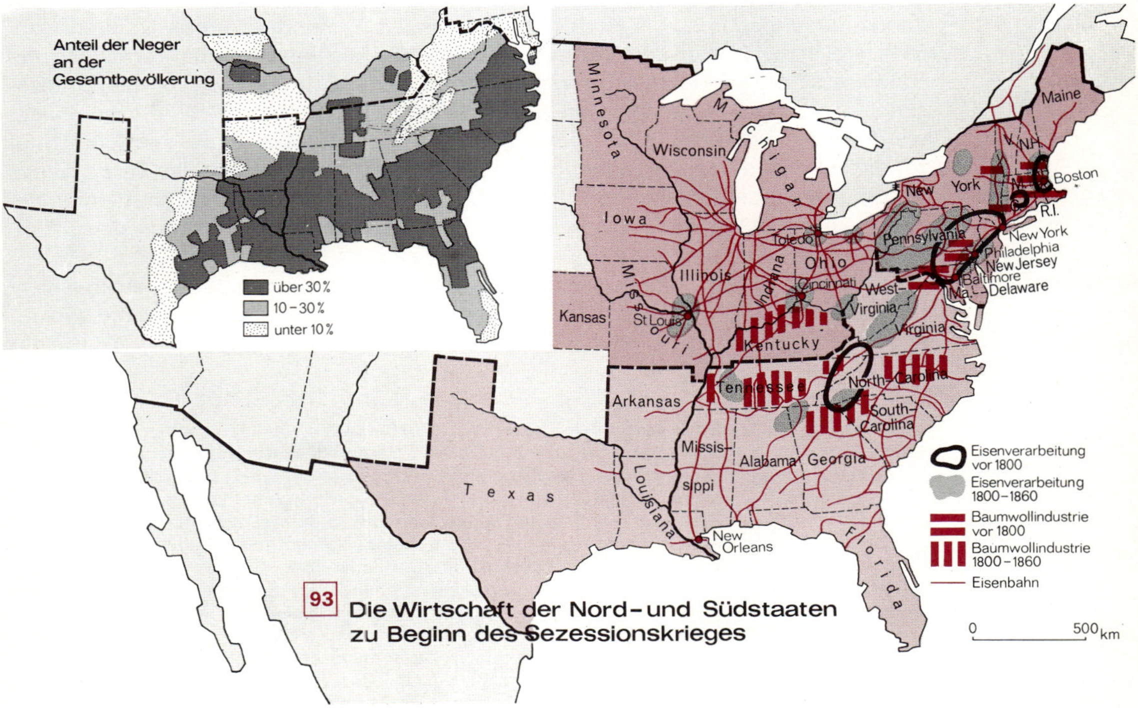

93 Die Wirtschaft der Nord- und Südstaaten zu Beginn des Sezessionskrieges

ansehnlicher Teil aus dem Mittleren Westen (Chicago) und nur wenig aus dem Süden. Der Süden hielt an der Plantagenwirtschaft fest. Die großenteils für den Export nach Europa bestimmten Massengüter – vornehmlich Baumwolle, des weiteren auch Tabak, Rohrzucker, Reis – bescherten der kleinen Schicht der Großgrundbesitzer zwar ansehnliche Gewinne, verewigten aber die Monokulturen und hemmten die Diversifizierung der Landwirtschaft und vor allem den Aufbau einer Industrie. So geriet der Süden in immer stärkere Abhängigkeit von den Nahrungsmitteleinfuhren aus dem (Nord-)Westen und den Industrieerzeugnissen des Nordostens.

Wirtschaftspolitische Konflikte

Daraus entstanden mit einer gewissen Unvermeidlichkeit wirtschaftspolitische Konflikte. Sie entzündeten sich vor allem an den Zolltarifen. Um sich der damals übermächtigen britischen Konkurrenz erwehren zu können, waren die Industriellen des Nordens an hohen Einfuhrzöllen interessiert; das entsprach zwar nicht ganz den Wünschen der westlichen Regionen, aber diese zogen mit, um ihre guten Wirtschaftsbeziehungen zur Ostküste nicht zu gefährden. Der Süden wollte hohe Schutzzölle jedoch nicht hinnehmen; sie verteuerten die Industriewaren und gefährdeten die Exportchancen in Europa. Zu einem ersten großen Zusammenstoß kam es 1832, als ein eigens einberufener Konvent von South Carolina die von der Union eingeführten hohen Zolltarife für null und nichtig erklärte. In der ‚Ordinance of Nullification' verurteilten die Volksvertreter die Zollgesetze als unrechtmäßige Eingriffe der Union in die Zuständigkeiten der Einzelstaaten und drohten mit der Sezession, falls die Unionsregierung Gewalt anwenden sollte. Präsident Jackson, von Haus aus ein Befürworter der ‚States' Rights', zögerte keinen Augenblick, die Hoheitsansprüche der Bundesregierung zur Geltung zu bringen. Er erwirkte vom Kongreß ein Gesetz (‚Force Bill'), das den Präsidenten ermächtigte, zur Durchsetzung der Zollbestimmungen notfalls Militär aufzubieten. Als sich zeigte, daß kein anderer Staat den Alleingang Südkarolinas zu unterstützen bereit war, und die Regierung eine allmähliche Senkung der Zolltarife versprach, lenkten die Zollrebellen ein und nahmen ihre Beschlüsse zurück.

Streit um die Sklaverei

Am langwierigsten, erbittertsten und folgenreichsten war der Streit um die Sklaverei. Er drehte sich nicht um die Fortdauer dieser ‚besonderen Einrichtung' (peculiar institution) in den schon bestehenden (Süd-)Staaten – diese war durch die Verfassung anerkannt und durch das Herkommen verankert –, sondern um die Zukunft der Sklaverei in den infolge der Westexpansion ständig neu entstehenden Territorien und Bundesstaaten. Die Rechtslage war verworren. Zwar hatte die noch vor der Ratifizierung der Verfassung beschlossene ‚North West Ordinance' von 1787, die die Staatswerdung des Gebietes nördlich des Ohio regelte, aber darüber hinaus als Richtschnur für die staatliche Ordnung aller übrigen in die Union aufzunehmenden Territorien in Geltung blieb, die Sklaverei ausdrücklich verboten. Aber seit dem Inkrafttreten der Verfassung gehörte die Sklaverei offenkundig zu den Zuständigkeiten der Einzelstaaten.

Sklavenbefreiung im Norden

Während die Nordstaaten die Sklaverei seit den 1780er Jahren gesetzlich abschafften, hielt der Süden daran fest. Die Schwarzen im Norden erhielten zwar die persönliche Freiheit, aber mitnichten die staatsbürgerliche oder gar die soziale Gleich-

States' Rights. Die Befürworter der ‚Staatenrechte' behaupteten den historischen wie den verfassungsrechtlichen Vorrang der Einzelstaaten vor dem Gesamtstaat. Aus der Tatsache, daß es die 13 unabhängigen und souveränen Einzelstaaten der ‚Articles of Confederation' von 1781 waren, die sich in der Verfassung von 1787 zu den ‚Vereinigten Staaten von Amerika' zusammenschlossen, leiteten sie das Recht der Einzelstaaten ab, gesamtstaatliche Gesetze zu annullieren und im äußersten Fall aus der Union auszutreten. Auf diese States' Rights-Theorie haben sich mehrere politische Gruppierungen berufen: zunächst die Anti-Federalists, die dem zentralistischen Großstaat als solchem mißtrauten, später die sklavenhaltenden Südstaaten – ihr bekanntester Sprecher war Calhoun –, die eine ‚Majorisierung' durch den Norden befürchteten und die States' Rights als Garantie des Minderheitsschutzes hochhielten. Die Verfassungsrechtler tun sich mit ihrem Urteil über die Staatenrechte schwer: der Verfassungstext ist nicht eindeutig und enthält sowohl Passagen, die den Primat der Union, als auch solche, die den der Einzelstaaten stützen.

94 Sklavenarbeit auf der Baumwollplantage.
Charakterisieren Sie die auf diesem Bilde erkennbare Arbeitsteilung.

berechtigung. In vielen Staaten wurde ihnen das Wahlrecht vorenthalten; vielerorts durften sie keine Schulen besuchen, in denen es weiße Schüler gab. In der Regel arbeiteten sie in unbeliebten und schlecht bezahlten Berufen. Sie lebten in ständiger Angst vor den Überfällen weißer Mobs.

Slave Codes im Süden

In den Südstaaten waren die Sklaven einer eigenen Gesetzgebung und einer strengen Überwachung unterworfen. Damit sollten sie im Zustand totaler Rechtlosigkeit, Abhängigkeit und Unmündigkeit gehalten werden. Sklaven durften kein Eigentum besitzen und weder Lesen noch Schreiben lernen; ihre Ehen und Familiengründungen waren rechtsunwirksam, so daß die Sklavenhalter Sklavenfamilien jederzeit auseinanderreißen durften. Ohne die Genehmigung ihres Besitzers durften Sklaven den Gemeindebereich nicht verlassen, während der Dunkelheit sich nicht in der Öffentlichkeit aufhalten, außer beim Gottesdienst nicht in größerer Zahl zusammenkommen. Sklaven konnten vor Gericht nicht gegen Weiße aussagen und selbst im Falle der Notwehr keine Gewalt gegenüber Weißen anwenden.

Rechtfertigungen der Sklaverei

Die Wortführer der Südstaaten waren darauf bedacht, die ‚peculiar institution' nicht nur gegen ihre Kritiker in Schutz zu nehmen, sondern sie darüber hinaus als eine segensreiche Errungenschaft zu erweisen. Sie beriefen sich dabei auf die angeblich ‚natürliche' Unfähigkeit der schwarzen Rasse, ihr Leben in die eigene Hand zu nehmen: die Afrikaner seien kindlich, faul, von minderer Intelligenz und auf die Führung und Anleitung der Weißen angewiesen. Das Fatale daran war, daß das Verhalten vieler Sklaven solchen ‚rassistischen' Auffassungen scheinbar recht gab: Die jahrhundertelange Anpassung an die Bedingungen der Knechtschaft hatte viele der Betroffenen tatsächlich so verformt, daß sie nicht mehr fähig waren, Selbstwertgefühl zu entwickeln und Verantwortung für sich und andere zu übernehmen. Nicht die Natur, sondern die Sklaverei selbst hatte diese Menschen zu Sklaven gemacht.

Widerstand gegen die Sklaverei

Auch viele Weiße in den Nordstaaten hegten gegenüber den Schwarzen Gefühle der Verachtung und Abneigung. So muß man argwöhnen, daß die Antisklaverei-Politik, der sich der Norden mehr und mehr verschrieb, bei vielen ihrer Befürworter weniger eine Sache ihres humanitären Gewissens als ein willkommener Vorwand war, gegen die unbeliebten weißen Südstaatler vorzugehen. Letztlich blieb der ‚Abolitionismus' des Nordens, dessen Sprachrohr die 1831 von Garrison gegründete Zeitung ‚The Liberator' und dessen Speerspitze die 1833 entstandene ‚American Antislavery Society' bildete, die Sache einer Minderheit. Die Abolitionisten betrieben eine äußerst aggressive Agitation und hatten für eine Politik der Kompromisse und kleinen Schritte wenig übrig. Die Südstaatler reagierten mit um so schrofferer Unnachgiebigkeit, zumal eingedenk des von dem schwarzen Prediger Nat Turner 1831 entfachten Skla-

95 Lithographie aus der satirischen britischen Zeitschrift ‚Punch', 1856.
Beschreiben Sie die drei dargestellten Personen, und erläutern Sie Aussage und Zielrichtung der Karikatur.

venaufstandes, bei dem 57 Weiße umgebracht worden und anschließend 120 Schwarze der Rache der von panischem Entsetzen befallenen Weißen zum Opfer gefallen waren. Viele Südstaaten hatten daraufhin ihre Überwachungsmaßnahmen und Strafandrohungen verschärft und argwöhnischer als vorher jeden Versuch bekämpft, die Sklaverei öffentlich zu kritisieren oder die Mehrheitsverhältnisse innerhalb der Union zugunsten der sklavenfreien Staaten zu verschieben.

Politik der Kompromisse

Zwischen 1820 und 1850 hielten sich die Unionspolitiker an die im Missouri-Kompromiß von 1820 vereinbarte Generallinie: Danach sollte in den Gebieten westlich des Mississippi bei der Aufnahme neuer Staaten in die Union der 36. Breitengrad die Grenzlinie zwischen sklavenfreien Staaten (im Norden) und sklavenhaltenden (im Süden) darstellen. Das während der folgenden 30 Jahre bewahrte Gleichgewicht, das dem Süden mindestens die Hälfte aller Senatssitze garantierte, geriet ins Wanken, als die Aufnahme der im Kriege gegen Mexiko (1846–1848) gewonnenen Gebiete anstand. Wieder half ein Kompromiß weiter. Kalifornien trat 1850 der Union als ‚free state' bei, während in New Mexico und Utah von der Bevölkerung gewählte Verfassungskonvente über die Sklaverei entscheiden sollten. Dem Süden wurde der Kompromiß durch ein neues Sklavenfluchtgesetz schmackhaft gemacht, das alle Staaten der Union verpflichtete, bei der Ergreifung flüchtiger Sklaven behilflich zu sein. In den Nordstaaten wurde dieses Gesetz teils halbherzig, teils gar nicht befolgt. Die ‚Underground Railroad', jene weitverzweigte Organisation des Nordens, die flüchtigen Sklaven aus dem Süden weiterhalf, setzte ihre Tätigkeit unvermindert fort.

Kansas und Nebraska

Als 1854 die Aufnahme von Kansas und Nebraska anstand, flammte der Streit mit neuer Heftigkeit auf. Wieder entschied sich, wie schon 1850, eine knappe Mehrheit des US-Kongresses für das Prinzip der ‚popular sovereignty', überließ also den Bürgern jener Territorien selbst die Entscheidung für oder gegen die Sklaverei. Konsequenterweise wurde der Missouri-Kompromiß, der von einer Zuständigkeit der Union für diese Frage ausgegangen war, ausdrücklich widerrufen. Sklavenbefürworter wie -gegner versuchten die Entscheidung in ihrem Sinne zu beeinflussen, indem sie möglichst viele Anhänger als Siedler nach Kansas schleusten. Es kam zu blutigen Auseinandersetzungen in den umstrittenen Territorien, und selbst im Senat bekämpften sich die Widersacher mit Fäusten.

Republikanische Partei

Unter dem Eindruck dieser Auseinandersetzungen entstand 1854 die ‚Republikanische Partei', zunächst mit der alleinigen Zielsetzung, die Sache der ‚Free States' entschiedener als bisher zu verfechten. Schnell wurde die neue Partei jedoch zum Sammelbecken aller jener Nordstaatler, die eine Stärkung der Union gegenüber den Einzelstaaten und eine protektionistische Zollpolitik zugunsten der Industrie durchsetzen wollten. Zum Führer der Republikaner, denen die ‚Demokraten' als die

Vertreter der südstaatlichen Interessen gegenüberstanden, stieg in den nächsten Jahren Abraham Lincoln (1809–1865) auf, ein Rechtsanwalt einfacher Herkunft aus dem Mittleren Westen, der 1858 Berühmtheit gewann, weil er im Wahlkampf um den Senatssitz für Illinois die Erhaltung der nationalen Einheit zur vordringlichsten politischen Aufgabe erklärte: „A house divided against itself cannot stand."

Verhärtung der Fronten

Einen kaum erwarteten Erfolg errang der Süden 1857, als der Oberste Gerichtshof im Dred-Scott-Fall die Rechtmäßigkeit der Sklaverei bestätigte. Dred Scott war ein Sklave, der, aufgrund eines längeren Aufenthaltes in sklavenfreien Staaten, auf Freilassung geklagt hatte, damit aber von den obersten Richtern abgewiesen wurde. Das Gericht sprach dem schwarzen Kläger das Klagerecht ab, weil er kein US-Bürger sei, verwarf seinen Antrag aber auch in der Sache: eine Freilassung verletze das unveräußerliche Recht des Sklavenhalters auf sein Eigentum. Das Urteil stellte außerdem die Ungültigkeit des Missouri-Kompromisses von 1820 fest, weil dieser die verfassungsmäßigen Rechte der Einzelstaaten verletze. Ende der 1850er Jahre waren die Fronten endgültig verhärtet. Der Norden war empört, weil die Minderheit der Südstaaten das demokratische Mehrheitsprinzip nicht gelten lassen wollte, der Süden besorgt, weil er den Bestand seiner Minderheitsrechte bedroht sah; jedes Lager empfand das andere als Rechtsbrecher.

96 **Rechte und Interessen der Einzelstaaten.** Aus der Protesterklärung Südkarolinas gegen den bundesstaatlichen Zolltarif (1828):

Der Senat und das Repräsentantenhaus von Südkarolina [...] protestieren feierlich gegen das kürzlich von der Bundesregierung eingeführte System der Schutzzölle, und zwar aus folgenden Gründen: [...]!

2. Weil die Befugnis, Einfuhrzölle zu erheben, nur ein Mittel ist und ihrer Natur nach sein kann, bestimmte Ziele zu erreichen, die von der Verfassung genannt sind; denn keine freie Regierung und am allerwenigsten eine mit ausdrücklich aufgezählten Vollmachten, kann rechtmäßigerweise eine Steuer auferlegen, [...] die nicht gänzlich durch ein öffentliches Interesse gerechtfertigt ist, und dies selbstverständlich nur im Rahmen des Gesellschaftsvertrages. [...]

3. Weil sie glauben, daß das Zollgesetz, das der Kongreß in seiner letzten Sitzung beschlossen hat, und alle anderen Gesetze, deren Hauptzweck der Schutz der Fabrikation und aller anderen Zweige der heimischen Industrie ist, sofern man sie als Ausübung einer Befugnis des Kongresses begreift, das Volk nach seinem Gutdünken zu besteuern und Geld auszugeben, das für in der Verfassung nicht vorgesehene Zwecke eingezogen wurde, eine Verletzung dieser fundamentalen Grundsätze ist, ein Bruch des genau definierten Auftrages und ein Mißbrauch der Hoheitsbefugnisse, die der Bundesregierung allein für Bundeszwecke übertragen wurden. [...]

6. Weil, insoweit die Befugnis, die Industrie zu schützen, nirgendwo ausdrücklich dem Kongreß übertragen wurde und auch nicht als notwendig und angemessen angesehen werden kann, um irgendeine ausdrücklich genannte Befugnis auszuüben, sie offensichtlich ausdrücklich den Staaten vorbehalten ist, und zwar durch den 10. Abschnitt des 1. Artikels der Verfassung. [...]

8. Weil schließlich Südkarolina wegen seines Klimas, seiner Lage, seiner besonderen Einrichtungen gänzlich von der Landwirtschaft und dem Handel abhängt und immer abhängen muß, nicht nur hinsichtlich seines Wohlstandes, sondern in seiner ganzen Existenz als Staat; weil die wertvollen Erzeugnisse seines Bodens [...] zu den wenigen gehören, die sich mit Gewinn durch Sklavenarbeit produzieren lassen; und wenn durch einen Verlust des Auslandsmarktes diese Güter auf ein unzureichendes Absatzgebiet beschränkt werden müßten, würde das Schicksal dieses fruchtbaren Staates Armut und äußerstes Elend sein; seine Bürger würden aus Verzweiflung in glücklichere Gegenden auswandern, und der gesamte verfassungsmäßige Rahmen seiner politischen Existenz würde Schaden leiden, wenn nicht sogar vollständig aufgelöst werden.

R.Hofstadter: Great Issues in American History. Bd. 1. New York 1958. S. 276ff. Übersetzt von J. Rohlfes

a) Kennzeichnen und erörtern Sie das Verfassungsverständnis dieser Erklärung.
b) Welche wirtschaftlichen Interessen werden erkennbar?

97 **Kein Recht auf staatliche Trennung.** Aus Präsident Jacksons Antwort auf Südkarolinas ,Ordinance of Nullification' (1832):

Diese Nichtigkeitserklärung gründet sich nicht nur auf den Rechtsanspruch die beanstandeten Gesetze zu annullieren, sondern verstärkt dies noch durch die Drohung, aus der Union auszuscheiden, falls versucht werden sollte, diese Gesetze auszuführen. Dieses Sezessionsrecht wird aus dem Wesen der Verfassung abgeleitet, die nach ihrer Behauptung ein Vertrag zwischen souveränen Staaten ist, die ihre volle Souveränität bewahrt haben und daher keiner höheren Macht untergeordnet sind; da sie den Vertrag geschlossen hätten, könnten sie ihn auch auflösen, wenn nach ihrer Auffassung die anderen Staaten davon abgewichen wären. Irreführend, wie diese Art der Argumentation ist, spricht sie den Stolz der Staaten an und findet Unterstützung in den ehrbaren Vorurteilen derer, die das Wesen unserer Staatsform nicht gründlich genug studiert haben, um den vollständigen Irrtum zu erkennen, auf dem dieser Stolz beruht. Die Verfassung der Vereinigten Staaten schafft eine (nationale) Regierung, nicht einen Staatenbund; ob sie durch einen Vertrag zwischen den Staaten oder auf andere Weise entstanden ist, ihr Charakter ist derselbe. Es ist eine Regierung, die das ganze Volk vertritt und die unmittelbar auf jeden Bürger einwirkt, nicht auf die Staaten; diese behielten alle Macht, die sie nicht der Union übertrugen. Aber kein Staat der ausdrücklich auf so viele Machtbefugnisse verzichtet hat, um zusammen mit den anderen Staaten eine einheitliche Nation zu schaffen, kann von diesem Zeitpunkt an noch das Recht zum Austritt besitzen, weil solcher Austritt nicht einen Staatenbund auflöst, sondern die Einheit einer Nation zerstört, und jeder Verstoß gegen diese Einheit ist mehr als ein Vertragsbruch, er ist ein Angriff auf die ganze Union. Zu sagen, jeder Staat könne sich nach Belieben von der Union trennen, hieße zu behaupten, die Vereinigten Staaten seien keine Nation. [...] Eine staatliche Trennung mag, wie jeder andere revolutionäre Akt, moralisch durch die Ausnahmesituation der Unterdrückung gerechtfertigt sein. Sie aber ein verfassungsmäßiges Recht zu nennen, heißt, die Bedeutung von Begriffen zu verwirren, und dies kann nur infolge eines großen Irrtums oder in der Absicht geschehen, diejenigen zu täuschen, die für ein Recht eintreten wollen, aber davon abstehen würden, wenn sie dadurch eine Revolution auslösten.

R. Hofstadter: Great Issues in American History. Bd. 1. New York 1958. S. 286. Übersetzt von J. Rohlfes

a) Bewerten Sie die Argumente, mit denen der Präsident den Vorrang der nationalen Einheit zu begründen sucht.

b) Wie erklären Sie sich die Anziehungskraft einer Verfassungstheorie, die die Souveränität der Einzelstaaten behauptet?

98 Sklavenauktion in Richmond, Virginia, 1860–1861.
Stellen Sie Beziehungen zwischen diesem Bild und der Textquelle 99 her.

99 **Sklavenmarkt.** Aus den Erinnerungen des ehemaligen Sklaven Solomon Northop (1853):

An diesem Tag wurden die meisten Sklaven verkauft. David und Caroline kamen zusammen zu einem Pflanzer nach Natchez. Sie verließen uns lachend und vollkommen glücklich über die Tatsache, daß sie sich nicht zu trennen brauchten. Lethe wurde an einen Pflanzer in Baton Rouge verkauft. Als man sie fortführte, glühten ihre Augen vor Zorn. Der gleiche Mann kaufte auch Randall. Der kleine Bursche mußte herumspringen und durch den Saal laufen und noch tausend andere Dinge tun, um seine Geschicklichkeit und seine gute Form zu beweisen. Während dieser ganzen Verhandlung weinte Eliza laut und rang die Hände. Sie bat den Mann, ihn nicht zu kaufen, wenn er nicht auch sie selbst und Emily kaufen würde. Für diesen Fall versprach sie, die treueste Sklavin zu sein, die es je gegeben habe. Der Mann antwortete, daß er dazu nicht in der Lage sei, worauf Eliza ihrem Schmerz schreiend und weinend freien Lauf ließ. Freeman drehte sich mit erhobener Peitsche wütend zu ihr um und befahl ihr, mit dem Lärm aufzuhören, oder er würde sie auspeitschen. [...] Eliza warf sich vor ihm auf den Boden und versuchte, ihre Tränen abzuwischen, aber es war alles vergebens. Sie möchte die kurzen Tage, die sie noch zu leben hätte, bei ihren Kindern sein, bat sie. Alle Drohungen und finsteren Blicke Freemans konnten die erregte Mutter nicht zur Ruhe bringen. Sie fuhr mit ihrem mitleiderregenden Flehen und Bitten fort, die drei nicht zu trennen. [...] Aber es nützte alles nichts, Randall mußte allein gehen. Eliza lief zu ihm hin, umarmte ihn leidenschaftlich, küßte ihn wieder und wieder und bat ihn, sie nicht zu vergessen – während ihre Tränen wie Regen auf das Gesicht des Jungen fielen. Der Plantagenbesitzer von Baton Rouge machte sich mit seinem neuen Kauf zum Abschied bereit. „Weine nicht, Mama, ich vergesse dich nicht. Weine nicht mehr", rief Randall ihr zu, als er sich auf der Türschwelle noch einmal zu ihr umwandte. Gott allein weiß, was aus dem Jungen geworden ist.

V. Austin (Hg): Der amerikanische Bürgerkrieg in Augenzeugenberichten. Düsseldorf 1963. S. 48f.

Was ist diesem Text an Informationen über das Verhältnis von Herren und Sklaven zu entnehmen?

100 **Für und wider die Sklaverei**

a) Aus dem Statut der ‚Amerikanischen Antisklavereigesellschaft' (1833):

Da der Allerhöchste Gott „alle Geschlechter der Menschen aus einerlei Blut geschaffen hat, auf dem Erdboden zu wohnen", und ihnen gebot, ihren Nächsten zu lieben wie sich selbst; da unser Dasein als Volk auf den in der Unabhängigkeitserklärung anerkannten Grundsatz gegründet ist, „das alle Menschen gleich geschaffen sind und daß sie von ihrem Schöpfer mit gewissen unveräußerlichen Rechten ausgestattet sind, darunter Leben, Freiheit und Streben nach Glück"; und da nach nahezu 60 Jahren, seitdem das Wort und die Ehre des amerikanischen Volkes vor dem Allmächtigen Gott und vor der Welt zu diesem Bekenntnis verpfändet worden sind, fast ein Sechstel der Nation von seinen Mitbürgern in Knechtschaft gehalten wird; und da Sklaverei den Grundsätzen der natürlichen Gerechtigkeit, des Christentums und unserer republikanischen Regierungsform zuwiderläuft und den Wohlstand des Landes untergräbt, indem der Friede, die Eintracht und die Freiheiten der Staaten gefährdet werden; und da wir es für die Pflicht und das Interesse der Herren halten, unverzüglich ihren Sklaven die Freiheit zu schenken, zumal da durch Pläne freiwilliger oder erzwungener Auswanderung dieses große und wachsende Übel nicht beseitigt werden kann; und da wir es für ausführbar halten, durch Mahnrufe an die Gewissen, die Gefühle und die Interessen des Volkes in der ganzen Nation eine öffentliche Meinung zu erwecken, die sich in allen Teilen der Republik gegen die Fortdauer der Sklaverei wendet und allgemeine Unruhen verhindert, indem sie die schleunige Abschaffung der Sklaverei herbeiführt; und da wir es den Unterdrückten, unseren Mitbürgern, die Sklaven halten, sowie unserem ganzen Land, unseren Nachkommen und Gott schuldig zu sein glauben, alle gesetzlichen Mittel anzuwenden, um es zur Ausrottung der Sklaverei zu bringen, so kommen wir hiermit, unter andächtigem Vertrauen auf göttlichen Beistand, überein, eine Gesellschaft zu bilden.

F. Wagner: USA. Geburt und Aufstieg der Neuen Welt. München 1947. S. 190f.

b) Der mehrmalige Vizepräsident, Kriegsminister und Senator John C. Calhoun aus Südkarolina (1837):

Ich bin der Meinung, daß beim gegenwärtigen Stand unserer Kultur, in der zwei Rassen unterschiedlicher Herkunft, die sich durch ihre Hautfarbe sowie durch andere körperliche und geistige Merkmale unterscheiden, zusammengebracht worden sind, das Verhältnis, wie es derzeit zwischen ihnen in den sklavenhaltenden Staaten besteht, nicht etwa ein Übel, sondern ein Gut ist - ein wertvolles Gut. Ich fühle mich aufgerufen, offen über dieses Thema zu sprechen, mit dem die Ehre und die Interessen derer verknüpft sind, deren Vertreter ich bin. Ich meine, bislang gab es niemals eine reiche und zivilisierte Gesellschaft, in der nicht tatsächlich ein Teil von der Arbeit des anderen lebte. Wahrheitsgemäß kann ich sagen, daß es wenige Länder wie das unsrige gibt, in denen ein so großer Anteil den Arbeitenden überlassen und so wenig von ihnen eingetrieben wird oder wo ihnen bei Krankheit oder den Gebrechen des Alters mehr freundliche Zuwendung zuteil wird. Man vergleiche ihre Lebensverhältnisse mit denen der Insassen von Armenhäusern in den fortgeschritteneren Ländern Europas - man betrachte den kranken, alten, hinfälligen Sklaven auf der einen Seite, inmitten seiner Familie und seiner Freunde, unter der freundlichen Fürsorge seines Herren und seiner Herrin, und vergleiche dies mit der einsamen und elenden Existenz des Armen im Armenhaus.

R. Current u.a.: American History. Bd. 1. 5. Aufl. New York 1979. S. 336. Übersetzt von J. Rohlfes

a) Worin unterscheiden sich die Perspektiven dieser beiden Texte? Welche Menschenbilder liegen ihnen zugrunde?
b) Nehmen Sie kritisch zu beiden Texten Stellung.

101 **Sklaven als Eigentum.** Aus der Urteilsbegründung des Obersten Gerichtshofes im Dred-Scott-Prozeß (1857):

Viele nehmen augenscheinlich an, es gebe einen Unterschied zwischen dem Eigentum an einem Sklaven und sonstigem Eigentum und es sei möglich, im Hinblick darauf unterschiedliche Regeln bei der Auslegung der Verfassung der Vereinigten Staaten anzuwenden. Die Gesetze und Gepflogenheiten anderer Völker, die Schriften bedeutender Juristen über das Verhältnis zwischen Herren und Sklaven und über ihre wechselseitigen Rechte und Pflichten sowie die Befugnisse, die Regierungen dabei innehaben mögen, spielten in dieser Argumentation eine wichtige Rolle. Wenn aber die Verfassung das Eigentumsrecht eines Herren an einem Sklaven anerkennt und keinen Unterschied zwischen solchem und anderem Eigentum macht, das einem Bürger gehört, dann hat keine Behörde der Vereinigten Staaten, gehöre sie nun zur Legislative, Exekutive oder Judikative, das Recht, eine derartige Unterscheidung vorzunehmen oder jemandem den Genuß jener Vorschriften und Garantien zu verwehren, die zum Schutze des privaten Eigentums gegen die Eingriffe des Staates geschaffen worden sind. Nun wird das Eigentumsrecht an einem Sklaven in der Verfassung deutlich und ausdrücklich bestätigt. Das Recht, damit wie mit einem normalen Handelsgut Handel zu treiben, wurde den Bürgern der Vereinigten Staaten für 20 Jahre [...] garantiert. Und die Regierung ist ausdrücklich verpflichtet, es für alle Zukunft zu schützen, wenn ein Sklave seinem Eigentümer entflieht. Kein Wort ist in der Verfassung zu finden, das dem Kongreß eine größere Verfügungsgewalt über das Eigentum an Sklaven gibt oder das solchem Eigentum weniger Schutz garantiert als sonstigem Eigentum. [...] Dieses Gericht ist der Ansicht, daß jenes vom Kongreß erlassene Gesetz, das den Bürgern verbot, Sklaven in dem Gebiet der Vereinigten Staaten zu besitzen, das nördlich der in dem Gesetz beschriebenen Linie liegt, durch die Verfassung nicht gestützt und darum nichtig ist; und daß weder Dred Scott noch sonst jemand aus seiner Familie dadurch frei wurde, daß er in jenes Gebiet gelangte, selbst wenn ihr Eigentümer mit der Absicht sie dorthin geschickt hätte, sie zu ständigen Einwohnern dieses Territoriums werden zu lassen.

H. Commager: Documents of American History. Bd. 1. 9. Aufl. Englewood Cliffs 1973. S. 344f. Übersetzt von J. Rohlfes

a) Welchem Rechtsgut geben die Richter Vorrang, welches setzen sie hintan?
b) Mit welchen Gründen verwirft das Gericht den Missouri-Kompromiß?

3. Bürgerkrieg und Wiederaufbau (1861–1877)

Als der republikanische Kandidat Abraham Lincoln bei den Präsidentschaftswahlen 1860 siegte, war dies für viele Südstaatler das Signal, den schon lange erwogenen Austritt aus der Union zu wagen. Dabei hatte sich Lincoln im Wahlkampf durchaus als ein Gemäßigter erwiesen, der um der Einheit der Union willen zu Kompromissen mit dem Süden bereit war. Jetzt zwang ihn die Sezessionsbewegung im Süden jedoch zu energischem Handeln.

Die Sezession

Nachdem South Carolina mit seiner Austrittserklärung vom 20. Dezember 1860 den Anfang gemacht hatte, folgten ihm in den nächsten Wochen mit Mississippi, Florida, Alabama, Georgia, Louisiana, Texas sechs weitere Staaten. Sie schlossen sich am 8. Februar 1861 als ‚Konföderierte Staaten von Amerika' zusammen, gaben sich eine Verfassung, die sich eng an die Unionsverfassung von 1787 anlehnte, aber die Mitgliedsstaaten als „souverän und unabhängig" bezeichnete, und wählten am folgenden Tag Jefferson Davis (1808–1889), einen Pflanzer und langjährigen Senator aus Mississippi, zum (vorläufigen) Präsidenten. Den sieben Gründerstaaten schlossen sich in der Folgezeit noch vier weitere an: Virginia, Arkansas, Tennessee, North Carolina. Die sklavenhaltenden Grenzstaaten Delaware, Maryland, Kentucky und Missouri blieben der Union treu; zu ihnen gesellte sich West Virginia, das sich vom Mutterstaat abgespalten hatte.

Kriegsausbruch

In einer versöhnlichen Rede anläßlich seiner Amtseinführung beschwor Lincoln die abtrünnigen Staaten, in die Union zurückzukehren. Als sein Appell jedoch ohne Wirkung blieb und konföderierte Truppen am 12. April 1861 das dem Hafen von Charleston vorgelagerte, von Unionssoldaten besetzte Fort Sumter beschossen und zwei Tage später einnahmen, wich er der Auseinandersetzung nicht länger aus. Er erklärte die abgefallenen Südstaatler zu Rebellen und verweigerte ihnen während des ganzen Krieges beharrlich die Anerkennung ihrer Eigenstaatlichkeit.

Kräfteverhältnisse

Die Kräfte und Machtmittel waren im amerikanischen Bürgerkrieg ziemlich ungleich verteilt. Den 9 Millionen Einwohnern der Sezessionsstaaten (3,5 Millionen davon waren Negersklaven) standen 22 Millionen im Norden gegenüber. Dank der Ausschöpfung aller Reserven konnten die Südstaaten mit insgesamt fast 1 Million Bewaffneten gegenüber den 1,5 Millionen der Union das rein militärische Kräfteverhältnis allerdings deutlich günstiger gestalten. Dagegen war die wirtschaftliche Überlegenheit des Nordens erdrückend: ihm standen 90% der gesamten Industriekapazität zur Verfügung; seine Landwirtschaft erzeugte gewaltige Nahrungsmittelüberschüsse; mit seiner Flotte und seinem Eisenbahnnetz übertraf er das Verkehrspotential des Südens um Längen. Die schwach entwickelte Industrie des Südens reichte nicht im entferntesten hin, den militärischen und zivilen Bedarf zu befriedigen, und die vornehmlich auf den Baumwollexport ausgerichtete Landwirtschaft vermochte die Bevölkerung nicht zu ernähren. So litten die Südstaatler fast von Anfang an Hunger und Not.

Das Konzept der Konföderierten

Wenn der Süden dennoch den Kampf wagte und mit viel Tapferkeit und Opfermut vier lange Jahre durchhielt, so leitete ihn dabei nicht bloß der Mut der Verzweiflung, sondern auch ein nicht unrealistisches Kalkül. Im Gegensatz zum Norden, dessen Kriegsziel der Wiederherstellung der nationalen Einheit vielen Menschen nur wenig bedeutete, fühlte sich die überwältigende Mehrheit der weißen Südstaatler dem eigenen, auf der Sklaverei gründenden Gesellschafts- und Wirtschaftssystem innerlich verbunden und sah in der Behauptung der Eigenstaatlichkeit ein Ziel, das die Entbehrungen und Opfer lohnte. Der Norden konnte nur siegen, indem er den Gegner militärisch bezwang. Der Süden hatte fast alles erreicht, wenn er die militärische Kapitulation vermied. Er baute auf die Zeit und hoffte auf ein Erlahmen des gegnerischen Kampfeswillens.

Niederlage des Südens

Diese Rechnung ging am Ende nicht auf. Obwohl sich die Konföderierten mit Bravour schlugen und der Norden lange Mühe hatte, seine Wirtschaftskraft in militärische

102 Präsident Lincolns Ansprache bei der Einweihung des Soldatenfriedhofs von Gettysburg, 1862. Lincoln pries die amerikanische Demokratie als „Regierung des Volkes, durch das Volk und für das Volk".

Überlegenheit umzusetzen, setzte sich die Übermacht des Nordens schließlich doch durch. Beide Seiten kämpften, trotz bemerkenswert ritterlicher Kriegführung, mit steigernder Erbitterung, so daß dieser Krieg mit seinen insgesamt 600000 Toten mehr Menschenleben kostete als alle übrigen Kriege der Vereinigten Staaten bis heute. Die weiße Bevölkerung der Sezessionsstaaten wurde um ein Zehntel dezimiert. Die Blockade des Nordens und vor allem die Kriegsverwüstungen brachten die Wirtschaft des Südens fast zum Erliegen, und es dauerte fast ein Menschenalter, ehe der alte Leistungsstand wieder erreicht war.

Lincolns Politik des Ausgleichs

Während des Krieges stieg Lincoln zum angesehenen Führer der Union auf. Er erwies sich als ein besonnener und kompromißfähiger, aber seine Machtmittel entschlossen ausschöpfender Staatsmann großen Formats. An seinem Kurs der nationalen Versöhnung hielt er unbeirrt fest. Lange zögerte er, die von seinen Anhängern geforderte Abschaffung der Sklaverei zu vollziehen, weil ihm die Wiederherstellung der nationalen Einheit wichtiger war als das Schicksal der Sklaven. Erst als der Süden jegliches Entgegenkommen verweigerte, erklärte der Präsident in seiner ‚Emancipation Proclamation' vom 1. Januar 1863 alle Sklaven im Machtbereich der ‚Rebellen' für frei, während er die Sklaverei in den bei der Union verbliebenen ‚Grenzstaaten' unangetastet ließ. Die allgemeine und wirklich rechtsverbindliche Freilassung aller Sklaven innerhalb der Vereinigten Staaten erfolgte erst 1865 mit dem Inkrafttreten des 13. Verfassungszusatzes.

Als der Sezessionskrieg mit der Kapitulation der letzten konföderierten Armee bei Appomatox am 9. April 1865 zu Ende ging, war es Lincolns vordringliches Ziel, die besiegten Südstaaten so schnell und so schonend wie möglich wieder in den Gesamtstaat einzugliedern. Ihm stand dabei ein Gesetz von 1864 im Wege, das den abtrünnigen Staaten für ihre Rehabilitierung strenge Bedingungen auferlegte: das Verbot politischer Betätigung für alle, die in der Konföderation ein öffentliches Amt bekleidet hatten; die Abschaffung der Sklaverei; die Nichtübernahme der während des Krieges entstandenen Staatsschuld. Nur durch einen Trick hatte der Präsident das Inkrafttreten des Gesetzes einstweilen hinausschieben können. Während noch alles in der

Schwebe war, starb Lincoln am 14. April 1865, fünf Tage nach dem endgültigen Sieg im Bürgerkrieg, unter den Kugeln eines fanatischen Attentäters.

Das Zerwürfnis der Sieger

Sein Nachfolger, der bisherige Vizepräsident Andrew Johnson, dem die Autorität Lincolns abging, suchte den Versöhnungskurs fortzusetzen. Bevor der Kongreß im Dezember 1865 zusammentrat, hatte er vier Südstaaten bereits wieder in die Union aufgenommen, eine Amnestie für Politiker der Konföderation verfügt und in allen Staaten außer Texas neue Verfassungen in Kraft gesetzt. In seiner Botschaft an den verblüfften Kongreß erklärte er die Union für wiederhergestellt und ersuchte um die Zulassung der von den Südstaaten gewählten Vertreter in den Senat und das Repräsentantenhaus. Der Kongreß bestand jedoch auf der Bestrafung und Entmachtung der südstaatlichen Führungsschicht und einer strengen Kontrolle des politischen Wiederaufbaus (‚reconstruction'). 1867 setzte er eine Militärverwaltung im Süden ein und regelte das Verfahren der Wiederaufnahme der ehemaligen Feindstaaten: diese mußten das Wahlrecht für Schwarze einführen und den 1866 beschlossenen 14. Verfassungszusatz ratifizieren, der allen Einwohnern das Bürgerrecht der Vereinigten Staaten zuerkannte. Nach Erfüllung dieser Auflagen erlangten 1868 die ersten sieben, 1870 die restlichen vier Südstaaten ihre Wiederzulassung. Dennoch lockerte der Kongreß seinen harten Griff nur allmählich: 1877 zogen die letzten Besatzungstruppen ab. Wegen dieser Politik kam es zwischen Präsident Johnson und dem Kongreß zu einer erbitterten Auseinandersetzung. Der Präsident suchte alle diskriminierenden Gesetze durch sein Veto zu blockieren und wurde regelmäßig vom Kongreß überstimmt. Dieser scheute sich schließlich nicht, ein Amtsenthebungsverfahren (impeachment) gegen ihn zu eröffnen. Mit nur einer Stimme, die der erforderlichen Mehrheit fehlte, entging der Präsident seiner Absetzung.

Lage der Schwarzen

Das Los der Schwarzen, um das es in diesem Kriege nicht zuletzt gegangen war, besserte sich nicht durchgreifend. Außer der persönlichen Freiheit und dem Anspruch auf Rechtsgleichheit erhielten die schwarzen Amerikaner nichts, was als eine Wiedergutmachung für ihre jahrhundertelange Unterdrückung und Ausbeutung hätte gelten können. Da kaum ein Afroamerikaner über Besitz, Schul- oder Berufsausbildung verfügte, waren die ehemaligen Sklaven in ihrer großen Mehrheit gezwungen, weiterhin als Plantagenarbeiter oder als Pächter ihr Leben zu fristen. Von den meisten Weißen hatten sie allenfalls Gleichgültigkeit, vielfach aber unverhohlene Abneigung, Einschüchterung, Benachteiligung zu erwarten. Auf dem Arbeitsmarkt standen ihnen nur die schlechtestbezahlten ‚Jobs' offen; die Ausübung ihres Wahlrechts wurde durch alle nur erdenklichen Schikanen behindert; in der Rechtsprechung setzte sich die Tendenz durch, die Eingliederung der Schwarzen in die amerikanische Gesellschaft durch eine Trennung der Rassen in den meisten Bereichen des öffentlichen Lebens zu unterlaufen. Mit der 1896 vom Supreme Court vertretenen ‚separate but equal'-Formel erhielt diese Einstellung Verfassungsrang. Die Schwarzen fanden sich in ihrer großen Mehrzahl mit der Fortdauer ihrer Benachteiligung ab. Eine Minderheit folgte dem Rat des schwarzen Pädagogen Booker T. Washington, durch schulische und berufliche Qualifizierung den individuellen gesellschaftlichen Aufstieg zu schaffen.

Reconstruction. Die ‚Wiederaufbau'-Ära umfaßt die Jahre 1865 bis 1877, in denen um die politische und gesellschaftliche Neuordnung der im Bürgerkrieg besiegten Sezessionsstaaten und ihre Wiedereingliederung in die Union gerungen wurde. In der historischen Sicht vieler, vor allem südstaatlicher US-Amerikaner war dies eine Epoche der Fremd- und Willkürherrschaft doktrinärer Republikaner aus dem Norden und ihrer opportunistischen Parteigänger im Süden, die an der alten quasi-aristokratischen Führungsschicht des ‚Alten Südens' Rache nehmen und sie für alle Zeit entmachten wollten. Andere sehen in der Rekonstruktionspolitik den Versuch, dem Süden jene politische, wirtschaftliche und soziale Modernisierung aufzuzwingen, zu der seine konservative Machtelite vor 1865 weder fähig noch bereit gewesen war. Dieser Versuch hatte nur teilweise Erfolg. Zwar kam es zu einer alles in allem erfolgreichen Wirtschaftsentwicklung, aber an der sozialen und politischen Machtverteilung mit ihrer rücksichtslosen Diskriminierung der Schwarzen änderte sich bis weit ins 20. Jahrhundert nur wenig.

103 **Die Sache des Südens.** Jefferson Davis, Präsident der Konföderierten Staaten, vor dem Kongreß der Konföderation (1861):

Als die nördlichen Staaten allmählich ein Übergewicht im Kongreß gewannen, lehrte das Eigeninteresse ihre Bewohner, jede Argumentation zu unterstützen, die ihnen das Recht zusprach, als Mehrheit die Minderheit ohne Kontrolle zu regieren. Sie gewöhnten sich daran, jeden Hinweis auf verfassungsmäßige Einschränkungen bei der Ausübung ihres Willens mit Ungeduld zur Kenntnis zu nehmen. Die Prinzipien der Verfassung verzerrten sich in den Köpfen der Nordstaatler so vollständig, daß Präsident Lincoln in seiner Antrittsbotschaft vom März es als ein schlechthin unbestreitbares Axiom hinstellt, der Geist unserer Verfassung gebiete, daß in allen Fällen die Mehrheit zu entscheiden habe. [...] Dies ist der beklagenswerte und fundamentale Irrtum, auf dem jene Politik beruht, die in der Kriegserklärung gegen die Konföderierten Staaten ihren Gipfel erreicht hat. [...]

Klima und Boden der nördlichen Staaten erwiesen sich als ungeeignet für die Beibehaltung von Sklavenarbeit, während für den Süden das Gegenteil galt. Im Rahmen des unbeschränkten Austausches zwischen den beiden Regionen entsprach es dem Interesse der nördlichen Staaten, ihre Sklaven an den Süden zu verkaufen und die Sklaverei innerhalb ihrer Grenzen zu verbieten. Der Süden erwarb gern ein Eigentum, das seinen Bedürfnissen entsprach, und bezahlte den Kaufpreis, ohne zu argwöhnen, es könne in seinem Besitz von denen behelligt werden, die nicht nur kraft der Autorität der Verfassung, sondern auch wegen ihrer Pflichten als Verkäufer gehalten gewesen wären, einen Besitzteil anzuerkennen, an dessen Entstehung sie selbst mitgewirkt hatten. Sobald jedoch die Nordstaaten zahlreich genug waren, um den Kongreß kontrollieren zu können, schufen sie ein ständiges und wirksames System feindlicher Maßnahmen gegen die Rechte der Sklaveneigner in den Südstaaten und bauten es nach und nach aus. [...] In Wahrnehmung eines alten, wohlbegründeten und der Selbsterhaltung dienenden Rechtes erkannten die Bürger der Konföderierten Staaten in ihren Volksversammlungen, daß das erlittene Unrecht und die drohenden Übel sie zwangen, die Übertragung ihrer Machtbefugnisse auf die Union, die sie früher in ihren Konventen ratifiziert hatten, zu widerrufen. Sie verabschiedeten darum Gesetze, mit denen sie alle Rechte als souveräne und unabhängige Staaten wieder an sich nahmen, und lösten ihre Verbindung mit den anderen Staaten der Union.

R. Hofstadter: Great Issues in American History. Bd. 1. New York 1958. S. 398 ff. Übersetzt von J. Rohlfes

a) Wem gibt Davis die Schuld am Auseinanderbrechen der Union?
b) Mit welchem Recht nennt er die Berufung auf das Mehrheitsprinzip einen grundlegenden Irrtum? Vergleichen Sie seine Argumentation mit der Protesterklärung Süd-Karolinas von 1828, (▷ M 96).

104 **Die Sache der Union.** Aus Lincolns Kongreßbotschaft vom 4. Juli 1861:

Diese Frage betrifft mehr als das Schicksal dieser Vereinigten Staaten. Sie stellt die ganze Menschheit vor die Entscheidung, ob eine auf einer Verfassung beruhende Republik oder Demokratie – eine Regierung des Volkes durch das Volk – ihre territoriale Unversehrtheit gegen ihre inneren Gegner aufrechterhalten kann oder nicht. Es stellt sich die Frage, ob unzufriedene Einzelne, die zahlenmäßig zu schwach sind, um auf die Regierung gemäß dem geltenden Recht Einfluß zu nehmen, jederzeit das Staatswesen auflösen dürfen, unter Vorwänden wie in diesem Fall oder mit anderen Begründungen oder womöglich ohne jede Begründung, und auf diese Weise der freien Regierungsform auf der Erde ein Ende bereiten können. Dies führt zu der Frage: Ist diese fatale Schwäche allen Republiken eigen? Muß eine Regierungsform unvermeidlicherweise entweder zu mächtig sein und damit die Freiheit des eigenen Volkes gefährden oder aber zu schwach sein und damit die eigene Existenz aufs Spiel setzen?

[...] Unsere Staaten haben nicht mehr und nicht weniger Macht, als ihnen die Unionsverfassung zuerkannt hat. Keiner von ihnen ist jemals ein Staat außerhalb der Nation gewesen. Die Gründerstaaten kamen in die Union, bevor sie ihre koloniale Abhängigkeit von Großbritannien abgeschüttelt hatten; und von den neuen Staaten trat jeder direkt aus einem Zustand der Abhängigkeit der Union bei, ausgenommen Texas. [...] Es ist viel über die ‚Souveränität' der Staaten gesagt worden. Aber das Wort selbst begegnet weder in der Unionsverfassung noch in einer der Staatsverfassungen. [...] Die Staaten haben ihren Status innerhalb der Union, und sie besitzen keinen anderen Rechtsstatus. Wenn sie daraus ausbrechen, können sie dies nur gegen das Recht und mittels einer Revolution tun. [...] Die Union ist älter als jeder der Staaten, und in Wahrheit machte sie diese erst zu Staaten. [...]

Dies ist im letzten ein nationaler Konflikt. Auf der Seite der Union kämpfen wir dafür, in der Welt jene Regierungsform zu erhalten, deren Hauptziel es ist, die Lebensbedingungen der Menschen zu verbessern: vermeidbare Lasten von ihren Schultern zu nehmen; allen die Wege zu einer sinnvollen Lebensführung zu bahnen; allen einen unbehinderten Start und eine faire Chance im Lebenskampf zu sichern. [...] Wir haben jetzt der Welt zu zeigen, daß, wer eine demokratische Wahl durchführen kann, auch mit einer Rebellion fertigzuwerden vermag; [...] und daß, wenn Stimmzettel fair und verfassungsgemäß entschieden haben, niemand mit Erfolg an die Waffen appellieren kann. [...] Das wird eine große Lehre für den Frieden sein; die Menschen zu überzeugen, daß sie niemals durch einen Krieg zu erlangen vermögen, was sie nicht durch eine Wahl gewinnen können.

R. Hofstadter: Great Issues in American History. Bd. 1. New York 1958. S. 402 ff. Übersetzt von J. Rohlfes

a) Warum ist für Lincoln die Sezession rechtswidrig?
b) Wie beschreibt er das Wesen des demokratischen Staates?
c) Vergleichen Sie Lincolns Argumentation mit der Jacksons von 1832 (▷ M 97).

105 Karikatur aus dem ‚Punch', 1862, unter dem Titel: ‚Abe Lincolns letzte Karte'. Eine Anspielung auf die Emanzipations-Proklamation. Lincolns Gegenüber ist Jefferson Davis, Präsident der Konföderierten Staaten.

106 **„Die Wunden der Nation verbinden".** Aus Lincolns Rede zu seiner zweiten Amtseinführung (1865):

Beide Seiten verwünschten den Krieg, aber die eine von ihnen wollte lieber Krieg führen als die Nation bewahren, und die andere wollte den Krieg lieber hinnehmen, als die Nation untergehen zu lassen, und so kam der Krieg. Ein Achtel der gesamten Bevölkerung bestand aus farbigen Sklaven, die nicht über die ganze Union verteilt, sondern ausschließlich in ihrem südlichen Teil lebten. Diese Sklaven waren der Gegenstand besonderer und mächtiger Interessen. Alle wußten, daß diese Interessen in irgendeiner Weise der Grund des Krieges waren. Diese Interessen zu stärken, zu verewigen und auszuweiten, war das Ziel, um dessenwillen die Aufständischen die Union sogar in einen Krieg zu stürzen bereit waren, während die Regierung lediglich das Recht beanspruchte, die territoriale Ausweitung der Sklaverei zu beschränken. [...] Beide Parteien lesen dieselbe Bibel und beten zum selben Gott, und jede ruft Seine Hilfe gegen die andere an. [...] Beide Gebete konnten nicht erhört werden. Keines ist voll in Erfüllung gegangen. Der Allmächtige hat Seine eigenen Zwecke. [...] Mit Groll gegen niemanden, mit Nachsicht für alle, mit Festigkeit im Recht, wie Gott es uns sehen läßt, laßt uns danach streben, unser Werk zu Ende zu bringen, die Wunden der Nation zu verbinden, zu sorgen für den, der den Kampf auf sich nehmen mußte, und für seine Witwe und Waise, alles zu tun, was einen gerechten und dauerhaften Frieden unter uns selbst und mit allen Völkern herbeiführen und erhalten kann.

R. Hofstadter: Great Issues in American History. Bd. 1. New York 1958. S. 416f. Übersetzt von J. Rohlfes

a) Wie hält es Lincoln mit den Schuldzuweisungen für den Bürgerkrieg?
b) Äußern Sie sich zu der Absicht, die er mit seiner Rede verfolgt haben mag.

107 **Diskriminierung trotz Befreiung.** Der deutschamerikanische Politiker Carl Schurz (▷ M 54 b) über die Lage der Schwarzen in den Südstaaten 1865:

Von verschiedenen Seiten wurde mir mitgeteilt, daß die Pflanzer alles daran setzen, ihre Sklaven auf den Pflanzungen festzuhalten, damit, wenn die erhoffte Wiedereinführung der Sklaverei Gesetz würde, sie keine Schwierigkeiten hätten, ihre Sklaven [...] als ihr Eigentum zu beanspruchen. Die Fälle, wo Freigelassene, die sich gegen solche Maßregeln auflehnten, ermordet oder verstümmelt wurden, mehrten sich in erschreckender Weise. An einigen Stellen ließen Gemeinde- und Provinzräte [...] die Neger unter die schärfste polizeiliche Aufsicht stellen und nehmen ihnen fast vollständig das freie Verfügungsrecht über die eigene Person und den eigenen Besitz, sowie das Recht der Bewegungsfreiheit, welches sonst jeder Bürger genießt. Und dies zu ermöglichen, erließen sie Bestimmungen, die in mancher Hinsicht mit den früheren Sklavereigesetzen identisch waren. [...] Daher war es auch begreiflich, daß der Plan der Nordländer, Schulen für die Schwarzen zu errichten, lebhaften Widerspruch erfuhr. Wenn sie nicht unter dem unmittelbaren Schutz der Unionstruppen standen, wurden die Schulgebäude in Brand gesetzt und die Lehrer vertrieben. Die Lage wurde kurz und bündig in einem Bericht gekennzeichnet, den mir Oberst Samuel Thomas [...] erstattete: „Die Weißen sehen die Schwarzen kraft natürlichen Rechtes als ihr Eigentum an. Sie geben wohl zu, daß die Beziehungen zwischen Herren und Sklaven durch den Krieg und durch die Emanzipationsproklamation des Präsidenten zerstört worden sind, aber sie haben doch ein tief eingewurzeltes Gefühl, daß im großen und ganzen der Schwarze dem Weißen gehöre, und wann und wo sich Gelegenheit bietet, behandeln sie die Schwarzen je nachdem, wie es ihnen Interesse, Leidenschaft oder Laune des Augenblicks eingibt." Bei jedem Schritt fand ich hierfür Beweise, und das Schlimmste war, daß ich mir sagen mußte, unter den obwaltenden Umständen sei dies ebenso natürlich, wie es bedauerlich, ja verhängnisvoll war.

C. Schurz: Lebenserinnerungen. Bd. 2. Berlin 1907. S. 430

a) Wie kommt Schurz dazu, die Diskriminierung der freigewordenen Sklaven als „natürlich" zu empfinden?
b) Überlegen Sie, wie eine bessere Integration der Schwarzen in die amerikanische Gesellschaft herbeizuführen gewesen wäre.

108 Eine vom ‚Friedenskorps' betriebene Schule für ehemalige Sklaven und ihre Kinder in den 1870er Jahren. Zeitgenössischer Holzschnitt. *Vergegenwärtigen Sie sich die Bedeutung der Alphabetisierung für die Schwarzen.*

109 **Gleichheit der Rechte.** Aus den Verfassungszusätzen 13 bis 15 (1865–70):

Art. 13. Abschnitt 1. Weder Sklaverei noch unfreiwillige Dienstknechtschaft soll, außer als Strafe für ein Verbrechen, dessen die betreffende Person im ordentlichen Verfahren überführt worden ist, in den Vereinigten Staaten oder in irgendeinem ihrer Hoheit unterworfenen Gebiet bestehen. – Abschnitt 2. Der Kongreß soll befugt sein, die zur Ausführung dieses Artikels angemessenen Gesetze zu erlassen.

Art. 14. Abschnitt 1. Alle diejenigen, die in den Vereinigten Staaten geboren oder eingebürgert und ihrer Regierungsgewalt unterworfen sind, sind Bürger der Vereinigten Staaten und des Staates, in dem sie ihren Wohnsitz haben. Kein Staat soll Gesetze erlassen oder ausführen, welche die Vorrechte und Freiheiten von Bürgern der Vereinigten Staaten beschränken; und kein Staat soll irgend jemandem das Leben, die Freiheit oder das Eigentum nehmen, es sei denn durch ein ordentliches Gerichtsverfahren, nach Recht und Gesetz, noch irgend jemandem innerhalb seines Gebietes den gleichen Schutz der Gesetze versagen.

Art. 15. Abschnitt 1. Das Wahlrecht der Bürger der Vereinigten Staaten soll von den Vereinigten Staaten oder einem der Staaten nicht auf Grund von Rasse, Farbe oder vormaliger Unfreiheit versagt oder eingeschränkt werden.

U. Sautter: Geschichte der Vereinigten Staaten von Amerika. Stuttgart 1976. S. 538 f.

a) Worin bestehen die verfassungsrechtlichen Neuerungen dieser Artikel?
b) Erklären Sie, warum der Kongreß trotz des Artikels 14 auch noch den Artikel 15 als notwendig ansah.

110 **Separate but equal.** Aus einem Urteil des Obersten Gerichtshofes von 1896:

Das Ziel des 14. Verfassungszusatzes war es fraglos, die absolute Gleichheit der beiden Rassen vor dem Gesetz durchzusetzen; doch nach Lage der Dinge konnte damit nicht beabsichtigt werden, durch die Hautfarbe bedingte Unterschiede abzuschaffen oder soziale Gleichheit – im Gegensatz zu politischer Gleichheit – durchzusetzen oder eine Vermischung der beiden Rassen unter Bedingungen zu bewirken, die für beide Rassen unbefriedigend waren. Gesetze, die rassische Trennung an Orten erlauben oder selbst gebieten, an denen die beiden Rassen in Berührung miteinander kommen können, implizieren nicht notwendigerweise die Minderwertigkeit der einen gegenüber der anderen Rasse. [...] Das bekannteste Beispiel dieser Art ist die Einrichtung getrennter Schulen für weiße und farbige Kinder. [...]

Der Kläger erklärt, daß in einer gemischt-rassischen Gemeinde die Zugehörigkeit zur dominierenden Rasse, in diesem Falle der weißen, als Eigentum im gleichen Sinne wie das Erbrecht oder das Recht auf Handlungsfreiheit gelten müsse. Der Fehlschluß in der Argumentation des Klägers liegt in der Annahme, daß die erzwungene Trennung der beiden Rassen die farbige Rasse als minderwertig abstempele. Sollte dies so sein, dann nicht aufgrund irgendeiner Bestimmung des Gesetzes, sondern ausschließlich deswegen, weil die farbige Rasse glaubt, das Gesetz so interpretieren zu müssen. Die Argumentation unterstellt ferner, daß soziale Vorurteile durch Gesetz überwunden und daß dem Neger gleiche Rechte nur durch die erzwungene Vermischung der beiden Rassen gesichert werden könnten. Wir vermögen dieser Behauptung nicht zu folgen. Wenn die beiden Rassen sich auf der Basis sozialer Gleichstellung treffen sollen, muß dies das Ergebnis einer natürlichen Wesensverwandtschaft, einer wechselseitigen Wertschätzung der Vorzüge des anderen und freiwilliger individueller Zustimmung sein. [...] Wenn eine Rasse gesellschaftlich unter der anderen steht, kann die Verfassung der Vereinigten Staaten sie nicht auf das gleiche Niveau stellen.

G. Schlott: Das Negerproblem in den USA. Opladen 1970. S. 51f.

a) Äußern Sie sich zu dem Argument, die Rassentrennung stelle keine Minderbewertung der Schwarzen dar.
b) Was für eine Einstellung spricht aus der Feststellung, eine Verfassung könne gesellschaftliche Rangunterschiede nicht beeinflussen? Wie ist die Rechtslage in den USA heute?

111 Zähes und beharrliches Aufstiegsstreben.

Grundsätze des schwarzen Pädagogen Booker T. Washington (1901):

Die größte Gefahr für uns ist, daß wir bei dem großen Sprung von der Sklaverei zur Freiheit vergessen, daß der weitaus größte Teil von uns von der Arbeit seiner Hände leben muß und daß wir nur in dem Maße vorankommen, in dem wir lernen, die schlichte Arbeit wichtigzunehmen und unseren Verstand und unser Geschick auf die einfachen Lebenstätigkeiten zu richten [...] Keine Rasse kann es zu etwas bringen, bevor sie lernt, daß es genauso wertvoll ist, ein Feld zu pflügen wie ein Gedicht zu schreiben. Wir müssen am Grund das Lebens beginnen und nicht an seiner Spitze. Auch sollten wir uns davor hüten, mit unseren Klagen unsere Chancen zu verdunkeln [...] Wenn Sie als weiße Amerikaner meinen Leuten die Zusammenarbeit anbieten, wenn Sie sie unterstützen und ermutigen [...], dann werden Sie erleben, daß diese Ihnen Ihr überschüssiges Land abkaufen, die kahlen Flecken auf Ihren Feldern zum Blühen bringen und in Ihren Fabriken arbeiten. Wenn Sie dies tun, dann können Sie für die Zukunft so sicher sein, wie Sie es in der Vergangenheit waren, daß Sie und Ihre Familie inmitten der geduldigsten, treuesten, loyalsten und großmütigsten Menschen leben, die die Welt je gesehen hat. So wie wir unsere Ergebenheit in der Vergangenheit bewiesen haben, als wir Ihre Kinder aufzogen, am Bett Ihrer kranken Eltern wachten und sie mit tränenerfüllten Augen zu Grabe trugen, so werden wir Ihnen auch in Zukunft in aller Demut zur Seite stehen, mit einer Ergebenheit, die kein Fremder aufbringen kann, bereit, unser Leben in Zeiten der Not zu Ihrer Verteidigung einzusetzen. [...] Die Klügsten meiner Rasse wissen, daß das Verlangen nach sozialer Gleichheit die größte Torheit ist und daß jeder rechtliche Fortschritt, den wir erlangen, das Resultat zäher und beharrlicher Bemühungen und nicht eines künstlichen Drängens sein muß. [...] Es ist wichtig und richtig, daß uns alle gesetzlichen Rechte zustehen, aber weit wichtiger ist, daß wir diese Gesetze auch zu nutzen vermögen. Die Chance, heute einen Dollar in einer Fabrik zu verdienen, ist unendlich wertvoller als die Gelegenheit, einen Dollar in einem Opernhaus auszugeben.

J. Grant (Hg): Black Protest. Greenwich 1974. S. 196ff. Übersetzt von J. Rohlfes

a) Was für eine Art von Entwicklungsprogramm für die schwarze Bevölkerung schlägt der Redner vor?
b) Was für eine Haltung nimmt er gegenüber den Weißen ein?

Zur Diskussion

Die ökonomische Bedeutung der Sklaverei

Jenseits der moralischen Verwerflichkeit der Versklavung von Menschen, an der nach heutigem Empfinden kein Zweifel möglich ist und die insoweit auch nicht mehr Gegenstand ernsthafter Kontroversen sein kann, richtete sich das geschichtswissenschaftliche Interesse an der nordamerikanischen Negersklaverei nicht zuletzt auf die Frage, wie stichhaltig das von den Befürwortern der Sklaverei stets vorgebrachte Argument wirklich war, die Sklavenarbeit sei für die Plantagenwirtschaft des ‚Alten Südens' schlechterdings unentbehrlich gewesen.
Unzweifelhaft hat die Arbeit der afrikanischen Sklaven vielen weißen Plantagenbesitzern zu ansehnlichem Reichtum verholfen. Diese Wertschöpfung kam jedoch, gemessen an der Zahl aller Weißen in den Südstaaten oder gar im ganzen Land, nur einer vergleichsweise kleinen Oberschicht zugute. Das Gesamteinkommen in den Südstaaten blieb folglich hinter dem der Nordstaaten, seitdem dort Mitte des 19. Jahrhunderts die wirtschaftliche Modernisierung voll eingesetzt hatte, von Jahr zu Jahr deutlicher zurück. Das hing in erster Linie mit der wesentlich höheren Produktivität der freien Lohnarbeit zusammen. Die Arbeitgeber dort hatten zwar ungleich mehr Lohnkosten als die Sklavenbesitzer des Südens, erwirtschafteten aber dennoch pro Arbeitskraft weitaus höhere Gewinne. Die Sklaven leisteten, da ihnen jeder Einkommens- und Besitzanreiz genommen war, in der Regel nur das unbedingt Nötige und waren durchweg nur ungelernte Arbeiter, denen jede Schul- und Berufsausbildung verwehrt worden war. Auch unter gesamtwirtschaftlichem Blickwinkel wies das System der Sklaverei mehr Nachteile als Vorzüge auf. Es war ein Überbleibsel der feudalen Wirtschaftsgesinnung, der die standesgemäße Lebensweise, die sich auch auf die Herrschaft über Menschen gründete, wichtiger als eine günstige Kosten-Nutzen-Relation war. In Wirklichkeit waren die fixen Kosten für den Unterhalt der Sklaven (der ja auch Kinder, Kranke, Alte einschloß) höher als die Lohnausgaben für freie Arbeiter. Auch die Innovationsfähigkeit der Sklavenwirtschaft war gering: weder Sklaven noch Aufseher hatten ein Interesse an verbesserten Produktionsmethoden, da sie daraus keine persönlichen Vorteile ziehen konnten.

112 Vor- und Nachteile der Sklavenarbeit

a) Die amerikanischen Historiker Curti, Shryock, Cochran, Harrington (1958):

Die Sklaverei mag in Zeiten hoher Preise vielleicht befriedigende Gewinne gebracht haben. In jedem Falle stand den Plantagen keine andere Art Arbeitskraft zur Verfügung. Freie weiße Farmer, die billiges Land kaufen konnten, waren nicht bereit, für andere zu arbeiten. Die Abneigung gegen den Beruf des Landarbeiters wuchs, als (infolge der langen Verwendung von Negersklaven) diese Art der Arbeit schließlich den Stempel der Minderwertigkeit erhielt. Trotzdem war die Sklavenarbeit teuer. Den Sklaven fehlten die Arbeitsmotive der freien Arbeiter. Sie konnten die Gunst eines Herrn gewinnen und so ihre Behandlung verbessern, aber die grundlegenden Vorrechte der Freiheit fehlten ihnen. Daher neigten sie dazu, ihre Arbeit gleichgültig zu verrichten. Wurden sie zu sanft angefaßt, so bummelten sie, wurden sie zu streng behandelt, so wurden sie widerspenstig oder liefen davon. Dieses Verhalten bedeutete eine ständige Plage für ihre Herren und kostete diese nicht wenig Zeit und Geld. Infolge des Strebens, die Neger „auf ihrem Platz" zu halten, erhielten die meisten Sklaven keine Erziehung und blieben unwissend und ohne besondere Ausbildung. [...] Mit der Sklaverei als einer Eigentumsform waren besondere Risiken verbunden. Gewiß handelte es sich um eine Form der Kapitalinvestition, die sich selbst reproduzierte [...] Aber die Produktion von Sklavenkindern war durchaus nicht immer ein Gewinn für den Besitzer. Infolge schlechter Lebensbedingungen in den Hütten und unzureichender medizinischer Fürsorge war die Sterblichkeit unter den Sklavenkindern hoch. Alle, die fünf oder zehn Jahre Unterkunft und Verpflegung erhielten und dann so undankbar waren zu sterben, bedeuteten für den Eigentümer einen Totalverlust. Weiter mußten alle Kosten der Fürsorge für unproduktive Sklaven – die der modernen Arbeitslosenversicherung, der ärztlichen Fürsorge und den Alterspensionen von heute gleichzusetzen wären – unmittelbar von den Eigentümern getragen werden. Im Gegensatz dazu verteilten sich die Kosten für den Unterhalt der weißen Kranken und Alten im Norden in Form von Steuern zur Unterstützung wohltätiger Einrichtungen auf die ganze Gemeinschaft.

M. Curti u.a.: Geschichte Amerikas. Bd. 1. Frankfurt 1958. S. 289f.

b) Der amerikanische Historiker Stampp (1956):
Sklavenarbeit hatte einige Wettbewerbsvorteile gegenüber der freien Arbeit der Weißen. Erstens, sie wurde schlechter bezahlt: der Durchschnittslohn eines freien Arbeiters übertraf die Erwerbs- und Unterhaltungskosten für einen Sklaven beträchtlich. Zweitens, Sklavenhalter beuteten Frauen und Kinder stärker aus, als die Arbeitgeber auf dem freien Arbeitsmarkt dies zu tun pflegten. Schließlich, der durchschnittliche Unfreie arbeitete länger und war einer strengeren Disziplinierung unterworfen. Sklavenhalter hatten weniger Kummer mit Agitatoren und brauchten nicht mit ihren Arbeitern zu verhandeln. Die handgreifliche Bedeutung dieser Tatsache erfuhr in dramatischer Weise ein Zuckerpflanzer aus Louisiana, der es einmal mit der freien Arbeit versuchte, mit dem Ergebnis, daß seine Arbeitsbrigade mitten in der Ernte für eine Verdoppelung der Löhne in den Streik trat. [...]
Ein weiteres Argument der ökonomischen Kritiker war, Sklaveneigner hätten bestimmte Kosten zu tragen, die bei freien Arbeitgebern nicht anfielen. Im System der freien Lohnarbeit würden Arbeitskräfte eingestellt und entlassen, wie sie benötigt würden; im System der Sklalvenarbeit müßten die Arbeitskräfte immer unterstützt werden, gleichgültig ob sie gebraucht würden oder nicht [...] In diesem Sinne, so nahm man an, war die Sklaverei zugleich humaner und teurer. Auch dies ist ein Mythos. Die Arbeitgeber für freie Arbeit trugen in Wahrheit, mittels ihrer Lohnzahlungen, den größten Teil der Kosten für die Kinder der Arbeiter wie für die Alten und Arbeitsunfähigen. Die öffentlichen und privaten Sozialaufwendungen machten nur einen kleinen Teil dieser Last aus. Im übrigen waren die Summen, die die Sklavenhalter für den Unterhalt dieser unproduktiven Personen ausgaben, keine wesentliche Vermehrung ihrer jährlichen Betriebskosten. [...] Der Marktwert eines jungen Sklaven überstieg bei weitem die Unkosten während seiner Kindheit.

K. Stampp: The Peculiar Institution. New York 1956. S. 400f. Übersetzt von J. Rohlfes

a) Welcher der hier vorgetragenen beiden Standpunkte überzeugt Sie mehr? Warum?
b) Wie beurteilen Sie das Ausmaß der sozialen Kosten innerhalb der beiden Arbeitssysteme?

◆

1. *Was begünstigte die Demokratisierung in Amerika, was stand ihr entgegen?*
2. *Äußern Sie sich zu den Hauptursachen des Bürgerkrieges.*
3. *Für welche politischen Grundsätze trat Lincoln ein?*
4. *Welche Hindernisse standen der Eingliederung der Schwarzen in die amerikanische Gesellschaft im Wege?*
5. *Erörtern Sie das Für und Wider der Rekonstruktions-Politik des Nordens.*

V. Das Deutsche Kaiserreich von 1871: Grundlagen – Strukturen – Krisen

Die Gründung des Deutschen Reiches am 18. Januar 1871 war für viele Deutsche damals und später die Erfüllung ihrer politischen Wünsche. Aber schon bald fanden sich große Teile der Bevölkerung – Katholiken, Sozialdemokraten, Polen – als „Reichsfeinde" angeprangert oder – wie die Elsässer und Lothringer – als „Deutsche wider Willen" abgestempelt. So glänzend sich die Wirtschaft des neuen Reiches entwickelte – 1914 war sie die zweitstärkste der Welt –, die Kritik am politischen System, das noch halb-absolutistische Züge trug, und an der Sozialordnung, in der der Adel nach wie vor den Ton angab, wollte nicht verstummen. Als das Kaiserreich 1918 unterging, schieden sich die Geister: die alten Führungsschichten, aber auch viele andere Deutsche aus ländlichen, mittelständischen, kleinbürgerlichen Lebenskreisen trauerten ihm nach; die bislang oppositionellen Bevölkerungsgruppen (Arbeiter, viele Katholiken, eine Reihe von Intellektuellen) setzten ihre Hoffnungen auf die Republik und Demokratie.

1862–1866	Im preußischen Verfassungskonflikt kommt es wegen der Frage der parlamentarischen Kontrolle des Heeres zu einem tiefen Zerwürfnis zwischen Regierung und Volksvertretung.
1862	Otto von Bismarck wird preußischer Ministerpräsident.
1864	Im deutsch-dänischen Krieg erzwingen Preußen und Österreich den Verzicht Dänemarks auf Schleswig und Holstein.
1866	Die Niederlage Österreichs und seiner deutschen Verbündeten im Krieg gegen Preußen führt zur Auflösung des Deutschen Bundes; Preußen annektiert mehrere norddeutsche Staaten und bekommt freie Hand zur Gründung des von ihm beherrschten Norddeutschen Bundes.
1871	Noch während des siegreichen Krieges der verbündeten deutschen Staaten gegen Frankreich entsteht das Deutsche Reich als Bund der Fürsten und Freien Städte unter preußischer Führung.
1872–1879	Im ‚Kulturkampf' drängt der Staat den Einfluß der katholischen Kirche zurück und entfremdet sich damit vielen deutschen Katholiken.
1878–1890	Das mehrfach verlängerte ‚Sozialistengesetz' verbietet sozialistische Organisationen, Versammlungen und Veröffentlichungen.
1879	Das Deutsche Reich geht vom Freihandels- zum Schutzzollsystem über.
1883–1889	Mit der Einführung der Kranken-, Unfall-, Alters- und Invalidenversicherung eröffnet das Deutsche Reich den Weg zum Sozialstaat.
1890	Kaiser Wilhelm II. entläßt Bismarck und beginnt die Ära des ‚persönlichen Regiments'.
1912	Die SPD wird stärkste Partei im Reichstag.

1. Die preußische Reichsgründung

Wirtschaftliche Einigung

Auch nach der Niederlage der Revolution 1849 blieb der Gedanke der nationalen Einheit lebendig. Schubkraft erhielt er vor allem aus der stürmischen wirtschaftlichen Entwicklung, die damals in Deutschland, namentlich in Preußen, einsetzte. Der in den 1850er Jahren voll in Gang kommende Industrialisierungsprozeß beschleunigte die räumliche wie die soziale Mobilität der Menschen, entriß sie ihrer kleinräumigen

Lebenswelt und öffnete ihnen die Augen für die überörtlichen, nationalen Bedingungen und Abhängigkeiten ihrer Existenz. Eisenbahnen und Zeitungen schufen Verbindungen zwischen Regionen, die früher weit voneinander entfernt gewesen waren. Die wachsenden Produktionskapazitäten verlangten nach einem erweiterten Handelsaustausch in einem größeren Binnenmarkt ohne hemmende staatliche Grenzen. Der seit 1834 bestehende Deutsche Zollverein (dem Österreich und die Hafenstädte Bremen, Hamburg, Lübeck nicht angehörten) war ein für die Vormacht Preußen außerordentlich wertvolles Instrument, die mittel- und süddeutschen Staaten zu einer liberalen Wirtschaftspolitik zu drängen und ein Höchstmaß überregionaler wirtschaftlicher Verflechtungen herzustellen, zugleich aber auch den österreichischen Einfluß abzublocken. Das Zusammenwachsen der deutschen Staaten zu einem einheitlichen Wirtschaftsgebiet unter Ausschluß Österreichs war eine wichtige Vorentscheidung über den weiteren Gang der nationalen Einigung.

Nationale Zusammenschlüsse und Aktivitäten

In schlechthin allen Bereichen des politischen, kulturellen, wissenschaftlichen, kirchlichen, beruflichen, geselligen Lebens suchten die Deutschen seit den ausgehenden 1850er Jahren nach gesamtdeutschem Kontakt und Austausch, trafen sich zu nationalen Kongressen und Festen, gründeten die Einzelstaaten übergreifende Bünde und Vereine. Die evangelischen Kirchentage und die Katholikentage führten regelmäßig Kirchenmitglieder aus allen Gegenden Deutschlands zusammen. Beim Deutschen Turnfest 1863 trafen sich 20000 Turner, beim Deutschen Sängerfest 1864 16 000 Sänger. 1859 gründeten Liberale aus ganz Deutschland (außer Österreich), die sich der kleindeutschen Reichsverfassung von 1849 verbunden fühlten, den Deutschen Nationalverein, der für die nationale Einheit werben, aber keine Parteipolitik betreiben wollte. Die insgesamt 25000 Mitglieder bekannten sich zur ‚Realpolitik': sie stellten in Rechnung, daß die nationalstaatliche Einigung Deutschlands nicht ohne die preußische Staatsmacht und insoweit nicht ohne einen Verzicht auf bestimmte demokratische Freiheits- und Mitwirkungsansprüche zu erlangen sei.

Verfassungskonflikt in Preußen

Die auf Preußen gerichteten nationalen und liberalen Hoffnungen erhielten einen gehörigen Dämpfer, als die preußische Krone 1862 wegen der von ihr angestrebten Heeresreform in einen erbitterten Streit mit der liberalen Mehrheit des Abgeordneten-

Die Gelegenheit ist günstig,

entweder groß zu werden, und auf die Wünsche des Preußischen Volkes, oder — der populärste Mann in Deutschland zu werden und auf dessen allgemeinen Wunsch — einzugehen!

113 Karikatur aus dem ‚Kladderadatsch', 1866. *Nennen Sie die preußischen und die deutschen Wünsche. – Worin bestand für Bismarck die Gunst der Gelegenheit?*

hauses geriet. Die Regierung forderte die Erhöhung des Wehrdienstes von zwei auf drei Jahre sowie eine Verstärkung der (vom königstreuen adligen Offizierskorps geführten) ‚Linie' auf Kosten der (stärker bürgerlich geprägten) Landwehr. Weil die liberale Mehrheitsfraktion, die die Heeresverstärkung nicht grundsätzlich ablehnte, aber mehr Mitsprache- und Kontrollrechte der Volksvertreter verlangte, die Erhöhung des Heeresetats vorerst verweigerte, löste der König die Zweite Kammer auf, mußte aber bei den Neuwahlen im Dezember 1861 einen Zuwachs der liberalen Opposition hinnehmen. Als sich der Verfassungskonflikt zu einer Staatskrise auszuweiten drohte, entschloß sich König Wilhelm I., Otto von Bismarck (1815–1898) zum preußischen Ministerpräsidenten zu berufen. Bismarck, ein echter ostelbischer ‚Landjunker', damals preußischer Botschafter in St. Petersburg, galt als kompromißloser Monarchist und Erzreaktionär – sehr zu Unrecht, wie sich zeigen sollte. Seit seinem stockkonservativen Auftreten 1848/49 hatte er sich längst zum ‚Realpolitiker' gemausert, der sich nicht an starren Prinzipien, sondern an den Notwendigkeiten des Augenblicks und den sich wandelnden Interessen des eigenen Staates orientierte, dabei allerdings ein Ziel nie aus den Augen verlor: die Sicherung und Erweiterung der Macht des monarchischen preußischen Staates. Den Verfassungskonflikt ließ er einstweilen in der Schwebe, indem er die Staatsfinanzen ohne parlamentarische Budgetbewilligung wie bisher weiterführte.

Schleswig-Holstein

Um die Jahreswende 1863/64 hatten die Regierung und das Parlament des Königreichs Dänemark die Kühnheit, den im Anschluß an die revolutionären Vorgänge von 1848 mühsam hergestellten Kompromiß aufzukündigen und die vollständige Eingliederung Schleswigs in den dänischen Staatsverband zu beschließen. Die empörte deutsche Öffentlichkeit forderte die nationale Unabhängigkeit der Elbherzogtümer. Bismarck ließ sich davon nicht beeindrucken und verlangte, zusammen mit Österreich, die Wiederherstellung des alten Zustandes. Als die Regierung in Kopenhagen, auch unter dem Druck der nationaldänischen Bewegung, das Ultimatum ablehnte, war der Krieg da, den die beiden deutschen Großmächte schnell zu ihren Gunsten entschieden. Entgegen den Erwartungen der deutschen Nationalisten unterstellten die Regierungen in Berlin und Wien die Herzogtümer ihrer gemeinsamen Verwaltung.

Preußisch-österreichischer Konflikt

Das gemeinsame Vorgehen in der schleswig-holsteinischen Sache konnte die Rivalität zwischen den beiden deutschen Großmächten nur vorübergehend verdecken. Auf die Dauer schien ein Entscheidungskampf unvermeidbar.

Österreich eröffnete 1866 die Auseinandersetzung mit dem Antrag, den Deutschen Bund über die Zukunft Holsteins entscheiden zu lassen. Preußen betrachtete dies als Bruch der vertraglichen Abmachungen und ließ seine Armee in das österreichisch verwaltete Holstein einrücken. Dies wiederum war für Wien eine Verletzung der Bundesverfassung, die den Bundeskrieg gegen Preußen auslöste. Der Sieg der preußischen Truppen in der Schlacht von Königgrätz (Mähren) entschied den Krieg überraschend schnell. In heftigen Auseinandersetzungen brachte Bismarck den König und seine Generäle dazu, auf den vollständigen militärischen Triumph über den alten Rivalen zu verzichten, sofort einen Waffenstillstand zu schließen und sich mit maßvollen Friedensbedingungen zufriedenzugeben; damit sollte Revanchegelüsten in Wien, aber auch einer Intervention des französischen Kaisers Napoleon III. vorgebeugt werden. Abgesehen von dem an Italien abzutretenden Venetien, kam die Donaumonarchie ohne territoriale Einbußen davon; sie mußte allerdings der Auflösung des Deutschen Bundes und damit ihrem Ausscheiden aus der deutschen Geschichte zustimmen.

Machtzuwachs Preußens

Preußen annektierte, ganz ohne legitimistische Skrupel, nicht nur die Herzogtümer Schleswig und Holstein, sondern auch Hannover, Kurhessen, Hessen-Nassau und Frankfurt (▷ M 114). Norddeutschland bis zur Mainlinie wurde im Norddeutschen Bund zusammengeschlossen, dessen Verfassung zwar manche liberale Züge aufwies – insbesondere das allgemeine und gleiche Männerwahlrecht –, der aber vollständig von Preußen beherrscht wurde. Mit den süddeutschen Staaten schloß Preußen Schutz- und Trutzbündnisse, die für den Fall eines Krieges zur Bundesgenossenschaft verpflichteten. Die eindrucksvollen preußischen Erfolge beschleunigten den Prozeß des Umdenkens im liberalen Lager. Von der (linksliberalen) Fortschrittspartei spaltete sich die weiter rechts orientierte Nationalliberale Partei ab, die sich voll hinter die Bismarcksche Machtpolitik stellte. Die Linksliberalen begrüßten zwar auch die nationale Einigungspolitik unter preußischer Führung, wollten dafür aber nicht ihre Forderung nach einem parlamentarischen Regierungssystem opfern.

Die politische Einigung Deutschlands

Die Vollendung des (klein)deutschen Nationalstaates ergab sich nach der Entscheidung von 1866 keineswegs von selbst. Die Vorbehalte in Süddeutschland gegen eine Reichsgründung unter preußischen Vorzeichen waren nicht ohne weiteres auszuräumen, wie sich 1868 bei den Wahlen zum neugeschaffenen Deutschen Zollparlament zeigte: In Bayern und Württemberg errang die bäuerlich-katholische und die gegen die liberale Wirtschaftspolitik gerichtete kleinbürgerliche Protestbewegung einen überraschenden Sieg. Das bestärkte Bismarck in seinem Vorsatz, sich in seiner Einigungspolitik nicht auf die nationale Volksbewegung zu stützen, sondern vornehmlich mit den süddeutschen Regierungen zu verhandeln. Die Entscheidung fiel schließlich im Deutsch-Französischen Krieg von 1870/71. Vordergründig ausgelöst durch den Prestigestreit um die Kandidatur eines Hohenzollernprinzen für den spanischen Königsthron, war dieser Krieg letztlich ein von beiden Seiten auf Dauer für unvermeidlich gehaltener militärischer Entscheidungskampf um die Großmachtstellung in Europa. Bismarck trug das Seinige zum Kriegsausbruch bei, indem er den Bericht König Wilhelms I. über eine frostige Begegnung mit dem französischen Botschafter in Bad Ems so wirkungsvoll zurechtschnitt, daß diese ‚Emser Depesche' in der französischen Öffentlichkeit einen Entrüstungssturm auslöste, der die französische Regierung zwang, Deutschland den Krieg zu erklären.

Dieser von den deutschen Staaten gemeinsam geführte Krieg, der militärisch für die Franzosen schon nach wenigen Wochen verloren war, sich aber noch bis in den Februar 1871 hinzog, vollendete den Prozeß der deutschen Einigung. In einem Zusammenspiel von allgemeiner patriotischer Hochstimmung und zähen diplomatischen Verhandlungen entstand das Deutsche Reich in Form von Anschlußverträgen der vier süddeutschen Staaten an den Norddeutschen Bund. Der Norddeutsche Reichstag sowie die vier süddeutschen Landtage ratifizierten diese Verträge mit großen Mehrheiten und verzichteten auf Änderungsvorschläge; auch insoweit blieb die Mitwirkung der Volksvertreter an der Reichsgründung von untergeordneter Bedeutung. Das kam auch in der Kaiserproklamation am 18. Januar 1871 im Schloß von Versailles (▷ Tafel 4), mitten im Krieg und im Feindesland, sinnfällig zum Ausdruck. In der prächtigen Kulisse von Hochadel und Militär blieben die kleinen Parlamentsdelegationen

114 Etappen auf dem Weg zur Einigung Deutschlands

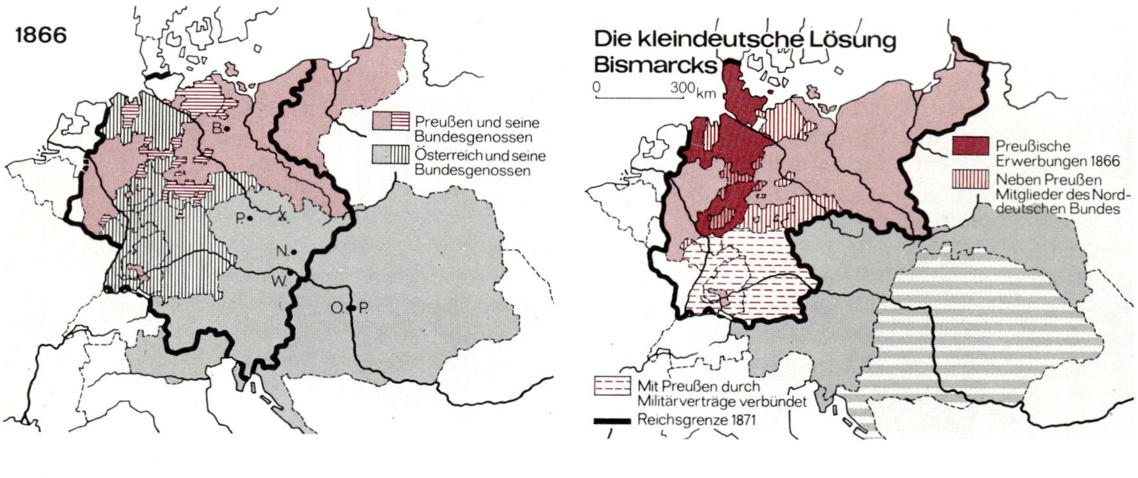

115 Im Hauptquartier von Versailles, 1871. Fast alle hier versammelten Personen trugen Uniformen, waren aber nicht Militärs.

schlichter Zivilisten nahezu unsichtbar. Das neue Kaiserreich war ein Bund der Fürsten und Freien Städte, nicht eine Schöpfung des Volkes. Frankreich mußte seine Niederlage mit einer Kriegsentschädigung von 5 Milliarden Francs und der Abtretung Elsaß-Lothringens bezahlen. Diese Annexion war von der deutschen Öffentlichkeit als Siegespreis, von den Militärs als Sicherheitsgarantie verlangt worden, und Bismarck machte sich diese Forderung nicht ohne gewisse Bedenken, aber letztlich doch aus wohlerwogenem machtpolitischen Kalkül zu eigen.

116 Prinzipien- oder Interessenpolitik?

a) Bismarck in einem Brief an den General Leopold von Gerlach (1857):

Was aber das von mir geopferte Prinzip anbelangt, so kann ich mir das, was Sie damit meinen, konkret nicht recht formulieren und bitte Sie, diesen Punkt in einer Antwort wieder aufzunehmen, da ich das Bedürfnis habe, mit Ihnen nicht prinzipiell auseinanderzugehen. Meinen Sie damit ein auf Frankreich und seine Legitimität anzuwendendes Prinzip, so gestehe ich allerdings, daß ich dieses meinem spezifisch Preußischen Patriotismus völlig unterordne; Frankreich interessiert mich nur insoweit, als es auf die Lage meines Vaterlandes reagiert, und wir können Politik nur mit dem Frankreich treiben, welches vorhanden ist, dieses aber aus den Kombinationen nicht ausschließen. Ein legitimer Monarch wie Ludwig XIV. ist ein ebenso feindseliges Element wie Napoleon I. [...] So aber zählt mir Frankreich, ohne Rücksicht auf die jeweilige Person an seiner Spitze, nur als ein Stein, und zwar ein unvermeidlicher in dem Schachspiel der Politik, ein Spiel, in welchem ich nur meinem Könige und meinem Lande zu dienen Beruf habe. Sympathien und Antipathien in Betreff auswärtiger Mächte und Personen vermag ich vor meinem Pflichtgefühl im auswärtigen Dienste meines Landes nicht zu rechtfertigen, weder an mir noch an andern. [...] Insbesondere aber wenn man seine stehenden diplomatischen Beziehungen und die Unterhaltung des Einvernehmens im Frieden danach zuschneiden will, so hört man meines Erachtens auf, Politik zu treiben, und handelt nach persönlicher Willkür.

b) Aus Gerlachs Antwortbrief (1857):

Mein politisches Prinzip ist und bleibt der Kampf gegen die Revolution. Sie werden Bonaparte nicht davon überzeugen, daß er nicht auf der Seite der Revolution steht. Er will auch nirgends anders stehen, denn er hat davon seine entschiednen Vorteile. Es ist hier also weder von Sympathie noch von Antipathie die Rede. Diese Stellung Bonapartes ist eine ‚Realität', die Sie nicht ‚ignorieren' können. Daraus folgt aber keineswegs, daß man nicht höflich und nachgiebig, anerkennend und rücksichtsvoll gegen ihn sein, nicht, daß man sich zu bestimmten Dingen mit ihm verbinden kann. Wenn aber mein Prinzip wie das des Gegensatzes gegen die Revolution ein richtiges ist, und ich glaube, daß Sie es auch als ein solches anerkennen, so muß man es auch in der Praxis stets festhalten, damit wenn die Zeit kommt, wo es praktisch wird, und diese Zeit muß kommen, wenn das Prinzip richtig ist, diejenigen, die wie vielleicht bald Österreich und auch England es anerkennen müssen, dann wissen, was sie von uns zu halten haben. Sie sagen selbst, daß man sich auf uns nicht verlassen kann, und es ist doch nicht zu verkennen, daß nur der zuverlässig ist, welcher nach bestimmten Grundsätzen und nicht nach schwankenden Begriffen von Interessen und so weiter handelt. England und in seiner Art Österreich waren von 1793 bis 1813 völlig zuverlässig und fanden daher immer Verbündete trotz aller Niederlagen, welche die Franzosen ihnen beibrachten.

O. von Bismarck: Gesammelte Werke. Bd. 15, Teil 1. Berlin 1933. S. 464 ff.

a) Welche Rolle spielen die beiden Napoleons in diesem Meinungsaustausch?
b) In welchen Punkten unterscheiden sich die Briefschreiber? Wessen Ansichten leuchten Ihnen mehr ein und warum?

117 **Bismarck im Interview.** Aus einem Zeitungsartikel des französischen Journalisten Vilbort (1866):

Vilbort: „Besteht nicht zwischen Ihrer preußischen Politik und Ihrer deutschen ein schreiender Widerspruch? Sie proklamieren ein nationales Parlament als die einzige Quelle, aus der die Wiedergeburt Deutschlands hervorgehen könne [...]; und zu gleicher Zeit behandeln Sie das Abgeordnetenhaus in Berlin nach der Weise Ludwigs XIV., als er mit der Reitpeitsche in der Hand in das Pariser Parlament trat. In Frankreich will uns eine Ehe zwischen Absolutismus und Demokratie nicht in den Kopf. [...]" – Bismarck: „In Frankreich, das weiß ich sehr wohl, bin ich gerade so unpopulär wie in Deutschland. Überall macht man mich allein für eine Situation verantwortlich, die ich nicht geschaffen habe, sondern die mir wie allen aufgenötigt war. [...] Über die innere Lage Preußens wäre vieles zu sagen. Um sie unparteiisch zu beurteilen, muß man den besonderen Charakter meiner Landsleute gründlich studieren und kennenlernen. [...] Jeder lebt hier für sich in seinem Winkel, allein mit seiner Ansicht, im Kreise von Weib und Kind, in stetem Mißtrauen gegen die Regierung sowohl wie gegen seinen Nachbarn. [...] Das individuelle Bewußtsein und das Bedürfnis des Widerspruchs sind im Deutschen bis zu einem unglaublichen Grade entwickelt. Zeigen Sie ihm eine offene Tür, statt daß er durchgeht, wird er sich lieber darauf verbeißen, hart daneben ein Loch durch die Mauer zu brechen. Darum wird auch nie in Preußen eine Regierung – sie tue was sie wolle – populär werden. Die große Mehrzahl wird immer entgegengesetzter Meinung sein. Schon deshalb allein, weil sie Regierung ist und als Autorität dem Individuum gegenübertritt, wird die Regierung stets von dem Widerspruche der Gemäßigten, von dem Hohne und der Verleumdung der Exaltierten heimgesucht." – Vilbort: „Es gibt doch Leute, Herr Minister, die behaupten, daß sich die Unzufriedenheit bis zum Aufruhr steigern könnte." – Bismarck: „Die Regierung glaubt das nicht fürchten zu müssen. [...] Unsere Revolutionsmänner sind nicht so fürchterlich. Ihre Feindseligkeit macht sich hauptsächlich in kräftigen Ausdrücken gegen die Minister Luft, allein vor dem Könige haben sie Respekt. Ich allein habe das Unheil angerichtet, und nur mir allein gilt all ihr Groll. Wären sie etwas unparteiischer, so würden sie vielleicht einsehen, daß ich nur, weil ich nicht anders konnte, so gehandelt habe. Bei der gegenwärtigen Lage Preußens in Deutschland und gegenüber Österreich mußten wir vor allem eine Armee haben. Das ist in Preußen die einzige disziplinierbare Macht."

L. Bamberger: Herr von Bismarck. Breslau 1868. S. 102 ff.

a) Äußern Sie sich zu Bismarcks Klagen über den Individualismus und die Widersetzlichkeit der Deutschen! Wie passen sie zu dem Stereotyp des deutschen Untertanengehorsams?
b) Wie rechtfertigt Bismarck seine in Deutschland damals unpopuläre Politik? Können Sie ihm recht geben?

118 **Liberale Selbstkritik.** Der Historiker Hermann Baumgarten (1825–1893) in einer Abhandlung über die Geschichte und gegenwärtige Lage des deutschen Liberalismus (1866):

Heute sind die Zweifel über das, was in Deutschland möglich sei, nicht nur den Denkenden, sondern mehr fast der Masse der Nation genommen. Sie greift die existente deutsche Macht mit Händen. Sie hat ihre Taten gesehen und empfunden, und diese Taten sind nach der langen trübseligen Misère unserer Ohnmacht von so unwiderstehlicher Gewalt, daß die Denkweise der Deutschen in Monaten Veränderungen erfahren hat, die wir vor Dezennien nicht hoffen durften. Alle die unlösbaren Probleme, mit denen wir uns seit 18 Jahren quälten, sind plötzlich aus unserem Gesichtskreis gerückt, und es ist ein einziges Problem geblieben. [...] Jetzt handelt es sich lediglich darum, wie die Kleinstaaten zu dem unbestritten dominierenden Preußen ein gesundes Verhältnis finden können. Daß Preußen die deutsche Macht, alle übrigen Länder haltlose Bruchteile sind, welche nur durch einen innigen, ehrlichen Anschluß an jene ihre eigene Existenz sichern können, das ist eine Tatsache, an welcher der eigensinnigste schwäbische Demokrat nur sich selber weismacht, zweifeln zu können. Diese wohltuende Vereinfachung unserer Lage, dieses Glück, daß wir endlich festen, sicheren Boden unter den Füßen fühlen, wird aber sicher in kurzem eine Menge unserer politischen Unarten zurückdrängen, und die kernige Gesundheit, deren wir uns gottlob auf anderen Lebensgebieten erfreuen, endlich auch unserer Politik zustatten kommen lassen. Die Schwätzer, welche bisher die Breite der Bühne besetzt hielten, werden in der klaren scharfen Luft, in der wir uns jetzt bewegen, kein Glück mehr machen. Nachdem wir im größten Maßstabe erlebt haben, was Handeln ist, werden wir keine Freude mehr daran finden, uns das Ohr mit hochtrabenden Redensarten kitzeln zu lassen. Da die Arbeit der politischen Dilettanten so gründlich mißlungen ist, werden wir fordern, daß in dem großen Staatswesen, durch das wir eingetreten sind in das Weltleben, der ganze Ernst und die männliche Tüchtigkeit bewährt werde, die sich auf allen anderen Gebieten längst für uns von selbst versteht. Nachdem wir erlebt haben, daß in einem monarchischen Staate der Adel einen unentbehrlichen Bestandteil ausmacht, und nachdem wir gesehen haben, daß diese vielgeschmähten Junker für das Vaterland zu kämpfen und zu sterben wissen trotz dem besten Liberalen, werden wir unsere bürgerliche Bildung ein wenig einschränken und uns bescheiden, neben dem Adel eine ehrenvolle Stelle zu behaupten. [...] Fast alle Elemente unseres politischen Systems sind durch die Tatsachen als irrtümlich erwiesen.

W. Mommsen: Deutsche Parteiprogramme. München 1960. S. 142 f.

a) Welche zeitgeschichtlichen Ereignisse gaben den Anstoß zu dieser Selbstkritik?
b) Was versteht der Autor unter den „politischen Unarten" der Liberalen?

119 **Streit um die Annexion Elsaß-Lothringens**

a) Der sozialdemokratische Abgeordnete August Bebel (1840–1913) am 26. November 1870 im Norddeutschen Reichstag:

Es ist notwendig, daß alles das, was dazu beitragen kann, Frankreich auf das Äußerste zu treiben, unterlassen wird, und daß dasjenige, was es einmal seit Jahrhunderten besitzt, heute ihm auch gelassen wird, um so mehr, da ja Elsaß und Lothringen, mit Ausnahme von ein paar Dutzend Leuten, also die ganze Bevölkerung, entschieden gegen diese Annexion ist. Die gesamte Bevölkerung hat unzweifelhaft nicht im mindesten Lust, in diesen deutschen Staat unter den Hohenzollern einzutreten, und von meinem Standpunkte aus ist der Wille der Bevölkerung für diese Frage entscheidend. [...] Wenn wir heute das Selbstbestimmungsrecht mit Füßen treten, wenn wir heute, was uns beliebt, ohne Ausnahme nehmen können, dann vergeben wir damit das eigene Selbstbestimmungsrecht, dann müssen wir es uns ebensogut gefallen lassen, wenn andere, wo die Gelegenheit sich bietet, auch Stücke unseres Landes nehmen (große Heiterkeit). [...] Das Nationalitätsprinzip ist meiner Ansicht nach ein durchaus reaktionäres Prinzip; wollen wir das Nationalitätsprinzip in Europa wirklich unverfälscht zur Geltung bringen, dann werden Sie zugeben, wäre des Kriegs kein Ende abzusehen, dann wäre der Beruf der Völker nur, immer Krieg zu führen. [...] Es würden die Völker sich gegenseitig zerfleischen bis an das Ende aller Dinge. Die Nationalität hat nur wenig zu bedeuten, sie hat nur einen untergeordneten Wert in meinen Augen für das politische Staatsleben. Das höchste, die Grundidee des politischen Staatslebens, muß die innere Befriedigung der Völker über ihre Einrichtungen, muß ihr Selbstbestimmungsrecht sein.

b) Bismarck am 2. Mai 1871 vor dem Deutschen Reichstag:

Es blieb daher nichts anderes übrig, als diese Landesstriche mit ihren starken Festungen vollständig in deutsche Gewalt zu bringen, um sie selbst als ein starkes Glacis Deutschlands gegen Frankreich zu verteidigen und um den Ausgangspunkt etwaiger französischer Angriffe um eine Anzahl von Tagemärschen weiter zurück zu legen, wenn Frankreich entweder bei eigener Erstarkung oder im Besitz von Bundesgenossen uns den Handschuh wieder hinwerfen sollte. Der Verwirklichung dieses Gedankens stand in erster Linie die Abneigung der Einwohner selbst, von Frankreich getrennt zu werden, entgegen. Es ist nicht meine Aufgabe, hier die Gründe zu untersuchen, die es möglich machten, daß eine urdeutsche Bevölkerung einem Lande mit fremder Sprache und mit nicht immer wohlwollender und schonender Regierung in diesem Maße anhänglich werden konnte. [...] Tatsache ist, daß diese Abneigung (gegen einen Anschluß an Deutschland) vorhanden war und daß es unsere Pflicht ist, sie mit Geduld zu überwinden. Wir haben meines Erachtens viele Mittel dazu; wir Deutsche haben im ganzen die Gewohnheit, [...] wohlwollender und menschlicher zu regieren, als es die französischen Staatsmänner tun; es ist das ein Vorzug des deutschen Wesens, der in dem deutschen Herzen der Elsässer bald anheimeln und erkennbar werden wird. Wir sind außerdem imstande, den Bewohnern einen viel höheren Grad von kommunaler und individueller Freiheit zu bewilligen, als die französischen Einrichtungen und Traditionen dies je vermochten. Ich glaube deshalb, daß es uns mit deutscher Geduld und mit deutschem Wohlwollen gelingen wird, den Landsmann dort zu gewinnen – vielleicht in kürzerer Zeit, als man jetzt erwartet.

E. Deuerlein: Die Gründung des Deutschen Reiches 1870/71 in Augenzeugenberichten. Düsseldorf 1970. S. 356 ff.

a) Wo liegt für Bebel der Gegensatz zwischen ‚Nationalitätsprinzip' und ‚Selbstbestimmungsrecht'?
b) Würdigen Sie die Argumentation beider Redner! Wer bewies größeren historischen Weitblick?

120 Das neue Deutsche Reich: Hochgefühl und Beklommenheit

a) Aus der Festrede des Königsberger Historikers W. Maurenbrecher zum 75. Geburtstag Wilhelms I. am 22. März 1871:

Herrlich sind die Errungenschaften dieser Kriegszeit. Nicht die glühendste Phantasie eines deutschen Patrioten hätte bei der letzten Feier dieses Tages für möglich gehalten, daß in einem Jahre erreicht werden könne, was erreicht ist. Ich sehe ab von den großen moralischen Segnungen, von den geistigen Einflüssen dieser großen Zeit auf Mitwelt und Nachwelt. Ich nenne zwei greifbare köstliche Güter, die uns geworden. Zurückgewonnen der nationalen Gemeinschaft ist die Grenzmark im Westen; heimgeführt sind die entfremdeten und verlorenen Söhne der gemeinsamen deutschen Mutter. Gleichzeitig mit dem Wiedergewinn der alten Reichslande ist auch das deutsche Reich ins Leben zurückgekehrt. Wir haben wieder ein deutsches Reich, einen deutschen Kaiser! [...]

Die Regierung unseres erlauchten Königs hat nun die Wünsche und Hoffnungen der deutschen Patrioten erfüllt. Es ist ein deutsches Reich, mit freier Zustimmung aller deutschen Fürsten und aller deutschen Einzelstaaten ins Leben getreten: als Symbol der deutschen Einheit trägt Preußens Heldenkönig die Kaiserkrone des deutschen Reichs. Und mit frischer Zuversicht knüpfen wir alle unsere Hoffnungen an dies neue emporsteigende Reich. In die Erbschaft des nationalen deutschen Königthums trachten wir das neue Reich einzuweisen, unbeirrt durch romantische Reminiscenzen, unverführt durch den kaiserlichen Klang des Namens. Wir wissen es, gerade in der Zusammenfassung der nationalen Kräfte, nicht in unbefriedigter Eroberungslust soll der Bestand und die Dauer des neuen Kaiserthums gefestigt werden: in kühler, objectiver Scheidung kirchlicher und staatlicher Fragen soll der Geist modernen Lebens alle Verhältnisse durchdringen; mit vollem Bewußtsein, in ernster Arbeit, in pflichtgetreuer Theilnahme aller Volksgenossen soll das neue deutsche Kaiserreich die Abwege vermeiden des römischen Imperatorenthums, des mittelalterlichen Universalreichs, des gallischen Cäsarismus.

Grenzboten. 30. Jahrgang (1871). S. 77 ff.

b) Georg Herwegh: Prophezeiung (Februar 1871)

Germania, der Sieg ist dein!
Die Fahnen wehn, die Glocken klingen,
Elsaß ist dein und Lotharingen;
Du sprichst: „Jetzt muß der Bau gelingen,
Bald holen wir den letzten Stein.“

Gestützt auf deines Schwertes Knauf,
Lobst du in frommen Telegrammen
Den Herrn, von dem die Herren stammen,
Und aus Zerstörung, Tod und Flammen
Steigt heiß dein Dank zum Himmel auf.

Nach vierundzwanzig Schlachten liegt
Der Feind am Boden überwunden;
Bis in die Stadt voll Blut und Wunden,
die keinen Retterarm gefunden,
Brichst du dir Bahn: du hast gesiegt!

Schwarz, weiß und rot! Um ein Rapier
Vereinigt stehen Süd und Norden;
Du bist im ruhmgekrönten Morden
Das erste Land der Welt geworden:
Germania, mir graut vor dir!

Mir graut vor dir, ich glaube fast,
Daß du, in argen Wahn versunken,
Mit falscher Größe suchst du prunken
Und daß du, gottesgnadentrunken,
Das Menschenrecht vergessen hast.

G. Herwegh: Morgenröte. New York 1947. S. 265

a) Wie unterscheiden sich die beiden Texte hinsichtlich ihres Sprachstils?
b) Beide Texte enthalten Warnungen. Worin stimmen die Warnungen überein, worin gehen sie auseinander?

2. Wirtschaft und Gesellschaft im Deutschen Kaiserreich

Die 43 Friedensjahre, die das Kaiserreich bis 1914 erlebte, waren eine Zeit stürmischen wirtschaftlichen Wachstums, das, wenn auch in ungleichem Maße, den Lebensstandard aller Bevölkerungsschichten spürbar verbesserte. Nicht zuletzt deswegen lebte diese Ära in der historischen Erinnerung vieler Deutscher als die ‚gute alte Zeit' weiter.

Wirtschaftswachstum

Auf der Grundlage reicher Kohle- und Eisenerzvorkommen entwickelte sich die deutsche Montan- und Schwerindustrie zwischen 1871 und 1914 zur zweitstärksten in der Welt, und die Chemie- und die Elektrobranche nahmen zeitweilig sogar den ersten Rang ein. Wesentliche Voraussetzungen dieses Aufstiegs waren das hohe Niveau der naturwissenschaftlichen und technologischen Forschung sowie der vorzügliche Ausbildungsstand der Ingenieure und Facharbeiter in Deutschland. Die glänzenden Gewinne der deutschen Wirtschaft entstammten der starken Ausweitung des Binnenmarktes, vor allem aber der Exporte. Zwischen 1870 und 1913 stieg der deutsche Außenhandel auf das Vierfache; im gleichen Tempo wuchs die deutsche Handelsflotte, die 1914 die zweitgrößte in der Welt war.

Bevölkerungsentwicklung

Ihre Dynamik bezog diese wirtschaftliche Expansion nicht zuletzt aus der Bevölkerungsentwicklung. Von Rußland abgesehen, wies das Deutsche Reich die stärksten Zuwachsquoten in Europa auf; nach der Jahrhundertwende nahm die deutsche Bevölkerung jährlich um 800000 Menschen zu. 1871 lebten in Deutschland 40, 8, 1911 64,9 Millionen Menschen. Davon wohnten 1871 64% auf dem Lande und 4,8% in Großstädten (über 100000 Einwohner); 1911 lauteten diese Zahlen 40 und 21,3%. Der Anteil der Lohnarbeiter an der erwerbstätigen Bevölkerung stieg in diesem Zeitraum von 20 auf 35%.

Lebensstandard

Die Wirtschaft des Kaiserreiches vermochte die Bevölkerungsexplosion problemlos zu verkraften; es gab nicht nur so gut wie keine Arbeitslosigkeit, auch das durchschnittliche Realeinkommen stieg langsam, aber stetig an. In der Zeit der ‚Großen Depression' zwischen 1873 und 1896, einer weltwirtschaftlichen Flaute und einer

Strukturkrise der deutschen Landwirtschaft und Schwerindustrie, blieb der Fortschritt zwar bescheiden, beschleunigte sich aber dann merklich in der langen Prosperitätsphase zwischen den mittleren 1890er Jahren und dem Kriegsausbruch 1914. Trotz der Einkommensverbesserungen blieb jedoch das Leben der Unterschichten in Deutschland – ihr Anteil an der Gesamtbevölkerung lag 1882 bei 66, 1907 bei 55% – weiterhin von wirtschaftlichem Mangel und sozialer Zurücksetzung geprägt. Vom Zuwachs des Volkseinkommens profitierten die Wohlhabenden ungleich mehr als die Industrie- und Landarbeiter, Heimarbeiter, Dienstboten, kleinen Beamten und Angestellten. Die meisten verheirateten Frauen aus diesen Schichten waren zu außerhäuslicher Berufstätigkeit gezwungen. Die Wohnverhältnisse waren, insbesondere in den schnell wachsenden Großstädten und auf dem Lande, durchweg erbärmlich. Die Arbeitszeiten waren lang, Ferien für Arbeitnehmer weithin unbekannt. Krankheit, Alter, früher Tod des Haupternährers bedeuteten, trotz der in den 1880er Jahren eingeführten Sozialversicherung, nach wie vor ein Leben voller Not.

Klassengesellschaft

Typisch für das Kaiserreich war die strikte Absonderung der Berufe, Schichten, Klassen, die scharfe Betonung der Grenzlinien: zwischen Reichen und Armen, Adel und Nichtadel, Bürgern und Nicht-Bürgern, Angestellten und Arbeitern, gelernten und ungelernten Arbeitern, Vorgesetzten und Untergebenen, Offizieren und Mannschaften, Akademikern und Nicht-Akademikern, Beamten und ‚Publikum', Herrschaft und Dienstpersonal. Wer höher stand, gab dies den unter ihm Stehenden zu verstehen, legte größten Wert auf Gehorsam, Ehrerbietung, Abstand. Hierarchie und Rangordnung, Autorität und Respekt, Befehl und Gehorsam durchzogen fast alle Sozialbeziehungen, besonders ausgeprägt in der Familie, der Schule, am Arbeitsplatz und beim Militär.

Interessengruppen und Interessenpolitik

Unter den Bedingungen der liberalen Wirtschaftsgesellschaft spielte sich der ökonomische, soziale und politische Wettbewerb nicht nur zwischen Individuen, sondern zunehmend mehr zwischen Interessengruppen ab. Da der Staat im ausgehenden 19. Jahrhundert ständig neue Aufgaben an sich zog und in immer mehr Lebensbereichen zur ausschlaggebenden Entscheidungsinstanz wurde, lag es nahe, daß die Interessengruppen sich in diese Entscheidungsprozesse einzufädeln suchten. In Deutschland wie anderswo kam es zu einer ‚Vergesellschaftung' des Staates, aber

121 Vom ‚Bund der Landwirte' vertriebene Postkarte zur Reichstagswahl 1912.
Für welche Wirtschaftspolitik wirbt dieses Bild?

122 Kellerwohnung in Berlin für 8 Personen mit einem Zimmer von 15 qm und einer Küche. Foto, 1916.
Wo lagen die Ursachen des weitverbreiteten Wohnungselends?

gleichzeitig auch zu einer ‚Verstaatlichung' der Gesellschaft, zu einer Durchdringung staatlicher und gruppenbezogener Politik. Jede Interessengruppe war bemüht, unter geflissentlicher Berufung auf das Allgemeinwohl, möglichst viel Vorteile für sich selbst durchzusetzen.
Bis 1878 hatten die von der liberalen Freihandelspolitik profitierenden Gruppen die Oberhand: die ostelbische Landwirtschaft, die Schwerindustrie und selbst die an niedrigen Einfuhrpreisen interessierte lohnabhängige Arbeiterschaft. Als die Konjunktur einbrach und der deutsche Markt mit billigem Getreide aus Übersee und Rußland sowie preisgünstigen englischen Industriewaren überschwemmt wurde, setzten sich die Befürworter der Schutzzollpolitik durch: das waren wiederum die Groß-Landwirtschaft und die Schwerindustrie, deren Interessenlage sich verändert hatte; das Nachsehen hatten die rohstoffverarbeitende Leichtindustrie und die Lohnempfänger, die nun mit höheren Rohstoff- und Lebensmittelpreisen zurechtkommen mußten. Für lange Zeit waren der ‚Centralverband Deutscher Industrieller' (gegründet 1876) und der ‚Bund der Landwirte' (gegründet 1893) die einflußreichsten Interessenverbände. Ihre weniger erfolgreichen Gegenspieler waren die Gewerkschaften, vor allem die der Sozialdemokratie nahestehenden ‚Freien Gewerkschaften', der die Leichtindustrie repräsentierende ‚Bund der Industriellen' (gegründet 1890), sowie seit 1908 die Interessenvertretung des Handels, der ‚Hansabund'. Das Handwerk hatte in den Handwerkskammern und dem ‚Allgemeinen Deutschen Handwerkerbund' (entstanden 1883) gut funktionierende Körperschaften, die erfolgreich für Einschränkungen der Gewerbefreiheit wirkten.

Politische Mitwirkung

Trotz der formal bestehenden staatsbürgerlichen Gleichheit waren die politischen Mitwirkungsrechte nach wie vor ungleich verteilt. Frauen blieb das Wahlrecht bis 1919 verwehrt. Für die Wahlen zum Reichstag und für die Landtagswahlen in einer Reihe von Bundesstaaten galt zwar das allgemeine und gleiche Männer-Wahlrecht. Aber in vielen Staaten, darunter auch Preußen, gingen die Volksvertretungen aus unterschiedlichen Formen des Zensuswahlrechts (▷ S. 39, 80) hervor, das stets die Ärmeren benachteiligte. Auch für die Kommunalwahlen war fast überall ein Klassen-Wahlrecht gültig, das führte zu einer allgemeinen Unterrepräsentation der Arbeiter in den Gemeindevertretungen.

Privilegien

Der Benachteiligung der Unterschichten standen die Vorrechte der Oberschicht gegenüber. In den ostelbischen Provinzen Preußens rekrutierten sich die Landräte fast ausschließlich aus dem Kreis der Rittergutsbesitzer. Auch in den höheren Verwaltungsämtern sowie im Offizierskorps und ganz besonders in den Ministerien, der Generalität und im diplomatischen Dienst überwog der Adel. Ihm folgte, mit erheblichem Abstand, das Bildungsbürgertum. Alle anderen Bevölkerungsschichten waren im höheren Staatsdienst so gut wie gar nicht anzutreffen. Zwar war das Leistungsprinzip insoweit verbindlich, als der Zugang zu den meisten gehobenen Berufen an Prüfungen gebunden war, denen sich, freilich lange unter Ausschluß der Frauen, dem Buchstaben nach jedermann unterziehen konnte. In Wirklichkeit aber war die dafür notwendige schulische oder akademische Ausbildung durchweg nur den Söhnen aus gut situierten Familien zugänglich, während Unterschichtskinder allenfalls bei außergewöhnlicher Begabung die Chance erhielten, das Gymnasium oder gar die Universität zu besuchen. Zu den Hauptbenachteiligten dieses Systems sozialer Ungleichheit gehörten – neben den Unterschichten, den nationalen Minderheiten und den sog. ‚Reichsfeinden' (Sozialdemokraten, zeitweise auch Katholiken) – die Frauen und die Juden.

Frauen

Den Frauen wurden im Kaiserreich nicht nur die politischen Teilnahmerechte vorenthalten, auch von der beruflich-sozialen und selbst der rechtlichen Gleichheit blieben sie weitgehend ausgeschlossen. Das 1900 in Kraft tretende Bürgerliche Gesetzbuch gestand ihnen zwar endlich die Rechtsmündigkeit zu – fortan durften sie selbständig Verträge schließen oder Prozesse führen –, beließ es aber bei der Entscheidungsgewalt des Mannes in allen Familien- und Haushaltsangelegenheiten und selbst bei seiner Verfügungsbefugnis über das Vermögen der Ehefrau. Höhere Mädchenschulen führten lange Zeit nicht zum Abitur. Erst seit 1899 erhielten Mädchen die Möglichkeit, externe Reifeprüfungen abzulegen, und 1908 wurde den ersten Mädchenschulen die Berechtigung zuteil, Reifezeugnisse zu vergeben. Ein vollwertiges Universitätsstudium, das mit einem Examen abzuschließen war, durften Frauen erstmals 1900 in Heidelberg aufnehmen; Preußen gab das Studium für Frauen nicht vor 1908 frei.

Damit war der Weg auch zu den gehobenen Berufen eröffnet. Bis dahin hatten sich die Frauen durchweg mit untergeordneten Tätigkeiten bescheiden müssen, abgesehen von dem Beruf der Lehrerin an Mädchenschulen. Die meisten erwerbstätigen Frauen arbeiteten weiterhin in der Landwirtschaft als Mägde, in den Haushalten als ‚Dienstmädchen', im Textilgewerbe als Näherinnen, im Handel als Verkäuferinnen. Ihre Löhne lagen stets deutlich unter denen der Männer. Das Ziel der meisten Frauen war ein Leben als Ehefrau und Mutter; das war, wie es Kirche und Schule lehrten, ihre „natürliche Bestimmung"; eine außerhäusliche Berufstätigkeit galt demgegenüber nur als vorläufige oder durch materielle Not erzwungene Lebensform. Dieses Rollenbild, das sich viele Frauen zu eigen machten, entsprach dem patriarchalischen Charakter der Gesellschaft im Kaiserreich: Beruf, Öffentlichkeit, Politik als Domäne der Männer; Haushalt, Framilie, Kinder als das Reich der Frau.

Einige wenige Frauen begehrten dagegen auf. Soweit sie dem Bildungsbürgertum angehörten, stellten sie das Ideal der Ehegattin, Mutter und Hausfrau nicht grundsätzlich in Frage, forderten aber für die Frauen bessere Chancen in Schule, Berufsausbildung und Arbeitswelt, Teilnahme am politischen Leben, Gleichberechtigung in allen Lebensbereichen. Es entwickelte sich ein blühendes Vereinswesen, in dem karitative, pädagogische, berufsständische Anliegen überwogen, aber auch politische Zielsetzungen wichtig waren. Der Dachverband dieser bürgerlich-gemäßigten Emanzipationsbewegung, der ‚Bund deutscher Frauenvereine', zählte 1913 eine halbe Million Mitglieder. Der proletarisch-sozialistische Flügel der deutschen Frauenbewegung entwickelte sich in Anlehnung an die SPD. Sie war die einzige politische Partei des Kaiserreiches, die programmatisch für die Gleichberechtigung der Frau eintrat, auch wenn in ihrer praktischen politischen Arbeit und im Verhalten ihrer männlichen Mitglieder davon oft wenig zu spüren war. Als das alte preußische Vereinsgesetz, das

123 Versammlung Berliner Arbeiterinnen, 1890. Holzstich nach einer Zeichnung von Carl Koch, 8. 3. 90, in der ‚Illustrierten Zeitung', Leipzig. *Untersuchen Sie das Erscheinungsbild der Versammlungsteilnehmerinnen (z. B. Alter, Kleidung, Gebaren).*

Frauen die Mitwirkung in politischen Vereinigungen verbot, 1908 aufgehoben wurde, gliederte sich die sozialistische Frauenbewegung voll in die sozialdemokratische Partei ein; sie verband ihre Emanzipationsforderungen mit den allgemeinen politischen Bestrebungen der marxistischen Arbeiterpartei.

Juden

Die deutschen Staatsbürger jüdischer Abstammung – ihre Zahl betrug 1871 500 000, 1914 600 000 – machten durchweg nur 1% der Gesamtbevölkerung aus. Fast zwei Drittel der deutschen Juden lebten in Großstädten, jeder vierte in Berlin. Sie waren wirtschaftlich bemerkenswert erfolgreich: unter den 100 wohlhabendsten Preußen befanden sich 30 Juden; bei einem Anteil von 5% an der Berliner Bevölkerung brachten sie mehr als ein Drittel der städtischen Einkommensteuer auf. Diese Erfolge verdankten sie zum einen ihrem hohen Bildungsstand – 8% aller Gymnasiasten und Studenten in Preußen waren Juden –, zum andern ihrem Leistungs- und Aufstiegswillen. Dennoch blieb den Juden in Deutschland die volle soziale Anerkennung verwehrt. Zu den hohen Staatsämtern und zum Offiziersberuf erhielten sie überhaupt keinen Zugang, als Lehrer an Volksschulen oder Gymnasien traten sie kaum in Erscheinung, unter den Universitätsprofessoren waren sie selten. Dies war nicht in irgendwelchen Rechtsvorschriften begründet, sondern in stillschweigend geübten Diskriminierungspraktiken der nicht-jüdischen Mehrheit.

Antisemitismus

Neben solchem versteckten gab es auch den unverhohlenen, öffentlichen Antisemitismus. Er war nahezu überall anzutreffen: in den akademischen Auseinandersetzungen der Gelehrten; in der Publizistik, wo fragwürdige Rassetheorien die wesensmäßige Fremdartigkeit der Juden behaupteten und ihre Entrechtung und Ausweisung nahelegten; in der Parteipolitik, wo Gefühle des Fremdenhasses und Sozialneides erweckt und die jüdischen Mitbürger als Sündenböcke für alle aus der wirtschaftlichen und gesellschaftlichen Modernisierung herrührenden Probleme angeprangert wurden. Es waren insbesondere konservative und rechtsnationale, bäuerliche und kleinbürgerliche Gruppen, die auf antisemitische Propaganda ansprachen.

Arbeiterkultur

Die für das Kaiserreich charakteristische Neigung der Deutschen, die sozialen Grenzen und Unterschiede zu betonen, begünstigte die Herausbildung eigenständiger

‚Sozialmilieus' und ‚Subkulturen'. Eine besondere Prägekraft entfaltete dabei die ‚Arbeiterkultur'. Sie entwickelte sich teils in Anlehnung, teils in betonter Abhebung von der dominierenden bürgerlichen Kultur, war also gleichermaßen Nachahmung wie Gegenwelt. Getragen wurde sie von einem vielgestaltigen Vereinswesen, das – neben der SPD, den Freien Gewerkschaften, den Genossenschaften – als eine ‚vierte Säule' der Arbeiterbewegung gelten konnte. Die größte Breitenwirkung erreichten die Sportler und Sänger, die im Arbeiter-Turnerbund (1893) und im Deutschen Arbeiter-Sängerbund (1908) mitgliederstarke Dachorganisationen erhielten. Viel Zulauf fanden auch die Bildungseinrichtungen der SPD und der Gewerkschaften, die Tauben- und Kaninchenzucht-, die Kleingarten- und Wandervereine. Dieses blühende Vereins-, Partei- und Gewerkschaftsleben war für die Arbeiter aus mehreren Gründen wichtig: der Kontakt und Austausch mit Menschen in ähnlichen Lebensumständen und von ähnlicher Denkart befriedigte das Geselligkeitsbedürfnis, stärkte das Gefühl der Solidarität, vermittelte die Erfahrung von ‚Identität', der Zugehörigkeit zu einer sozialen Großgruppe mit eigenen Merkmalen, Vorzügen, Werten. Die Arbeiterkultur war ein Gegengewicht und Ausgleich für die mancherlei Belastungen und Zurücksetzungen, die das Alltagsleben der Unterschichten überschatteten.

124 Wirtschafts- und Sozialdaten

a) Bevölkerung nach Wohnortgrößen in v.H. (Statistisches Jahrbuch für das Deutsche Reich. Berlin 1934. S. 11)

	unter 2000	2000–4999	5000–19999	20000–99999	über 100000
1871	63,9	12,4	11,2	7,7	4,8
1880	58,6	12,7	12,6	8,9	7,2
1890	53,0	12,0	13,1	9,8	12,1
1900	45,6	12,1	13,5	12,6	16,2
1910	40,0	11,2	14,1	13,4	21,3

b) Erwerbstätige nach Wirtschaftssektoren (G. Hohorst/J. Kocka/G. A. Ritter: Sozialgeschichtliches Arbeitsbuch. Materialien zur Statistik des Kaiserreichs 1870–1914. München 1975. S. 66)

		Summe der Erwerbstätigen (in Tsd.)	davon weiblich (in v.H.)	Erwerbstätige + Angehörige (in Tsd.)	in v.H. der Gesamtbevölkerung
Landwirtschaft	1882	8236	30,8	18801	41,6
	1895	8293	33,2	18127	35,0
	1907	9883	46,5	17517	28,4
Industrie	1882	6396	17,6	15756	34,8
	1895	8281	18,4	19933	38,5
	1907	11256	18,7	26055	42,2
Handel + Verkehr	1882	1570	19,0	4236	9,4
	1895	2339	24,8	5683	11,0
	1907	3478	26,8	7935	12,9
Häusliche Dienste	1882	1723	85,1	2261	5,0
	1895	1772	87,4	2225	4,3
	1907	1736	90,4	2056	3,3
Verwaltung, Militär, freie Berufe	1882	1031	11,2	2058	4,6
	1895	1426	12,4	2644	5,1
	1907	1739	16,6	3184	5,2
Berufslose, Rentenbezieher	1882	1354	51,8	2117	4,7
	1895	2143	52,1	3159	6,1
	1907	3405	52,6	4973	8,1
Zusammen	1882	20311	30,7	45222	100,0
	1895	24253	31,7	51770	100,0
	1907	31497	35,8	61721	100,0

Kaiser Wilhelm
Kaiserin Augusta
die Mitglieder der Königlichen Familie
Reichskanzler Fürsten Bismarck
zum 1. April 1885.

c) Wertschöpfung nach Wirtschaftsbereichen in v. H. des Volkseinkommens (Hohorst/Kocka/Ritter: S. 89)

	1870	1913		1870	1913
Landwirtschaft, Forsten, Fischerei	40,5	23,3	Häusliche Dienste	7,2	2,2
Bergbau, Salinen	1,8	3,9	Sonstige Dienstleistungen ohne Verteidigung	11,3	8,3
Industrie, Handwerk	26,4	41,1	Verteidigung		0,7
Verkehr	2,0	6,5	Nichtlandwirtschaftliche Wohnungen	3,4	5,0
Handel, Banken, Versicherungen, Gaststätten	7,6	9,1			

d) Jahreseinkommen von Arbeitnehmern in Industrie, Handel, Verkehr (Hohorst/Kocka/Ritter: a. a. O. S. 107)

	Durchschnittliches Jahreseinkommen (nominal)		Index der Lebenshaltungskosten	Durchschnittliches Jahreseinkommen (real)	
	Mark	1895=100	1895=100	in Preisen von 1895	1895=100
1871	493	74	105,8	466	70
1875	651	98	112,7	578	87
1880	545	82	104,0	524	79
1885	581	87	98,6	589	89
1890	650	98	102,2	636	96
1895	665	100	100,0	665	100
1900	784	118	106,4	737	111
1905	849	128	112,4	755	114
1910	979	147	124,2	789	119
1913	1083	163	129,8	834	125

a) Welche Gemeindegrößenklassen veränderten sich am stärksten, welche stagnierten? Haben Sie eine Erklärung dafür?

b) Erläutern Sie die Veränderungen innerhalb und zwischen den Wirtschaftssektoren! Welche Rückschlüsse auf die wirtschaftliche Situation der Frauen lassen sich aus den Daten gewinnen?

c) Wie beurteilen sie die Entwicklung der Arbeitnehmereinkommen? Vergleichen Sie sie mit heutigen Verhältnissen.

Tafel 3 Wahltag in Amerika, 1851/52. Gemälde von George Caleb Bungham (1811–1879).
– Warum gibt es auf diesem Bild keine Frauen? – Beschreiben Sie die Wahlprozedur. – In wieweit spiegelt dieses Bild die demokratische politische Kultur Amerikas wider?

Tafel 4 Kaiserproklamation im Spiegelsaal des Schlosses von Versailles am 18. Januar 1871. Gemälde von Anton von Werner (2. Fassung von 1882, die Bismarck in den Mittelpunkt der Szene stellt).
Dazu Prinz Otto von Wittelsbach, der der Zeremonie beiwohnte, in einem Brief: „Ich kann Dir gar nicht beschreiben, wie unendlich weh und schmerzlich es mir während jener Szene zu Mute war. ... Alles so kalt, so glänzend, so prunkend und großtuerisch und herzlos und leer."
– Stellen Sie einen Zusammenhang zwischen dem Gemälde und dem Brief des bayrischen Prinzen her.

125 Soziale Ordnung auf dem Lande

a) Die Sicht des Gutsherrn:

Auf meinen Gütern gelang es mir, einen seßhaften Arbeiterstand zu schaffen. Im Anfang mußte ich manchem ungehorsamen und aufsässigen Gesellen persönlich entgegentreten und mit der Faust Ordnung und Gehorsam erzwingen. Im Laufe der Jahre wurden die schlechten Arbeiter dadurch abgestoßen und die guten angezogen. Mein Mittel zu diesem Ziel hieß Gerechtigkeit. Als Offizier hatte ich gelernt, was Gerechtigkeit ausmacht, was man von einem gerecht behandelten Menschen verlangen kann und wie Gerechtigkeit Menschen verschiedener Lebensstufen auch für Zeiten der Not aneinander bindet. [...] Das Geheimnis zur Lösung der Leutefrage habe ich immer darin gesehen, den Arbeitern ein gerechter Vorgesetzter und ein wohlwollender Vertrauensmann in allen Lebenslagen zu sein. [...] So führte ich denn ein, daß ich zu jeder Zeit für meine Leute in allen Dingen zu sprechen war. Freilich war ich auch niemals nachsichtig, sondern hielt darauf, daß im Betrieb Gehorsam der oberste Grundsatz blieb. [...] Der Landarbeiter ist immer eine der gesichertsten menschlichen Existenzen gewesen. Nach altem Herkommen, das schon aus der Zeit vor der Errichtung der vielen Versicherungen stammt, ist der Landarbeiter des deutschen Ostens für die Zeit seines Alters versorgt. Er wird nicht von Haus und Hof verjagt, sondern bleibt auf dem Gute wohnen und erhält sein Altleute-Deputat. Die Söhne des Landarbeiters brauchen sich nicht nach Stellung und Beruf umzusehen. Sie treten ohne weiteres an die Stelle ihres Vaters. Mit anderen Worten: Sie fangen da an, wo der Vater aufgehört hat.

E. von Oldenburg-Januschau: Erinnerungen. Leipzig 1936. S. 44 ff.

b) Die Sicht des Landarbeiters:

Etwa um 11 Uhr sahen wir einen Reiter vom Gut auf uns zukommen. [...] „De gnä' Herr!" murmelte es allgemein, und fleißiger noch rührten sich die Hände. Jetzt setzte der Vogt seine Kartoffelkiepe auf die Erde, wischte sich schnell die Hände an den Hosen ab und ging seinem Gebieter entgegen. Sechs Schritte vor ihm blieb er stehen, nahm kurz die Hacken zusammen und zog ehrerbietig seine Mütze. Wie das aussah! Dort der Herr, hoch zu Roß, jeder Zug aristokratische Vornehmheit; hier der Vogt, barhäuptig in urpommerscher Hölzernheit - ein Charakterbild disziplinierter Demut. Beide kamen näher. Nun zogen auch die Tagelöhner mechanisch ihre Kopfbedeckung, die sie so lange in der Hand behielten, bis der „Herr" leicht an seinen graugrünen Agrarierhut tippte. [...] Da plötzlich wurde ich aus meinen Betrachtungen gerissen. Herr von Damerow ließ sein Pferd auf mich zugehen und sah mich einen Moment durchdringend an. „Hat dich dein Schulmeister noch nicht gelehrt, den Deckel zu ziehen?" fragte er scharf. Ich wußte vor Verlegenheit nicht, was ich antworten sollte. Wahrhaftig, ich hatte vor lauter Bewunderung des „gnädigen Herrn" gar nicht daran gedacht, ebenfalls die Mütze abzunehmen. Verblüfft senkte ich deshalb den Kopf und schwieg. „Welcher Person gehört der Junge?" wandte sich der Herr darauf an die Reihe der Sammler. „Es ist mein Sohn", meldete sich meine Mutter. „Dann wird's Zeit, daß Sie Ihrem Bengel beibringt, wie er einen Gutsherrn zu grüßen hat." [...] Später suchte ich unseren Vogt auf. Kindliche Neugierde trieb mich, ihn heimlich zu fragen, weshalb er vorhin so in gewisser Entfernung vor dem Herrn stehengeblieben sei. „Dat kümmt noch vom Kummiß, und dei Herr will dat so hewwe", belehrte er mich. Der Herr sei Rittmeister gewesen, und da verlange er, daß jeder seiner Arbeiter, der mit ihm sprechen wolle, sechs Schritte vor ihm stehenbleibe und abwarte, bis er von ihm angeredet werde. Er als Vogt habe seine Meldung gemacht, und nachher erfordere es der Respekt, daß er den Herrn begleite, solange bis derselbe abwinke, und zwar müsse er stets an der linken Seite gehen, „nicht zu dichte ran". Beim Inspektor verringere sich dieser Abstand etwa um die Hälfte.

F. Rehbein: Das Leben eines Landarbeiters. Jena 1911. S. 34 ff.

a) Wonach unterscheidet der Gutsherr ‚gute' und ‚schlechte' Arbeiter?
b) Äußern Sie sich zu Oldenburg-Januschaus Bemerkungen über die Vorzüge des Landarbeiterlebens.
c) Wie empfinden Sie die Umgangsformen zwischen Gutsherr und Arbeitern?

126 **Disziplin am Arbeitsplatz.** Aus der Werkstatt-Ordnung des Berliner Elektro-Unternehmens Siemens & Halske (1875):

§ 2. Die Arbeitszeit ist bis auf Weiteres von Morgens 7 bis Mittags 12 Uhr, mit einer Frühstückspause von 8¾ bis 9 Uhr, und von Mittags 2 bis Abends 6 Uhr festgesetzt. [...] Wer nach der festgesetzten Arbeitszeit kommt, wird Morgens nur bis 8 Uhr und Nachmittags nur bis 3 Uhr eingelassen und ist dabei verpflichtet, dem Portier seine Karte abzugeben. Letztere wird dem betreffenden Arbeiter vor Schluß der Arbeitszeit zurückgegeben und 10 Pfennige zugunsten der Unterstützungskasse für kranke und hilfsbedürftige Arbeiter der Fabrik von ihm erhoben. Außerdem wird dem zu spät Kommenden die versäumte Zeit in Abzug gebracht, wobei die versäumten Stunden immer voll gerechnet werden. [...] § 4. Den Anordnungen seines Meisters hat Jedermann pünktlich Folge zu leisten und die ihm von demselben übertragenen Accord- oder Lohnarbeiten auszuführen. Im Falle der Widersetzlichkeit kann der Meister den Arbeiter sofort entlassen. [...] § 6. Wer übertragene Arbeiten so ausführt, daß sie durch seine Schuld unbrauchbar werden, ersetzt den Werth des Materials und verliert den Arbeitslohn. Werden nach Ablieferung von [...] fertigen Apparaten verheimlichte Arbeitsfehler gefunden, welche der Arbeiter nicht vor der Ablieferung dem Meister selbst angezeigt hat, so wird der Arbeiter sofort entlassen und verliert jeden Anspruch auf Entschädigung für diese Pfuscharbeit. [...] § 10. Die Auflösung des Arbeitsverhältnisses kann von beiden Seiten ohne vorhergehende Kündigung zu jeder Zeit stattfinden. Zuwiderhandlungen gegen diese Werkstattordnung, Veruntreuung, Widersetzlichkeit gegen Vorgesetzte, ungebührliches Betragen gegen die Mitarbeiter, sowie Nachlässigkeit beim Umgehen mit Feuer und Licht hat die sofortige Entlassung zur Folge.

J. Kocka: Unternehmensverwaltung und Angestelltenschaft am Beispiel Siemens 1847–1914. Stuttgart 1969. S. 575 ff.

a) Wie sind die Rechte und Pflichten zwischen Arbeitgeber und Arbeitnehmer verteilt?
b) Nehmen Sie zu den Gründen und Fristen für Entlassungen Stellung.

127 **Wünsche und Hoffnungen von Bergleuten.** Aus einer Befragung von 1910:

22 Jahre, 2 Kinder, 27 Mark Wochenlohn: „Wenn ich von der Schicht komme da wer ich mir satessen u. dann etwas in den Wald spazieren ein schnitt Bier sich austrinken u. dan ins Bett sich ausruen daß ich wider auf die andre Schicht munter werde. – Ich wer mir ein schönes Haus bauen, damit ich in meinem Eigentum wohne."

27 Jahre, 2 Kinder, 27 Mark Wochenlohn: „Ich würde mir wissenschaftliche Bücher und Zeitungen anschaffen um doch zu sehen und zu hören wie es eigentlich in der Welt richtig aussieht, damit ich mit meiner Wissenschaft vorwärts – und nicht rückwärts gehe. – Den Vorwärts und Freidenkerbücher ferner ein Kräuterbuch und Göthe Schillers Werke."

30 Jahre, 2 Kinder, 18 Mark Wochenlohn: „Erstens ein paar Stunden sich in der frischen Luft bewegen was für den Untertagsbergmann sehr gesundt wäre. 2. Die Tageszeitung lesen, daß man weis, was in der Welt vorgeht, und 3. Geistig mehr ausbilden, daß der Arbeiter nicht so dum bleibt. – Wenn ich das nötige Geld hätte würde ich meiner Frau mehr Abschlag geben daß wir besser leben könnten wies einem Menschen zu kommt und nicht wie es jetzt ist daß wenn man von der Schicht kommt blos trockene Bratkartoffeln bekommdt."

32 Jahre, 3 Kinder, 18 Mark Wochenlohn: „Ich würde täglich spazieren gehen und mich mit Gartenbau beschäftigen. – Eine kleine Wirtschaft mit etwas Acker und Obstgarten."

37 Jahre, 9 Kinder, 30 Mark Wochenlohn: „Ich könnte mich mehr durch spazieren im Freien erholen und auch mehr lesen. – Zuerst bessere Kost für mich und die Familie, dann bessere Kleidung und Schuhzeug dann mehr Betten daß die Kinder nicht zu dreien in einem Bette zu schlafen brauchen. Dann für mich und die Kinder aufklärend und veredelnd wirkende Bücher und Schriften."

A. Levenstein: Die Arbeiterfrage. München 1912. S. 175 ff.

a) Wie erklären Sie den vergleichsweise hohen Stellenwert geistiger Bedürfnisse;
b) Vergleichen Sie die Zukunftsträume von 1910 mit heutigen Lebenserwartungen!

128 Frauen im Kaiserreich

a) Ein Dienstmädchen berichtet:

Ich mußte früh 1/2 6 aufstehen, im Sommer wie im Winter. Aber da mußte man schon vollständig angekleidet sein und auch sein Bett gemacht haben. Das Ende der Arbeit war verschieden. Eine Dame war empört darüber, daß ich abends um 10 Uhr schlafen gehen wollte. Dann hat man aber auch seine Sachen in Ordnung zu halten. Oft habe ich bis spät in die Nacht gesessen und genäht, gestopft, gestrickt und so weiter. Aufbleiben mußte man im Sommer sehr oft, wenn die Herrschaften im Garten saßen bis spät in die Nacht, dann mußte man noch Gläser, Flaschen, Decken und sonst was in die Wohnung tragen. Im Winter auch, zum Beispiel, wenn die Herrschaften im Theater waren, wurde erst spät Abendbrot gegessen, und man mußte noch das Geschirr waschen und was dazu gehört. Auch bis nach Mitternacht hat man oft warten müssen, wenn die Herrschaften anderweit eingeladen waren; da mußte man sehr aufpassen, wenn der Wagen hielt, damit die hohen Herrschaften nicht schließen oder klingeln mußten.

O. Stillich: Die Lage der weiblichen Dienstboten in Berlin. Berlin 1902. S. 125.

b) Aus dem Programm des Allgemeinen Deutschen Frauenvereins (1905):

Die Frauenbewegung setzt sich somit das Ziel: den Kultureinfluß der Frau zu voller innerer Entfaltung und freier sozialer Wirksamkeit zu bringen. [...]
I. Bildung: a) obligatorische Fortbildungsschulen für alle aus der Volksschule entlassenen Mädchen; b) eine Reorganisation der höheren Mädchenschule, durch welche diese, unbeschadet ihrer dem Wirkungskreise der Frau entsprechenden Besonderheit, den höheren Knabenschulen gleichwertig wird; [...]
c) unbeschränkte Zulassung ordnungsmäßig vorgebildeter Frauen zu allen wissenschaftlichen, technischen und künstlerischen Hochschulen.
II. Berufstätigkeit: Die Frauenbewegung betrachtet für die verheiratete Frau den in der Ehe und Mutterschaft beschlossenen Pflichtenkreis als ersten und nächstliegenden Beruf. [...] In Anbetracht der großen Zahl von Frauen, die unverheiratet bleiben, und der weiteren Zahl derer, die in der Ehe keine ausreichende wirtschaftliche Versorgung finden können, ist die Berufsarbeit der Frau eine wirtschaftliche und sittliche Notwendigkeit. Die Frauenbewegung betrachtet die berufliche Frauenarbeit aber auch in weiterem Sinne und unabhängig von jeder äußeren Notwendigkeit als Kulturwert, da auch die Frau Träger hervorragender spezifischer Begabung sein kann und bei vollkommen freier Entfaltung ihrer Fähigkeiten auf vielen Gebieten geistiger und materieller Tätigkeit Aufgaben finden wird, die sie ihrer Natur nach besser lösen kann als der Mann. – In bezug auf die wirtschaftliche Bewertung der beruflichen Frauenarbeit vertritt die Frauenbewegung den Grundsatz. Gleicher Lohn für gleiche Leistung.
III. Ehe und Familie: Die Frauenbewegung sieht in der Heilighaltung der Ehe die wesentlichste Bürgschaft für das körperliche und geistige Wohl der Nachkommenschaft und die Grundbedingung sozialer Gesundheit. Sie legt in bezug auf die sexuelle Sittlichkeit Männern und Frauen die gleichen Pflichten auf und bekämpft die doppelte Moral, die einerseits dem Manne eine in jeder Hinsicht verhängnisvolle sexuelle Freiheit gewährt, andererseits die Frau mit ungerechter Härte trifft. Sie fordert für die Frau als Leiterin des Hauses und Erzieherin der Kinder, daß sie im Einklang mit der Höhe ihrer Verpflichtung und dem Wert ihrer Leistungen auch rechtlich die gleiche Verantwortung in allen Angelegenheiten der Ehe und der Familie trage wie der Mann. [...]
IV. Öffentliches Leben, Gemeinde und Staat: a) Zulassung der Frauen zu verantwortlichen Ämtern in Gemeinde und Staat, vor allem solchen, die zu den Interessen der Frauen in besonders nahen Beziehungen stehen; [...]
b) Zuziehung der Frauen zur Vertretung der Laien bei der Rechtspflege;
c) Beseitigung der vereinsrechtlichen Beschränkungen der Frau; d) Teilnahme der Frauen am kirchlichen Wahlrecht; e) Teilnahme der Frauen am kommunalen Wahlrecht; f) Teilnahme der Frauen am politischen Wahlrecht.

H. Lange: Die Frauenbewegung in ihren gegenwärtigen Problemen. Leipzig 1914. S. 134 ff.

c) Einwände eines katholischen Autors (1912):

Die Männer sind die Vertreter der Kraft und zeichnen sich aus durch die darauf beruhenden aktiven Tugenden des Heldenmutes und der Standhaftigkeit, der Vaterlandsliebe und der Gerechtigkeit. Die Frauen sind die Vertreterinnen der Schönheit und der Liebe und ragen in unerreichbarer Überlegenheit über die Männer hinaus in den mehr passiven Tugenden der Demut und der Milde, der aufopfernden Hingebung und Barmherzigkeit. Die fast ausschließliche männliche Schöpfungskraft in Wissenschaft und Kunst wird ausgeglichen durch die unglaublich steigerungsfähige Empfänglichkeit der

Frauen für die höchsten Ideale des Lebens. Der Mann wird in seinem Denken und Handeln bestimmt von seinem scharfen, alles durchdringenden Verstande, das Weib läßt sich leiten von den Regungen des bei ihm stärker entwickelten Gefühls. „Männer richten nach Gründen, des Weibes Urteil ist seine Liebe."
Bei allen Erwägungen und Vorschlägen, die eine Verbesserung der Stellung der Frauen bezwecken, muß deshalb immer beachtet werden, daß die Frauen nach ihren geistigen und körperlichen Anlagen von der Natur dazu berufen sind, das höchste menschliche Glück, das Glück häuslichen und friedlichen Familienlebens, zu begründen und zu pflegen und sich den erhabenen sozialen Pflichten zu widmen, die ihnen durch die Herrschaft des Gemütslebens als besonderer Vorzug ihres Geschlechtes zugewiesen sind. Diese von der Natur selbst gezogenen Grenzen können ungestraft nicht überschritten werden. [...]

E. Windthorst: Lebenserfahrungen eines Idealisten. Bonn 1912. S. 464

a) Kennzeichnen Sie die besonderen Schattenseiten des Dienstmädchenberufes.
b) Welche Benachteiligungen der Frau sucht die Frauenbewegung zu beseitigen?
c) Erörtern Sie die Auffassung, es gäbe eine natürliche Wesensverschiedenheit der Geschlechter.

129 Antisemitismus

a) Der deutsch-jüdische Schriftsteller Jakob Wassermann (1873–1934) erinnert sich 1921:

Obwohl ich meine Ehre und ganze Kraft darein setzte, als Soldat meine Pflicht zu tun und das geforderte Maß der Leistung zu erfüllen, wozu zuweilen keine geringe Selbstüberwindung nötig war, gelang es mir nicht, die Anerkennung meiner Vorgesetzten zu erringen, und ich merkte bald, daß es mir auch bei exemplarischer Führung nicht gelingen würde, daß es nicht gelingen konnte, weil Absicht dawider war. Ich merkte es an der verächtlichen Haltung der Offiziere, an der unverhehlten Tendenz, die befriedigende Leistung selbstverständlich zu finden, die unbefriedigende an den Pranger zu stellen. Von gesellschaftlicher Annäherung konnte nicht die Rede sein, menschliche Qualität wurde nicht einmal erwogen, Geist oder auch nur jede originelle Form der Äußerung erweckte sofort Argwohn, Beförderung über eine zugestandene Grenze hinaus kam nicht in Frage, alles, weil die bürgerliche Legitimation unter der Rubrik Glaubensbekenntnis die Bezeichnung Jude trug. [...]
Auffallender, weitaus quälender war mir [...] das Verhalten der Mannschaft. Zum erstenmal begegnete ich jenem in den Volkskörper gedrungenen dumpfen, starren, fast sprachlosen Haß, von dem der Name Antisemitismus fast nichts aussagt, weil er weder die Art noch die Quelle, noch die Tiefe, noch das Ziel zu erkennen gibt. Dieser Haß hat Züge des Aberglaubens ebenso wie der freiwilligen Verblendung, der Dämonenfurcht wie der pfäffischen Verstocktheit, der Rankünе des Benachteiligten, Betrogenen ebenso wie der Unwissenheit, der Lüge und Gewissenlosigkeit wie der berechtigten Abwehr, affenhafter Bosheit wie des religiösen Fanatismus. [...] Kam hinzu, daß die katholische Bevölkerung Unterfrankens reichlich durchsetzt war mit einem unerfreulichen Schlag noch halb ghettohafter, handelsbeflissener, wuchernder Juden, Krämer, Trödler, Viehhändler, Hausierer, einer dauernden Verhetzung preisgegeben war [...] und das Andenken an Brunnenvergiftungs- und Passahschlachtungsmärchen, bischöfliche Bluterlässe, mörderische und gewinnbringende Judenverfolgungen noch lebendig im Sinne trug.

J. Wassermann: Mein Weg als Deutscher und Jude. Berlin 1921. S. 38 ff.

b) Der nationalliberale Historiker Heinrich von Treitschke (1834–1896) über den Antisemitismus in Deutschland 1880:

Was wir von unseren israelitischen Mitbürgern zu fordern haben, ist einfach: sie sollen Deutsche werden, sich schlicht und recht als Deutsche fühlen – unbeschadet ihres Glaubens und ihrer alten heiligen Erinnerungen, die uns allen ehrwürdig sind; denn wir wollen nicht, daß auf Jahrtausende germanischer Gesittung ein Zeitalter deutsch-jüdischer Mischkultur folge. Es wäre sündlich zu vergessen, daß sehr viele Juden, getaufte und ungetaufte, [...] deutsche Männer waren im besten Sinne, Männer, in denen wir die edlen und guten Züge deutschen Geistes verehren. Es bleibt aber ebenso unleugbar, daß zahlreiche und mächtige Kreise unseres Judentums den guten Willen, schlechtweg Deutsche zu werden, durchaus nicht hegen. [...] Mancher meiner jüdischen Freunde wird mir mit tiefem Bedauern recht geben, wenn ich behaupte, daß in neuester Zeit ein gefährlicher Geist der Überhebung in jüdischen

Kreisen erwacht ist, daß die Einwirkung des Judentums auf unser nationales Leben, die in früheren Tagen manches Gute schuf, sich neuerdings vielfach schädlich zeigt. [...] Überblickt man alle diese Verhältnisse – und wie vieles ließe sich noch sagen! –, so erscheint die laute Agitation des Augenblicks doch nur als eine brutale und gehässige, aber natürliche Reaktion des germanischen Volksgefühls, gegen ein fremdes Element, das in unserem Leben einen allzu breiten Raum eingenommen hat. [...] Bis in die Kreise der höchsten Bildung hinauf, unter Männern, die jeden Gedanken kirchlicher Unduldsamkeit oder nationalen Hochmuts mit Abscheu von sich weisen würden, ertönt es heute wie aus einem Munde: Die Juden sind unser Unglück!

H. von Treitschke: Ein Wort über unser Judentum. Berlin 1880. S. 3 f.

c) Der liberale Historiker Theodor Mommsen (1817–1903) entgegnete 1880:

Das ist der eigentliche Sitz des Wahnes, der jetzt die Massen erfaßt hat, und sein rechter Prophet ist Herr von Treitschke. Was heißt das, wenn er von unseren israelitischen Mitbürgern fordert, sie sollen Deutsche werden? Sie sind es ja, so gut wie er und ich. Er mag tugendhafter sein als sie; aber machen die Tugenden den Deutschen? Wer gibt uns das Recht, unsere Mitbürger dieser oder jener Kategorien wegen der Fehler, welche im allgemeinen dieser Kategorie, es sei auch mit Recht, zur Last gelegt werden, aus der Reihe der Deutschen zu streichen? Wie scharf man die Fehler dieser Mitbürger empfinden, wie schroff man über alle Milderungsgründe sich hinwegsetzen mag, immer wird man logisch wie praktisch höchstens dahin kommen, die Juden für Deutsche zu erklären, welche im Punkte der Erbsünde doppelt bedacht worden sind. [...] Wir, die eben erst geeinigte Nation, betreten mit dem Judenkrieg eine gefährliche Bahn. Unsere Stämme sind recht sehr ungleich. Es ist keiner darunter, dem nicht spezifische Fehler anhaften, und unsere gegenseitige Liebe ist nicht so alt, daß sie nicht rosten könnte. Heute gilt es den Juden, [...] morgen wird vielleicht bewiesen, daß genau genommen jeder Berliner nicht besser sei als ein Semit. Noch etwas weiter hin, und der Pommer fordert die Erstreckung der Statistik auf die Windbeutelei und hofft, durch Zahlen zu beweisen, daß dann in den westlichen Provinzen ein doppelter Prozentsatz sich herausstellen werde. Es wäre das nicht der ungeschickteste Weg, um die Einheit unserer Nation zu untergraben.

Th. Mommsen: Auch ein Wort über unser Judentum. Berlin 1880. S. 11 f.

a) Auf welche Wurzeln des Antisemitismus weisen die Texte hin?
b) Wie stellten sich Treitschke und Mommsen die Lösung der ‚Judenfrage' vor? Nehmen Sie Stellung dazu.

130 Antisemitische Wunschträume: (Der künftige) Kaiser Friedrich I. weist die Juden aus Deutschland aus.
Erläutern Sie Vorurteile und Haßgefühle gegen die Juden, wie sie in diesem Bilde deutlich werden.

131 **Sozialdemokratisches Milieu.** Aus einem Bericht des evangelischen Theologen Paul Göhre (1864–1928), der drei Monate unerkannt als Fabrikarbeiter lebte (1891):

Vortrag und Debatte wurden von den etwa 40 Männern, die immer anwesend zu sein pflegten, mit größter Aufmerksamkeit verfolgt. Man sah es diesen sinnenden, leuchtenden Augen an, wie die Köpfe mitarbeiteten, die vorgetragenen Gedankengänge aufzufassen und mitzudenken. Man rauchte viel Pfeife, doch auch Zigarren dazu und trank im Durchschnitt daneben ein, höchstens zwei Glas Bier, einfaches für 8 Pfennig oder Lagerbier für 15 Pfennig. Nur wenige verließen die Versammlung vor dem Schluß, wenige auch, von den Mühen der Tagesarbeit überwältigt, schlummerten zuletzt ungestört ein. Sonst herrschte, wie gesagt, ungeteilte Aufmerksamkeit; denn solche Abende waren für diese Männer kein bloßes Vergnügen, sondern schwere Arbeit und immer Stunden eifrigen Lernens, scharfen Nachdenkens, der Auffrischung und Ermutigung in ihrem abwechslungslosen, einförmigen Fabrikleben. Sie ersetzten, das kann man wohl ohne große Übertreibung sagen, vielen den früher gewohnten Kirchgang. Und darin liegt die große agitatorische Bedeutung dieser sozialdemokratischen Wahlvereine mit ihren regelmäßig wiederkehrenden Versammlungsabenden gerade in solchen Mittelstädten wie Chemnitz. Sie sind es, die den zur Sozialdemokratie sich neigenden Arbeiter dauernd, unaufhörlich, unauffällig bearbeiten, bis er mit seinem Dichten und Denken in den parteisozialistischen Gedankenkreisen aufgeht, und die den Befähigten schulen, daß er imstande ist, das Feuer der Überzeugung, das er in jenen Stätten in sich entfacht hat, nicht nutzlos verglühen zu lassen, sondern seine Kraft zu verwerten in Agitation unter den Arbeitsgenossen und der eigenen Familie, wie im Eintreten für die gemeinsame Sache bei Versammlungen mit den politischen Gegnern.

P. Göhre: Drei Monate Fabrikarbeiter und Handwerksbursche. Leipzig 1891. S. 45

a) Worin sieht Göhre die Bedeutung politischer Versammlung im Leben der Arbeiter? Äußern Sie sich zu Göhres Gleichsetzung von Parteiversammlung und Kirchgang.

132 SPD-Parteitag in Berlin 1892 (im Vordergrund rechts August Bebel). Gemälde von Werner Zehme, 1892. *Setzen Sie dieses Bild zu der Textquelle 131 in Beziehung.*

3. Politisches System und politische Kultur des Kaiserreiches

Konstitutionelle Monarchie

Das Deutsche Kaiserreich von 1871 war eine konstitutionelle Monarchie, in der der Kaiser und die von ihm ernannte und ihm verantwortliche Regierung den Großteil der politischen Macht ausübten. Ähnlich war es in den 25 Gliedstaaten: auch hier oblag es, außer in den drei Freien Städten, den Fürsten, die Regierungen zu berufen und mit ihrer Hilfe die den Einzelstaaten verbliebenen Hoheitsrechte – vor allem im Bildungs-, Wirtschafts- und Finanzwesen – wahrzunehmen. Mit dem Gesetzgebungs- und Budgetrecht besaßen die Volksvertretungen (Reichstag wie Landtage und Senate) wesentliche politische Befugnisse, mittels derer sie die grundlegenden politischen Weichenstellungen und Entscheidungen mitzubestimmen vermochten; auf die Ernennung, Kontrolle und Abberufung der Regierungen und damit auf die Gestaltung der täglichen Politik, vor allem auch der Außenpolitik, hatten sie jedoch keinen Einfluß. Von so fundamentalen Fragen wie der Entscheidung über Krieg und Frieden, internationalen Verträgen, der Ausübung der militärischen Kommandogewalt war der Reichstag völlig ausgeschlossen. Bismarck, der sich zeit seines Lebens mit der ‚Volkssouveränität' nicht abzufinden vermochte, verschmähte zwar, wo ihm dies zweckdienlich schien, zeitweilige Bündnisse mit dieser oder jener Reichstagsmehrheit nicht, war aber weit davon entfernt, das Parlament als gleichwertigen politischen Partner der Regierung gelten zu lassen. Die Parteien akzeptierte er nur, solange sie die Regierung unterstützten; wo immer sie ihr entgegentraten, verfolgte er sie mit allen erdenklichen Schikanen.

Persönliches Regiment

Solange Bismarck Reichskanzler war, vermochte er mit seiner Autorität die einheitliche politische Führung des Reiches zu garantieren. Nach seiner Entlassung 1890 versuchte der junge Kaiser Wilhelm II. selbst die Zügel in die Hand zu nehmen und, auf Kosten der eher schwachen Reichskanzler, ein ‚persönliches Regiment' auszuüben. Aber die persönlichen Ratgeber des Kaisers, die politische Reichsleitung, der Generalstab verfolgten oft widersprüchliche Ziele, und der sprunghafte Kaiser war nicht der Mann, das Ganze zusammenzuhalten. So erwarb sich das Deutsche Reich im Ausland den fatalen Ruf politischer Unstetigkeit und Unberechenbarkeit.

Parteien

Das Parteiensystem des Kaiserreichs war eine geradlinige Fortsetzung des Parteienspektrums von 1848/49 (▷ S. 80). Allerdings vollzogen sich dabei erhebliche Kräfteverschiebungen. Die Konservativen, mit einem altständischen und einem nationalisti-

133 Schaubild der Verfassung des Deutschen Reiches von 1871

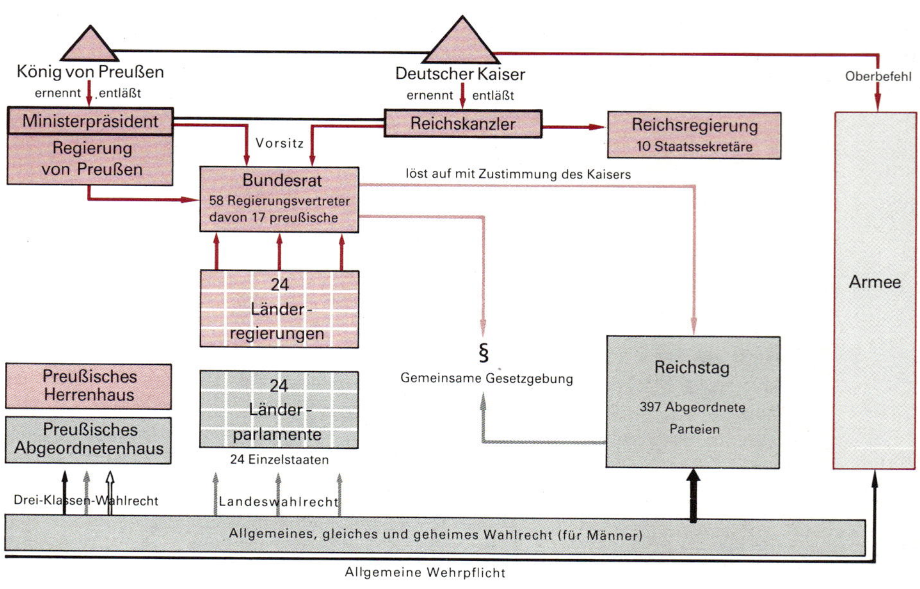

134 Aus einer sozialdemokratischen Festschrift zum 1. Mai 1898.
Beachten Sie, was der junge Arbeiter als Kehricht beiseiteschafft.

schen Flügel, erreichten in ihren besten Zeiten zwischen 1878 und 1887 Stimmenanteile bis knapp 27%, verloren aber danach unaufhaltsam an Stärke. Die Glanzzeit der Liberalen, insbesondere der ziemlich weit rechts stehenden Nationalliberalen, waren die 1870er Jahre; danach begann für den Rechtsliberalismus ein langsamer Abstieg, der auch durch den Stimmenzuwachs der Linksliberalen nicht aufzuhalten war. Ein Element der Stabilität war das Zentrum, die Partei des politischen Katholizismus, die sich wegen ihrer sozialen Breite für Koalitionen nach rechts wie nach links anbot; sie errang im Durchschnitt ein Fünftel der Mandate. Den größten Aufschwung nahm die Sozialdemokratische Partei, die seit 1890 regelmäßig die meisten Wählerstimmen (wenn auch, wegen des Mehrheitswahlsystems, bis 1912 nicht die meisten Reichstagssitze) errang.

Sozialdemokratie

Ihren Aufstieg verdankte die SPD zum einen dem rapide wachsenden Anteil der Arbeiterschaft an der Gesamtbevölkerung, zum anderen ihrer straffen Organisation. Die SPD war die erste Massenpartei in Deutschland und die erste, die einen Parteiapparat mit hauptamtlichen Mitarbeitern aufbaute; mit beachtlichem Erfolg war sie bemüht, ihren Mitgliedern eine ‚politische Heimat' zu bieten, ein Parteileben, das sich nicht in Wahlkämpfen und parlamentarischer Arbeit erschöpfte, sondern auch der politischen Schulung und Diskussion oder der Pflege der Geselligkeit viel Platz einräumte; eine wichtige Rolle spielte dabei die Parteipresse. Die übrigen Parteien folgten eher zögernd, am schnellsten das Zentrum, am wenigsten die Liberalen, die eine Honoratiorenpartei blieben.

Die SPD war eine Art Fremdkörper im Parteiensystem des Kaiserreiches, weil sie sich, zumindest programmatisch, als kompromißlosen Gegner der bestehenden Wirtschafts-, Gesellschafts- und Staatsordnung betrachtete und deren – evolutionäre oder revolutionäre – Abschaffung anstrebte. Nachdem anfänglich das Ideengut Ferdinand Lassalles (1825–1864), der auf die Erringung parlamentarischer Mehrheiten mit Hilfe des allgemeinen Wahlrechts und die gesetzliche Einführung sozialistischer Produktions- und Eigentumsformen baute, maßgeblich gewesen war, wandelte sich die Partei, nicht zuletzt unter dem Druck der Verfolgungsmaßnahmen des Bismarck-Staates zu einer marxistischen Partei, die nichts mehr vom bestehenden bürgerlichen System erhoffte. Das Erfurter Programm von 1891, das diesen Kurswechsel besiegelte, kündigte den mit gesetzlicher Notwendigkeit heranreifenden Untergang der alten und die Heraufführung der neuen klassenlosen Gesellschaft an.

Revisionismus

Als die Erfüllung dieser Prophezeihung jedoch auf sich warten ließ und die Partei erleben mußte, daß viele ihrer Anhänger in die Gesellschaft des wilhelminischen Deutschland hineinwuchsen und bürgerliche Lebensformen und Maßstäbe zu übernehmen begannen, entbrannte ein heftiger Grundsatzstreit. Der sog. ‚revisionistische' Flügel der Partei, dessen Wortführer Eduard Bernstein (1850–1932) war, forderte eine Abkehr vom radikal-revolutionären Kurs und eine pragmatische Politik der allmählichen Umwandlung der bestehenden Machtverhältnisse mit parlamentarischen und rechtsstaatlichen Mitteln. Zwar vermochten sich die orthodoxen Marxisten um August Bebel (▷ M 119), Karl Kautsky (1854–1938) und Rosa Luxemburg (1870–1919) noch einmal durchzusetzen und auf dem Dresdener Parteitag von 1903 die Verurteilung des Revisionismus zu erwirken. Aber die praktische Politik der Sozialdemokratie, nicht zuletzt auch ihre patriotische Loyalität während des Ersten Weltkrieges, unterschied sich letztlich nicht von dem Weg, den Bernstein empfohlen hatte.

Interessenverbände

Stärke und Erfolg der Parteien hingen nicht zuletzt von ihrer Zusammenarbeit mit den organisierten Interessengruppen ab. Die SPD konnte sich auf die Freien Gewerkschaften stützen. Diese schufen sich 1890 mit der ‚Generalkommission der Gewerkschaften Deutschlands' ein zentrales Führungsgremium, das unter seinem langjährigen Vorsitzenden Carl Legien wesentlichen Anteil daran hatte, daß die Mitgliederzahl bis 1914 auf 2,5 Millionen kletterte. Dahinter blieben die Christlichen Gewerkschaften mit 340 000 und die liberalen ‚Hirsch-Dunckerschen Gewerkvereine' mit 105 000 Mitgliedern weit zurück. Die Verquickung von SPD und Freien Gewerkschaften war denkbar eng: 1912 bestand die sozialdemokratische Reichstagsfraktion zu einem Drittel aus Gewerkschaftsfunktionären. Nachdem die Partei lange eine Führungsrolle beansprucht hatte, einigte man sich im ‚Mannheimer Abkommen' von 1906 auf die Gleichberechtigung beider Partner.

Ähnlich enge Beziehungen gab es auch in den anderen politischen Lagern (▷ S. 125): zwischen den Konservativen und dem Bund der Landwirte, den Nationalliberalen und dem Centralverband Deutscher Industrieller, zwischen den Linksliberalen und dem Bund der Industriellen sowie dem Hansabund, zwischen dem Zentrum und dem (1890 entstandenen) ‚Volksverein für das katholische Deutschland'.

Eine beachtliche Wirksamkeit entfalteten im wilhelminischen Deutschland die großen Agitationsverbände, die zwar ihre Überparteilichkeit und Ausrichtung auf das nationale Gemeinwohl betonten, aber alles andere als politisch neutral waren: der ‚Deutsche Flottenverein' propagierte eine starke deutsche Kriegsflotte, der ‚Deutsche Wehrverein' pflegte den militärischen Geist, der ‚Deutsche Ostmarkenverein' unterstützte den antipolnischen ‚Volkstumskampf', der ‚Deutsche Kolonialverein' machte sich für den Erwerb von Kolonien stark. Am militantesten gebärdete sich der ‚Alldeutsche Verband', die Organisation aller national-chauvinistischen Kräfte, die sich für einen nach innen und außen mächtigen deutschen Nationalstaat begeisterten, der eines Tages alle in Europa lebenden Deutschen umfassen sollte. Alle dieser Verbände standen ‚rechts', befürworteten eine nationalistische, ja expansionistische Politik und bekämpften jede Form ‚anti-deutscher', pazifistischer, demokratischer Gesinnung.

‚Reichsfeinde'

Wer es zu Bismarcks Zeiten wagte, der Reichsregierung in Grundsatzfragen entgegenzutreten, sah sich schnell als ‚Reichsfeind' diffamiert und unter Druck gesetzt. Dieser Bannstrahl traf eine Zeitlang die Katholiken und für die gesamte Dauer des Kaiserreiches bis 1914 die Sozialdemokratie. Die Auseinandersetzung mit dem Katholizismus, die die 1870er Jahre erfüllte, entsprang dem katholischen Anspruch auf die Autonomie der Kirche und dem Willen des Staates, seine Hoheitsrechte überall geltend zu machen. Bismarck fand bei den Protestanten und den Liberalen die parlamentarischen Mehrheiten, um die geistliche Schulaufsicht abzubauen, den Jesuitenorden zu verbieten, politische Predigten unter Strafe zu stellen, die Ausbildung und Anstellung des Klerus staatlich zu kontrollieren, die Rechtsgültigkeit einer Ehe ausschließlich von der standesamtlichen Beurkundung abhängig zu machen (‚Zivilehe'). Dieser sog. ‚Kulturkampf' entfremdete die katholischen Staatsbürger dem neuen Reich.

135 Polizeiliche Durchsuchung einer Arbeiter-Wohnung.
Wonach suchte die Polizei? Welches war ihre Rechtsgrundlage?

Bismarck brach ihn schließlich ab, weil ihm die Loyalität der deutschen Katholiken wichtig war und weil sich auch der Vatikan zum Einlenken bereit fand.

Kampf gegen die Sozialdemokratie

Der Kampf gegen die Sozialdemokratie war härter und länger. Nachdem die Reichstagsmehrheit aus Sorge um den Rechtsstaat wiederholt Gesetzesvorlagen der Regierung abgelehnt hatte, die die „Aufreizung zum Klassenhaß" zur strafbaren Handlung erklären wollte, beseitigten zwei Attentate auf den Kaiser 1878 die Bedenken gegen das ‚Gesetz gegen die gemeingefährlichen Bestrebungen der Sozialdemokratie'. Bismarck hatte keine Skrupel, die Attentate auf den beliebten Monarchen den Sozialdemokraten in die Schuhe zu schieben, obwohl es dafür keinerlei strichhaltige Beweise gab. Das sog. ‚Sozialistengesetz' verbot alle sozialistischen Vereine, Versammlungen und Druckschriften und sah die Ausweisung sozialistischer „Agitatoren" vor. In seinen oft dehnbaren Formulierungen gab es der Polizei und den Gerichten viele Handhaben, um gegen die Anhänger der verfemten Partei vorzugehen. Die Partei durfte zwar weiterhin bei den politischen Wahlen kandidieren, konnte sich aber keines (legalen) Organisationsapparates bedienen. Das Gesetz blieb bis 1890 dank mehrmaliger Verlängerung in Kraft. Auch Schule und Heer wurden in den Kampf gegen die „rote Gefahr" eingespannt; sie hatten die Verderblichkeit der marxistischen Lehren zu erweisen und die bestehende Staats- und Gesellschaftsordnung anzupreisen. Bewerber für den Staatsdienst, die auch nur der Sympathie für die SPD verdächtigt waren, hatten keine Chance.

Staatliche Sozialpolitik

Bismarck setzte nicht nur auf eine Politik der Unterdrückung, sondern wollte dem Sozialismus auch durch positive Maßnahmen das Wasser abgraben. Ihm schwebte eine umfassende, staatlich finanzierte Kranken- und Altersversicherung vor, die alle lohnabhängigen Arbeiter vor der schlimmsten wirtschaftlichen Not bewahren und dadurch an den monarchischen Staat binden sollte. Doch dafür reichte weder die Finanzkraft des Reiches, noch waren die Liberalen für eine derartige Aufgabenerweiterung des Staates zu gewinnen. Die Gesetze über die Krankenversicherung (1883), die Unfallversicherung (1884) sowie die Invaliden- und Altersversicherung (1889) sahen die Finanzierung durch Abgaben der Arbeitgeber und -nehmer vor, nur für die Invalidenversicherung leistete die Staatskasse Zuschüsse. Die Altersrente wurde erst mit dem 70. Lebensjahr fällig. Trotz solcher Abstriche stellten die Gesetze beachtliche sozialpolitische Fortschritte dar, die im Ausland als beispielhaft galten.

Nationale Minderheiten

Im Deutschen Reich von 1871 lebten Polen, Dänen, französischsprachige Elsässer und Lothringer. Sie waren als Staatsbürger dem Buchstaben nach gleichberechtigt, in Wirklichkeit aber mancher Benachteiligung ausgesetzt. Die Bewohner Elsaß-Lothringens mußten bis 1911 warten, ehe ihr Land eine Verfassung und damit die staatsrechtliche Gleichstellung mit den übrigen Bundesstaaten erhielt. Die nordschleswigschen Dänen büßten 1878 ihrem im Prager Frieden von 1866 verbrieften Anspruch ein, mittels einer Volksabstimmung über die staatliche Zugehörigkeit ihrer Heimat zu entscheiden. In den preußischen Provinzen Posen und Westpreußen setzten die Behörden nach und nach das Deutsche als Unterrichts-, Behörden- und Gerichtssprache durch. Als sie 1906 die polnische Sprache auch noch aus dem Religionsunterricht verdrängen wollten, organisierten die empörten polnischen Eltern einen Schulstreik, der sich über Monate hinzog und zeitweise 40 000 Schüler erfaßte; dennoch setzte der Staat seinen Willen durch. 1886 beschloß der preußische Landtag ein ‚Ansiedlungsgesetz', das die Seßhaftmachung deutscher Bauern in den vorwiegend von Polen bewohnten Gebieten fördern sollte. Die Polen gründeten im Gegenzug Genossenschaften und Kreditbanken, die den Zweck hatten, möglichst viel Land für polnische Besitzer zu behaupten und neu zu erwerben. Diese beharrlich und zielstrebig verfolgte Politik, die durch Boykottaktionen gegen deutsche Geschäftsleute wirkungsvoll ergänzt wurde, führte auf die Dauer zum Erfolg. Obwohl der preußische Staat mit einem Enteignungsgesetz von 1908 nicht davor zurückschreckte, rechtsstaatliche Grundsätze zu verletzen und mißliebige polnische Grundbesitzer mit Enteignung zu bedrohen (das Gesetz wurde freilich nur viermal angewandt), blieb die Zahl von 25 000 neuen deutschen gegenüber 35 000 neuen polnischen Bauernhöfen für die deutsche Seite eine herbe Enttäuschung.

Nationalismus im Kaiserreich

Nationales Denken und Empfinden nahm im bismarckischen und wilhelminischen Deutschland einen konservativ-antidemokratischen, aber auch militant-aggressiven Charakter an. Das Gefühl, als ‚verspätete Nation' bei der Verteilung weltpolitischer Macht zu kurz gekommen zu sein, prägte die Einstellung vieler Deutschen. Mit wachsender Ungeduld verlangten sie nach ‚Weltgeltung' und einem ‚Platz an der Sonne'. Das unbändige Bevölkerungswachstum, die großen wirtschaftlichen Erfolge, auch die militärische Stärke und der Weltruhm der deutschen Kultur stachelten das nationale Selbstwertgefühl an und lockten zum ‚Griff nach der Weltmacht'. Dabei spielten ‚sozialdarwinistische' Gedankengänge eine wichtige Rolle. In Deutschland wie auch anderswo waren viele, insbesondere die Erfolgreichen, davon überzeugt, daß im Leben der Völker der gleiche ‚Kampf uns Dasein' abliefe, wie ihn Darwin in der Natur entdeckt hatte. Den Staaten und Nationen blieb folglich nur die Wahl, „Hammer oder Amboß" zu sein; es galt, ein Höchstmaß staatlicher und militärischer Macht zu schaffen und jederzeit für den Krieg gerüstet zu sein. Das verpflichtete jeden Volksangehörigen zu Wehrbereitschaft, Einordnung, Disziplin. In der Sicht des ‚integralen Nationalismus', der das ganze Volk zu einer geschlossenen Schutz- und Kampfgemeinschaft zusammenschweißen wollte, bedeutete Kritik Schwächung der eigenen Kraft, Pazifismus Untergrabung des Selbstbehauptungswillens, Internationalismus Verrat am Volk. Darum waren Demokraten, Pazifisten, Sozialisten, Juden verdächtig.

Sozialdarwinismus. Die Übertragung der von Charles Darwin entwickelten Lehre der Entstehung und Selbstbehauptung der Arten durch die Auslese der biologisch stärkeren Lebewesen im Kampf ums Dasein auf die menschlichen Sozialbeziehungen, und zwar sowohl innerhalb der Gesellschaften als auch zwischen den Staaten und Völkern. Der Sozialdarwinismus behauptet, im Gegensatz etwa zum Sozialismus, die natürliche Ungleichheit der Menschen und Menschenrassen und begründet damit das ‚Recht des Stärkeren' auf die rücksichtslose Ausnutzung der eigenen Überlegenheit gegenüber Schwächeren. Zu den rabiatesten Verfechtern des Sozialdarwinismus gehören die Faschisten.

136 Zeitgenössische Postkarte der Familie Kaiser Wilhelms II., mit der Unterschrift: „Guten Morgen, Majestät! Kompagnie zur Stelle!"
Erläutern Sie das hier dargestellte Ideal der kaiserlichen Familie und die Rollen der einzelnen Familienmitglieder. Welchen Bevölkerungsschichten diente es als Orientierung? Was wissen Sie über die Wirkung derartiger (Postkarten)-Propaganda?

Militarismus

Besonders hohes Ansehen genoß im kaiserlichen Deutschland das Militär. Militärisches Gebaren und Auftreten, Uniformen und Paraden prägten das öffentliche und gesellschaftliche Leben. Nicht in der Armee oder Flotte ‚gedient' zu haben, galt als Makel. Das Reserveoffizierspatent war die fast unerläßliche Voraussetzung für eine erfolgreiche Karriere. Die Schule pries die Kriegshelden, die Veteranenvereine pflegten das Andenken an Krieg und Soldatenleben.
Armee und Flotte genossen eine verfassungsrechtliche Sonderstellung. Bei Gesetzesvorlagen für das Militärwesen stand dem Kaiser das Vetorecht zu. Der Kanzler als der verantwortliche Leiter der Reichspolitik besaß nicht das Recht, zu den militärischen Entscheidungen gehört zu werden.
Das Militär lebte in einer eigenen, vom ‚Zivilleben' abgehobenen Ordnung. Welche bedenklichen Auswirkungen das haben konnte, zeigte sich an einem Vorfall 1913 in der elsässischen Garnisonstadt Zabern. Hier hatte, nach Schlägereien zwischen Bürgern und Soldaten, der befehlshabende Offizier unter Mißachtung aller Rechtsvorschriften kurzerhand 28 Zaberner Bürger vorübergehend festnehmen lassen. Deswegen vor einem Kriegsgericht angeklagt, wurde er freigesprochen, und als sich daraufhin in der Öffentlichkeit heftiger Protest erhob, nahm kein Geringerer als der Kaiser den Offizier in Schutz. Als auch der Reichskanzler von Bethmann Hollweg im Reichstag den Übergriff des Offiziers zu beschönigen versuchte, sprach eine Mehrheit des Parlaments der Regierung ihre Mißbilligung aus. Die Zaberner Affäre war symptomatisch, weil der Kaiser und sein Regierungschef der Wahrung der militärischen Autorität den Vorrang vor dem Schutz des bürgerlichen Rechtsstaates gaben.

Militarismus weist einen politischen und einen sozialen Aspekt auf. Politisch ist der Militarismus, wo militärische Prinzipien, Erwägungen, Interessen den Vorrang gegenüber politisch-, ‚zivilen' Ansprüchen haben, wo die militärische Führung gleichgewichtig neben der politischen steht oder ihr sogar übergeordnet ist. Von sozialem Militarismus spricht man, sofern militärisch-soldatische Werte, Denkformen, Haltungen das gesellschaftliche Leben durchdringen und Militärisches in der gesellschaftlichen Rangordnung wie in der allgemeinen soziokulturellen Werteskala weit oben rangiert. Militarismus gedeiht vor allem in autoritären oder autokratischen Regimen und ist mit liberalen oder demokratischen Systemen nur schwer zu vereinbaren.

137 Reichstagswahlen 1871–1918. (1. Zahl = Zahl der Mandate; 2. Zahl = Stimmenanteil in v. H.)

	Konservative	Reichspartei (Freikonservative)	Nationalliberale	Liberale	Liberale Vereinigung	Deutsche Fortschrittspartei	Freisinnige Vereinigung	Deutsche Volkspartei	Zentrum	Welfen	Sozialdemokraten	Polen	Dänen	Elsaß-Lothringer	Christlich-Soziale	Sonstige (hauptsächlich Antisemiten)
1871	57	37	125	30	–	46	–	1	63	7	2	13	1	–	–	–
	14,1	8,9	30,0	7,2	–	8,8	–	0,5	18,6	1,6	3,2	4,5	0,5	–	–	2,1
1874	22	33	155	3	–	49	–	1	91	4	9	14	1	15	–	–
	6,9	7,2	29,7	1,2	–	8,6	–	0,4	27,8	1,8	6,8	3,8	0,4	4,5	–	0,9
1877	40	38	128	13	–	35	–	4	93	4	12	14	1	15	–	–
	9,7	8,0	27,2	2,5	–	7,7	–	0,8	24,8	1,6	9,1	4,1	0,3	3,7	–	0,5
1878	59	57	99	10	–	26	–	3	94	10	9	14	1	15	–	–
	13,0	13,6	23,1	2,7	–	6,7	–	1,1	23,1	1,8	7,5	3,7	0,3	3,1	–	0,3
1881	50	28	47	–	46	60	–	9	100	10	12	18	2	15	–	–
	16,3	7,4	14,6	–	8,4	12,7	–	2,0	23,2	1,7	6,1	3,8	0,3	3,2	–	0,3
1884	78	28	51	–	67		–	7	99	11	24	16	1	15	–	–
	15,2	6,8	17,6	–	17,6		–	1,7	22,6	1,7	9,7	3,6	0,3	2,9	–	0,3
1887	80	41	99	–	32		–	–	98	4	11	13	1	15	1	2
	15,2	9,8	22,3	–	12,9		–	1,2	22,1	1,5	7,1	2,8	0,2	3,1	0,2	0,6
1890	73	20	42	–	66		–	10	106	11	35	16	1	10	5	2
	12,4	6,7	16,0	–	16,0		–	2,0	18,6	1,6	19,7	3,4	0,2	1,4	0,7	1,0
1893	72	28	53	–	–	24	13	11	96	7	44	19	1	8	16	5
	13,5	5,7	13,0	–	–	8,7	3,4	2,2	19,0	1,3	23,3	3,0	0,2	1,5	3,5	1,7
1898	56	23	46	–	–	29	12	8	102	9	56	14	1	10	13	18
	11,0	4,4	12,5	–	–	7,2	2,5	1,4	18,9	1,4	27,2	3,1	0,2	1,4	3,7	5,1
1903	54	21	51	–	–	21	9	6	100	6	81	16	1	9	11	11
	10,0	3,4	13,9	–	–	5,7	2,6	1,0	19,7	1,0	31,7	3,7	0,2	1,1	2,6	3,4
1907	60	24	54	–	–	28	14	7	105	1	43	20	1	7	16	17
	9,4	4,2	14,4	–	–	6,5	3,2	1,3	19,4	0,7	29,0	4,0	0,1	0,9	2,2	4,7
1912	43	14	45	–	42				91	5	110	18	1	9	3	16
	9,2	3,0	13,7	–	12,3				16,4	0,7	34,8	3,6	0,1	1,3	0,4	4,5

Nach W. Mommsen: Deutsche Parteiprogramme. München 1960. S. 790 ff.

a) Wie erklärt sich das häufige Auseinanderklaffen von Mandaten und Wählerstimmenanteilen?
b) Erklären Sie die beträchtliche Konstanz in den Wahlergebnissen der nationalen Minderheiten.
c) Wie stellen sich die Auswirkungen des Kulturkampfes und des Sozialistengesetzes auf die davon hauptsächlich betroffenen Parteien dar?

138 Schule im Dienste der bestehenden Staatsordnung. Aus einem Erlaß Kaiser Wilhelms II. (1889):

Schon längere Zeit hat Mich der Gedanke beschäftigt, die Schule in einzelnen Abstufungen nutzbar zu machen, um der Ausbreitung sozialistischer und Geboten und der christlichen Sittenlehre widersprechen, sondern in Wirklichkeit unausführbar und in ihren Konsequenzen dem Einzelnen und dem Gan-

kommunistischer Ideen entgegenzuwirken. In erster Linie wird die Schule durch Pflege der Gottesfurcht und der Liebe zum Vaterlande die Grundlage für eine gesunde Auffassung auch der staatlichen und gesellschaftlichen Verhältnisse zu legen haben. Aber Ich kann Mich der Erkenntnis nicht verschließen, daß in einer Zeit, in welcher die sozialdemokratischen Irrtümer und Entstellungen mit vermehrtem Eifer verbreitet werden, die Schule zur Förderung der Erkenntnis dessen, was wahr, was wirklich und was in der Welt möglich ist, erhöhte Anstrengungen zu machen hat. Sie muß bestrebt sein, schon der Jugend die Überzeugung zu verschaffen, daß die Lehre der Sozialdemokratie nicht nur den göttlichen zen gleich verderblich sind. Sie muß [...] nachweisen, daß die Staatsgewalt allein dem Einzelnen seine Familie, seine Freiheit, seine Rechte schützen kann, und der Jugend zum Bewußtsein bringen, wie Preußens Könige bemüht gewesen sind, in fortschreitender Entwicklung die Lebensbedingungen der Arbeiter zu heben. [...] Sie muß ferner durch statistische Tatsachen nachweisen, wie wesentlich und wie konstant in diesem Jahrhundert die Lohn- und Lebensverhältnisse der arbeitenden Klassen unter diesem monarchischen Schutze sich verbessert haben.

G. Giese (Hg): Quellen zur deutschen Schulgeschichte seit 1800. Göttingen 1961. S. 194

a) Wie beurteilen Sie die Argumentation des Kaisers zugunsten der monarchischen Staatsform?
b) Äußern Sie sich zu dem Anspruch des Staatsoberhauptes, auf den Schulunterricht Einfluß zu nehmen.

139 Kulturkampf: Konflikt zwischen Staat und Kirche

a) Aus einem Aufruf des Vereins der deutschen Katholiken (1872):

Der Staat, das heißt jener Staat, wie ihn die Gegner der geoffenbarten Religion und der Kirche sich mit Willkür konstruieren und mit Leidenschaft zur Geltung zu bringen suchen, leidet keine günstige Macht in seinem irdischen Bereiche, welche ihm die Wahrheit sagt, wenn er irrt, sein Unrecht rügt, wenn er frevelt. Wir dagegen stehen fest in unseren kirchlich-politischen Grundsätzen, welche uns Vernunft und Glauben lehren. Wir halten daran, daß es auf Erden zwei Gewalten gebe, die von Gott zum Heile des Menschengeschlechts bestellt sind; daß es aber der Wille Gottes ist, dessen Fügung die irdische Ordnung im Staate ihr Dasein verdankt, und dessen Gnade die Heilsordnung in der Kirche gestiftet hat, beide Ordnungen nicht getrennt zu sehen, sondern vereint zur Herstellung des großen christlichen Gemeinwesens, welches über den ganzen Erdenkreis sich zu erstrecken bestimmt ist. Das richtige Verhältnis von Staat und Kirche aber erkennen wir aus den Zielen, welche beiden gesteckt sind: Dort ein Ziel in der Irdischkeit, das sich notwendigerweise dem höheren ewigen Ziele des Menschen unterordnet, hier dieses ewige Ziel, das unendlich weit über dieses endliche Dasein hinausreicht und zu welchem sich jenes verhält wie das Mittel zum Zweck.

E. Friedberg (Hg): Aktenstücke, die altkatholische Bewegung betreffend. Tübingen 1876. S. 86f.

b) Bismarck im preußischen Herrenhaus (1873):

Ich verweise darauf, wo ich die Genesis meiner Überzeugung, daß zur Notwehr für den gefährdeten Staat die Regierung gezwungen sei, und ferner dargelegt habe, daß die Regierung und seine Majestät der König mit ihr die Überzeugung haben, daß der Staat in seinen Fundamenten bedroht und gefährdet ist von zwei Parteien, die beide das gemeinsam haben, daß sie ihre Gegnerschaft gegen die nationale Entwicklung in internationaler Weise betätigen, daß sie Nation und nationale Staatenbildung bekämpfen, denen die Kräftigung des staatlichen Elements, die Wahrhaftigkeit des Staates am Herzen liegen, gegen die, die ihn angreifen und bedrohen, zusammenstehen, und deshalb müssen sich alle Elemente zusammenscharen, die ein Interesse haben an der Erhaltung des Staates und an seiner Verteidigung teils gegen diejenigen, welche offen sagen, was sie an die Stelle des Staates setzen wollen, teils gegen diejenigen welche einstweilen den Staat untergraben, sich aber noch vorbehalten, was sie an seine Stelle setzen wollen – gegen diese Gegner müssen sich alle treuen Anhänger des Königs, müssen sich alle treuen Anhänger des preußischen Staates, in dem wir leben, zusammenscharen.

O. von Bismarck: Gesammelte Werke. Bd. 11. Berlin 1929. S. 298

a) Vergleichen Sie die Staatsauffassungen der beiden Kontrahenten!
b) Wie beurteilen Sie Bismarcks Vorwürfe gegenüber der katholischen Kirche?

140 Das Sozialistengesetz – Erinnerung an die Christenverfolgungen?

Aus den Erinnerungen August Bebels:

Während wir so in voller Tätigkeit waren, aus den Trümmern, die das Sozialistengesetz uns bis dahin geschaffen hatte, zu retten, was zu retten möglich war, wurden wir am 29. November 1878 mit der Nachricht überrascht, daß am Abend zuvor der ‚Reichsanzeiger' eine Proklamation des Ministeriums veröffentlichte, wonach der kleine Belagerungszustand über Berlin verhängt wurde. Dieser Hiobsbotschaft folgte am nächsten Tage die Mitteilung, daß 67 unserer bekanntesten Parteigenossen [...], bis auf einen sämtliche Familienväter, ausgewiesen worden seien. Einige mußten binnen 24 Stunden die Stadt verlassen, die meisten anderen binnen 48 Stunden, einigen wenigen räumte man eine Frist von drei Tagen ein [...] Für uns in Leipzig war durch die Berliner Massenausweisung die Situation sehr verbösert worden. Jetzt galt es aufs neue für die brot- und existenzlos gewordenen Genossen Stellung und für sie und ihre Familien Mittel zum Unterhalt zu beschaffen. [...] Eine kleine Zahl der ausgewiesenen Genossen schwamm über den „großen Teich" nach den Vereinigten Staaten, die Mehrzahl kam nach Leipzig und Hamburg. [...] Die Unterbringung der Ausgewiesenen in eine Arbeitsstelle wurde uns sehr schwer gemacht. Die wirtschaftliche Krise befand sich noch auf voller Höhe. Ein Überangebot an Arbeitskräften war in fast allen Branchen vorhanden. Und war es einem Ausgewiesenen geglückt, eine Stelle zu erhalten, flugs erschien die Polizei und denunzierte den armen Teufel bei seinem Arbeitgeber, der oft widerwillig den eben erst angenommenen Arbeiter entließ. Der mußte jetzt sein Ränzel aufs neue schnüren und zum Wanderstab greifen. Für Männer in vorgeschrittenen Jahren ein hartes Los. Die fortgesetzten Ausweisungen und die Schikanierung der Ausgewiesenen durch die Polizei hatten aber einen Erfolg, den unsere Staatsretter nicht vorausgesehen. Durch die Verfolgung aufs äußerste erbittert, zogen sie von Stadt zu Stadt, suchten überall die Parteigenossen auf, die sie mit offenen Armen aufnahmen, und übertrugen jetzt ihren Zorn und ihre Verbitterung auf ihre Gastgeber, die sie zum Zusammenschluß und zum Handeln anfeuerten. Dadurch wurde eine Menge örtlicher geheimer Verbindungen geschaffen, die ohne die Agitation der Ausgewiesenen kaum entstanden wären. Der Vorgang erinnerte an die Verfolgung der Christen in den ersten Jahrhunderten unserer Zeitrechnung.

A. Bebel: Aus meinem Leben. Berlin (Ost) 1961. S. 626ff.

a) Inwiefern waren Ausweisungen eine besonders drückende Schikane?
b) Erklären Sie den Solidarisierungseffekt, den das Sozialistengesetz hervorbrachte.

141 Der Weg der Sozialdemokratie: Revolution oder Reform?

a) Aus dem Erfurter Programm der SPD (1891):

Diese gesellschaftliche Umwandlung bedeutet die Befreiung nicht bloß des Proletariats, sondern des gesamten Menschengeschlechts, das unter den heutigen Zuständen leidet. Aber sie kann nur das Werk der Arbeiterklasse sein, weil alle anderen Klassen, trotz der Interessenstreitigkeiten unter sich, auf dem Boden des Privateigentums an Produktionsmitteln stehen und die Erhaltung der Grundlagen der heutigen Gesellschaft zum gemeinsamen Ziel haben. Der Kampf der Arbeiterklasse gegen die kapitalistische Ausbeutung ist notwendigerweise ein politischer Kampf. Die Arbeiterklasse kann ihre ökonomischen Kämpfe nicht führen und ihre ökonomische Organisation nicht entwickeln ohne politische Rechte. Sie kann den Übergang der Produktionsmittel in den Besitz der Gesamtheit nicht bewirken, ohne in den Besitz der politischen Macht gekommen zu sein. Diesen Kampf der Arbeiterklasse zu einem bewußten und einheitlichen zu gestalten und ihm sein naturnotwendiges Ziel zu weisen – das ist die Aufgabe der Sozialdemokratischen Partei. [...] Die Sozialdemokratische Partei Deutschlands kämpft also nicht für Klassenprivilegien und Vorrechte, sondern für die Abschaffung der Klassenherrschaft und der Klassen selbst und für gleiche Rechte und gleiche Pflichten aller ohne Unterschied des Geschlechts und der Abstammung. Von diesen Anschauungen ausgehend bekämpft sie in der heutigen Gesellschaft nicht bloß die Ausbeutung und Unterdrückung der Lohnarbeiter, sondern jede Art der Unterdrückung und Ausbeutung, richte sie sich gegen eine Klasse, eine Partei, ein Geschlecht oder eine Rasse.

W. Mommsen: Deutsche Parteiprogramme. München 1960. S. 350f.

b) Aus einer Zuschrift Eduard Bernsteins an den SPD-Parteitag von 1898:

Ich bin der Anschauung entgegengetreten, daß wir vor einem in Bälde zu erwartenden Zusammenbruch der bürgerlichen Gesellschaft stehen und daß die Sozialdemokratie ihre Taktik durch die Aussicht auf eine solche bevorstehende große soziale Katastrophe bestimmen, bzw. von ihr abhängig machen soll. [...] 1895 hat Friedrich Engels im Vorwort zu den ‚Klassenkämpfen' ausführlich dargelegt, daß die Zeit der politischen Überrumpelungen, der von „kleinen bewußten Minoritäten an der Spitze bewußtloser Massen durchgeführten Revolutionen heute vorbei sei, daß ein Zusammenstoß auf großem Maßstabe mit dem Militär das Mittel wäre, das stetige Wachstum der Sozialdemokratie aufzuhalten und selbst für eine Weile zurückzuwerfen, - kurz, daß die Sozialdemokratie „weit besser bei den gesetzlichen Mitteln als bei den ungesetzlichen und dem Umsturz" gedeiht. Und er bezeichnet demgemäß als die nächste Aufgabe der Partei, „das Wachstum ihrer Stimmen ununterbrochen in Gang zu halten" - bzw. „langsame Propaganda der parlamentarischen Tätigkeit". [...] Wenn man seine Ausführungen unterschreibt, dann wird man vernünftigerweise daran keinen Anstoß nehmen können, wenn erklärt wird, was die Sozialdemokratie noch auf lange hinaus zu tun habe, sei, statt auf den großen Zusammenbruch zu spekulieren, „die Arbeiterklasse politische zu organisieren und zur Demokratie auszubilden, und für alle Reformen im Staate zu kämpfen, welche geeignet sind, die Arbeiterklasse zu heben und das Staatswesen im Sinne der Demokratie umzugestalten.

W. Mommsen: Deutsche Parteiprogramme. München 1960. S. 368 ff.

a) Worin weicht der Revisionismus Bernsteins vom Erfurter Programm ab?
b) Welche Art von sozialdemokratischer Politik legt das Erfurter Programm nahe, welche Bernstein?

142 **Sehnsucht nach Weltmacht.** Aus dem Gründungsaufruf des ‚Alldeutschen Verbandes' (1891):

In die Mitte von Europa gestellt und an seinen Grenzen bedroht von fremden und feindlichen Nationalitäten, bedarf das deutsche Volk mehr als alle anderen Völker der vollen und einheitlichen Zusammenfassung seiner Kräfte, um seine Unabhängigkeit nach außen und die Entfaltung seiner Eigenart im Innern zu sichern. Durch eigene Fehler und eine Reihe von weltgeschichtlichen äußeren Umständen ist Deutschland in dieser Zusammenfassung seiner nationalen Kraft um Jahrhunderte zurückgehalten und von fremden Völkern im Westen und Osten weit überholt worden. Erst die großen Kämpfe von 1866 und 1870 errangen die Schaffung des deutschen Einheitsstaates und damit die Grundlage, auf welcher unser Volk den Wettbewerb mit anderen Nationen aufzunehmen vermag.

Auf dieser Grundlage weiterzubauen und unserm Volk die Weltstellung zu gewinnen, wie sie seinem Rang als europäische Großmacht entspricht, das ist sowohl die Aufgabe der Regierungen wie der Nation als solcher. Es würde falsch sein anzunehmen, daß durch die Errungennschaften der letzten Kriege die politische Entwicklung Deutschlands bereits ihren endgültigen Abschluß erreicht hätte. Noch ist der Ausbau des nationalen deutschen Reiches nicht beendet, und über See genießt unsere Flagge noch nicht das Ansehen, wie es der ersten Kriegsmacht Europas zukommt. Noch immer taucht alljährlich der große Strom unserer Auswanderung in fremden Nationalitäten unter, um daselbst dauernd zu verschwinden, und ein unter allen Umständen sicheres Absatzgebiet fehlt uns, weil uns eigene aufnahmefähige Kolonien in angemessenem Umfange fehlen. [...] Es würde kein römisches Weltreich entstanden sein, wenn es keine ‚Römer' gegeben hätte. Wenn ein ganzes Volk sich mit der Anschauung seiner großen geschichtlichen Aufgabe erfüllt und solche zum Gegenstand seines nationalen Wollens macht, findet es auch die Mittel und Wege, den Inhalt seiner Ideale zu verwirklichen.

W. Mommsen: Deutsche Parteiprogramme. München 1960. S. 89 f.

a) Unter welchem Blickwinkel betrachtet der Aufruf die außenpolitische Lage des Kaiserreiches?
b) Was versteht der Text unter „Ausbau" des Reiches?

143 Polonisierung oder Germanisierung?

a) Aus dem preußischen Ansiedlungsgesetz für die Provinzen Posen und Westpreußen (1886):

Wir Wilhelm etc. verordnen unter der Zustimmung beider Häuser des Landtages was folgt: § 1. Der Staatsregierung wird ein Fonds von 100 Millionen Mark zur Verfügung gestellt, um zur Stärkung des Deutschen Elements in den Provinzen Westpreußen und Posen gegen polonisierende Bestrebungen durch Ansiedelung deutscher Bauern und Arbeiter 1) Grundstücke käuflich zu erwerben; 2) soweit erforderlich, diejenigen Kosten zu bestreiten, welche entstehen a) aus der erstmaligen Einrichtung, b) aus der erstmaligen Regelung der Gemeinde-, Kirchen-und Schulverhältnisse neuer Stellen von mittlerem oder kleinerem Umfang oder ganzer Landgemeinden. [...] § 2. Bei Überlassung der einzelnen Stellen ist eine angemessene Schadloshaltung des Staates vorzusehen. Die Überlassung kann zu Eigentum gegen Kapital oder Rente oder auch in Zeitpacht erfolgen.

Gesetz-Sammlung für die Königlich Preußischen Staaten 1806–1886. Bd. 9. 6. Aufl. Berlin 1887. S. 490f.

b) Dazu Bismarck in der Debatte des Abgeordnetenhauses:

Nun fragt sich, ob Preußen in seinem und des Deutschen Reiches Interesse nicht unter Umständen in der Lage sein könnte, 100 Millionen Taler auszugeben, um die Güter des polnischen Adels dafür zu gewinnen, - kurz und gut, um den Adel zu expropriieren. Das klingt ungeheuerlich, aber wenn wir für eine Eisenbahn expropriieren und [...] Häuser und Kirchhöfe durchbrechen, [...] wenn wir expropriieren, um eine Festung zu bauen, [...] Häuser, die seit Jahrhunderten stehen, abbrechen, warum soll dann nicht unter Umständen ein Staat, um seine Sicherheit für die Zukunft zu erkaufen und die Unruhe loszuwerden - ist die Sicherheit nicht ein höherer Zweck als der Verkehr, ist die Sicherheit für die Gesamtheit nicht ein höherer Zweck als die Befestigung eines einzelnen festen Platzes? - warum soll dann nicht ein Staat unter Umständen zu diesem Mittel schreiten? Es wird ja keine Ungerechtigkeit verlangt, es soll nach dem vollen Wert bezahlt werden, und die Herren würden vielleicht zum Teil sehr vergnügt sein, mit dem Gelde, was sie dafür bekommen, sich in Galizien anzukaufen, oder jenseits der russischen Grenze, da sind sie viel mehr unter sich, und es würden auch viele von ihnen vorziehen, mit diesem Vermögen sich nach dem Westen zu begeben, nach Paris oder nach Monaco.

c) Aus der Entgegnung des Zentrumsabgeordneten Ludwig Windthorst (1812–1891):

In der Verfassung steht deutlich und klar § 4: alle Preußen sind vor dem Gesetze gleich. (Sehr gut! im Zentrum) Und es ist alles das, was bisher Unberechtigtes gegen die Polen geschehen ist, respektive nach den heutigen Ankündigungen noch geschehen soll, mit diesem Paragraphen absolut nicht in Einklang zu bringen. (Sehr wahr! Im Zentrum und bei den Polen) Es ist die Proklamierung eines vollständigen Ausnahmezustandes, der unter keinen Umständen toleriert werden kann, und wenn ich lese und gehört habe, daß man so weit geht, glauben zu machen, es könne kommen und es sei denkbarer Weise in Ordnung, daß man die sämtlichen adeligen Polen expropriiere und aus dem Lande jage, [...] dann muß ich sagen, hört alles auf, und dann ist keine Klasse von Untertanen mehr sicher. Meine Herren, wenn wir mal einst ein Ministerium Bebel haben sollten, was würde das in Anwendung der heute proklamierten Grundsätze sagen! Wenn dann Schönhausen, Varzin usw. noch existiert so wird er sagen: das ist ein Gut, eine Herrschaft, die meinen Plänen entgegensteht, und die wollen wir expropriieren und dem Besitzer überlassen, ob er ferner in Hamburg oder anderswo wohnen will. Das ist genau derselbe Gedanke. [...] Meine Herren, ich muß sagen, daß man Inneres erbebt ist, als ich solche Sätze hörte. Wo bleibt da irgendwelche Rechtssicherheit in Deutschland und im Lande Preußen?

Stenographische Berichte des Preußischen Abgeordnetenhauses. 14. Legislaturperiode 1885/88, 1. Session 1886. Bd. 1. S. 173f., 177

a) Nehmen Sie Stellung zu Bismarcks Begründung des Enteignungsgesetzes.
b) Wogegen richtet sich Windthorsts Empörung?

144 **Elitebewußtsein der Offiziere.** Aus einer Artikelserie des Militär-Wochenblatts (1889):

Von der größten Wichtigkeit ist daher der Zustand des Offizierkorps; er ist entscheidend für den Werth des ganzen Heeres. Es wiederholt sich hier, was im Leben allgemeine Erfahrung ist: die unteren Schichten sind stets das, was die oberen aus ihnen machen. [...] In keinem anderen Lande der Welt steht der Offizierstand auf einer so hohen Stufe, nimmt er auf der Skala der menschlichen Gesellschaft einen so hohen Rang, eine so angesehene und geachtete Stellung ein als in Deutschland [...] Wenn der Offiziersberuf jetzt nicht mehr wie früher das Monopol des Adels ist, so dürfen doch nur Ebenbürtige, nur Ritter vom Geiste und Kavaliere von Erziehung und Gesinnung Mitglieder und Genossen dieses bevorzugten Standes sein. [...] Beide, der bürgerliche sowohl wie der adlige Offizier, vertreten das gleiche Prinzip, die aristokratische Weltanschauung gegen die demokratische. [...] Die dem Urgedanken des Offizierstandes entstammenden Gesinnungen sind: dynastischer Sinn, unbedingte Treue gegen die Person des Monarchen, erhöhter Patriotismus, Erhaltung des Bestehenden, Vertheidigung der seinem Schutze anvertrauten Rechte seines Königs und Bekämpfung vaterlandsloser, königsfeindlicher Gesinnung. [...] Die Stellung als Offizier erfordert gebieterisch eine Mißbilligung aller jener politischen Richtungen, welche das Königthum von Gottes Gnaden bekämpfen oder seine ihm zustehenden Rechte verkürzen möchten; aller der Tendenzen, welche in ihren Konsequenzen zur Leugnung aller göttlichen und menschlichen Autorität, zur Auflösung aller bestehenden Ordnungen, zur Untergrabung des Rechtes führen.

Militär-Wochenblatt, Jg. 74, Nr. 62 und 67. Berlin 1889

a) Bewerten Sie die hier vertretenen elitären Ansprüche des Offiziers.
b) Welche Rückschlüsse auf die politische Rolle des Offizierskorps erlaubt dieser Text?

Zur Diskussion

Das Deutsche Kaiserreich – ein politisch rückständiger Staat?

In den Augen vieler Menschen heute war das Kaiserreich – aller wirtschaftlichen Modernität zum Trotz – ein politisch reaktionäres, im Vergleich zu den westlichen Verfassungsstaaten autoritäres, freiheitsfeindliches, undemokratisches Staatswesen. Es gelang den Reformkräften nicht, der politischen Führung ein parlamentarisches Regierungssystem abzunötigen und der starken Exekutive eine annähernd starke Volksvertretung entgegenzustellen. Obrigkeitsstaatliche Elemente waren überall wirksam, autoritär-undemokratische Einstellungen prägten das gesellschaftliche Leben, Bürokratie und Militär hatten großen Einfluß und genossen viel Ansehen, die Opposition wurde schikaniert und benachteiligt. Mißt man das Kaiserreich von 1871 hingegen an der vorausgegangenen deutschen Geschichte oder an nicht-westlichen Staaten, nimmt es sich wesentlich vorteilhafter aus: Rechtsstaatliche Grundsätze waren, ungeachtet seltener, aber dann öffentlich angeprangerter Verletzungen, allgemein anerkannt; Grundrechte wie die Freizügigkeit, die Meinungs-, Gewissens-, Presse-, Wissenschaftsfreiheit, die Sicherheit vor willkürlicher Verhaftung, das Briefgeheimnis waren verfassungsrechtlich verbrieft; es gab eine voll entwickelte politische Öffentlichkeit mit allen zeitgemäßen Möglichkeiten der Informationsverbreitung, der Meinungsbildung und Kritik; eine sozialstaatliche Fürsorgepflicht war prinzipiell gutgeheißen und in einer Reihe von Gesetzen verankert. Deutschland war damals ein – im Weltmaßstab – hochzivilisiertes Land, mit vielen persönlichen und kollektiven Freiheiten, einer effektiven Verwaltung, einer unbestechlichen Justiz.

145 Strukturschwächen des Kaiserreiches

a) Der deutsche Historiker Hans-Ulrich Wehler (1973):

Durch drei Kriege und die großpreußische Reichsgründung gelang die Stabilisierung der alten Machtstruktur. Mit einem reichhaltigen Bündel konservierender Stützungsmaßnahmen wurden diese Bemühungen anschließend fortgesetzt. Zwar hat Bismarck in brillanten Formulierungen, die mancher schon deshalb für die Maximen seines Handelns gehalten hat, immer wieder die Anschauung ausgedrückt, daß Geschichte nicht machbar sei, „gewisse elementare Fragen sich ausleben müßten", daß man „den Strom der Zeit nicht [...] lenken" könne. Dennoch hat er in entscheidenden inneren Fragen unbeirrbar das genaue Gegenteil getan und als Exponent der Führungsgruppen gegen Parlamentarisierung und Demokratisierung, gegen Gleichheitsrechte und Teilnahmechancen, mithin gegen elementare Strömungen der modernen Zeit Gegenkurs gehalten; die wilhelminische Polykratie folgte ihm darin nach. [...] Das Reichstagswahlrecht erfüllte zwar nicht die Hoffnungen seiner Urheber auf konservative Plebiszite [...], aber da es nicht mit parlamentarischem Regierungswechsel verknüpft wurde, bedeutete es bis zum Oktober 1918 nicht nur ein Stocken auf halbem Wege, sondern politische Opposition konnte weiter verketzert und ohnmächtig gehalten werden. Fraglos nahm die Bedeutung der Parteien vor der unübersteigbaren Schwelle zu den Arcana Imperii etwas zu, gesamtpolitische Verantwortung aber blieb ihnen vorenthalten. Damit verbaute sich das Regime indessen auch wichtige Loyalitätsgewinne unter dissentierenden Gruppen, die erleichterter Zugang zu legitimen politischen Entscheidungspositionen integrieren hilft.

H. U. Wehler: Das Deutsche Kaiserreich 1871–1918. Göttingen 1973. S. 230f.

b) Der deutsche Historiker Theodor Schieder (1975):

Unstreitig entsprach das konstitutionelle System, wie es zwischen 1866 und 1871 ausgebildet wurde, den Machtverhältnissen bei der Gründung des Reiches; es stellte einen Verfassungskompromiß dar. [...] Es entsprach der Tatsache, daß weder die absolute Königsherrschaft mit ihrer aristokratisch-junkerlichen und militärischen Komponente noch die reine Parlamentsherrschaft als Interessenvertretung des Bürgertums möglich war, sondern nur eine sehr labile und ungefestigte Kombination beider. Dieses System war funktionsfähig, solange es über ein gesellschaftliches und politisches Fundament verfügte, was spätestens seit 1890 fragwürdig geworden war. [...] Es blieb das Schicksal der Parteien, daß sie von der Regierung ferngehalten wurden und als Rekrutierungsbasis für den Regierungsapparat, von wenigen Ausnahmen abgesehen, ausschieden. Das Charakteristische der deutschen Entwicklung wurde zunächst das Nebeneinander und Gegeneinander einer durch das Wahlrecht beschleunigten Demokratisierung des Parlaments von unten und einer den Parlamentarismus bekämpfenden Regierungspraxis und Staatstheorie von oben. Der deutsche Konstitutionalismus oder Reichskonstitutionalismus, wie er auch genannt wurde, war eine Einrichtung auf Zeit, deren Ablösung durch den gesellschaftlichen Wandel und nicht zuletzt durch die Reflexwirkung des allgemeinen Wahlrechts zur historischen Notwendigkeit geworden wäre, hätte das Regime überdauern sollen.

Th. Schieder: Staatensystem als Vormacht der Welt 1848–1918. Propyläen-Geschichte Europas, Bd. 5. Frankfurt 1975. S. 148f.

a) Worin sehen die Autoren die verfassungspolitische Hauptschwäche des Kaiserreiches?
b) Inwieweit unterscheiden sich ihre Bewertungen?

1. *Charakterisieren Sie die Triebkräfte, die zur Reichsgründung 1871 führten!*
2. *Worauf beruhte der wirtschaftliche Aufstieg Deutschlands vor dem Ersten Weltkrieg?*
3. *Mit welchem Recht kann man die Gesellschaft des Kaiserreiches eine ‚Klassengesellschaft' nennen?*
4. *Welche Bevölkerungsgruppen standen in Opposition zum Kaiserreich, und warum?*
5. *Beschreiben Sie die Rolle der Parteien und Interessenverbände.*
6. *Wie war die Stellung der Frau?*
7. *Inwieweit kann man von einem Militarismus des Kaiserreiches sprechen?*
8. *Setzen Sie sich mit den Motiven für den Antisemitismus auseinander.*

VI. Europa 1848–1914: Fortschritt und Reaktion, Monarchie und Demokratie, nationaler und übernationaler Staat

Europa im Übergang vom 19. zum 20. Jahrhundert – das bedeutete vielerlei: Industrialisierung, schnellerer oder langsamerer Wandel von der ländlich-agrarischen zur städtisch-industriellen Produktions- und Lebensweise; Ausweitung der staatlichen Funktionen und Aufgaben, wachsende Durchdringung von Staat und Gesellschaft in Richtung auf den Interventions- und Sozialstaat; Verlangen nach politischer Mitbestimmung für immer mehr Menschen, Tendenz zur Demokratisierung und Parlamentarisierung des Regierungssystems; Anspruch auf nationale Unabhängigkeit, Selbstbestimmung und Einheit; Auseinandersetzung zwischen Staat und Kirche; Aufstieg der Arbeiterbewegung und des Sozialismus; eine neue Welle der Judenfeindschaft; Machtkampf der Großmächte um den ‚Platz an der Sonne'. Das Konkurrenz- und Rivalitätsdenken nahmen zu; Chancen hatte nur, wer erfolgreich am Fortschritts- und Modernisierungsprozeß teilnahm. Die Voraussetzungen dafür waren in Europa höchst ungleich.

1852	Louis Bonaparte wird als Napoleon III. Kaiser der Franzosen.
1859/61	Durch Krieg gegen Österreich und durch Volkserhebungen erringt Italien unter Führung des piemontesischen Königshauses seine nationale Einheit.
1861	Zar Alexander II. verkündet die Bauernbefreiung in Rußland.
1867	Im ‚Ungarischen Ausgleich' erhält Ungarn die staatsrechtliche Gleichstellung mit dem österreichischen Reichsteil (‚Doppelmonarchie').
1870	Nach der Gefangennahme Napoleons III. im deutsch-französischen Krieg wird Frankreich Republik (III. Republik).
1871	Der Aufstand der Pariser Kommune endet in einem Blutbad.
1886	Die Gewährung der politischen Selbstbestimmung für Irland (‚Home Rule') scheitert am Widerspruch des britischen Parlaments.
1898	Die ‚Dreyfus-Affäre' enthüllt tiefe Gegensätze zwischen der Linken und Rechten in Frankreich.
1905	Revolutionäre Unruhen in Rußland erzwingen die Wahl einer Volksvertretung. – Der ‚Mährische Ausgleich' sieht die Gleichberechtigung von Tschechen und Deutschen in Mähren vor. – Die französische Nationalversammlung vollzieht die Trennung von Staat und Kirche.
1911	Die ‚Parliament Act' entmachtet das britische Oberhaus.

1. Italien: Von der staatlichen zur politischen Einheit

Cavour

Die italienische Nationalbewegung war 1848/49 leer ausgegangen (▷ S. 69). Überall hatten die alten, zumeist nicht-italienischen Dynastien ihre Macht wieder gefestigt. Einzig Piemont-Sardinien schien in der Lage, die italienischen Einheitshoffnungen doch zu verwirklichen. Sein leitender Minister Camillo Cavour (1810–1861) verfolgte eine konsequente wirtschaftliche und verfassungsrechtliche Modernisierungspolitik und bemühte sich um die Gewinnung starker Bundesgenossen; mit dieser Absicht setzte er die Teilnahme Piemonts am Krimkrieg (1854–1856) an der Seite der Westmächte durch. 1858 bewog er Napoleon III., der sich zur Festigung seines Regimes auf außenpolitische Erfolge angewiesen glaubte, zu einer Absprache über einen gemeinsamen Krieg gegen Österreich, den Hauptgegner aller italienischen Einigungsbestrebungen.

146 Kundgebung in Florenz 1860 anläßlich der Volksabstimmung über den Anschluß der Toskana an das Königreich Piemont-Sardinien. *Charakterisieren Sie den Stil dieser Kundgebung, und setzen Sie ihn in Beziehung zu ihrem Zweck.*

Krieg gegen Österreich

Nunmehr rüstete Piemont unverhohlen zum Krieg und verschärfte seine österreichfeindliche Propaganda, um Wien zu provozieren und den bereits wieder schwankend gewordenen französischen Kaiser zur Einhaltung des Bündnisversprechens zu nötigen. Die österreichische Regierung verhielt sich, wie Cavour gehofft hatte, und erklärte Piemont-Sardinien den Krieg. In zwei blutigen Schlachten besiegte die italienisch-französische Koalition die österreichische Armee. Doch bevor Österreich gänzlich besiegt war, schloß Napoleon III. in Sorge vor einer nationalrevolutionären Bewegung in Italien und einer Intervention Englands und Preußens im Alleingang Frieden mit dem österreichischen Kaiser. Österreich trat die Lombardei an Frankreich ab, das sie an Piemont weitergab, behielt aber Venetien, und Frankreich schied aus dem Kriege aus.

Nationale Einigung

In dieser für die italienischen Einigungspläne bedrohlichen Situation brachte die nationale Befreiungs- und Anschlußbewegung in Mittelitalien eine glückliche Wende. In Toskana, Parma, Modena und im nördlichen Teil des Kirchenstaates übernahmen, nach der Vertreibung der alten Machthaber, provisorische Regierungen die Staatsgewalt und vollzogen den Anschluß an das Königreich Piemont. Dies geschah im geheimen Einvernehmen mit der Turiner Regierung, die darauf bedacht war, ihren nationalitalienischen Führungsanspruch nicht durch die demokratische Volksbewegung gefährden zu lassen. Napoleon III. ließ sich seine Dienste mit der Abtretung Nizzas und Savoyens bezahlen; auch eine Volksabstimmung, die die Annexion bestätigte, konnte die Proteste der italienischen Patrioten nicht besänftigen.

Im Mai 1860 eroberte Giuseppe Garibaldi (1807–1882), Kampfgenosse Mazzinis und Volksheld von 1848/49, mit 1000 Freischärlern Sizilien, im September begann er mit der Inbesitznahme Neapels. Hier hofften die Landarbeiter und armen Pächter auf eine Verbesserung ihrer Lage, wandten sich aber bald enttäuscht ab, als die von den neuen Machthabern erwartete Bodenreform ausblieb. Um nicht von Garibaldis demokratisch-republikanischer Bewegung überspielt zu werden, ließ die Turiner Regierung ihre Truppen in den Kirchenstaat und das Königreich Neapel einrücken und erreichte es, daß Garibaldi sich ihr unterstellte. Volksabstimmungen, an denen nur die Oberschichten teilnehmen durften, besiegelten – wie zuvor auch in Nord- und Mittelitalien – den Anschluß des Kirchenstaates (mit Ausnahme Roms) und des Südens an die piemontesische Hegemonialmacht. Im Februar 1861 proklamierte ein gesamtitalienisches, nach strengem Zensuswahlrecht gewähltes Parlament Viktor Emanuel II. zum König von Italien (1861–1878), „durch Gottes Gnade und durch den Willen des Volkes".

Konflikt zwischen Staat und Kirche

Die Einverleibung Roms 1870, die durch den Abzug der französischen Schutztruppe möglich geworden war, beschwor einen Konflikt des italienischen Staates mit dem Papst und der katholischen Kirche herauf, der den inneren Frieden im Lande auf Jahrzehnte untergrub. Der Papst weigerte sich, den Verlust seiner Hoheitsrechte über Rom hinzunehmen, und untersagte allen italienischen Katholiken die Teilnahme am staatlichen Leben. Der Staat konterte mit einem regelrechten ‚Kulturkampf', der die Kirche aus vielen öffentlichen Funktionen, vor allem im Bildungswesen, verdrängte. Er machte sich damit viele gläubige Katholiken, vor allem auf dem Lande und im Süden, zu Feinden. Die Kirche lenkte erst ein, als der Sozialismus um sich griff und ein Bündnis aller antisozialistischen Kräfte dringend geboten schien.

Regionale und soziale Ungleichheiten

Der schon seit altersher bestehende Entwicklungsrückstand des ‚mezzogiorno' (Süden) gegenüber dem Norden nahm im letzten Drittel des 19. Jahrhunderts bedrohliche Ausmaße an, als in Norditalien eine zügige Industrialisierung einsetzte. Unter den Bedingungen einer betont liberalen Wirtschaftsordnung mit ihrer ungebremsten Konkurrenz auf dem Binnenmarkt geriet die in überholten Feudalstrukturen erstarrte und durch weniger günstige klimatische Verhältnisse benachteiligte Agrarwirtschaft Süditaliens und Siziliens in eine hoffnungslose Lage. Die notleidende Bevölkerung des Südens wehrte sich durch offenen oder versteckten Widerstand gegen die Staatsmacht, durch Bandenbildung, Schmuggel, Steuerhinterziehung. Millionen wanderten nach Amerika aus. Da erst 1912 das (nahezu) allgemeine Männer-Wahlrecht eingeführt wurde und Politik auf lange Zeit eine Angelegenheit allein der schmalen Oberschicht blieb, stand der Großteil der Bevölkerung dem Staat recht distanziert gegenüber. Bei einer Analphabetenquote von 78% (1861) konnte sich eine breitere politische Öffentlichkeit schwerlich entwickeln. Parteien modernen Zuschnitts entwickelten sich erst im 20. Jahrhundert; bis dahin waren persönliche Beziehungen und Absprachen zwischen den örtlichen Honoratioren wichtiger und wirksamer als Parteiapparate oder weltanschauliche und interessenpolitische Gemeinsamkeiten.

Arbeiterbewegung

Die von den seit 1861 ohne Unterbrechung amtierenden liberalen Regierungen betriebene Politik des ‚Trasformismo', des allmählichen Übergangs in eine moderne Staats-, Gesellschafts- und Wirtschaftsordnung, hatte den Unternehmern hohe staatliche Subventionen beschert, den ‚arbeitenden Klassen' aber beträchtliche Opfer zugemutet. Dagegen formierte sich seit den 1880er Jahren eine sozialistische Bewegung, die sich 1892 in der ‚Sozialistischen Partei' zusammenschloß. Wie in allen romanischen Ländern hatten auch in der italienischen Arbeiterbewegung anarchistische und syndikalistische Gruppen lange die Oberhand; ihre politischen Kampfmittel waren vor allem der Streik und die Gewaltanwendung. 1898 fanden in Mailand bei Hungerunruhen mehr als 100 Menschen den Tod, 1904 legte ein Generalstreik die Wirtschaft des ganzen Landes lahm.

Anarchismus/Syndikalismus: Eine Richtung der sozialistischen Arbeiterbewegung, die vor allem in den romanischen Ländern Fuß faßte. Die Anarchisten lehnten nicht schlechthin jede Ordnung ab; sie wollten aber den Staat abschaffen oder in seiner Macht beschränken und der Gesellschaft selbst, ihren freiwilligen Zusammenschlüssen, die Lenkung ihrer Geschicke überantworten. Den gesellschaftlichen Umsturz erwarteten sie von der kämpferischen Aktion, dem entschlossenen Handeln einzelner oder kleiner Gruppen (was die Marxisten als ‚Putschismus' verwarfen). Der Syndikalismus ist eine gewerkschaftliche Richtung, die sich weniger als Tarifpartei denn als Kampfverband versteht; sie will ihre Ziele nicht durch Verhandlungen und Kompromisse, sondern in der ‚action directe', d.h. vor allem durch Boykott, Streik, Sabotage, Aufstand, erreichen.

Ausgleichsbemühungen

Giovanni Giolitti (1842–1928), Linksliberaler und seit der Jahrhundertwende der herausragende italienische Politiker, beendete als Ministerpräsident die lang geübte Praxis staatlicher Unterdrückung und brachte mittels einer demokratisch-sozialen Reformpolitik einen leidlichen sozialen Frieden zustande. Zwar scheiterte er im Parlament dreimal mit dem Versuch, eine progressive Einkommensteuer einzuführen. Aber die Arbeiterlöhne stiegen spürbar, die Frauen- und Kinderarbeit ging zurück, die Altersversorgung der abhängig Beschäftigten verbesserte sich, der Süden erhielt mehr staatliche Hilfen. Am Ende gelang es jedoch nicht, die drei großen politischen Richtungen – Konservative, Liberale, Sozialisten – zu dauerhafter und konstruktiver parlamentarischer Arbeit zusammenzuführen. Die Störanfälligkeit und mangelnde Wirksamkeit des parlamentarischen Regierungssystems blieb ein Kernproblem der italienischen Politik.

147 Nationalbewegung und Geheimdiplomatie

a) Aus dem Bericht Cavours an seinen König über seine Besprechung mit Kaiser Napoleon III. in Plombières am 20. Juli 1858:

Kaum war ich in das Kabinett des Kaisers getreten, so eröffnete dieser das Gespräch mit der Veranlassung meiner Reise. Er sagte zunächst, er wäre bereit, Sardinien bei einem Kriege gegen Österreich aus allen Kräften zu unterstützen, vorausgesetzt, daß dieser Krieg für eine nicht revolutionäre Sache unternommen werde, so daß er in den Augen der Diplomatie und besonders vor der öffentlichen Meinung Frankreichs und ganz Europas gerechtfertigt erscheine. Im Auffinden dieser Kriegsursache lag die größte Schwierigkeit, um zu einem Einverständnis zu gelangen. [...]

Wir gingen nun zu der Hauptfrage über: welchen Zweck sollte der Krieg haben? Der Kaiser nahm ohne weiteres an, man müsse die Österreicher ganz aus Italien vertreiben und ihnen diesseits der Alpen und des Isonzo nicht einen Zoll breit Terrain lassen. Wie nun aber nachher Italien organisieren? Nach weitläufigen Erörterungen [...] vereinbarten wir ungefähr folgende Grundzüge, selbstverständlich mit Vorbehalt, sie je nach den Kriegsereignissen abzuändern. Das Po-Tal, die Romagna und die Legationen würden das Königreich Oberitalien bilden unter dem Szepter des Hauses Savoyen. Rom mit dem umliegenden Gebiete würde dem Papste verbleiben, wogegen die übrigen Teile des Kirchenstaates nebst Toskana das Königreich Mittelitalien bilden würden. An die territorialen Grenzen des Königreiches Neapel würde man nicht rühren. Die vier italienischen Staaten würden einen Bund nach dem Vorbilde des deutschen Bundes bilden, dessen Präsidium man dem Papst geben würde, als Entschädigung für den Verlust der besten Teile seines Landes. Dieses Abkommen scheint mir durchaus annehmbar. Denn als, dem Rechte nach, Herrscher über die reichste und stärkste Hälfte von Italien würde Ew. Majestät tatsächlich Herrscher über die ganze Halbinsel sein.

C. Chiala (Hg): Camillo Cavours gedruckte und ungedruckte Briefe. Bd. 3. Leipzig 1886. S. 2ff.

b) Aus dem französisch-österreichischen Präliminarfrieden von Villafranca vom 12. Juli 1859:

Die beiden Souveräne werden die Schaffung einer italienischen Konföderation begünstigen. Diese wird unter dem Vorsitz des Heiligen Vaters stehen. Der Kaiser von Österreich tritt an den Kaiser der Franzosen seine Rechte auf die Lombardei, mit Ausnahme der Festungen Mantua und Peschiera, ab. [...] Der Kaiser der Franzosen wird diese abgetretenen Gebiete an den König von Sardinien übergeben. Venetien wird einen Teil der italienischen Konföderation bilden, indem es unter der Krone des Kaisers von Österreich bleibt. Der Großherzog von Toskana und der Herzog von Modena werden in ihre Staaten zurückkehren und eine allgemeine Amnestie gewähren. Die beiden Kaiser werden vom Heiligen Vater fordern, daß er in seinen Staaten unvermeidliche Reformen einführe.

O. Jäger/F. Moldenhauer (Hg): Auswahl wichtiger Aktenstücke zur Geschichte des 19. Jahrhunderts. Berlin 1893. S. 327

a) Welches sind die langfristigen Interessen und kurzfristigen taktischen Ziele der Verhandlungspartner?

b) Vergleichen Sie die Abmachungen mit den wirklichen historischen Vorgängen! Woraus erklärt sich die Diskrepanz?

148 Karikatur John Tenniels im ‚Punch' auf Victor Emanuel II. und Garibaldi (1859), mit dem Text: „Wenn's Schwierigkeiten macht, Majestät, nehmen Sie noch ein wenig mehr Pulver-Puder!"
Erklären Sie die Anspielung. – Welche Position bezieht der Zeichner zur nationalen Einigung Italiens?

149 **Die Einigung Italiens – das Werk des Königs von Sardinien?** Aus einem Manifest König Viktor Emanuels II. an die Süditaliener (1860):

Ich befestigte die Freiheit in Zeiten, die ihr wenig günstig waren, und wollte, indem ich sie ausbreitete, daß sie Wurzel schlüge in den Gewohnheiten der Völker; denn was meinen Völkern teuer war, konnte ich nicht mit argwöhnischem Blicke betrachten. [...] Durch die repräsentativen Freiheiten, durch den Volksunterricht, durch die großen Arbeiten, durch die Freiheit der Industrie und des Handels suchte ich die Wohlfahrt meines Volkes zu erhöhen. [...] Die Art zu regieren konnte nicht ohne Rückwirkung auf das übrige Italien bleiben. Die Übereinstimmung des Herrschers mit dem Volke im Streben nach nationaler Unabhängigkeit, bürgerlicher und politischer Freiheit; die Rednertribüne und die freie Presse; das Heer, welches unter der dreifarbigen Fahne die alten militärischen Überlieferungen Italiens bewahrt hatte – sie machten aus Piemont den Bannerträger und den Arm Italiens. [...] Solchergestalt konnte ich unter dem meinem Szepter anvertrauten Teile des italienischen Volks den Gedanken an eine nationale Harmonie lebendig erhalten, woraus die vollständige Verschmelzung der geteilten Provinzen in eine einzige Nation sich entwickeln sollte. [...]

Die neuen Geschicke unseres Vaterlandes wurden von einem gerechten Krieg inauguriert. Die italienischen Soldaten fochten würdig an der Seite der unbesiegten Legionen Frankreichs. Die aus allen Provinzen und Familien Italiens unter die Fahne des savoyischen Kreuzes zusammengeströmten Freiwilligen lieferten den Beweis, daß ganz Italien mir die Mission übertrage, in seinem Namen zu sprechen und zu kämpfen. [...] Es war eine natürliche Sache, daß die Ereignisse, welche in Nord- und Mittelitalien vorfielen, im Süden die Geister mehr und mehr erregten. [...] Bei dem gegenwärtigen Stand der Dinge wäre es nicht Mäßigung, wäre es nicht Besonnenheit, sondern Schwäche und Unklugheit gewesen, nicht mit fester Hand die Leitung der nationalen Angelegenheiten zu übernehmen. [...] Völker des südlichen Italiens! Meine Truppen rücken vor, um die Ordnung zu befestigen; ich komme nicht, um euch meinen Willen aufzuerlegen, sondern um den euren zu achten. Ihr könnt ihn frei aussprechen. [...]

H. Schultheiß (Hg): Europäischer Geschichtskalender. Nördlingen 1861. S. 92ff.

a) Wie begründet der König den Anspruch Piemont-Sardiniens auf eine nationalitalienische Führungsrolle?
b) Wie steht der Monarch zum Prinzip der Volkssouveränität?

150 Das Brigantenwesen in Süditalien. Aus dem Bericht einer Parlamentskommission (1863):

Die wichtigsten Ursachen des Brigantenwesens (Bandenwesens) sind die allgemeinen Lebensbedingungen. Als erstes die soziale Lage, der ökonomische Zustand auf dem Lande, der besonders in jenen Provinzen, in denen das Räuberunwesen die größten Ausmaße angenommen hat, sehr bedrückend ist. Jene Wunde der modernen Gesellschaft, die das Proletariat darstellt, ist dort größer als anderswo. Der Bauer hat dort kein Band, das ihn mit dem Boden verbindet. Sein Zustand ist der eines reinen Habenichtses, und selbst wenn sein Arbeitslohn nicht so kümmerlich wäre, bestünde wenig Hoffnung auf eine Besserung seiner wirtschaftlichen Lage. Wo das System der Zweifelderwirtschaft angewandt wird, ist die Zahl der Landarbeiter gering; wo aber intensive Landwirtschaft betrieben wird, sei es im Interesse des Eigentümers oder des Pächters, gibt es zwangsläufig viele Proletarier. [...] Wo Großgrundbesitz herrscht, findet man keine selbständigen Bauern; und viele Leute wissen nicht, wie sie ihr Leben fristen sollen. „Die Landbewohner", so sagte uns der Direktor des Domänen- und Steuerwesens in der Provinz Foggia, „essen Brot von solch erbärmlicher Qualität, daß nicht einmal die Hunde es nehmen würden." Solches furchtbare Elend ist der natürliche Nährboden für das Bandenwesen. Das Leben eines Räubers hat für den armen Mitbürger viel Anziehungskraft. [...] Aber vielleicht besäßen die allgemeinen Ursachen des Brigantenwesens, die schrecklichen sozialen Verhältnisse, das Elend, die Armut, nicht jene fürchterliche Wirksamkeit, die sie tatsächlich haben, wenn sie nicht durch einen anderen Umstand noch verstärkt würden. [...] Diese anderen Übel sind die Unwissenheit, [...] der weit verbreitete Aberglaube und ganz besonders der völlige Mangel an Achtung vor den Gesetzen und der Gerechtigkeit. [...] Die Energie in der Bekämpfung des Bandenwesens muß zusammengehen mit einer nicht geringeren Energie in der sofortigen und exemplarischen Bestrafung der Schuldigen [...] Die wirksamste Strafe ist die, die dem Verbrechen auf dem Fuß folgt; die Unmittelbarkeit der Sühne ist die beste Vorkehrung gegen die ansteckende Wirkung des bösen Beispiels. Heute sind wir davon noch weit entfernt; die den Justizbehörden übergebenen Räuber sitzen im Gefängnis, ohne abgeurteilt zu werden, während ihre Komplizen unbehelligt weiterleben und ihre Genossen weiterhin Diebstahl und Verbrechen begehen.

G. Massari/S. Castagnola: Il brigantaggio nelle province napoletane. Napoli 1863. S. 14 ff. Übersetzt von J. Rohlfes

a) Vergleichen Sie das süditalienische Brigantenwesen mit der üblichen Kriminalität.
b) Auf welche Versäumnisse des Staates weist der Text hin?

2. Frankreich: Bonapartismus und Republik

Louis Bonaparte

Der Schock, den der Juniaufstand der Pariser Arbeiter den besitzenden Klassen, darunter auch den Bauern, bereitet hatte, vermehrte das Verlangen nach dem starken Staat. Jetzt kam die Stunde Louis Bonapartes, des Neffen Napoleons I. Er hatte, nach zwei mißglückten Putschversuchen 1836 und 1840, mehrere Jahre in Gefängnissen und im Exil verbracht und in dieser Zeit eine politische Lehre entwickelt, die so unterschiedliche Prinzipien wie Revolution und Ordnung, Liberalismus und Sozialismus, Demokratie und Monarchie zu vereinbaren suchte und als ‚Bonapartismus' Geschichte machen sollte. Dank einer geschickten, alle Bevölkerungsschichten ansprechenden Wahlpropaganda errang der Außenseiter bei den Präsidentschaftswahlen im Dezember 1848 mit 75% der abgegebenen Stimmen einen überwältigenden Sieg. Als Präsident gewann er das Vertrauen der Konservativen, indem er der Kirche weitgehende Zuständigkeiten im Unterrichtswesen einräumte, den Unbemittelten das Wahlrecht entzog und die republikanische Opposition in der Nationalversammlung bekämpfte. Der Unterstützung der Armee sicher, fühlte er sich am 2. Dezember 1851 stark genug, in einem Staatsstreich die diktatorische Macht an sich zu reißen. In einer Volksabstimmung hießen mehr als 90% der Wähler diese faktische Abschaffung der Republik gut.

Das Zweite Kaiserreich

Schon im Januar 1852 erhielt das Land eine neue Verfassung. Das allgemeine Wahlrecht blieb zwar, auch für die Nichtsteuerzahler, bestehen; aber bei der Nominierung

151 Werbeplakat für die Präsidentschaftskandidatur Louis Napoléons.
Auf welchen Eindruck hat es diese Darstellung abgesehen?

der Kandidaten wirkte die Regierung mit, und die gewählten Volksvertreter hatten wenig politische Rechte. Das Staatsoberhaupt konnte nach freiem Ermessen jede politische Entscheidung einem Plebiszit unterwerfen; das gab seinem Regime einen demokratischen Anstrich, auch wenn in Wahrheit alle politische Macht beim Herrscher lag. So war es nur folgerichtig, daß Frankreich in eine Erbmonarchie umgewandelt und der Präsident als Napoleon III. Kaiser (1852–1870) der Franzosen wurde. Wieder gab in einem Plebiszit eine überwältigende Mehrheit ihre Zustimmung.
Das sich auf den Volkswillen berufende Kaisertum des neuen Napoleon hatte seine Stützen in der Armee und der Kirche, bei Bauern und Kleinbürgern, einem beträchtlichen Teil des Adels und Großbürgertums, zeitweise auch bei den Arbeitern; zu seinen Gegnern zählten das liberale Bildungsbürgertum, später auch die wieder stärker werdenden Linksrepublikaner und Sozialisten. Der Eisenbahnbau, die Schwer- und Konsumgüterindustrie, die Banken erfuhren dank liberaler Gesetzgebung und staatlichen Subventionen großzügige Förderung; das Angebot an Arbeitsplätzen stieg, die Einkommen der Arbeiter wuchsen. Frankreich erlebte damals ein glänzendes Wirtschaftswachstum, ohne sich in seiner Wirtschafts- und Gesellschaftsstruktur so stark wie die anderen Industrieländer zu verändern. Der Anteil der Landwirtschaft blieb bis ins 20. Jahrhundert hinein hoch, der kleine und mittlere Familienbetrieb war in allen Wirtschaftszweigen nach wie vor die Regel. Getragen von der günstigen Wirtschaftskonjunktur, ließ sich das Regime auch auf eine vorsichtige politische Liberalisierung ein: es amnestierte 1859 die politischen Gegner, gestand der Volksvertretung 1861 erweiterte Mitwirkungsbefugnisse für den Staatshaushalt zu, gab den Arbeitern 1864 das Koalitionsrecht. Die politische Opposition vermochte wieder Fuß zu fassen. Sie nötigte den Kaiser 1870 zu weiteren Zugeständnissen: das Parlament bekam das Recht der Gesetzesinitiative und der Kontrolle der Minister. Am 4. September 1870 kam das jähe Ende des ‚Second Empire', als nach den schweren Niederlagen im Krieg mit Deutschland die Republik ausgerufen wurde.

Pariser Kommune

Die Hauptstadt Paris, verteidigt von der Nationalgarde und regulären Truppen, trotzte monatelang unter großen Opfern der deutschen Belagerung. Als die neugewählte Nationalversammlung ihren Sitz nicht in Paris, sondern in Versailles nahm und der ‚Chef der Exekutive', der Historiker Adolphe Thiers (1797–1877), die Auflösung von Teilen der Pariser Nationalgarde und den Abzug der in Paris postierten Kanonen anordnete, widersetzten sich die vornehmlich aus Arbeitern und Kleinbürgern bestehenden Verbände der Pariser Nationalgarde, und während der damit verbundenen

Tumulte wurden zwei Generäle ermordet. Als die Versailler Regierung auf der Auslieferung der Schuldigen und der strikten Ausführung ihrer Befehle bestand, war der Bruch da. Am 26. März 1871 wählten die Pariser nach dem allgemeinen Männer-Wahlrecht einen Gemeinderat (Kommune), der in den nächsten zwei Monaten als eine zugleich gesetzgebende und regierende Körperschaft die Geschicke der abtrünnigen Stadt lenkte. Tonangebend waren die jakobinischen Linksrepublikaner, die ihren Rückhalt im Kleinbürgertum hatten und die ‚Herrschaft des Volkes' und mehr soziale Gerechtigkeit, aber keineswegs die Abschaffung des Privateigentums an den Produktionsmitteln anstrebten. Daneben bestimmten Sozialisten aller Schattierungen den politischen Kurs. Es ging der Mehrheit der Pariser Kommune nicht so sehr um die Einführung einer sozialistischen Wirtschafts- und Gesellschaftsordnung wie um eine ‚Demokratie von unten', Unabhängigkeit von zentralstaatlicher und kirchlicher Bevormundung, ein Höchstmaß an wirtschaftlicher und sozialer Sicherheit.
Obwohl die Kommune von der Zustimmung breiter Bevölkerungsschichten getragen war, waren ihre Erfolgsaussichten denkbar schlecht. Es fehlte an einem klaren Programm, einer durchdachten Strategie, einer mitreißenden Führergestalt. Der Kommunerat war häufig zerstritten, die politische Führung von der Fülle der gleichzeitig zu bewältigenden Aufgaben überfordert. Die Einschließung und Blockade durch die Versailler Truppen verschlechterte die Lebensbedingungen der Pariser Bevölkerung von Tag zu Tag. Die eigenen Streitkräfte waren, trotz aller Tapferkeit, dem geschulten Gegner nicht gewachsen. Hilfe von außen war nicht zu erwarten; die überwiegend konservative Provinzbevölkerung in Stadt und Land hegte gegenüber dem ‚roten Paris' Angst- und Haßgefühle. Als den Belagerern der Durchbruch in die Innenstadt gelang, nahm das Rache- und Strafgericht seinen Lauf. Kommunekämpfer, die sich gefangen gaben, wurden auf der Stelle erschossen; nach der Kapitulation wüteten Standgerichte und Erschießungskommandos. Man schätzt die Zahl der Opfer auf 30 000; in der Folgezeit ergingen 10 000 Strafurteile, darunter mehr als 200 Todesurteile und 3000 Verbannungen.

Dritte Republik

Erst 1875 entschied sich die Nationalversammlung endgültig für die republikanische Staatsform, nachdem sie lange mit einer Restauration der Monarchie geliebäugelt hatte. Es bildete sich ein parlamentarisches Regierungssystem heraus, in dem das Parlament ein klares Übergewicht besaß. Die Folge war eine Instabilität der Regierungen; zwischen 1875 und 1914 hatte Frankreich 52 Kabinette. Diese verheerende Strukturschwäche des französischen Regierungssystems hatte eine Ursache auch in der Unterentwicklung des französischen Parteiensystems. Die Parteien waren Vereinigungen ohne feste Organisation und zentrale Leitung. In ihnen dominierten die großen Einzelpersönlichkeiten, die sich nur ungern einer Parteidisziplin unterwarfen und sich auf ihre persönliche Autorität und ihre Beziehungen verließen.
Die stärkste politische Kraft waren die Republikaner, die die Interessen der ‚kleinen Leute' gegen die ‚Eliten' vertraten; zu ihren wichtigsten innenpolitischen Erfolgen gehörte die 1905 durchgesetzte Trennung von Staat und Kirche, die dem Klerus den lange geübten Einfluß auf das öffentliche Schulwesen nahm. Die Arbeiterbewegung zerfiel zunächst in drei Richtungen: die orthodoxen Marxisten, die den revolutionären Umsturz wollten; die gemäßigten Marxisten, die auf die revolutionäre Umgestaltung der Gesellschaft setzten; die ‚Possibilisten', die in der syndikalistisch-anarchistischen Tradition standen. Erst 1905 fanden sich die zerstrittenen Genossen im ‚Parti socialiste' zusammen, ohne daß deswegen die Spannungen aufhörten. Besonders kampfentschlossen zeigten sich die Gewerkschaften; ihr 1895 gegründeter Dachverband ‚Confédération Générale du Travail' (CGT) verfolgte eine radikal syndikalistische Linie: ‚direkte Aktionen' – Boykott, Sabotage, Streik – sollten die kapitalistische Wirtschaftsordnung zum Einsturz bringen. Die politische Rechte stand der Kirche nahe und bekämpfte den Parlamentarismus. Sie vertrat einen kämpferischen Nationalismus (Chauvinismus), der Krieg und Heldentum verherrlichte und mit einem krassen Antisemitismus einherging; ihre radikalste Organisation war die ‚Action Française'.

152 Ausschnitt aus einem Bilderbogen der Republikaner zu den französischen Parlamentswahlen von 1881.
Welche Errungenschaften der III. Republik preist dieses Flugblatt an?

Affäre Dreyfus

Die innenpolitischen Spannungen entluden sich mit besonderer Schärfe in der sog. Affäre Dreyfus, die sich um die Jahrhundertwende zu einer regelrechten Krise der französischen Gesellschaft auswuchs. 1894 war der elsässische Hauptmann Alfred Dreyfus (1859–1935), der jüdischer Abstammung war, wegen angeblichen Geheim-

Antisemitismus. Im Unterschied zur älteren, bis in die Antike zurückreichenden Judenfeindschaft, der es zwar nicht an ökonomischen, sozialen und sozialpsychologischen Beweggründen fehlte, deren Basis aber stets der religiöse Gegensatz war, stellte der Antisemitismus des 19. und 20. Jahrhunderts ein theoretisch untermauertes weltanschauliches und politisches Programm dar. Dieser moderne Antisemitismus brachte ein umfangreiches Schrifttum hervor, löste eine endlose öffentliche Diskussion über die ‚Judenfrage' aus, führte zur Gründung von Parteien und Agitationsverbänden und leistete Skandalen (Dreyfus), Diffamierungskampagnen und blutigen Verfolgungen (Pogromen) Vorschub. Der politische Vokämpfer dieses Antisemitismus war die nationalistische oder klerikale Rechte, seine sozialen Träger fanden sich vornehmlich im ‚alten Mittelstand' der kleinen Handwerker und Kaufleute, im neuen Mittelstand der Angestellten und Beamten, bei den Bauern, aber auch in den freien akademischen Berufen und im Offizierskorps. Die wichtigsten sozialpsychologischen Antriebskräfte waren eine konservative Abneigung gegen die moderne Wirtschafts- und Gesellschaftsentwicklung, ein bornierter Haß auf Fremdes und Unvertrautes, Sozialneid gegenüber beruflich und wirtschaftlich Erfolgreicheren, ein aggressiver Nationalismus.

nisverrats von einem Militärgericht zu lebenslanger Zwangsarbeit verurteilt worden. Zwei Jahre später fand der Chef des militärischen Nachrichtendienstes heraus, daß die Dreyfus belastenden Dokumente gefälscht waren und daß der wahre Schuldige ein Major Esterhazy sein mußte. Esterhazy wurde jedoch in einem äußerst fragwürdigen Verfahren von einem Militärgericht freigesprochen. Unter dem Titel ‚J'accuse' erschien daraufhin in der Presse ein offener Brief des weltbekannten Schriftstellers Émile Zola (1840–1902), der die Verschleierungstaktik und Rechtsbeugung der Militärgerichtsbarkeit anprangerte und Genugtuung für den unschuldig verurteilten Dreyfus forderte. Jetzt entbrannte in der Öffentlichkeit ein leidenschaftlicher Streit zwischen ‚Dreyfusards' und ‚Anti-Dreyfusards': jene verteidigten die Menschenrechte, diese die Staatsautorität und das Ansehen der Armee. Weil Dreyfus Jude war, überschwemmte eine Welle des Antisemitismus, dessen Träger auch in Frankreich die politische Rechte war, das Land. In dieser Stimmung war es möglich, daß das Militärgericht auch in der endlich durchgesetzten Revisionsverhandlung trotz eindeutiger Entlastungsbeweise den Schuldspruch aufrechterhielt und sich lediglich zu einer Strafverkürzung durchrang, die der Staatspräsident dann auf dem Gnadenweg aufhob. Erst 1906 wurde der so schmählich der angeblichen Staatsräson geopferte Dreyfus voll rehabilitiert.

153 Bonapartismus

a) Louis-Bonaparte vor den Präsidentschaftswahlen 1848:

Ich werde meine Ehre daran setzen, meinem Nachfolger am Ende der vierjährigen Amtszeit eine gefestigte Staatsmacht, eine unversehrte Freiheit, einen wirklichen Fortschritt zu hinterlassen. Wie die Wahl auch immer ausfällt, ich werde mich dem Willen des Volkes beugen und jede gerechte und tatkräftige Regierung unterstützen, die die Ordnung in den Köpfen wie in den Verhältnissen wiederherstellt; die die Religion, die Familie, das Eigentum wirksam schützt, jene dauerhaften Grundlagen jeder sozialen Ordnung; die die möglichen Reformen in Gang bringt, den Haß zügelt, die Parteien versöhnt und dem unruhigen Vaterland erlaubt, auf die Zukunft zu vertrauen. [...] Von den möglichen Reformen scheinen mir die folgenden die dringlichsten zu sein: Sparmaßnahmen einzuleiten, die es erlauben, ohne den öffentlichen Dienst zu beeinträchtigen, die für die Bevölkerung drückendsten Steuerlasten zu vermindern und wirtschaftliche Unternehmungen zu ermutigen, die den unterbeschäftigten Wirtschaftszweigen in Frankreich und Algerien Arbeit verschaffen könnten. [...] Für die Altersversorgung der Arbeit entsprechende Einrichtungen vorzusehen, unsere Industriegesetze so zu ändern, daß nicht die Reichen zugunsten der Armen ruiniert werden, sondern das Wohlergehen jedes einzelnen sich auf den Wohlstand aller gründet. In vernünftigem Maße die Zahl der Arbeitnehmer einzuschränken, die wirtschaftlich abhängig sind und oft aus freien Menschen zu Aufwieglern werden.

R. Rémond: La vie politique en France depuis 1789. Bd. 2. Paris 1969. S. 88. Übersetzt von J. Rohlfes

b) Präsident Louis Napoleon über die neue Verfassung von 1852:

Die jetzige Verfassung legt fest, daß der Staatschef, den ihr gewählt habt, euch verantwortlich ist; daß er jederzeit das Recht hat, an euer souveränes Urteil zu appellieren, damit ihr ihm, in den vorgeschriebenen Formen, euer Vertrauen bestätigen oder entziehen könnt. Wer verantwortlich ist, muß frei und ohne Fesseln handeln können; daher die Notwendigkeit, Minister zu haben, die die geehrten und mächtigen Ausführenden seiner Ideen sind, ohne daß sie einen verantwortlichen Rat bilden, der aus selbständigen Mitgliedern bestünde und ein tägliches Hindernis für die Absichten des Staatschefs darstellte; ein solcher Ministerrat wäre eine politische Einrichtung, die von den Kammern bestimmt würde, und er würde deswegen ständige Kurswechsel vornehmen müssen, die jedes konsequente Handeln, jedes systematische und planmäßige Vorgehen verhinderten. So aber ist die Macht frei in ihren Bewegungen, eindeutig in ihrem Vollzug.

R. Rémond: La vie politique en France depuis 1789. Bd. 2. Paris 1969. S. 141. Übersetzt von J. Rohlfes

a) Welche Art von Gesellschaftsordnung strebte Napoleon III. an?
b) Wie begründete er die Rückkehr zum monarchischen Regierungssystem?

154 Anhänger der Pariser Kommune von 1871 auf den Trümmern der Vendôme-Säule.
Erläutern Sie den Symbolwert dieser Szene.

155 Die Pariser Kommune von 1871

a) Aus der Erklärung der Kommune an das französische Volk vom 19. April 1871:

Angesichts des schmerzlichen und entsetzlichen Konflikts, der Paris erneut den Schrecken der Belagerung und der Beschießung aussetzt, die wiederum das Blut von Franzosen kosten wird und unsere Brüder, unsere Frauen und Kinder den Granaten und dem Feuer der Mitrailleusen zum Opfer fallen läßt, ist es von größter Wichtigkeit, daß die öffentliche Meinung nicht gespalten und daß das Gewissen der Nation von der Güte unserer Sache überzeugt ist. [...] Auch diesmal wieder kämpft und leidet Paris für das ganze Frankreich, für dessen intellektuelle, moralische, administrative und ökonomische Wiedergeburt. [...] Welches sind seine Forderungen? Die Anerkennung und Festigung der Republik als der einzigen mit den Rechten des Volkes und der ungestörten und freien Entwicklung der Gesellschaft verträglichen Regierungsform. Die absolute Autonomie aller Kommunen Frankreichs, die jeder von ihnen ihre vollen Rechte und jedem Franzosen die freie Ausübung seiner Anlagen und Fähigkeiten als Mensch, Bürger und Arbeiter sichert. [...]

Die von der Kommune untrennbaren Rechte sind: Die Entscheidung über das Kommunalbudget, über Einnahmen und Ausgaben; die Festsetzung und Verteilung der Steuern, die Leitung aller öffentlichen Einrichtungen lokalen Charakters; die Organisierung ihrer Magistratur, der inneren Polizei, des Unterrichts, die Verwendung des Kommunalbesitzes; [...] die permanente Anteilnahme der Bürger an den Angelegenheiten der Kommune durch die freie Äußerung ihrer Meinung, die Verteidigung ihrer Interessen. [...]

Die am 18. März dank der Initiative des Volkes begonnene kommunale Revolution eröffnet eine neue Epoche der praktischen, positiven und wissenschaftlichen Politik. Sie bedeutet das Ende der alten Welt des Despotismus, der Pfaffen-, Militär- und Beamtenwirtschaft, des Wuchers, der Monopole und Privilegien, denen das Proletariat seine Knechtschaft, das Vaterland sein Unglück und seinen Zusammenbruch verdankt.

b) Zwei Proklamationen zur Zerstörung der von Napoleon I. zur Erinnerung an militärische Siege errichteten Vendôme-Säule (Mai 1871):

Proklamation der Kommune

In Anbetracht, daß die kaiserliche Säule auf dem Vendôme-Platz ein Symbol viehischer Gewalt und falschen Ruhmes, eine Bekräftigung des Militarismus, eine Verneinung des internationalen Rechtes, ein den Besiegten durch die Sieger zugefügter Schimpf, ein fortwährender Mordanschlag auf einen der drei großen Grundsätze der französischen Republik, die Verbrüderung, ist, befiehlt der Gemeinderat: Die Säule auf dem Vendome-Platz wird umgestürzt.

Tagesbefehl an die Regierungstruppen

Die Vendome-Säule ist gefallen. Sie, welche der Feind geschont, der Gemeinderat von Paris hat sie zerstört. Leute, welche sich Franzosen nennen, haben es gewagt, angesichts der Deutschen, deren Blicke auf uns gerichtet sind, dieses Denkmal der Siege unserer Väter über das verbündete Europa zu zerstören. Hofften etwa die ehrlosen Urheber dieses Anschlages auf den nationalen Ruhm, damit die Erinnerung an die kriegerischen Tugenden auszutilgen, deren glorreiches Symbol dieses Denkmal war? Nein, die Erinnerungen, an welche die Säule uns mahnte, werden in unseren Herzen fortleben, und wir werden, durch sie begeistert, Frankreich ein neues Unterpfand unserer Vaterlandsliebe, Hingebung und Tapferkeit geben.

H. Swoboda (Hg): Die Pariser Kommune 1871. München 1971. S. 175 ff., 239, 249

c) Aus der Anklageschrift eines Kriegsgerichts gegen die Kommunarden (August 1871):

Der Aufstand des 18. März bricht plötzlich aus, mitten in der Republik, inmitten voller Freiheit, [...] gegen eine frei gewählte Versammlung, gegen das allgemeine Wahlrecht, gegen die Religion, gegen das Bürgertum, gegen die Industrie, gegen die Familie, gegen die Arbeit, gegen alles, was die Würde, die Sicherheit und das Leben eines Volkes ausmacht. Weder gegen einen Despotismus noch gegen eine Aristokratie erklärt dieser Aufstand den Krieg, sondern gegen die Kultur, gegen die Gesellschaft und gegen das Vaterland. Sein Dogma ist nur ein grober Atheismus, seine Doktrin nur ein verächtlicher Materialismus, sein Programm nur das bewaffnete Bettlertum, die Enteignung aller Klassen durch eine einzige, die Gleichheit der Anteile in dem menschlichen Futtertrog, die hündische Jagd nach dem staatlichen und privaten Besitz, der der Gier des Proletariats als Beute vorgeworfen wurde. [...] Man erweist den Zerstörern von Paris zu viel Ehre, wenn man bei ihnen ein System voraussetzt. Sie haben keine andere Logik als die der Gewalt und der Dummheit.

I. und P. Hartig: Die Pariser Kommune 1871. Stuttgart 1975. S. 70

a) Welche politischen Ziele vertrat die Kommune? Inwieweit waren diese Ziele sozialistisch?
b) Worin bestand für jede der beiden Seiten die symbolische Bedeutung der Vendome-Säule?
c) Versuchen Sie eine Einschätzung der sachlichen Stichhaltigkeit der Anklageschrift.

156 J'accuse – Die Affäre Dreyfus.

Aus dem Offenen Brief Émile Zolas an den französischen Staatspräsidenten (1898):

Ein Kriegsgericht hat auf Befehl von oben soeben es gewagt, einen Esterhazy freizusprechen, und damit aller Wahrheit und aller Gerechtigkeit einen harten Faustschlag ins Gesicht versetzt. Es ist geschehen, Frankreich trägt diese Besudelung auf der Wange; die Geschichte wird berichten, daß Ihre Präsidentschaft es war, unter welcher ein solches Verbrechen an der Gesellschaft begangen werden konnte. [...] Wie hat man hoffen können, daß ein Kriegsgericht zunichte machen würde, was ein Kriegsgericht gemacht hatte? [...] Genügt die übermächtige Idee der Disziplin, die diesen Soldaten im Blute steckt, nicht, die Fähigkeit zur Gerechtigkeit abzutöten? Disziplin und Gehorsam bedeuten ein und dasselbe. Wie kann man, wenn der Kriegsminister, der oberste Chef, unter dem Beifall der Volksvertretung öffentlich die Unanfechtbarkeit des gefällten Urteils proklamiert, wie kann man da von einem Kriegsgericht verlangen, daß es ihn in aller Form Lügen straft? In der Hierarchie ist derartiges unmöglich. Der General Billot hat auf die Richter durch seine Erklärung eine Suggestion ausgeübt, und sie haben geurteilt, gerade so, wie sie ins Feuer gehen müssen, ohne zu überlegen. [...] Es ist ein Verbrechen, die öffentliche Meinung in die Irre zu führen. [...] Es ist ein Verbrechen, das einfache und niedere Volk zu vergiften, die Leidenschaften der Reaktion und der Intoleranz zum Äußersten zu bringen, indem man sich hinter den schändlichen Antisemitismus verschanzt, an dem das große liberale Frankreich der Menschenrechte stirbt, wenn es nicht von ihm geheilt wird. Es ist ein Verbrechen, die Vaterlandsliebe für Werke des Hasses auszubeuten, es ist endlich ein Verbrechen, den Säbel zum modernen Gott zu machen, während doch die menschliche Wissenschaft an dem Werk der Wahrheit und Gerechtigkeit arbeitet.

J. Musulin (Hg): Proklamationen der Freiheit. Frankfurt 1959. S. 126ff.

a) Worin sieht Zola den Kern des Übels, wie es in der Dreyfus-Affäre zutage getreten ist?
b) Worin bestand die von Zola behauptete Irreführung der Öffentlichkeit?

157 Nationalismus und Fremdenfeindschaft der politischen Rechten.

Aus einem Wahlaufruf des Publizisten und Politikers Maurice Barrès (1898):

Wir sind Nationalisten! Auf den Höhen der Gesellschaft wie in der tiefsten Provinz, im geistigen Leben wie in der Gestaltung des Materiellen, in Handel, Industrie und Landwirtschaft und bis zu den Baustellen, wo er den französischen Arbeitern Konkurrenz macht, wird uns der Ausländer wie ein Parasit zum Gifte. Ein wesentlicher Grundsatz, nach dem die neue französische Politik verstanden werden muß, ist der Schutz aller einheimischen Kräfte und Güter gegen dieses Eindringen, und das bedeutet auch, daß wir uns wehren müssen gegen diesen viel zu kosmopolitischen – richtiger gesagt – viel zu deutschen Sozialismus, der die Verteidigung des Vaterlandes schwächt.

Die Judenfrage ist mit der nationalen Frage verbunden. Seit der Revolution mit uns Franzosen assimiliert, haben die Juden ihren eigenen Charakter bewahrt, und waren sie früher die Verfolgten, dann sind sie jetzt Herren geworden. Wir rechnen uns zu den Vorkämpfern der denkbar vollständigsten Gewissensfreiheit. Aber auf der anderen Seite würden wir es als eine schwere Gefahr betrachten, wenn wir den Juden das Vorrecht überließen, sich auf die Prinzipien der bürgerlichen Freiheit zu berufen; [...] denn sie verletzen ja diese Prinzipien durch ihre ganz eigentümliche Handlungsweise, durch ihre Methode des Wuchers, durch ihre Spekulation, ihren Kosmopolitismus. Noch mehr: in der Armee, in den Behörden, in den Ministerien, überall in der Verwaltung geht ihr Anteil unendlich weit über die normale Proportion hinaus, zu der ihre Zahl ihnen ein Recht geben könnte. Man hat sie zu Präfekten, zu Richtern, zu Finanzbeamten, zu Offizieren ernannt, weil sie das Geld haben, das korrumpiert. Ohne das Gesetz direkt zu brechen, indem man sich nur gegen die wendet, die über das Maß hinaus an der Herrschaft teilnehmen, muß man ein gefährliches Mißverhältnis zerstören und mehr Respekt verlangen für unsere wirklichen Volksgenossen, für die Kinder Galliens und nicht Judäas. [...]

O. H. von der Gablentz: Die politischen Theorien seit der amerikanischen Unabhängigkeitserklärung. 3. Aufl. Köln/Opladen 1967. S. 217 f.

a) Ausländerfeindschaft ist in so gut wie allen rechtsnationalen Bewegungen anzutreffen. Worin liegt das?

b) Vergleichen Sie Barrès' Angriffe auf die Juden mit den Argumenten deutscher Antisemiten (▷ M 129). Welche sozialspezifischen Interessen werden dabei sichtbar?

Zur Diskussion

Der Bonapartismus – System der plebiszitären Alleinherrschaft

So unterschiedliche Geister wie Bismarck und Marx gehörten zu den ersten, die erkannten, daß die Art und Weise, in der ihr Zeitgenosse Napoleon III. seine Herrschaft errang und sicherte, einem wohlüberlegten Konzept entsprach, das eine spezifische Form von Alleinherrschaft begründete. Zu den Vorgängern und Vorbildern Louis Bonapartes sind sein Onkel Napoleon I., aber auch Julius Cäsar zu rechnen. Die von diesen drei Herrschern geschaffenen Ordnungen weisen eine ganze Reihe bemerkenswerter Gemeinsamkeiten auf: sie gingen aus Revolutionen hervor und waren Versuche, diese Revolution zu beenden, aber gleichzeitig deren wichtigste Errungenschaften zu bewahren; sie wollten die in den Revolutionen aufgebrochenen politischen und sozialen Gegensätze beheben und einen Ausgleich zwischen den Bevölkerungsklassen herbeiführen, der allen Interessen zugleich gerecht wurde; alle drei Machthaber knüpften auch an die alte, vorrevolutionäre Ordnung an und suchten das Bündnis mit den traditionellen Machteliten, waren zugleich aber darauf bedacht, als Wohltäter der Armen und Garanten der sozialen Gerechtigkeit zu erscheinen; in allen drei Systemen kam dem Militär sowie militärischen und außenpolitischen Erfolgen vorrangige Bedeutung zu; alle drei Herrscher suchten ihre Legitimation im Willen des Volkes, der aber plebiszitär-akklamatorisch, nicht durch Wahlen und Repräsentativorgane ermittelt wurde; überall waren Propaganda und Meinungsmanipulation wichtige Machtmittel. Der Bonapartismus (zuweilen auch Cäsarismus genannt), der eine Diktatur auf der Grundlage ‚demokratischer' Massenzustimmung war, wird heute häufig als eine Vorform des Faschismus angesehen.

11 45608

158 Das Janusgesicht Napoleons III.

a) Karl Marx in ‚Der 18. Brumaire des Louis Bonaparte' (1852):

Die Bourgeoisie hatte offenbar keine andere Wahl, als Bonaparte zu wählen. Despotie oder Anarchie. Sie stimmte natürlich für die Despotie. [...] Bonaparte als die verselbständigte Macht der Exekutivgewalt fühlt seinen Beruf, die ‚bürgerliche Ordnung' sicherzustellen. Aber die Stärke dieser bürgerlichen Ordnung ist die Mittelklasse. Er weiß sich daher als Repräsentant der Mittelklasse und erläßt Dekrete in diesem Sinne. Er ist jedoch nur dadurch etwas, daß er die politische Macht dieser Mittelklasse gebrochen hat und täglich von neuem bricht. Er weiß sich daher als Gegner der politischen und literarischen Macht der Mittelklasse. [...] Bonaparte weiß sich zugleich gegen die Bourgeoisie als Vertreter der Bauern und des Volkes überhaupt, der innerhalb der bürgerlichen Gesellschaft die unteren Volksklassen beglükken will. Neue Dekrete, die die ‚wahren Sozialisten' im voraus um ihre Regierungsweisheit prellen. [...] Diese widerspruchsvolle Aufgabe des Mannes erklärt die Widersprüche seiner Regierung, das unklare Hin- und Hertappen, das bald diese, bald jene Klasse bald zu gewinnen, bald zu demütigen sucht. [...] Bonaparte möchte als der patriarchalische Wohltäter aller Klassen erscheinen. Aber er kann keiner geben, ohne der anderen zu nehmen. [...] Durch die widersprechenden Forderungen seiner Situation gejagt, zugleich wie ein Taschenspieler in der Notwendigkeit, durch beständige Überraschung die Augen des Publikums auf sich als den Ersatzmann Napoleons gerichtet zu halten, also jeden Tag einen Staatsstreich en miniature zu verrichten, bringt Bonaparte die ganze bürgerliche Wirtschaft in Wirrwarr.

K. Marx: Der 18. Brumaire des Louis Bonaparte. Frankfurt 1965. S. 132 ff.

b) Der deutsche Historiker Heinz-Otto Sieburg (1975):

Besonders eindrucksvoll hat von Albertini typische Übereinstimmungen zwischen dem Zweiten Kaiserreich und faschistischen Diktaturen seit der Zwischenkriegszeit herausgestellt. In beiden Fällen geht der Errichtung des autoritären und diktatorisch gelenkten Staatswesens eine Periode voraus, die durch politische Wirren, revolutionäre Erschütterungen und anarchische Infragestellungen bislang fester Gesellschaftsstrukturen gekennzeichnet ist. Infolgedessen setzt sich als Reaktion auf Zerfahrenheit und Versagen von Parteien sowie staatlicher Macht überhaupt eine antiparlamentarische Stimmung durch, die den starken Mann, der Ruhe, Ordnung und nationalen Wiederaufstieg verspricht, an die Regierung bringt. Wie zu den faschistischen Diktaturen des 20. Jahrhunderts, außer der nationalistischen und autoritären Komponente ja wesenhaft auch die sozialistische gehört, so weist bereits das Herrschaftssystem Napoleons III. das Janusgesicht einer nach rechts und links gleichzeitig tendierenden Politik auf, so daß ‚Reaktion' und ‚Progression' in gleicher Weise für das Regime eigentümlich sind. Und wie jene sich von den konservativen Schichten abgrenzten, indem sie revolutionäre und sozialistische Heilsbotschaften verkündeten und dabei die Massen gewannen, die ihnen von Fall zu Fall durch manipulierte Volksabstimmungen den rechten Weg bestätigten, so hat sich auch schon der zweite Bonaparte von Legitimisten und gemäßigten Republikanern entschieden distanziert und als ein auf demokratischer Basis in Übereinstimmung mit der großen Mehrheit der Nation regierender Volkskaiser geriert.

H.-O. Sieburg: Geschichte Frankreichs. Stuttgart 1975. S. 315.

a) Worin stimmen die Autoren überein, wo gehen sie gesonderte Wege?
b) Wo lag die Stärke, wo das Dilemma des Bonapartismus?

3. Großbritannien: Von der oligarchischen zur egalitären Demokratie

Verfassungsreformen

Die Entwicklung in Großbritannien zeichnete sich durch wirtschaftliche Blüte und eine gemäßigt-reformerische Innen- und Verfassungspolitik aus. Die politische Elite – bis in die 1830er Jahre die landbesitzende Aristokratie, seitdem bis in die 1890er Jahre die Aristokratie im Bunde mit dem Großbürgertum – verstand es, immer nur so viel Macht abzugeben, wie es unvermeidlich war, im übrigen aber die meisten Positionen zu behaupten. Erst nach den Wahlrechtsreformen von 1867 (Erhöhung der

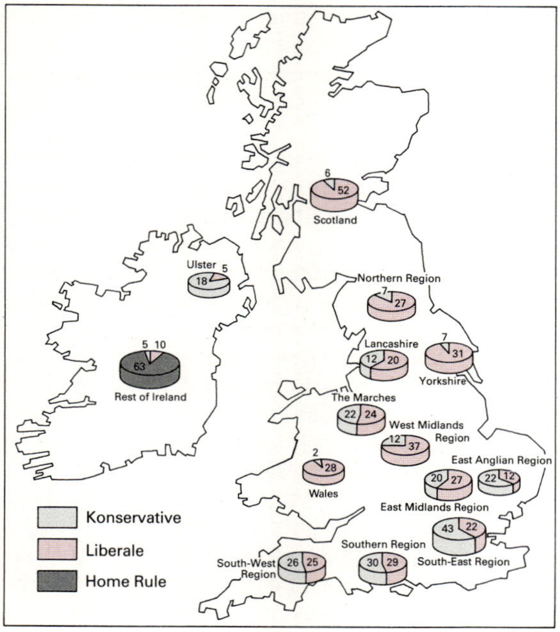

159 Verteilung der Unterhaussitze nach Regionen 1880.
Nennen Sie Gründe für das regional sehr unterschiedliche Abschneiden der Parteien.

Wählerzahl von 15 auf 33% der männlichen Bevölkerung) und 1884 (Erweiterung auf 70%) sah sie sich genötigt, die Herausforderung der neuen Massendemokratie anzunehmen und mit Hilfe moderner Parteiorganisationen um die Wählergunst zu kämpfen. 1870 schufen die Tories (Konservative) erstmals ein zentrales Parteibüro, 1877 zogen die Whigs (Liberale) nach und bauten einen außerordentlich leistungsfähigen Parteiapparat auf. Das Mehrheitswahlrecht begünstigte ein Zwei-Parteien-System und damit eine allzeit klare Verteilung von Regierungs- und Oppositionspartei. Tories und Whigs trugen untereinander nicht weltanschauliche Richtungskämpfe aus, sondern verfochten unterschiedliche Interessen, die sie auf eine pragmatische, nicht-ideologische Weise, wenn nötig auf dem Wege des Kompromisses, durchzusetzen suchten. Nur das Oberhaus, dessen Mitglieder kraft ihrer Zugehörigkeit zum Hochadel im Parlament saßen, widersetzte sich lange dem allgemeinen Demokratisierungsprozeß. Der allgemeine Verdruß darüber spitzte sich seit 1909 zu, als das Oberhaus beharrlich die Einführung einer progressiven Einkommensteuer verhinderte. Der drohende Eklat wurde jedoch vermieden, weil die Lords im letzten Augenblick einlenkten und dem ‚Parliamentary Act' von 1911 zustimmten, das dem Oberhaus die Mitwirkung an Finanzgesetzen entzog und sein Veto gegen sonstige Gesetze unwirksam machte, sofern das Unterhaus es in drei aufeinanderfolgenden Sitzungsperioden überstimmte.

Die Irlandfrage

Die Union von 1801, die Irland zum Bestandteil des Vereinigten Königreiches machte, war von Anfang an der Gegenstand erbitterter Auseinandersetzungen. Eine in den 1830er Jahren von Daniel O'Connell (▷ S. 38) ins Leben gerufene Bewegung für den Widerruf der Union (‚repeal') blieb ohne Erfolg, weil die Hungersnot von 1845–1847 in Irland fast eine Million Menschenleben forderte und eine weitere Million zur Auswanderung nach Amerika trieb und damit vorerst jede politische Aktivität abschnitt. Die Zeit der erzwungenen Ruhe endete 1867, als die Geheimorganisation der ‚Fenier' einen Aufstandsversuch unternahm. Die ‚Fenier' waren ein Bund junger Revolutionäre, der die Unterstützung in Irland geborener Amerikaner fand und sich die Loslösung von Großbritannien, wenn nötig mit Gewalt, zum Ziel setzte. Es fehlte ihnen jedoch der Rückhalt in der irischen Bevölkerung, die vornehmlich an der Abschaffung zweier Übel interessiert war: der Besteuerung zugunsten der von den irischen Katholiken gehaßten Anglikanischen Staatskirche und der wirtschaftlichen Ausbeutung der irischen Pächter durch die überwiegend aus Schottland stammenden protestantischen Großgrundbesitzer. Hinzu kam, daß das überwiegend von der Landwirtschaft lebende Irland schutzlos der übermächtigen Konkurrenz der englischen Industrie ausgeliefert war.

Home Rule

Im Londoner Parlament formierte sich eine national-irische Fraktion, deren Führung 1880 Charles Stewart Parnell (1846–1891) übernahm, ein protestantischer Gutsbesitzer anglo-irischer Herkunft. Er verbündete sich mit den Liberalen unter William Gladstone (1809–1898), denen er dadurch eine Regierungsmehrheit verschaffte, und nutzte seine Rolle als Zünglein an der Waage zur Durchsetzung pro-irischer Gesetze. Sein Ziel war ‚Home Rule', Selbstregierung; dabei blieb offen, ob Selbstverwaltung oder Selbstbestimmung gemeint war. Der parlamentarische Kampf fand seine Ergänzung in Boykottkampagnen der irischen Bevölkerung gegen englische Großgrundbesitzer, Industrielle, Bankiers, Kaufleute, aber auch in Sprengstoffanschlägen und Attentaten. Die Londoner Regierung reagierte mit Peitsche und Zuckerbrot: die Polizei verfolgte und verhaftete Tausende von Iren, die Gerichte verhängten drakonische Strafen; gleichzeitig aber verpflichtete ein erstes Landgesetz von 1870 die Grundbesitzer, im Falle von Kündigungen ihren Pächtern die von diesen vorgenommenen Investitionen zu erstatten; ein zweites Gesetz von 1882 schützte die Pächter vor ungerechtfertigter Kündigung oder Pachterhöhung und stellte öffentliche Kredite zur Verfügung; das dritte Gesetz von 1903 gewährleistete günstige Staatskredite, mit deren Hilfe die irischen Pächter das von ihnen bewirtschaftete Land als Eigentum erwerben konnten. Auch die verhaßten Kirchensteuern wurden schließlich abgeschafft. Hingegen scheiterte die Gewährung der ‚Home Rule'. Ein von der Regierung Gladstone 1886 eingebrachter Gesetzentwurf sah die Einrichtung einer eigenständigen irischen Exekutive und Legislative und die Beschränkung der britisch-irischen Union auf die gemeinsame Außen-, Verteidigungs- und Zollpolitik vor; der Entwurf wurde abgelehnt, weil die Konservativen dagegen und die Whigs untereinander zerstritten waren. 1893 stimmte eine Unterhausmehrheit dem wiedervorgelegten Gesetzentwurf zwar zu, aber das Oberhaus zog nicht mit. Als beim dritten Anlauf 1912 das Gesetz endlich Gültigkeit erlangt hatte, stellte sich nunmehr die anglo-protestantische Bevölkerungsmehrheit der nordirischen Provinz Ulster in den Weg; sie wollte, als Nutznießerin der einzigen Industrieregion Irlands, ihren wirtschaftlichen Verbund mit England nicht aufgeben und sich auch nicht der irisch-katholischen Mehrheit des Landes unterwerfen. 80000 Ulster Volunteers bekundeten in Belfast ihre Entschlossenheit, das Home Rule-Gesetz, wenn nötig mit Waffengewalt, zu verhindern. Ihnen trat die nicht minder militante national-irische ‚Sinn Fein' (Wir selbst)-Organisation entgegen, und ein Bürgerkrieg drohte. Der Ausbruch des Ersten Weltkrieges setzte den Home Rule-Bemühungen vorerst ein Ende.

Unabhängigkeit statt Home Rule

Unterdes vollzog sich eine Neuorientierung der irischen Nationalbewegung. Aus der Bereitschaft, sich mit Home Rule zufriedenzugeben, wurde allmählich das Verlangen nach vollständiger Unabhängigkeit. Zunehmend mehr gaben radikale Gruppierungen – neben Sinn Fein die Gälische Liga, die Irisch-Republikanische Bruderschaft und die irischen Gewerkschaften – den Ton an. 1916 lösten sie in Dublin den Osteraufstand aus, nicht in der Erwartung, die britische Oberhoheit auf einen Schlag abschütteln zu können, wohl aber in der Hoffnung, Signale zu setzen. Der Aufstand brach nach einer Woche zusammen, aber das harte Vorgehen der Regierung – 15 Aufständische wurden exekutiert – heizte Emotionen an. Nach dem Kriegsende 1918 rief Sinn Fein die Republik Irland aus; die für das Londoner Unterhaus gewählten irischen Abgeordneten konstituierten sich in Dublin als irisches Parlament und setzten eine provisorische Regierung ein. Überall im Land bemächtigten sich irische Republikaner der öffentlichen Einrichtungen; eine kleine ‚Irisch-republikanische Armee' begann einen Guerillakrieg gegen die britischen Truppen, die vergeblich versuchten, die Kontrolle zurückzugewinnen. Da die britische Regierung bald einsah, daß Irland verloren war, konzentrierte sie ihre Anstrengungen auf Ulster. In Zusammenarbeit mit der dortigen anglo-protestantischen Bevölkerungsmehrheit und gegen den Widerstand der ‚Irisch-republikanischen Armee' erreichten sie die Abtrennung dieser Provinz vom übrigen Irland und ihre weitere Zugehörigkeit zum Vereinigten Königreich. Im gleichen Jahr 1921 erlangte der ‚Freistaat Irland' seine Unabhängigkeit, zunächst als Dominion im britischen Commonwealth, aus dem er aber 1949 ausschied. Das Nordirdland-Problem blieb bis heute eine offene Wunde.

160 Straffe Parteiorganisation

a) Aus dem Entwurf des Statuts für die National Federation of Liberal Associations (1877):

Die Liberale Vereinigung von Birmingham hat Grundsätze praktisch erprobt, nach denen eine vollständig repräsentative Organisation zur Förderung fortschrittlicher liberaler Prinzipien gebildet werden kann, und ihr Erfolg ist der Anlaß zu einem Appell an alle Liberalen, in anderen Städten und Bezirken des Landes entsprechende Methoden politischer Arbeit einzuführen. Die Liberale Vereinigung von Birmingham besteht aus allen Liberalen, die in einen ihrer Ausschüsse gewählt sind oder die ihre Verbundenheit mit ihren Zielen und ihrer Organisation bekunden. Die Ziele der Vereinigung sind die Entsendung von Liberalen ins Parlament und in örtliche Verwaltungskörperschaften sowie die allgemeine Verbreitung liberaler Grundsätze. Ihre Organisationsform ist strikt repräsentativ. Die zentrale Körperschaft, der die Gesamtleitung aller Angelegenheiten obliegt, trägt die Bezeichnung „Ausschuß der Sechshundert". [...] Dieser Allgemeine Ausschuß erörtert politische Fragen, nominiert Kandidaten für den Schulbeirat und das Parlament und entscheidet über die allgemeine Politik der Vereinigung. Es ist eine anerkannte Regel, daß jeder, der sich zur Nominierung als Kandiat der Vereinigung bereiterklärt, sich im Falle seiner Nichtberücksichtigung der Entscheidung des Ausschusses zu unterwerfen hat. [...]
Eine Einmischung in die örtliche Unabhängigkeit der in der nationalen Föderation zusammengeschlossenen Vereinigungen wird weder vorgeschlagen noch erwogen. Jede Vereinigung wird die Einzelheiten ihrer Organisation selbst regeln und ihre Angelegenheiten selbständig besorgen; aber von Zeit zu Zeit und immer, wenn es nötig ist, werden die Vertreter aller Vereinigungen auf nationaler Ebene zusammentreten und über den politischen Kurs beraten, der den Einzelorganisationen empfohlen werden soll. Es wird aber kein formelles politisches Programm mit allgemeinem Verbindlichkeitsanspruch vorgelegt werden.

H. J. Hanham: The Nineteenth Century Constitution. Cambridge 1969. S. 246ff. Übersetzt von J. Rohlfes

b) Der Politikwissenschaftler Moisei Ostrogorsky über die Auswirkungen des neuen Typus der organisierten Massen(Caucus-)partei (1902):

Die alten Wahlkomitees, deren Aufgabe es vor der Einführung des Caucus war, die Wahlkampagne zu leiten, waren die eigene Maschine des Kandidaten, die stets durch ihn und für ihn ad hoc gebildet wurde. Der Caucus dagegen ist wesentlich eine unpersönliche Organisation, eine Firma darstellend, hinter der das Individuum verschwindet und das mehr oder minder anonyme Werkzeug einer ‚Partei' wird. Das Parlamentsmitglied hört auf, Repräsentant zu sein, und wird untergeordneter Delegierter. [...] Die Schwächung der Verantwortlichkeit, der Unabhängigkeit und der Würde derjenigen, die ins Unterhaus gewählt werden, hat auch die Beziehungen der Parlamentarier zu den Parteiführern [...] beeinträchtigt. [...] Über die eingeebnete Menge der MPs erhoben, stützten sich die Führer nun direkt auf die große Masse der Wähler, deren Loyalitätsempfinden über die Köpfe der MPs hinweg den Führern zustrebt. Nicht nur bei den großen Gelegenheiten der Wahlen nutzten die Führer den Vorteil der Loyalität des Volkes aus, sondern sie führen nun diese Loyalität als Antriebsmittel im Parlament täglich ins Feld, nicht nur gegen ihre Opponenten, sondern auch gegen ihre eigenen Anhänger im Haus, die nicht willig genug waren und zum Widerstand neigten. [...] Dank der Einwirkung des Caucus werden nun in beiden Parteien widerspenstige Mitglieder von ihren örtlichen Parteiorganisationen aufgefordert, sich hinter ihren Führer zu stellen, und wenn sie wieder gewählt werden wollen, müssen sie gehorchen.

K. Kluxen: Die Entstehung des englischen Parlamentarismus. Stuttgart 1966. S. 69f.

a) Arbeiten Sie die Hauptunterschiede zwischen den alten Honoratioren- und den neuen Massenparteien heraus.
b) Inwiefern veränderte sich die Situation der gewählten Abgeordneten?

161 Home Rule für Irland? Aus einem Entschließungsantrag des irischen Abgeordneten Isaac Butt im Unterhaus (1874):

[...] Zum ersten Mal seit der Unionsakte ist eine Mehrheit [...] von irischen Abgeordneten mit dem Auftrag gewählt worden, eine Abänderung der Unionsbestimmungen zu erreichen, die den Iren in Irland das Recht geben würde, ihre Angelegenheiten selbst zu besorgen. [...] Wir fordern, daß Irland über die ausschließlich irischen Dinge selbst entscheiden soll. Dies würde das Unterhaus von Aufgaben entlasten, die zu erfüllen es nicht die Zeit und, wie ich mit allem Respekt sagen möchte, nicht die Fähigkeit hat. Unser Plan würde nicht im geringsten die Rechte der Krone oder die Festigkeit des Reiches gefährden. [...] Ich glaube, ich spreche für jeden Abgeordneten, der für Irland im Namen des Home Rule-Grundsatzes gewählt worden ist, wenn ich sage, daß wir mit aller Entschiedenheit dagegen sind, die Einheit des Empire aufzubrechen oder eine Auseinandersetzung zwischen England und Irland herbeizuführen. [...] Das irische Volk hat diese große politische Bewegung in einer Zeit begonnen, in der im ganzen Lande vollständige Ruhe herrscht, und die Agitation, die zu diesem Ergebnis geführt hat, ist niemals verfassungswidrig oder ungesetzlich gewesen. [...] Ich glaube, daß Irland derzeit unter Gesetzen lebt, die in ihrer Strenge in keinem europäischen Staat ihresgleichen haben. [...] Der britische Statthalter kann durch bloße Verordnung den Aufenthalt im Freien während der Dunkelheit zu einem Verbrechen erklären; durch eine andere Verordnung kann er die Polizei ermächtigen, jeden Fremden festzunehmen, und ein großer Teil Irlands steht gegenwärtig unter einem solchen Gesetz. Aufgrund einer anderen Verordnung kann jeder Magistrat oder Polizeioffizier Zutritt in jedermanns Haus verlangen und dort die Papiere zu dem Zweck durchstöbern, die Handschrift mit der Handschrift eines Drohbriefes zu vergleichen.

H. J. Hanham: The Nineteenth Century Constitution. Cambridge 1969. S. 447 ff. Übersetzt von J. Rohlfes

a) Für wie stichhaltig schätzen Sie die Beschwerden der irischen Abgeordneten ein?
b) Inwieweit waren die Home Rule-Forderungen eine Gefahr für den Zusammenhalt des Vereinigten Königreiches?

162 Die nationale Identität der Iren. Aus einem Vortrag des irischen Sprachwissenschaftlers Hyde vor der Nationalen literarischen Gesellschaft' in Dublin (1892):

Wenn wir von der Notwendigkeit der Entanglisierung der irischen Nation sprechen, meinen wir das nicht als Protest gegen eine Übernahme dessen, was das beste am englischen Volk ist, denn das wäre absurd, sondern wir protestieren gegen die Dummheit, alles Irische zu negieren und, holterdipolter, unterschiedslos alles Englische zu übernehmen, nur weil es englisch ist. [...] Ich möchte ihnen sagen, daß wir durch unsere Anglisierung in Bausch und Bogen leichtfertig den triftigsten Anspruch aufgegeben haben, von der Welt als Nation anerkannt zu werden. Was sagte Mazzini? Wir sollten uns damit zufrieden geben, ein integraler Bestandteil des Vereinigten Königreiches zu sein, hätten wir doch die Merkmale einer Nation aufgegeben: unsere Sprache und unsere Sitten. Es hat mich immer sehr befremdet, die Zwiespältigkeit des irischen Fühlens zu beobachten: wie es nach wie vor das Englische haßt und gleichzeitig kopiert, wie es weiterhin Anerkennung als Nation fordert und gleichzeitig mit beiden Händen verschleudert, was eine Nation ausmacht. [...]
Wir haben [...] selber mit der Kontinuität des irischen Lebens gebrochen. Und gerade zu einem Zeitpunkt, in dem das keltische Volk mit größter Wahrscheinlichkeit den Besitz des eigenen Landes wieder erlangen kann, findet es sich seiner keltischen Charakteristika entkleidet und beraubt. [...] Die alten Backsteine der Nationalität haben 1800 Jahre gehalten, jetzt sind sie zerbrochen, wir müssen uns daran machen, neue zu brennen. [...] Mit einem Wort, wir müssen danach streben, alles Heimatliche, [...] alles Gälische, alles Irische zu pflegen und zu kultivieren, weil trotz der kleinen Beimischung von Sachsenblut im Nordwesten diese Insel keltisch bis ins Mark ist und immer bleiben wird.

H. Kohn: Von Machiavelli zu Nehru. Freiburg 1964. S. 145 ff.

a) Auf welche Elemente nationaler Zusammengehörigkeit konzentriert sich der Redner, welche vernachlässigt er?
b) Vergleichen Sie den Gedankengang mit anderen Zeugnissen des Nationalismus (▷ M 19, 20, 43).

4. Österreich-Ungarn: Staatliche Einheit und nationale Vielfalt

Erwachen der Völker

Lange war im Habsburgerreich, von Ungarn abgesehen, die Führungsstellung der Deutschen selbstverständlich gewesen. Das änderte sich mit dem ‚Erwachen der Völker' im frühen 19. Jahrhundert und vollends mit der Revolution von 1848/49 (▷ S. 86 ff.). Jetzt forderten die nicht-deutschen Nationalitäten Gleichberechtigung oder gar, wie die Ungarn, Autonomie und schließlich Unabhängigkeit. Nach dem Sieg der Gegenrevolution führte der erschreckte Kaiser Franz Josef I. (1848–1916) erneut das absolutistische und zentralistische Regierungssystem ein, in dem für nationale Sonderwünsche kein Platz war. Diese Politik war jedoch nicht auf Dauer durchzuhalten, und spätestens nach der Niederlage der Donaumonarchie 1866 stand eine Neuordnung an.

Österreichisch – ungarischer Ausgleich

Das erste und weitestgehende Zugeständnis mußte Wien den Magyaren machen. Im ‚Ausgleich' von 1867 erhielten die ‚Länder der Stephanskrone' (das Königreich Ungarn einschließlich Kroatiens, Siebenbürgens und der Slowakei) eine Sonderstellung, die das Habsburgische Reich zur ‚Doppelmonarchie' machte. Die beiden Reichsteile – nach dem kleinen, einen Teil der Grenzlinie bildenden Flüßchen Leitha als ‚Cisleithanien' und ‚Transleithanien' bezeichnet – waren lediglich durch die Person des Monarchen verbunden und betrieben eine gemeinsame Außen- und Militärpolitik, stellen im übrigen aber selbständige Staatswesen mit eigener Verfassung, Regierung und Parlament dar.
Beide Reichshälften waren multinationale Gebilde. Während im cisleithanischen Teil seit der Dezemberverfassung von 1867 die rechtliche und politische Gleichberechtigung aller Nationalitäten verankert war, versprach ein Gesetz im ungarischen Teil zwar die nationale Toleranz, aber die magyarische Machtelite hielt sich wenig daran und verfolgte eine ziemlich rücksichtslose Magyarisierungspolitik, von der nur die Kroaten verschont blieben.

163 Allegorische Darstellung der 18 Länder und Provinzen des Kaisertums Österreich. In der Bildmitte eine Büste Kaiser Franz Josephs, im Hintergrund das Schloß Schönbrunn. Lithographie von F. Kollarz, nach Zeichnung von Jos. A. Hellich.
Welches Staatsbewußtsein möchte das Bild suggerieren?

Tschechen

Im Unterschied zu den Ungarn, aber auch den Italienern, die mehr oder minder unverhüllt auf die Trennung von der Donaumonarchie hinarbeiteten, dachten die Slawen lange Zeit nicht an ein Ausscheiden aus dem Habsburgerstaat. Ihnen schwebte eine Autonomie nach dem Vorbild des ‚Ungarischen Ausgleichs' vor.

1880 wurde die Gleichberechtigung der tschechischen und deutschen Sprache in Behörden und Gerichten eingeführt, 1882 die Prager Universität in eine tschechische und eine deutsche Hochschule aufgeteilt. Als 1897 eine neue Verordnung die Zweisprachigkeit aller im Königreich Böhmen beschäftigten Beamten vorschrieb, kam es im Reichsrat in Wien zum Aufruhr. Da die wenigsten Deutschen das Tschechische, dagegen fast alle Tschechen das Deutsche beherrschten, erschien den deutschen Abgeodneten die neue Regelung als eine krasse Benachteiligung der deutschsprachigen Bevölkerung Böhmens, die sie mit allen Mitteln zu verhindern suchten. Die Verordnung wurde zunächst zurückgezogen, später in veränderter Form erneut in Kraft gesetzt, und die Folge war eine böse Vergiftung des deutsch-tschechischen Verhältnisses. Um so verblüffender war es, daß 1905 mit dem ‚Mährischen Ausgleich' ein denkwürdiger Durchbruch gelang. Aus freien Stücken stimmten die deutschen Abgeordneten im mährischen Landtag, die kraft alten Rechtes eine Mehrheit bildeten, obwohl im Lande mehr Tschechen als Deutsche lebten, einer Reihe von Gesetzen zu, die die Gleichberechtigung der Nationalitäten sichern sollten: dazu gehörte die Zweisprachigkeit in allen Behörden bis hinunter zu den Gemeinden, die Aufgliederung der staatlichen Schulaufsicht in nationale Abteilungen und vor allem die Aufteilung des Landtages in drei Kurien, deren zweite und dritte von Bürgern und Bauern beschickt und gemäß der nationalen Zugehörigkeit gebildet werden sollten.

Polen

Ohne viel Aufhebens hatten die Polen in Galizien schon 1871 so etwas wie eine Autonomie erreicht. Sie zeigten stets eine besondere Reichstreue und waren, anders als ihre Landsleute unter preußischer und russischer Hoheit, an der Wiedererrichtung eines polnischen Nationalstaates nur mäßig interessiert. In Galizien bildeten sie, gegenüber der ruthenischen Unterschicht, die wirtschaftliche, gesellschaftliche und politische Oberschicht und waren darauf bedacht, an der überkommenen historischen Ordnung nicht rütteln zu lassen.

Italiener

Dagegen waren die Italiener in den adriatischen Küstengebieten und in Südtirol im Geiste des Irredenta-Nationalismus auf den Anschluß an das italienische Mutterland fixiert. Die Wiener Regierung war zwar nach Kräften bemüht, ihnen in allen kulturellen Belangen weit entgegenzukommen, um ihnen das Verbleiben im österreichischen Staatsverband schmackhaft zu machen. Aber die Deutsch-Nationalen durchkreuzten dieses Vorhaben durch ihr betont ‚antiwelsches' Auftreten.

Deutsch-Österreicher

Vielen Deutsch-Österreichern fiel es schwer, sich mit dem weitgehenden Verlust ihrer scheinbar angestammten Vorrangstellung innerhalb der Monarchie abzufinden. Den größten politischen Einfluß gewann eine radikale Gruppierung, die ihren Rückhalt vorwiegend im Bildungsbürgertum und ihre lange Zeit beherrschende Führungspersönlichkeit in Georg von Schönerer (1842–1921) hatte. Diese ‚Deutschnationalen' (zeitweilig sich auch ‚Alldeutsche' nennend) wollten das Gewicht des deutschen Elementes stärken, den Einfluß der Slawen beschneiden und die Verbindung mit Ungarn noch weiter lockern; ihr militanter Nationalismus enthielt viel Fremdenhaß, vor allem auch gegen die Juden. Schönerers Nachfolger wurde Karl Lueger (1844–1910), der die ‚Christlich-soziale Partei' aufbaute und mit seiner antiliberalen, antisemitischen, ständestaatlichen Propaganda vor allem Kleinbürger und Bauern ansprach.

Arbeiterbewegung

Die österreichische Arbeiterbewegung hatte in ihren Anfängen seit 1867 unter einer harten staatlichen Unterdrückungspolitik zu leiden. Hinzu kam eine Kluft zwischen den gemäßigten Reformern und den Radikalen, die dem Anarchismus zuneigten. Die Einigung gelang erst 1888/89, als Victor Adler (1852–1918) den ‚Austromarxismus' durchzusetzen vermochte: er verband die revolutionäre marxistische Theorie mit einer elastischen, kompromißfähigen Praxis und ließ die österreichische Sozialdemokratie zu einer Massenbewegung anwachsen.

Besondere Verdienste erwarb sich der Austromarxismus in seinem Umgang mit den Nationalitätenproblemen. Die Sozialdemokratische Partei Österreichs bekannte sich zu der Idee einer übernationalen Völkergemeinschaft im Rahmen des österreichischen Gesamtstaates und praktizierte dies in ihren eigenen Reihen; sie war föderalistisch aufgebaut und gestand ihren nationalen Gliederungen viel Eigenständigkeit zu, bewahrte aber auch ihre übernationale Gemeinsamkeit. Aber am Ende mußte auch sie den nationalen Rivalitäten Tribut zollen: 1911 trennten sich die tschechischen Mitglieder von der sozialdemokratischen Reichsrats-Fraktion und führten bei den nächsten Wahlen ihren eigenen Wahlkampf.

164 Die Nationalitäten Österreich-Ungarns im Jahre 1900

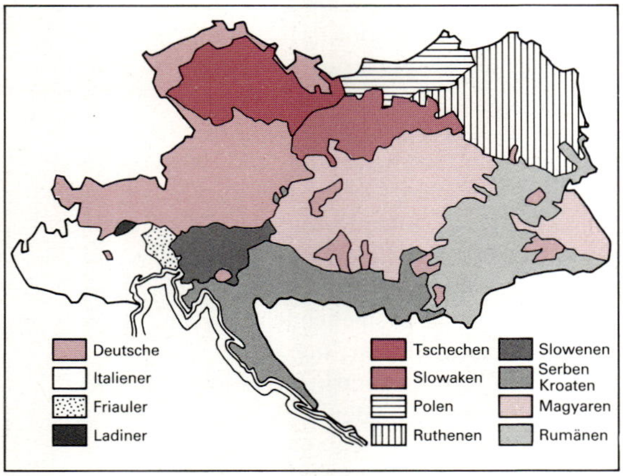

a) Österreich-Ungarn

Gesamtbevölkerung	47 Mio.
Deutsche	24,7%
Magyaren	19,7%
Tschechen	13,1%
Polen	9,3%
Ruthenen	8,2%
Rumänen	6,4%
Kroaten	5,8%
Slowaken	4,4%
Serben	3,5%
Slowenen	2,6%
Italiener	1,5%
Mohammedanische Südslawen	1,3%

b) Cisleithanien

Gesamtbevölkerung	26,2 Mio.
Deutsche	36,2%
Tschechen	23,4%
Polen	16,6%
Ruthenen	13,0%
Slowenen	4,7%
Italiener	2,7%
Serben u. Kroaten	2,6%
Rumänen	0,8%

c) Transleithanien

Gesamtbevölkerung	19,3 Mio.
Magyaren	48,0%
Rumänen	14,7%
Deutsche	11,3%
Slowaken	10,8%
Kroaten	8,0%
Serben	5,2%
Ruthenen	2,0%

d) Bosnien-Herzegowina

Gesamtbevölkerung	1,6 Mio.
Serben	40,0%
Mohammedanische Südslawen	40,0%
Kroaten	20,0%

E. Franzel: Der Donauraum im Zeitalter des Nationalitätenprinzips. München 1958. S. 165

a) Welche politische Bedeutung hatten diese Verhältniszahlen?
b) Vergleichen Sie die Stellung der Deutschen und der Magyaren in den beiden Reichsteilen.

165 Gleichberechtigung der Nationalitäten

a) Aus dem ‚Staatsgrundgesetz über die allgemeinen Rechte der Staatsbürger für die im Reichsrat vertretenen Königreiche und Länder' (1867):

Art. 19. Alle Volksstämme des Staates sind gleichberechtigt, und jeder Volksstamm hat ein unverletzliches Recht auf Wahrung und Pflege seiner Nationalität und Sprache. Die Gleichberechtigung aller landesüblichen Sprachen in Schule, Amt und öffentlichem Leben wird vom Staate anerkannt. In den Ländern, in welchen mehrere Volksstämme wohnen, sollen die öffentlichen Unterrichtsanstalten derart eingerichtet sein, daß ohne Anwendung eines Zwanges zur Erlernung einer zweiten Landessprache jeder dieser Volksstämme die erforderlichen Mittel zur Ausbildung in seiner Sprache erhält.

H. und S. Lehmann: Das Nationalitätenproblem in Österreich 1848–1918. Göttingen 1973. S. 44

b) Aus dem ungarischen Nationalitätengesetz von 1868:

Nachdem sämtliche Staatsbürger Ungarns nach den Grundsätzen der Verfassung auch in politischer Beziehung eine Nation bilden, die unteilbare, einheitliche ungarische Nation, deren Mitglied jeder Bürger des Vaterlandes, gleichviel welcher Nationalität er angehört, ist, [...] so werden, während hinsichtlich aller anderen Verhältnisse die volle Gleichberechtigung der Staatsbürger unberührt bleibt, in bezug auf den amtlichen Gebrauch der verschiedenen Sprachen die folgenden Normen als Richtschnur dienen: § 1. Da kraft der politischen Einheit der Nation die Staatssprache Ungarns die ungarische ist, so ist die Beratungs- und Geschäftssprache des ungarischen Reichstages auch künftighin die ungarische; die Gesetze werden in ungarischer Sprache erlassen, sind aber auch in den Sprachen aller anderen das Land bewohnenden Nationalitäten in beglaubigter Übersetzung hinauszugeben; die Amtssprache der Regierung des Landes ist auch künftig in allen Zweigen der Verwaltung die ungarische. § 17. Die Bestimmung der Unterrichtssprache in den vom Staate bzw. der Regierung bereits errichteten oder dem Bedürfnisse gemäß zu errichtenden Lehranstalten gehört, soweit hierüber das Gesetz nicht verfügt, zu den Agenden des Unterrichtsministers. Da aber der Erfolg des öffentlichen Unterrichtes vom Standpunkte der allgemeinen Bildung und des Gemeinwohles eines der höchsten Ziele auch des Staates ist, so ist dieser verpflichtet, dafür zu sorgen, daß die in größeren Massen zusammenlebenden Staatsbürger, welcher Nationalität immer, sich in der Nähe der von ihnen bewohnten Gegend in ihrer Muttersprache bis zu dem Punkte ausbilden können, wo die höhere akademische Bildung beginnt.

R. Wittram: Die Nationalitätenkämpfe in Europa. Stuttgart 1964. S. 25f.

a) Vergleichen Sie die beiden Texte! In welchem Reichsteil waren die Rechte der Nationalitäten besser geschützt?

b) Welchen Einschränkungen unterlag im Königreich Ungarn der Grundsatz der Gleichberechtigung aller Staatsbürger?

166 Die Parteien und die Nationalitäten

a) Aus dem ‚Linzer Programm' der ‚Alldeutschen' (1882):

Es ist sowohl im nationalen als im staatlichen Interesse gelegen, daß diejenigen Länder der österreichisch-ungarischen Monarchie, welche ehemals dem Deutschen Bunde angehörten, für sich ein möglichst unabhängiges und streng einheitlich organisiertes Ganzes bilden, und es muß demnach angestrebt werden: 1. daß das derzeit bestehende Verhältnis zwischen der diesseitigen Reichshälfte und Ungarn durch die Personal-Union ersetzt werde; 2. daß das Königreich Dalmatien sowie Bosnien und die Herzegowina endgültig in Ungarn einverleibt werden; 3. daß die Kronländer Galizien und die Bukowina entweder mit Ungarn vereinigt oder aber denselben eine Sonderstellung ähnlich jener eingeräumt werde, wie sie Kroatien innerhalb des ungarischen Staatsverbandes besitzt.

Es ist durch die Lage und durch die historische Entwicklung der diesseitigen Reichshälfte bedingt, daß jenen Ländern der Monarchie, welche ehemals dem Deutschen Bunde angehörten, der deutsche Charakter gewahrt bleibe, und es muß daher gefordert werden, daß durch ein Gesetz die deutsche Sprache als Staatssprache erklärt, insbesondere aber verfügt werde: 4. daß die deutsche Sprache ausschließliche Sprache des Heeres, der Vertretungskörper und der öffentlichen Ämter sei, daß demnach der gesamte innere Amtsverkehr, sowie die öffentlichen Bücher und Protokolle ausschließlich in deutscher Sprache geführt werden und daß niemand eine Staatsanstellung oder sonst ein öffentliches Amt bekleiden könne, der nicht der deutschen Sprache in Wort und Schrift vollkommen mächtig ist; 5. daß in Orten mit sprachlich gemischter Bevölkerung an mindestens einer Volksschule der Unterricht in deutscher Sprache erteilt und an allen Mittelschulen die deutsche Sprache als obligater Gegenstand gelehrt werde, wogegen kein Schüler zur Erlernung einer anderen, etwa landes- oder bezirksüblichen Sprache gezwungen werden kann; 3. daß sämtliche Staatsprüfungen und Rigorosen, sofern sie zur Erlangung einer Anstellung im Staats-oder Landesdienste berechtigen sollen, ausschließlich in deutscher Sprache abgelegt werden müssen.

b) Aus dem ‚Brünner Programm' der Sozialdemokratie (1899):

Da die nationalen Wirren in Österreich jeden politischen Fortschritt und jede kulturelle Entwicklung der Völker lähmen, da diese Wirren in erster Linie auf die politische Rückständigkeit unserer öffentlichen Einrichtungen zurückzuführen sind und da insbesondere die Fortführung des nationalen Streites eines jener Mittel ist, durch die die herrschenden Klassen sich ihre Herrschaft sichern und die wirklichen Volksinteressen an jeder kräftigen Äußerung hindern, erklärt der Parteitag: Die endliche Regelung der Nationalitäten- und Sprachenfrage in Österreich im Sinne des gleichen Rechtes und der Gleichberechtigung und Vernunft ist vor allem eine kulturelle Forderung, daher im Lebensinteresse des Proletariats gelegen; [...] die Pflege und Entwicklung der nationalen Eigenart aller Völker in Österreich ist nur möglich auf der Grundlage des gleichen Rechtes und unter Vermeidung jeder Unterdrückung, daher muß vor allem anderen jeder bürokratisch-staatliche Zentralismus ebenso wie die feudalen Privilegien der Länder bekämpft werden.

Unter diesen Voraussetzungen, aber auch nur unter diesen, wird es möglich sein, in Österreich an Stelle des nationalen Haders nationale Ordnung zu setzen, und zwar unter Anerkennung folgender leitender Grundsätze: 1. Österreich ist umzubilden in einen demokratischen Nationalitäten-Bundesstaat. 2. An Stelle der historischen Kronländer werden nationale abgegrenzte Selbstverwaltungskörper gebildet, deren Gesetzgebung und Verwaltung durch Nationalkammern, gewählt auf Grund des allgemeinen, gleichen und direkten Wahlrechts, besorgt wird. 3. Sämtliche Selbstverwaltungsgebiete einer und derselben Nation bilden zusammen einen national einheitlichen Verband, der seine nationalen Angelegenheiten völlig autonom besorgt. 4. Das Recht der nationalen Minderheiten wird durch ein eigenes, vom Reichsparlament zu beschließendes Gesetz gewährt. 5. Wir anerkennen kein nationales Vorrecht, verwerfen daher die Forderung einer Staatssprache.

K. Berchtold (Hg): Österreichische Parteiprogramme. Wien 1967. S. 144f., 198f.

a) Wie verhalten sich die Vorstellungen der Alldeutschen zur gesamt-österreichischen Staatsidee?
b) Was ist an den sozialdemokratischen Vorschlägen neuartig? Warum stießen sie bei den Deutschnationalen auf Ablehnung?

5. Rußland: Reaktion und Reform

Bauernbefreiung

Rußland, die reaktionärste und rückständigste aller europäischen Großmächte, geriet erst in Bewegung, als Nikolaus I., der ‚Gendarm Europas', gestorben war (1855) und die Niederlage im Krimkrieg (1854–1856) demonstriert hatte, daß ohne eine Modernisierung der feudalen russischen Gesellschaft der Entwicklungsvorsprung Mittel- und Westeuropas nicht aufzuholen war. Der schlimmste Krebsschaden war die Leibeigenschaft, die in einer besonders brutalen und menschenverachtenden Form auf der russischen Landbevölkerung lastete und sie zu wehrlosen Opfern adliger und bürokratischer Willkür erniedrigte. So war das Manifest Alexanders II. (1855–1881), das am 19. Februar 1861 fast 50 Millionen leibeigenen Bauern die persönliche Freiheit schenkte, ein denkwürdiges Ereignis. Aber die Freiheit bedeutete noch nicht wirtschaftliche Selbständigkeit. Die Bauern durften zwar das von ihnen bewirtschaftete Land als Eigentum erwerben, mußten dafür aber außerordentlich hohe Ablösungssummen aufbringen und überdies bis zur endgültigen Ablösung weiterhin Abgaben

167 Freilassung leibeigener russischer Bauern 1861.
Vergleichen Sie Kleidung und Auftreten der beiden Personengruppen. – Welche Sozialordnung wird erkennbar?

und Frondienste leisten. Auch wurde das Bauernland nicht privates Eigentum, sondern Kollektivbesitz der Dorfgemeinde, des ‚Mir'. Darauf hatte der Staat bestanden, um die Gemeinden in ihrer Gesamtheit für die Steuern haftbar machen zu können. Hinzu kam eine ständig fühlbarer werdende Landverknappung. Das rapide Bevölkerungswachstum konnte nicht, wie im westlichen Europa, durch eine Abwanderung in städtische Industriezentren aufgefangen werden, und immer mehr Dorfbewohner mußten von einer Ackerfläche leben, die sich kaum noch erweitern ließ. So blieb die Agrarfrage ein ungelöstes und brisantes Problem.

Liberale Reformen

Der Bauernbefreiung folgten weitere Reformen. 1863 erhielten die Universitäten ihre von Nikolaus I. beschnittenen Selbstverwaltungsrechte wieder zurück. Eine Justizreform von 1864 führte Schwurgerichte sowie die Öffentlichkeit und Mündlichkeit der Gerichtsverhandlungen ein und gewährleistete die Unabhängigkeit der Richter. In den Kreisen und Gouvernements trat eine ständische Selbstverwaltung ins Leben: Nach indirektem, ungleichem Wahlrecht gewählte Körperschaften (Semstwos), in denen der Adel die Mehrheit hatte, wirkten fortan bei der Steuererhebung, im Bildungs- und Gesundheits-sowie im öffentlichen Bauwesen beratend und verwaltend mit, mußten sich allerdings ständige Eingriffe der Gouverneure gefallen lassen. 1870 wurde diese begrenzte Selbstverwaltung auch auf die Städte ausgedehnt, wo die städtischen Oberschichten in den Dumas erste politische Erfahrungen zu sammeln begannen. Die Heeresreform von 1874 brachte die Einführung der allgemeinen Dienstpflicht – bislang hatte man das Losverfahren angewandt - und gleichzeitig die Herabsetzung der Dienstzeit von 25 auf 6 Jahre; entehrende Körperstrafen, wie sie bis dahin üblich gewesen waren, wurden abgeschafft.

Politische Strömungen

Die Reformen öffneten auch Räume für ein freieres politisches Leben. Ein Teil der Gebildeten erwartete das Heil von einer Anknüpfung an die Traditionen Altrußlands vor den petrinischen Reformen, einer Erneuerung der griechisch-orthodoxen Religiosität und einer Wiederbelebung der angeblich altslawischen Genossenschaftsdemokratie. Solchen ‚slawophilen' Vorstellungen hing auch der Panslawismus an; in vieler Hinsicht ein Instrument des großrussischen Nationalismus, der sich in einem übersteigerten Sendungsbewußtsein und einer rücksichtslosen Russifizierungspolitik gegenüber Ukrainern, Polen, Deutschen, Finnen, Esten, Letten, Litauern äußerte.

168 Festnahme eines politisch Verdächtigen durch die zaristische Polizei (1879). Zeichnung von Ilja Repin, 1879.
Beschreiben Sie die Haltung der Umstehenden. – Was läßt sich daraus über das politische Klima im autokratisch regierten Rußland ablesen?

Zu den Hauptleidtragenden dieses aggressiven Nationalismus, der sich besonders nach der Ermordung Alexanders II. (1881) ausbreitete, gehörten auch die Juden. Unter stillschweigender Duldung der Behörden, die keinen Finger rührten, fielen sie zu Tausenden den Pogromen in den westrussischen Provinzen zwischen Litauen und der Ukraine zum Opfer. In den ‚Ansiedlungsrayons', die sie nicht verlassen durften, lebten sie zusammengepfercht und in zumeist kümmerlichen wirtschaftlichen Verhältnissen und blieben von jeder sozialen Aufstiegschance ausgeschlossen. Die Not und Angst trieb viele russische Juden zur Auswanderung nach Mittel- und Westeuropa und vor allem nach Amerika.
Den Slawophilen standen die ‚Westler' gegenüber, die den Fortschritt Rußlands von einer Übernahme westlicher Lebensformen erwarteten. Durch sie kamen aufklärerisch-liberale und vor allem sozialistische Ideen ins Land, die dort freilich spezifisch russische Abwandlungen erfuhren. Die ‚Narodniki' (Volkstümler) wollten die (großenteils lese- und schreibunkundigen) Bauern gegen die hergebrachten Autoritäten der zaristischen Autokratie, der adligen Gutsherrschaft und der orthodoxen Kirche aufwiegeln, stießen damit aber auf völlige Ablehnung. Daraufhin wandelten sie sich zu Radikalen, Nihilisten, ja Terroristen, die ihren Rückhalt nicht mehr im ‚einfachen Volk" suchten, sondern sich nur auf sich selbst verließen und als ‚Berufsrevolutionäre' die bestehende Ordnung aus den Angeln heben und mit diktatorischen Mitteln eine neue Gesellschaft herbeiführen wollten. Sie bildeten Geheimorganisationen, mit einem auffallend hohen Anteil von Frauen, die das Regime mit Sprengstoffanschlägen und politischen Attentaten zu verunsichern suchten. 1881 gelang ihnen die Ermordung Alexanders II. Damit besiegelten sie das Ende der Reformära und die Rückkehr des Polizeistaates, der binnen kurzem die gesamte terroristische Bewegung austilgte. Zu seinen Opfern gehörte auch Alexander Uljanow, der ältere Bruder Lenins; er wurde 1887 gehängt. Das war der Anstoß für den Jüngeren, Politiker und Revolutionär zu werden.

Sozialismus

Wladimir Uljanow (1870–1924), der sich später Lenin nannte, wurde 1899 Mitglied der ein Jahr zuvor gegründeten Sozialdemokratischen Arbeiterpartei Rußlands. Diese stützte sich, in strikter Befolgung der Marxschen Klassentheorie, auf die Industriearbeiterschaft, die – beim damaligen Stand der Industrialisierung in Rußland – nur

169 Protestmarsch von 140000 Menschen zum Zarenpalast in St. Petersburg am 22. Januar 1905. Der Protest wurde später in einem Blutbad erstickt. *Äußern Sie sich zu dem Umstand, daß die Demonstranten ein Bild des Zaren mitführten.*

einen winzigen Teil der ‚arbeitenden Klassen' ausmachte. Die politische Agitation unter dem Riesenheer der Bauern überließ sie den ‚Sozialrevolutionären', die lange Zeit die bei weitem stärkste sozialistische Gruppierung darstellten. Sozialrevolutionäre und Sozialdemokraten konnten sich, unter den Bedingungen des allgegenwärtigen Polizeistaates, nur in Geheim- und Auslandszirkeln betätigen. Diese Isolierung von der praktischen Tagespolitik führte zu einer Überbetonung der Theoriediskussion. Über der Frage, ob die Sozialdemokratische Partei eine Elite- oder eine Massenpartei sein müsse, kam es zur Spaltung zwischen den ‚Bolschewiki' (benannt nach der, mehr zufälligen, ‚Mehrheit' in einer Abstimmung), die für eine straff geführte ‚Elitepartei' eintraten, und den ‚Menschewiki' (‚Minderheitler'), die die Revolution nur wagen wollten, wenn die Zustimmung der Massen sicher sei.

Revolution 1905

Die seit langem schwelenden sozialen und politischen Konflikte kamen zum Ausbruch, als das autokratische Regime Nikolaus' II. (1894–1917) durch die Niederlage im Krieg gegen Japan geschwächt war. Den Auslöser bildete die brutale Zerschlagung eines – durchaus gemäßigten – Demonstrationszuges in St. Petersburg. Diesem ‚Blutsonntag' folgten Bauernaufstände, Demonstrationen und Streiks städtischer Arbeiter, Versammlungen und Petitionen der Semstwos, Proteste und Unruhen nationaler Minderheiten in Finnland und im Baltikum. Im Oktober 1905 entstand in Petersburg ein Arbeiter-Sowjet (sein 2. Vorsitzender war Leo Trotzki 1879–1940), der mit Erfolg zum Generalstreik aufrief. Diesem Druck beugte sich die Regierung. Im ‚Oktobermanifest' versprach der Zar bürgerliche Rechte und Freiheiten und eine nach dem allgemeinen Männer-Wahlrecht zu wählende Volksvertretung (Duma). In der 1. Duma von 1906 besaßen die Konstitutionellen Demokraten (‚Kadetten'), die liberale Reformen befürworteten, die Mehrheit; die zweitstärkste Fraktion stellten die sozialistischen Gruppen (ohne die Bolschewiki, die die Wahlen boykottiert hatten), während die konservativen ‚Oktobristen' kaum mehr als 3% der Mandate gewonnen hatten; stark vertreten waren dagegen die nationalen Minderheiten und besonders die Parteilosen. Da die 1. und auch die 1907 gewählte 2. Duma eine oppositionelle Mehrheit aufwiesen und den Vorlagen der Regierung nicht zustimmten, wurden sie jeweils schnell wieder aufgelöst, und die Regierung schickte 65 widerspenstige sozialdemokratische Abgeordnete wegen ‚regierungsfeindlichen" Verhaltens in die Verbannung. Mit Hilfe eines nunmehr eingeschränkten Wahlrechts und massiver Wahlbeeinflussung erhielt die 3. Duma (1907–1912) eine regierungsfreundliche konservative Mehrheit. Sie stimmte 1910 der Agrarreform des Ministerpräsidenten Pjoto Stolypin (1862–1911) zu, die die Umwandlung des genossenschaftlichen Mir- in bäuerliches Individualeigentum freigab und den Bauern die durch den Freikauf entstehenden Schulden erließ. Bis 1916 machten 7 Millionen Bauernfamilien von dieser Möglichkeit Gebrauch. Aber trotz solcher Fortschritte blieb Rußland ein rückständiges Land. Zu mehr als zu einem ‚Scheinkonstitutionalismus' (Max Weber) fand sich die Autokratie nicht bereit. Als der Erste Weltkrieg begann, der für die Staatsführung auch eine ‚Flucht nach vorn' war, waren alle wesentlichen politischen und gesellschaftlichen Probleme ungelöst.

170 **Aufhebung der Leibeigenschaft.** Aus den Erinnerungen eines unbekannten Dorfgeistlichen:

Nachdem er das Kreuz geschlagen, begann der Priester zu lesen. Kaum hatte er die Worte des Manifestes ausgesprochen: „Die guten Beziehungen der Gutsbesitzer und Bauern begann zu schwinden und gaben einer Willkür Raum, welche die Bauern drückte und ihre Lage verschlechterte [...]", da wurde das Volk unruhig. Anfänglich kaum hörbar, begann der Lärm zu wachsen, ohne daß es möglich gewesen wäre, ein Wort zu verstehen. Der Isprawnik (Polizeichef) gebot Ruhe. Alles verstummte. Der Priester las weiter: „Dem Adel selbst haben Wir es überlassen, seinem eigenen Ansuchen gemäß, Vorschläge über die neue Regelung der bäuerlichen Verhältnisse zusammenzustellen [...]". Das Volk geriet wieder in Bewegung. Der Isprawnik brachte es abermals zum Schweigen. Es folgten die Worte: „Die Leibeigenen werden seinerzeit die vollen Rechte von Dorfbewohnern erhalten. Die Gutsbesitzer, welche ihr Eigentumsrecht an allem ihnen gehörigen Land behalten, überlassen den Bauern gegen Entrichtung der festgesetzten Leistungen die beständige Nutzung des Landes, auf welchem sie angesiedelt sind." Erneuter Lärm, erneutes Ruhegebot des Isprawnik. Denn hieß es weiter: „Indem sie ihre Landesanteile nutzen, sind die Bauern verpflichtet, zugunsten der Gutsbesitzer die in der Verordnung festgesetzten Leistungen zu übernehmen." Jetzt waren die Bauern augenscheinlich bekümmert und ließen die Köpfe hängen. Einer der vordersten sagte laut: „Was ist denn das für eine Freiheit?" Da zupfte ihn ein Polizist am Ärmel, und er verstummte. „Die neue Ordnung kann wegen der mit ihr verbundenen zahlreichen Änderungen nicht plötzlich erfolgen, sondern bedarf der Zeit, wahrscheinlich mindestens zweier Jahre, und darum wird zur Verhütung von Irrungen und zur Aufrechterhaltung der öffentlichen und privaten Wohlfahrt die gegenwärtig auf den herrschaftlichen Landgütern bestehende Ordnung gewahrt bleiben [...]" Hier äußerte jener vorderste Bauer vernehmlich: „In diesen zwei Jahren werden die Herren uns das Fell ganz über die Ohren ziehen." Nach eingetretener Ruhe sagte der Priester: „Bis zum Ablauf dieser Frist haben die Bauern und Hofesleute im früheren Gehorsam den Gutsbesitzern gegenüber zu verharren und ohne Widerrede die bisherigen Pflichten zu erfüllen."

Hier entstand eine ganz ernsthafte Unruhe. Es erhob sich ein solches Murren und Geschrei, daß der Priester die Verlesung unterbrechen mußte. Da sprach der Isprawnik: „Unterstehet euch nicht, des Kaisers Worte zu unterbrechen! Was der Priester verliest, das redet zu euch der Herr und Kaiser. Wenn er euch nicht die Freiheit, sondern Zwangsarbeit böte, so hättet ihr auch dann zu schweigen, zu hören und gehorsam zu sein. Euch schenkt der Kaiser seine Gnade, gibt euch die Freiheit, und ihr wagt es zu schreien. Ruhe, nicht ein Wort mehr!" Die Bauern verstummten sogleich, und bis zum Schluß der Verlesung des Manifestes standen sie, als wäre keine lebende Seele in der Kirche. Auf das Manifest folgte ein Dankgebet für den Kaiser.

Erinnerungen eines Dorfgeistlichen. Bibliothek russischer Denkwürdigkeiten, hg. von Th. Schiemann. Stuttgart 1894. S. 25 ff.

a) Deuten Sie die Mißfallensäußerungen der Bauern.
b) Welche Aufschlüsse über das politische Klima im Rußland des Jahres 1861 gibt der Bericht?

171 Fanatiker der Revolution

a) Der Anarchist Sergej Netschajew in seinem ‚Katechismus des Revolutionärs' (1870):

Der Revolutionär ist ein Verdammter. Er darf keine Privatinteressen, keine Liebesgeschichten, keine Gefühle, keine Bindungen, keinen Besitz, nicht einmal den Besitz des eigenen Namens kennen. Sein ganzes Sein muß von einem Ziel, einem Gedanken, einer Leidenschaft beherrscht sein: die Revolution. [...] Mit Leib und Seele, mit Wort und Tat muß er jede Beziehung zu der bestehenden Ordnung, ja zur ganzen zivilisierten Welt mit ihren Gesetzen, guten Umgangsformen, ihren Konventionen und ihrer Moral abbrechen. Er ist ihr erbarmungsloser Feind und lebt in ihr nur zu dem einzigen Zweck: sie zu zerstören. Er haßt und verachtet die gesellschaftliche Moral seiner Epoche. [...] Alles, was die Revolution fördert, ist sittlich, alles was sie hindert, unsittlich. Die Wesensart des wahren Revolutionärs verbietet ihm jede Romantik, jede Zärtlichkeit, jede Begeisterung, jede Liebe.

b) Der Nihilist Pjotr Tkatschow in einem Zeitungsartikel (1875):

Ein Revolutionär hat immer recht und sollte sich deshalb auch berechtigt fühlen, das Volk zur Empörung aufzurufen [...] Eine wirkliche Revolution kann nur dadurch herbeigeführt werden, daß die Revolutionäre die Macht ergreifen. Mit andern Worten ist es die erste und wichtigste Aufgabe einer Revolution, die bestehende Regierung zu stürzen und den konservativen Staat in einen revolutionären zu verwandeln. [...] Nachdem die revolutionäre Minderheit das Volk von dem Joch der Furcht und des Terrors befreit hat, gibt sie ihm Gelegenheit, seine revolutionäre, zerstörende Macht zu beweisen. Indem sie sich auf diese Macht stützt und sie geschickt zur Liquidierung der Feinde der Revolution benutzt, vernichtet sie die stärksten Positionen der früheren Regierung und entzieht ihr die Möglichkeit für irgendeine Verteidigung oder einen Gegenangriff. [...] Für die tatsächliche Umwälzung braucht die Minderheit die Hilfe des Volkes nicht mehr. Dessen Rolle ist in dem Augenblick ausgespielt, wenn es die Einrichtungen, die es unterdrückten, zerstört und die Tyrannen und Ausbeuter, von denen es beherrscht wurde, gestürzt hat. Indem sie die revolutionäre Zerstörungswut des Volkes benutzt, [...] wird die revolutionäre Minderheit den Grundstein zum Bau einer neuen und vernünftigen Gesellschaftsordnung legen.

D. Shub: Lenin. Wiesbaden 1958. S. 19, 21 f.

a) Worin liegt, verglichen mit den bürgerlichen Revolutionen von 1789 bis 1848, die Neuartigkeit dieser Revolutionsprogramme?
b) Wie sehen die Verfasser das Verhältnis von revolutionärer Minderheit und Volk?

172 Polizeistaat Rußland

Aus einem Bericht des amerikanischen Rußlandreisenden George Kennan (1889):

Der Grundsatz, nach welchem die russische Regierung vorgeht, ist kurz folgender: Der Bürger ist nicht bloß unfähig, an der Leitung der Angelegenheiten seines Vaterlandes, seiner Provinz oder seines Bezirks Anteil zu nehmen, sondern er ist auch nicht befugt, die Geschäfte seines eigenen Haushalts zu leiten; und von der Zeit an, wo er seine Wiege verläßt und den Kampf mit dem Leben aufnimmt, bis zu der Zeit, wo sein müdes graues Haupt endlich unter den Rasen gebettet wird, muß er geleitet, gelenkt, belehrt, gezügelt, unterdrückt, gemaßregelt, eingesperrt, ausgesperrt, gepreßt und niedergehalten und im allgemeinen dazu veranlaßt werden, das zu thun, was nach der Meinung irgend eines andern sein Wohl vorstellt. Das natürliche Ergebnis dieses väterlichen Regierungsgrundsatzes ist die Vereinigung der gesamten ausübenden Gewalt in den Händen einiger weniger hohen Beamten und eine ungeheure Ausdehnung der Polizeimacht. Angelegenheiten, die in andern Ländern dem individuellen Ermessen der Bürger oder dem Urteil einer kleinen Gruppe von Bürgern überlassen bleiben, werden in Rußland vom Minister des Innern durch die kaiserliche Polizei geregelt. [...] Wenn man ein Konzert zu geben oder eine Gemäldeausstellung zum Vorteil eines Waiseninstituts zu veranstalten beabsichtigt, ist es nötig, die Erlaubnis des nächsten Vertreters des Ministers des Innern einzuholen, ferner das Programm der Vorstellung dem Zensor zur Begutachtung und Genehmigung vorzulegen und endlich das Geld, welches bei der Veranstaltung eingeht, der Polizei einzuhändigen, damit es unterschlagen oder an das Waiseninstitut abgeführt werde, je nach Belieben. [...] Man sei ein Student und gehe in eine öffentliche Bibliothek, um etwa in Lyells ‚Prinzipien der Geologie' oder Spencers ‚Sozialstatistik' nachzuschlagen, man wird finden, daß es nicht möglich ist, solche gefährliche und aufrührerische Bücher ohne besondere Erlaubnis auch nur zu Gesicht zu bekommen. [...] Die Polizei [...] überwacht mittels Pässen die Bewegungen aller Einwohner des Reiches; sie hält Tausende von ‚Verdächtigen' unter beständiger Aufsicht; [...] sie übt eine ständige Kontrolle über alle theatralischen Darstellungen, Konzerte, Bilder, Theaterzettel, Anschlagzettel und Reklamen aus; sie [...] verwarnt die Mitglieder der Kirche, welche es zu lange verabsäumen, an der heiligen Kommunion teilzunehmen, und erzwingt den Gehorsam gegen Tausende von mannigfaltigen Erlassen und Vorschriften, welche dazu bestimmt sind, die Wohlfahrt des Volkes zu fördern und die Ordnung des Staates zu sichern.

G. Kennan. Sibirien und das Verbannungssystem. Leipzig/Wien 1891. S. 371 ff.

a) Mit welchem Erfahrungshintergrund schreibt der Autor? Vergleichen Sie die von ihm geschilderten Zustände mit den Verhältnissen in anderen zeitgenössischen Ländern.
b) Vergegenwärtigen Sie sich die Auswirkungen der hier beschriebenen Politik der Bevormundung.

♦

1. *Woraus erklärt sich der Modernitätsvorsprung Westeuropas gegenüber den Ländern Süd- und Osteuropas?*
2. *Woher rührten die Auseinandersetzungen zwischen Staat und katholischer Kirche in Deutschland, Italien, Frankreich?*
3. *Wo in Europa gab es seit 1849 Nationalitätenkonflikte, und wo lagen ihre Ursachen?*
4. *Vergleichen Sie die nationale Einigung in Italien mit der Reichsgründung in Deutschland.*
5. *Wie unterschied sich die Entwicklung der Arbeiterbewegung in den sechs großen europäischen Ländern seit 1870?*
6. *Antisemitismus in Europa – Wo lagen seine Schwerpunkte? Inwieweit lassen sich Gemeinsamkeiten, inwieweit Unterschiede feststellen?*
7. *Vergleichen Sie die Parteiensysteme in Großbritannien, Frankreich, Deutschland, Italien und Rußland.*

Literatur zur Vertiefung

Überblicksdarstellungen in Taschenbuch-Reihen

Fischer Weltgeschichte
Deutsche und viele nicht-deutsche Autoren; viele Bände länderübergreifend und vergleichend; zumeist starker Anteil der Wirtschafts- und Sozialgeschichte.

Bd. 26: *L. Bergeron* u.a.: Das Zeitalter der europäischen Revolution 1780–1848. Frankfurt 1969 u.ö.
Bd. 27: *G. Palmade:* Das bürgerliche Zeitalter. 1974 u.ö.
Bd. 28: *W. Mommsen:* Das Zeitalter des Imperialismus. 1969 u.ö.
Bd. 30: *W. P. Adams* u.a.: Die Vereinigten Staaten von Amerika. 1977 u.ö.
Bd. 31: *C. Goehrke* u.a.: Rußland. 1972 u.ö.

Neue Historische Bibliothek (Suhrkamp)
Historische Monographien, sozialgeschichtlich ausgerichtet, teilweise länderübergreifend.

es 1250 *P. Alter:* Nationalismus. Frankfurt 1985.
es 1252 *M. Botzenhart:* Reform, Restauration, Krise. Deutschland 1789–1847. 1985.
es 1284 *U. Freverts:* Frauen-Geschichte. 1986.
es 1530 *I. Geiss:* Geschichte des Rassismus. 1988.
es 1271 *D. Grimm:* Deutsche Verfassungsgeschichte I. 1988.
es 1529 *H. Jaeger:* Geschichte der Wirtschaftsordnung in Deutschland. 1988.
es 1258 *K. Jarausch:* Deutsche Studenten 1800–1970. 1984.
es 1251 *M. Kraul:* Das deutsche Gymnasium 1780–1980. 1984.
es 1286 *D. Langewiesche:* Liberalismus in Deutschland. 1983.
es 1248 *D. Lehnert:* Sozialdemokratie zwischen Protestbewegung und Regierungspartei 1848–1983. 1984.
es 1532 *F. Lenger:* Sozialgeschichte der Handwerker. 1988.
es 1264 *K.-E. Lönne:* Politischer Katholizismus im 19. und 20. Jahrhundert. 1986.
es 1244 *P. Marschalck:* Bevölkerungsgeschichte Deutschlands im 19. und 20. Jahrhundert. 1984.
es 1287 *K. Schönhoven:* Die deutschen Gewerkschaften 1860–1980. 1987.
es 1266 *W. Sielmann:* Die deutsche Revolution von 1848/49. 1985.
es 1283 *H.-F. Ullmann:* Interessenverbände in Deutschland. 1988.
es 1281 *B. Wunder:* Geschichte der Bürokratie in Deutschland. 1986.

Deutsche Geschichte (Kleine Vandenhoeck-Reihe)
Konzentrierte, anspruchsvolle Darstellungen.

Bd. 7 *K. O. Freiherr von Aretin:* Vom Deutschen Reich zum Deutschen Bund. Göttingen 1980.
Bd. 8 *R. Rürup:* Deutschland im 19. Jahrhundert 1815–1871. 1984.
Bd. 9 *H.-U. Wehler:* Das Deutsche Kaiserreich 1871–1918. 1973.

Deutsche Geschichte der neuesten Zeit (dtv)
Allgemeinverständliche Darstellungen mit Dokumenten und kommentierten Literaturübersichten.

4501 *P. Burg:* Der Wiener Kongreß. Der Deutsche Bund im europäischen Staatensystem. München 1984.
4502 *W. Hardtwig:* Vormärz. Der monarchistische Staat und das Bürgertum. 1985.

4503 *H. Schulze:* Der Weg zum Nationalstaat. Die deutsche Nationalbewegung vom 18. Jahrhundert bis zur Reichsgründung. 1985.

4504 *M. Stürmer:* Die Reichsgründung. Deutscher Nationalstaat und europäisches Gleichgewicht im Zeitalter Bismarcks. 1984.

4507 *H. Grebing:* Arbeiterbewegung. Sozialer Protest und kollektive Interessenvertretung bis 1914. 1985.

Handbuchartige Darstellungen

Grundriß der Geschichte (Oldenbourg)
Jeder Band besteht aus einem knappen Darstellungsteil, einem Abschnitt ‚Grundprobleme und Tendenzen der Forschung' und einem umfangreichen Literaturverzeichnis.

Bd. 12 *E. Fehrenbach:* Vom Ancien Régime zum Wiener Kongreß. 2., überarb. Aufl. München 1986.

Bd. 13 *D. Langewiesche:* Europa zwischen Restauration und Revolution 1815–1849. 1985.

Bd. 14 *L. Gall:* Europa auf dem Weg in die Moderne 1850–1890. 1984.

Bd. 15 *G. Schöllgen:* Das Zeitalter des Imperialismus. 1986.

Propyläen Geschichte Europas (Ullstein)
Ausführliche, länderübergreifende Darstellungen mit zahlreichen Abbildungen.

Bd. 4: *E. Weis:* Der Durchbruch des Bürgertums 1776–1847. Berlin 1982.

Bd. 5: *Th. Schieder:* Staatensystem als Vormacht der Welt 1848–1918. 1982.

Einzeldarstellungen

G. A. Craig: Geschichte Europas 1815–1980. 3. Aufl. München 1984. – Knapper, chronologisch und vorwiegend nach Ländern geordneter Überblick.

G. A. Craig: Deutsche Geschichte 1866–1945. München 1980^2. – Standardwerk.

C. Dipper: Die Bauernbefreiung in Deutschland. (Urban-TB 298) Stuttgart 1980. – Gründliche Behandlung der Entwicklung in allen deutschen Territorien.

M. Erbe: Geschichte Frankreichs von der Großen Revolution bis zur Dritten Republik 1789–1884. Stuttgart 1982. – Informativ und ausgewogen.

H. Greive: Die Juden. Grundzüge ihrer Geschichte im mittelalterlichen und neuzeitlichen Europa. 2. Aufl. Darmstadt 1982. – Überblick über die Geschichte der jüdischen Minderheit in allen Teilen Europas.

J. K. Hoensch: Geschichte Polens. (Uni-TB 1251) Stuttgart 1983. – Faktenreiche Gesamtdarstellung.

K. Kluxen: Geschichte Englands. (Króners TA 374) 2. Aufl. Stuttgart 1976. – Souveräner, ausführlicher Überblick.

J. Kocka (Hg): Europäische Arbeiterbewegungen im 19. Jahrhundert. (KVR 1494) Göttingen 1983. – Beiträge über England, Deutschland, Frankreich, Österreich.

R. Lill: Geschichte Italiens vom 16. Jahrhundert bis zu den Anfängen des Faschismus. 4. Aufl. Darmstadt 1988. – Beste deutschsprachige Darstellung der modernen italienischen Geschichte.

H. D. Loock/H. Schulze (Hg): Parlamentarismus und Demokratie im Europa des 19. Jahrhunderts. München 1982. – Länderanalysen im Vergleich.

Th. Nipperdey: Deutsche Geschichte 1800–1866. München 1983. – Glänzend geschriebenes, anspruchsvolles Standardwerk mit ausführlicher Berücksichtigung der Kulturgeschichte.

G. A. Ritter: Die deutschen Parteien 1830–1914. (KVR 1507) Göttingen 1985. – Kompetenter Überblick.

U. Sautter: Geschichte der Vereinigten Staaten von Amerika. (Kröners TA 443) 3. Aufl. Stuttgart 1986. – Ausgewogener Abriß.

G. Stökl: Russische Geschichte. (Kröners TA 244) 4., erw. Aufl. Stuttgart 1983. – Anerkanntes Standardwerk.

H.-U. Wehler (Hg): Klassen in der europäischen Sozialgeschichte. (KVR 1456) Göttingen 1979. – Deutschland, England, Frankreich, Italien, USA im Vergleich.

Register

Kursiv gesetzte Seitenzahlen verweisen auf Abbildungen, **halbfett** gesetzte Seitenzahlen auf Grundbegriffe.

Personenregister

Sachregister

Bildnachweis

Abbildungen im Text. Adventures in American Literature, Harcourt Brace Jovanovich, New York 99; American Embassy, Bad Godesberg 106; Archiv für Kunst und Geschichte, Berlin 13, 125; Archiv Gerstenberg, Frankfurt 139; Berlin-Museum, Hans-Joachim Bartsch, Berlin 15; The Bettmann Archive, New York 93, 111; Bibliothèque Nationale, Paris 157; Bildarchiv Preußischer Kulturbesitz, Berlin 36, 54, 61, 71, 78, 127; aus: Le Charivari, iLv informationspresse – c.w. leske verlag, Köln 42; Culver Pictures, New York 94, 172; Deutsches Werkzeug- und Heimatmuseum, Remscheid 65; aus: Feminin-Maskulin, VII, Friedrich Verlag, Seelze 69; Dr. H. Glaser, Privatarchiv, Roßtal 135; Graphische Sammlung Albertina, Wien 31; Dr. H. Günther-Arndt, Bad Zwischenahn 141; Guildhall Library, London 39; aus: Herrliche Kaiserzeit, Ullstein Verlag, Berlin 134; aus: Hundert Jahre Deutschland 1870–1970, Verlag Kurt Desch, München 119; aus: Illustrierte Geschichte der deutschen Revolution 1848/49, Dietz-Verlag, Berlin 84; nach der Illustrierten Zeitung, 1848, 79; Leo Baeck Institute, New York 16; London Punch, 1862, 1859 109, 153; Märkisches Museum, Berlin-Ost 26; The Mansell Collection, London 102; Museo del Risorgimento, Scala, Florenz 47; Museo di Firenze com'era, Scala, Florenz 150; Österreich unter Kaiser Franz Joseph I., Magistrat der Stadt St. Pölten und Museumsverein Pottenbrunn 167; aus: Pariserkommunen 1871, Nordisk Forlag, Kopenhagen 159; Punch Library, London 100; Staatliches Russisches Museum, Leningrad 173; Städtisches Museum, Hanau 57; aus: Der Traum von der Freiheit, Theiss Verlag, Stuttgart 88; Ullstein Bilderdienst, Berlin 174; aus: Der Zeitgeist, Karlsruhe 44

Farbtafeln. Archiv Gerstenberg, Frankfurt 1 re, li; Bildarchiv Preußischer Kulturbesitz, Berlin 4; Hamburger Kunsthalle 2; The Saint Louis Art Museum, St. Louis, Missouri 3